U0118144

憲政中國

政治憲法的中國之道

政治憲法的中國之道

田飛龍

憲政中國叢書

CITYU HK
PRESS

鳴謝
本叢書名「憲政中國」由王燕民先生題字，謹此致謝。

國際統一書號：978-962-937-296-5

出版

　　　香港城市大學出版社
　　　香港九龍達之路
　　　香港城市大學
　　　網址：www.cityu.edu.hk/upress
　　　電郵：upress@cityu.edu.hk

©2017 City University of Hong Kong

Political Constitutionalism in China

(in traditional Chinese characters)

ISBN: 978-962-937-296-5

Published by

　　　City University of Hong Kong Press
　　　Tat Chee Avenue
　　　Kowloon, Hong Kong
　　　Website: www.cityu.edu.hk/upress
　　　E-mail: upress@cityu.edu.hk

Printed in Hong Kong

目錄

下篇 對話與期許

第十章、政治憲法學的問題、定位與方法 ｜321

第十一章、辛亥革命與現代中國 ｜347

第十二章、協商與代表：政協的憲法角色 ｜379

一

社會進步、制度發展、歷史演進總是遵循一定規律的。「規律」者，「天下大勢」也。

約在一百年前的1916年9月15日，孫中山先生於浙江海寧「三到亭」（現名「中山亭」）觀潮時題寫：「世界潮流，浩浩蕩蕩，順之則昌，逆之則亡。」（一說於1920年下半年，孫中山在上海應黃文中所請，為其《日本民權發達史》一書譯稿題寫。）

縱觀世界近現代史，我們可以歸結所謂「天下大勢」、「世界潮流」為：社會不斷走向自由、民主、開放、文明，專制政府逐步退場，民權保障不斷提升和完善。故，順勢而為應是發展之不二法門。

論到政治與憲政制度之發展，大勢乃是公權力在膨脹的過程中，同時受到來自憲法與制度之限制與束縛，權力之間既分立又互相制衡；與此同時，公民權利之範圍得以持續拓展，權利保障體系亦得到民主憲法之加持鞏固。此即憲政「大勢」。

二

近代中國以降，仁人志士、體制內外有遠大抱負之有識之士，清晰看到國家之落後與衰敗，深切體認發展與進步之必要，屢屢推動改

良、改革，乃至革命，於是乎就有了洋務運動、君主立憲、辛亥革命，進而建立中華民國及中華人民共和國。無論改良與革命，都旨在改造一個落後國家，建立一個新型國家，這都是順應孫中山先生所謂之「潮流」。

三

從大勢觀之，中華人民共和國歷史在前進與徘徊、希望與失望、痛苦與歡樂中交替演進。時至今日，她仍然在尋覓一條「中國道路」。重要且令人欣慰的是，歷史仍在持續進步中。共和國歷史的演進既堅守中國本體自有之DNA，又吸納人類文明社會發展之普世經驗與進步要素。

憲政（constitutionalism），無疑就是這樣一種普世經驗與進步要素。

四

2012年11月，執政黨中國共產黨召開「中國共產黨第十八次全國代表大會」，不久即提出「中國夢」藍圖。緊接着在12月初，中國總書記習近平在中國憲法30周年紀念大會上突出強調「憲法的生命在於實施，憲法的權威也在於實施」這一論斷。2013年新年伊始，輿論界、思想界漸有將「中國夢」解讀為「憲政夢」之勢。

孰料，好景不長。此後意識形態風向左右搖擺不定，思想界逐步走向撕裂，難以凝聚並達成共識。進入5月下旬，執政黨之一黨刊《紅旗文稿》，刊發首都一法學教授的奇文〈憲政與人民民主制度之比較研究〉，旗幟鮮明地反對憲政。剎那間，該文迅即發力，「攪得

周天寒徹」。各大黨報黨刊跟進造勢，社科各界——特別是法律界、政治學界，還有馬列主義研究學者，甚至是哲學學者——紛紛亮明觀點，排隊站隊，加入這場時約兩年的大論戰。

經過若干波跨界論爭後，基本形成了以下幾種學術觀點與流派：反憲政主義派、自由主義憲政派、社會主義憲政派、國家主義憲政派及儒家憲政派。此外，還有以政治憲法學途徑參與論戰的憲政主義流派。儘管不同學者對以上觀點與學派分類或名稱可能持不同意見，但是在宏觀方面沒有異議。

時至今日，學術論戰的高潮業已退去，因為有關當局似有定論，當然那不是學術性質的定論或大多數知識人的共識，而是某種意識形態的勝利。然而，這場論戰的意義非凡且深遠。

五

編輯出版《憲政中國》叢書的初衷是：第一、發表主要學派代表人物之代表作，用以記載這場不久前發生的論戰；第二、保留學術歷史文獻，傳承歷史記憶；第三、積累資訊，為將來繼續論戰有系統地儲備知識。

最後，回應文首：追隨大勢，推進憲政，開啟新局！

朱國斌

香港城市大學法學教授

2016夏於香港獅子山下

憲政中國之道的美與傷

　　十八屆四中全會《決定》（2014）中出現「法治」並不讓人意外，但出現「依憲治國」至少讓懷抱更高法治理想的法學家歡欣鼓舞。「法治」是中共十五大和1999年憲法修正案正式接納的核心價值與治國方略，此次全會不過是再次確認和更系統地部署。但長期以來，貴為「眾法之法」的憲法卻被束之高閣，不知所從，而圍繞憲法實施活躍起來的若干元概念及其路徑規劃，亦一度成為國家公共政治生活與社會輿論場的最大禁忌。如今，不僅「依憲治國」作為「依法治國」的根本要素被肯認，更是有憲法日和憲法宣誓作為外觀形式予以強化。一時間，似乎「法治」的春天和「憲政」的春天都要來了。

　　這一切的期待與是非均源自憲法的美好。民主是個好東西，但有時候不那麼好，有着「多數人暴政」的威脅。而憲法可能是個更好的東西，憲法滿載着特定民族的政治審美與制度偏好，而且對民主有着規範性的限定和引導作用。如果說民主是飽滿漂移的政治意志源泉，那麼憲法就是導引該源泉進入理性化、程式化狀態的神秘軌道。民主釋放了集體的政治激情並自我標榜為最正當，如果政體設計不當，民主無序發展，則民主不過是「不斷革命」的直接理由。有什麼辦法「告別革命」，走向「永久和平」呢？唯有憲法。

　　所以，憲法的美好，在某種意義上就源於其節制民主、維繫常

態、鞏固自由和秩序的優越價值。因此,大體上崇尚權威、英雄、暴力甚至運動的民族,對於憲法有着天然的隔膜感。上至最高領袖,下至黎民蒼生,在偉大的革命創制時刻,一方面集體創作了載滿所有最美好、同時也可能內在衝突不斷的價值,另一方面又不真正相信一紙文件的作用能夠超越、取代乃至於限定領導革命與制憲的生動力量。一邊制憲,一邊運動,最後還是運動壓倒了憲法,這就是建國後30年的政治真實。那是一個「民粹式民主」驅逐「憲法式民主」的時代,自由、理性與公共審議無從落地,領袖與群眾之間的一呼百應與心心相印沖決了一切制度羅網,繼續享受着後革命時代的運動快感,無拘無束,任意東西。取代憲法文本的,不是其他,而是「紅寶書」,一種區別於世俗憲法的「神聖憲法」。

其實這一幕在西方憲法史上亦不陌生。西方憲法固然有着種種古典淵源,但其規範形式是直到近現代才成就的。西方憲法的歷史動力有二:一是反國王專制,爭取封建自由,典型如英國土地貴族與約翰國王(King John)簽訂的《自由大憲章》;二是反教會專制,爭取世俗自由,這一嚴酷鬥爭從西元11世紀的「教皇革命」時期即已開始,王權法學家和教權法學家各自尋找某種權力至上的法理依據,結果促成了西方公法法理學的繁榮和法律傳統的漸然成形。西方憲法的發展是上述線索裏的貴族自由權對王權、王權對教權雙重勝利的結果。貴族與國王在政治上有着兩面關係:貴族一方面要協助國王反對教權專制,另一方面又要防範國王侵害封建自由。在這兩面作戰中,貴族群體堅定地發展出議會制度和司法制度,構成西方憲法的基礎。

時至近代,無論是英國的不成文憲法,還是歐陸的成文憲法,儘管表現形式有別,但都建立在世俗主義、理性主義的基礎之上,是以政教分離為制憲前提的。政教分離對於西方文明而言,不僅僅是保護宗教自由,更關鍵的是去除了籠罩在憲法上的「神聖魅惑」,與古典政治理想主義劃開規範性界限。儘管仍有不少流派和文獻矢志不渝地

追溯憲法的宗教淵源，亦有人在法律信仰意義上溝通法律與宗教，但西方憲法文明的主體依然是世俗的、理性的。

世俗化之後的憲法文明具有顯著的啟蒙主義胎痕，將政治領域設定為有限的成人活動領域，不再如古典世界一般不切實際地追求「理想國」和美德政體，而是接受一種有限美好的「法治國」。然而，這裏出現了一個權威的空檔，即當教權退入私人領域、王權或者消亡或者被「君主立憲」時，世俗世界需要一個新的終極性政治權威作為憲法與新政治秩序的規範性開端，否則世俗秩序便出現邏輯上的巨大缺失。這個新權威在英國是「議會」，一個除了「變男為女」之外什麼都能幹的機構，而在法國則是「人民」。新憲法幾乎是與新權威同時出現的，這就出現了政治世俗化之後的又一個難題：當新憲法與新權威發生衝突時，怎麼辦？於是，政治經驗再次教導人類：以憲法名義繼續馴化作為新權威的「議會」或「人民」，是人類政治理性高階發展的必要階段，也就是所謂的「規範憲法」階段，否則即使頻頻制憲和修憲，憲政也與特定民族無關。美國的聯邦黨人早在1787年就深刻洞悉了「馴化新權威」的根本重要性，將憲法建立在「分權制衡」的核心原理之上。1803年開始的司法審查，更是以秩序理性接力鞏固聯邦黨人的建國大業，如此才有現代美國憲政的舉世成就。美國憲法，除了其英國淵源外，最重要者為成文憲法屬性。成文憲法者，不但是文件的單一化，更關鍵是徹底截斷了教權重新干預國家以及國家政治生活規範多元混雜的可能性，有效鞏固新憲法權威與秩序。

這些西方的憲法故事，每每回想，對國人之「繼續啟蒙」的意義猶在。憲法與憲政作為中國政治現代化事業的核心構成，自戊戌變法就已頻頻閃現於國人面前。憲法是美好的，外者富國強兵，內者維新護民，這是晚清民國諸多仁人志士的共識。但中國的立憲進程着實「糾結」了一個多世紀，至今未得消停。在毛澤東看來，晚清的不算，民國憲法也只是個「笑話」，城頭變幻大王旗，之後就是附庸風

雅變「憲法」。毛澤東尤其看不上1923年的「曹錕憲法」。對於國民黨的「1947憲法」，他亦未必高看。1949年元旦獻詞，蔣介石以「法統」不致中斷為條件下野。很快，共產黨廢除「六法全書」的通知遍發全解放區。從1949年新政協開始，共產黨人亦多次制憲，也極多標榜，但直到八二憲法之前，各部憲法之實際命運與作用亦很難說超出晚清與民國先例。

近來頗有一些民國研究者指出，曹錕憲法在內容上如何優良，或者「1947憲法」如何博採眾家，會通中西，大有感慨江河日下，發「思古幽情」之勢。然而，問題並不是文本內容是否完美，否則照搬美國憲法的非洲、拉美乃至於東歐諸多國家早就實現憲政，成為「自由而繁榮的國度」了。我們要追問的，實際上應該是：立不住的憲法真的美好嗎？或者說真的值得過分讚譽嗎？立憲如要成功，並不是少數精英的構思與傑作，而是憲法對共同體價值的共識性表述、對政治實力的合理反映與政治互動規則的合理設計，否則就只是「鏡花水月」了。中國的20世紀既是立憲的世紀，也是革命的世紀，結果是革命壓倒立憲。晚清民國交替之際，立憲派本有微弱機會推進立憲大業，收束軍閥蠻力，改造革命激情，然實力派軍閥與革命黨皆難於守護「約法式憲法」，而重新展開權力與政治目標的嚴酷競奪。自1920年代開始的兩黨新造，更是超出議會政治與規範憲法路徑不知有多遠。作為富集着「告別革命」、「走向憲政」之類的立憲派舊有理想和「最後的貴族意識」的當代自由知識分子，其民國憲法之研究實有過分移情於「文本」而輕忽「現實」及立憲理性之偏頗。當然，作為一種借助「歷史」表達規範性期待的未來主義意識，亦無可厚非。

只是，中國憲法的糾結並沒有因為晚清、民國、建國30年各種負面實踐與經驗而有結構性突破。八二憲法儘管被認為是迄今為止最為穩定和最具開放包容性的憲法，但其自身內部新舊原則雜陳、實施制度粗陋、對具體法律法規合憲性監控機制缺失、對規範實證權力運行

無力、對保護公民基本權利難為；更關鍵者，這部憲法似乎「論證」功能優於「規範」功能，從序言到總綱再到正文，行文邏輯與實際效果皆有聚焦於「合法性論證」的實質內涵，而「規範權力運行」的制度與程式設計或不甚清晰，或與通行之分權制衡原理存在張力。

八二憲法的尷尬在於改革史中頻頻出現，試舉數例：第一，憲法載明的黨在憲法法律範圍內活動的條款從未獲得具體的法律支撐，凌駕於國家常規權力之上的黨的領導權也只有憲法序言的「論證性」提及，而缺乏「規範性」程式，更無權力清單可言，從而無從判斷該種權力的具體屬性和程式特徵，更無「限權」可能；第二，憲法載明的「依法治國」條款無法「自動」啟動，而必須等待十八屆四中全會「手動」開啟和提速；第三，2001年「齊玉苓案」折射出「憲法司法化」的一線曙光，2008年同案批覆在未被實際適用的前提下遭到明確廢止，阻斷了中國法院的憲法解釋權與憲法條款的司法適用之路；第四，改革政策與憲法規範存在時間先後與規範關係衝突，「良性違憲論」出現，提出功能主義辯護，卻遠離了憲法的規範立場；第五，成文憲法的觀念危機，如有人從憲法社會學和政治現實角度提出「黨章憲法論」，完全無視「成文憲法」本身就是中國百年立憲史的一大進步，是實現「規範憲法」的必要邏輯前提，在此調用任何英國經驗都是無效的，不僅因為英國本身並非典型憲政國家，更關鍵的是中國是後發憲政轉型國家，有着更為突出的「憲法限權」任務；第六，《立法法》載明的「法規違憲審查」機制引而不發，缺乏最基本的程式規則和程式效力，與中國日益興起的憲法維權需求不能匹配。

中國憲法的「糾結」還不僅僅限於制度層面的實施性障礙與梗阻，更有憲法思想和背景理論上的混亂。與國內思想三分（自由主義、社會主義和文化保守主義）的格局對應，憲法領域亦存在着嚴格的思想對峙。一方面，自由主義憲法學者總體上視憲法與憲政為西方或自由主義的「專利」，嚴防正統社會主義和偏師儒家的專利侵權、

山寨模仿或價值滲透，強力維護自由主義在公共領域的「基本語法」地位。另一方面，大陸新儒家表現出不滿海外新儒家及百年來儒家就低守護的「心性儒學」之卑微，在自有的政治儒學傳統和官方「中國夢」的聯合鼓噪下，大有恢復儒家政治河山、重新尊儒的政治公共性抱負。由此不僅刺激自由主義反彈攻擊，更有淆亂百年立憲既有思想與制度成果之後果預期，改換憲法之限權與自由主軸，重建一種「反現代性」的傳統主義儒家政治秩序。這些「越位」傾向不僅難以見容於正統自由主義，亦難以見容於正統社會主義。當然，儒家作為一種偉大的本土文明，其價值修復和治理意義釋放是歷經革命激進過程後的必然階段。但基於中國政治轉型有着嚴格的現代性與全球化語境限定，亦有着日益內在化的、寬泛自由主義的思想與制度積澱，故大陸新儒家須放棄「獨尊儒術」式的價值僭越與政治浪漫，放棄與西方古典政治理想主義氣質相近的「哲學王」式玄思，現實、理性而負責任地尋找和填補中國基層秩序、社會治理與教化及國家政治修正中堪當責任的空間，以互補性和實踐性為指向融入中國現代化的大時代，而不是逆轉乾坤，孤掌求鳴。此外，正統社會主義在日益淡化嚴格馬克思主義教義背景的同時，是否有意願和能力整合自由主義和儒家的合理成分，根據中國社會的進步需要不偏不倚地融入新發展和新世界體系，成就出一種背靠深厚文明、基於本土實踐、面向未來發展的穩健改革的系統哲學與理論，亦是嚴酷無比之挑戰。以上思想紛爭之種種，未必是所有憲政轉型國家的困境，卻是中國無可逃避的思想現實與政治現實，也是思想創造性的世界歷史契機。

可想而知，在「依憲治國」的價值性政治決斷支援下，規範立場的《憲法解釋程式法》勢必以「法治」名義繼續游說中央接受並實施，而今年的憲法日及相關的憲法宣誓機制亦會常規開展。這些跡象當然是憲法進步的徵兆，是憲法美好時代的曙光。然而，顯然還不能說這就是中國憲法的春天。憲法期待總是美好的，可以高度詩化，就

像當紅電視劇《北平無戰事》中「新中國」守望者時常吟誦的動人詩句一樣：「它是站在海岸遙望海中已經看得見桅杆尖頭了的一隻航船，它是立於高山之巔遠看東方已見光芒四射噴薄欲出的一輪朝日，它是躁動於母腹中的快要成熟了的一個嬰兒。」細查出處，竟然來自毛澤東1930年的《星星之火，可以燎原》。1930至1949年，革命與新中國不是「遙望」，不是「請客吃飯」，也不是沉浸於詩意理想氛圍不能自拔，而是嚴酷的鬥爭、犧牲與建設。憲法之春天亦然，不可能詩意自成，不可能一蹴而就。在「依憲治國」滿天飛的激動時刻，冷靜者應嚴酷面對：黨規與國法的二元體制現實、黨的領導對法治的全方位管控、常規國家能力與治理理性的不自主與不自足、基本權利保護的千瘡百孔和公民主體的政治與道德缺陷。若再上升一步，中國憲法實踐面臨着以何種方式接續自身文明，以及如何發展出相容而有別的制度模式以貢獻於人類這兩大結構性挑戰。一端深入自身文明腹地，另一端接入超國家的普遍主義理想與制度構造，這是一個更美好卻也更加糾結和高度不確定的時代。我們在思想與戰略上的任何重大誤導或誤判，都不僅導致中國無法改革進取，更可能消解既有基礎和成果。如此，中國憲法的美好時代，因背負着太多的超西方文明、歷史與制度抱負，不那麼早地出結論，不那麼早地終結「承認的鬥爭」，不那麼早地墮入「同性戀—墮胎」式的社會道德與權利衝突循環，而是自主、審慎、穩健、開放、開拓、創造，不也是一種雖不能立即「看見」卻能「想見」的美好嗎？

這就是憲政中國之道的喜與愁、美與傷。這種千迴百轉、跌宕起伏、山重水複又彷彿柳暗花明的憲政之路，交織着中國人民的政治自主性與規範期待。本書着意於從「政治憲法」的角度探求和揭示中國憲政轉型的思想與制度脈絡，呈現一種不同於「規範憲法」之單純移植與教義內捲的憲法心智與憲政世界觀。但「政治憲法」絕非對「規範憲法」的全盤否定或取代，二者各有其理據和邊界。毋寧說，「政

治憲法」是為「規範憲法」廓清政治前提及完善憲制結構，並以有效的政治理性來節制「規範」的「去政治化」與「去整體化」之偏頗，調校中國憲法及其轉型演化的宏觀方向感與理性節奏。本書在港台地區的出版，尤其具有一種面向未來中國整體性憲制的「對話」與「整合」之善意。一國兩制是面向未來的憲政實踐智慧，對大陸的要求是矢志改革，從容創造，堅定守護；而對港台的要求則是面向未來，克制悲情，合力建構整體中國的命運共同體與制度共同體。政治憲法的中國之道，就是通過政治正當程式與共同歷史智慧而不斷消除差異性、管控不確定性及生成新的「規範世界」的演化過程，政治憲法學於此一過程當可大有作為，[1] 為中國大陸的憲政轉型及整體中國的憲制整合奠基。

---

1. 關於「政治憲法學」這一學術進路的原理論，參見陳端洪（2007）。《憲治與主權》。北京：法律出版社；高全喜（2014）。《政治憲法學綱要》。北京：中央編譯出版社；田飛龍（2015）。《中國憲制轉型的政治憲法原理》。北京：中央編譯出版社。

上篇　思想與論辯

CHAPTER
第一章

誰與爭鋒：司法憲政主義素描

　　如果我們細緻考察西方主導的普適價值的現代化過程，「民主」或許比「自由」更具有普適性和穿透力，乃至於處於自由主義對立面的社會主義在政治理論上也必須證明自己是「民主的」（democratic）。在政治學與經濟學的視野中，所謂的現代政治轉型主要是指民主轉型，即民主作為一種權力產生程式和規範依據來源的唯一性獲得確立。不過，法學家對現代政治轉型的觀察有所不同。在法治主義的意義上，「憲政＝司法審查」被作為一種強勢的「司法憲政主義」（judicial constitutionalism）公式而獲得接受，司法審查的理念逐漸擴展為一種世界歷史現實，政治的現代性以司法審查制度的完備性為基準。[1]

　　不過，這種對憲政的法治主義化約卻並不特別圓滿。政治學家揭示的憲政的民主維度與法學家念茲在茲的憲政的法治維度之間的張力，構成了現代憲政主義的二元話語體系。居於「偏師」地位的「政治憲政主義」（political constitutionalism）便身處該二元體系提供的對話與對峙空間之中。[2] 其中，作為憲政母國的英國卻長期沒有實現美國式的司法審查，而是在「議會主權」之下反覆調試「民主」與「司法審查」的關係，並呈現出強烈的「政治憲法」（political

---

1. 這一更宏大背景下的理論歧異，在中國學術界關於政治轉型的討論中便演化為「民主優先論」和「法治優先論」的對峙。關於這一對峙的簡要分析參見翟小波（2007）．〈關於中國法治的兩個問題〉，《太平洋學報》。12期。

2. 張千帆教授用「矛盾中的共生體」來概括二者之間的辯證關係，實際上承認了現代憲政的雙重維度（民主／法治），參見張千帆（2009）．〈司法審查與民主──矛盾中的共生體？〉，《環球法律評論》。1期。

constitution）特徵。[3] 這種二元體系的規範根源，在於作為司法審查正當性依據的「普通法理由」，根源於一種貴族制的理性。而作為現代政治正當性基礎的「民主理由」，則根源於一種民主制的意志。

中國作為「文明衝突」的重要一極，在民主第一波發生時即被捲入世界現代化的歷史過程之中，但卻與民主化／司法審查多次擦肩而過。今年是八二憲法30周年，然而中國的共和憲政卻仍然沒有取得結構性（constitutional）進展，令諸多政治與文化精英扼腕歎息。新世紀初借助「齊玉苓案」而發起的「憲法司法化」運動最終成為一次失敗的嘗試。同樣作為後發現代化國家，作為「尾隨者的國度」，[4] 中國為何成為大國憲政的「異數」？為何一再錯過「隨波逐流」的歷史契機？為何長久停留在「文明衝突」的狀態？為何再次成為黑格爾所謂的世界歷史的「例外」？為何作為普適價值的「民主」或「司法審查」，難以順利吸收中西比較意義上的「文明衝突」？這些問題構成了探索中國憲政轉型之路的根本性設問。

本章即擬從比較的視野考察司法憲政主義影響下的世界憲政狀況，探討司法審查的正當理由類型與制度條件，簡要介紹作為憲政母國的英國的「政治憲法」傳統，重述並反思中國百年憲政，尤其是以「齊玉苓案」為代表的中國「憲法司法化」的失敗經驗，並提出中國成為大國憲政「異數」的政治憲法理由。

---

3. 關於英國憲法中的「政治憲法」的經典分析，參見〔英〕白芝浩（Walter Bagehot），夏彥才（譯）（2005）。《英國憲法》。北京：商務印書館。

4. 韋伯曾對「尾隨者」的現代化問題進行過研究，指出了單純引進作為工具與形式的自由的制度條件的實踐困境，即「輕飄飄的斗篷變成了沉重的鐵籠」。有關分析參見李猛（2010）。〈現代化及其傳統：對韋伯的中國觀察〉，《社會學研究》。5期。

政治憲法的中國之道

一、司法憲政主義的公式：憲政＝司法審查

奠定司法憲政主義之觀念基礎的思想家是英國大法官柯克（Edward Coke），其在17世紀初期的英國司法過程中的創造性判決，具有非常突出的開創性意義。柯克的開創性貢獻主要體現在對司法獨立和司法審查兩個基本原則的理性論證之上。

關於司法獨立原則，柯克在1608年回應英王詹姆士一世（James I）關於國王可基於理性斷案的要求時，明確指出：

「的確，上帝賦予陛下豐富的知識和非凡的天資；但是陛下對英格蘭王國的法律並不精通。涉及陛下臣民的生命、繼承、動產或不動產的訴訟並不是依自然理性來決斷的，而是依人為理性和法律的判斷來決斷的；法律乃一門藝術，一個人只有經過長期的學習和實踐，才能獲得對它的認知。法律是解決臣民訴訟的金質魔杖和尺度，它保障陛下永享安康太平。」[5]

柯克在此提出了一個非常關鍵的分類範疇，即「自然理性／人為理性」，並將法律裁判作為一項專門的技藝。既然是一項技藝，司法就不是任何凡夫俗子抑或達官貴人皆可從事的職業，而是需要經過專門的訓練，需要一種職業化的習得過程。司法的專門性構成司法自主性之邏輯前提。

關於司法審查原則，柯克在1610年的博納姆案（Bonham's Case, 1610）判決之附論（dictum）中提出：

「在許多情況下，普通法會審查議會的法令，有時會裁定這些法令完全無效，因為當一項議會的法令有悖於共同權利和理性、或自相

---

5. 轉引自〔美〕愛德華‧S‧考文（Edward S. Corwin），強世功（譯）（1996）。《美國憲法的「高級法」背景》。上海：三聯書店，36頁。

矛盾、或不能實施時，普通法將對其予以審查並裁定該法令無效，這種理論在我們的書本裏隨處可見。」[6]

司法獨立並不必然意味着司法審查，後者必須在分權與制衡的意義上證立。柯克在這一著名的「附論」中提出了司法審查的三種正當理由，即議會法令「有悖於共同權利和理性」、「自相矛盾」及「不能實施」；其中後兩種理由涉及的是議會立法本身的邏輯自洽性和實效可能性，屬於形式層面的問題，尚未牽涉議會立法違背「根本法」的問題；而第一種理由則觸及了司法審查的核心，即違背「根本法」的問題。在柯克的語境中，英國憲政並無成文憲法作為憑據，柯克通過「共同權利和理性」來表達後世的成文憲法的規範邏輯。「共同權利和理性」在觀念淵源上與自然法相關，在制度淵源上則與普通法相關，是英國法律哲學與法律史的交匯點。不過，這只是作為普通法法官的柯克的法治主義理想，隨着英國民主的發展和議會主權的確立，單純基於「普通法理由」的司法憲政主義將遭遇到嚴重的挑戰。

當然，真正將普通法職業化的英國法學家是布萊克斯通（William Blackstone）。他成為英國牛津大學的第一位普通法講座教授，並將普通法作為一門嚴格的專業和職業技藝引入英國的大學教育體系之中，改變了英國法學教育中教會法與羅馬法佔主導的格局。[7]

然而，徒「普通法」不足以證成現代意義上的司法憲政主義，這也是英國憲政在現代憲政家族中的尷尬角色的根源。繼受英國普通法並從歐陸政治思想中汲取三權分立原則和成文憲法傳統的美國，通過綜合英吉利海峽兩岸的憲政文明要素，結晶出了獨特的美國式司法審

---

6. 同上註。對該案之背景與意義的更加全面的考察與分析，參見江菁：《博納姆案：案情、判決及評論》，姜明安（2008）：《行政法論叢》。北京：法律出版社。11卷。

7. 參見〔英〕布萊克斯通（William Blackstone），游雲庭、繆苗（譯）（2006）。〈中譯本前言〉。《英國法釋義》（第一卷）。上海：上海人民出版社。5–10頁。

查模式，成為司法憲政主義的長期代表和權威高地。許多歐陸國家在經受民主與革命的反覆過程之中，試圖引入美國的司法審查體系，但卻存在嚴重的觀念與制度障礙，其根源在於歐陸欠缺美國的普通法傳統。[8] 歐陸公法文明最終經由凱爾森（Hans Kelsen）結晶出了專門法院的審查模式，其理論根據和運作程式也與美國模式迥異。[9] 在美國模式與歐陸模式之間，轉型國家紛紛進行某種組合遊戲，由此促成了司法審查模式的多樣性與複雜性，但其本質模式或底版仍然不出歐美兩極。由歐美主流國家和諸多轉型國家所實踐的司法審查構成了司法憲政主義的核心公式，即「憲政＝司法審查」，這是一種嚴格法治主義的結果。

以下即擬對司法憲政主義的美國模式、歐陸模式和轉型國家模式進行簡要的考察和分析，並據此總結司法審查的正當理由類型和制度條件。

1. 司法憲政主義的經驗模式：美國模式

雖然英國是憲政的母國，但其憲法的不成文性最終阻撓了英國引領現代憲政主義的風潮，而只能長期作為「匿名的共和國」。作為英國普通法傳統的繼承者，美國的國父們在籌建新國家時並未局限於英國經驗，而是廣泛引入歐洲大陸的公法文明因素：在政治結構原則

---

8. 讓‧立弗羅（Jean Rivero）説得很形象：「違憲審查之於公法，就像西部片之於電影，是地道的美國貨。」轉引自路易‧法沃勒：〈歐洲的違憲審查〉，〔美〕路易士‧亨金、阿爾伯特‧J‧羅森塔爾（Louis Henkin, Albert J. Rosenthal），鄭戈等（譯）（1996）。《憲政與權利》。上海：三聯書店。不過，他的觀察並不準確，因為司法審查並不是只有美國一種模式，歐陸公法文明傳統本身也可發展出獨具特色的司法審查模式。

9. 凱爾森對此作過專門的比較，參見〔奧〕凱爾森（Hans Kelsen），張千帆（譯）（2001）。〈立法的司法審查——奧地利和美國憲法的比較研究〉，《南京大學法律評論》。春季號。

上，突破英國議會至上的體制，引入歐陸啟蒙思想家的三權分立學說並予以制度上的合理化；在憲法形式上，突破英國憲法的不成文性，制訂了一部成文的聯邦憲法。這就使得美國憲法在誕生之初就融匯了英吉利海峽兩岸的公法文明因素，在普通法基礎上通過理性論辯和自由選擇而成就了獨特的憲政主義。作為1787年憲法之前身的《邦聯條例》是美國人民「自由選擇」的結果，但顯然不夠「深思熟慮」，《獨立宣言》的價值理想無法從中獲得穩靠的制度支撐。1787年的費城制憲是美國國父們「深思熟慮」的歷史過程。從《聯邦黨人文集》和1787年憲法文本來看，美國國父們四處搜羅，殫精竭慮，充分論辯，幾乎將啟蒙時代誕生出來的政治思想元素逐一進行了批判性繼承和創造性轉化。其政體融合君主制、貴族制、民主制的合理因素，以及在分權與制衡上的精妙設計，堪稱人類憲政工程的典範。

有所遺憾的是，儘管《聯邦黨人文集》中出現了關於司法審查的深邃討論（比如漢密爾頓〔Alexander Hamilton〕），但美國憲法文本並未明確規定聯邦最高法院擁有司法審查權。難道是國父們疏忽了？顯然不是，原因在於1787年制憲的主要目的是「聯邦化」（國家化），克服之前的鬆散邦聯的缺陷，其核心關注是「政體」而非「權利」，[10] 而在政體科學中，司法分支並非優先建構的對象。那麼，欠缺文本依據的美國聯邦最高法院，為何能夠發展出一種基於司法審查的司法憲政主義呢？這裏有一個關鍵性的人物和一個著名案例，即首席大法官馬歇爾（John Marshall）和1803年的「馬伯里訴麥迪森案」。但其背後的邏輯卻是，在英美普通法憲政的傳統中，司法審查的正當性本就不直接來源於或依賴成文憲法的文本規定，而是尤其獨特的、柯克式的「普通法理由」——馬歇爾就是基於「普通法理由」而借助成文憲法的形式邏輯來證立美國的司法審查權的。

---

10. 美國的《權利法案》是通過一種後續承諾而在1791年以修正案形式確立的。

政治憲法的中國之道

關於馬伯里案的具體案情，[11] 這裏不再贅述，只簡單引述一下馬歇爾大法官的核心論證：

1. 建立美國司法系統的法律，授權最高法院向官員頒發強制令，但該授權無憲法根據。

2. 人民具有原始法權，以創立實現自身幸福的政府原則。這是立法的基礎。該原始法權事關重大，不能、也不該反覆使用，由此而生的政府原則是根本的，它擁有最高的權威，是不變且永恆的。

3. 該原始的且最高的意志組織了政府，規定了不同部門的權力。它或者就此打住，或者為各部門規定不得超越的邊界。美國政府是後一種情形，它為立法權規定了界限，而且，美國憲法是成文的，均不可混淆或忘記這些界限。

4. 若立法者可隨時隨意越超界限，限制它還有何意義呢？又何苦把這些界限形諸文書呢？若界限不能約束其對象，那麼有限政府與專制政府還有何差別呢？毫無疑問，要麼憲法控制與之抵觸的議會立法，要麼議會通過尋常立法改變憲法。二者必居其一。或者憲法是最高的和首要的，不可輕言修改；或者憲法和普通立法是等同的，並可隨議會之喜怒隨時修改。若是前者，和憲法抵觸的議會立法便不是法律；若是後者，那麼成文憲法便荒謬可笑，它竟妄想去限制本質上不可限制的權力。

5. 無疑，成文憲法的制訂者設想它是構建民族國的根本且最高的法，因此，必然的結論是：和憲法抵觸的議會立法是無效的，該理論在本質上與成文憲法相關⋯⋯

---

11. *Marbury v. Madison*, 5U.S. 137–180，一個簡要的中文介紹可參見百度百科「馬伯里訴麥迪森案」詞條，http://baike.baidu.com/view/1653499.htm（2015年8月讀取）。

6.　尤須指出的是：闡明法律的含義是法院的職權和責任。適用規則於個案的人，必然要解釋規則。

7.　若兩個法律衝突，法院必須決定法律的適用。

8.　若法律違背了憲法，若法律和憲法都適用於具體個案，法院或者拋開憲法，適用法律；或者拋開法律，適用憲法。法院必須在衝突的規則中選擇何者適用於個案。這是法院的根本職責。若法院適用憲法，且憲法高於任何普通立法，那麼適用於該普通個案的是憲法而非普通立法。反對法院把憲法視作根本法的人，必然要求法院只適用法律，無視憲法。該原理將破壞整個成文憲法的基礎。

9.　法院的權力應擴展至與憲法相關的所有爭議。難道制憲者會說，在行使審判權時，可以不考慮憲法嗎？對起因於憲法的爭議，不分析與其有關的文件就作出裁判，這是否有點放肆？因此，在某些案件中，法官必須考查憲法。

10.　憲法的制訂者顯然把該文件設想為針對法院——就像針對議會——而設立的規則。否則，它為什麼要求法官宣誓效忠呢？若在宣誓忠於憲法後，卻又違反憲法，這又將是多麼的不道德？如果憲法對法官是封閉的，不能受到檢驗，為何還要求法官宣誓，根據憲法履行職責呢？這豈非卑劣的愚弄？在宣佈什麼是祖國的最高法時，憲法首先提到了憲法本身。憲法的刻意表述肯定和強化了所有成文憲法的基本原理，即和憲法相抵觸的議會立法是無效的；和其他機構一樣，法院也受到憲法的約束。[12]

馬歇爾大法官的邏輯推理可以區分為三個層次：

12.　轉引自翟小波（2009）。《人民的憲法》。北京：法律出版社，67–68頁。引文前的序號為翟小波博士所加。

　　第一，作為個案意見，馬歇爾首先總結本案所面對的法律問題，即授權最高法院頒發強制令的《司法法》條款無憲法依據，因而出現了對授權規範的「違憲審查」問題。這是引文第1點所闡述的內容。這裏已經隱含了馬歇爾所面對的司法處境：要麼遵守《司法法》頒佈強制令，給予馬伯里以法律救濟；要麼通過審查確認《司法法》相關條款違憲無效，不頒發強制令。由於獲取司法審查權的政治意義更大（無論對於馬歇爾所屬的政黨派系還是對於美國憲政而言），馬伯里的訴訟命運可想而知。

　　第二，為確立司法審查權的正當性，馬歇爾首先提出了成文憲法的理由。這是引文第2至5點所闡述的內容。馬歇爾首先指出了成文憲法條件下人民的「原始法權」與立法權的區別，這種區別對應於西耶斯（Emmanuel Joseph Sieyès）意義上的制憲權與憲定權的區別；[13] 前者具有終極合法意義的本原性權力，是人民主權的直接體現，後者是居於限定合法意義的派生性權力，是人民委派之代表的權力。馬歇爾通過區分這兩種權力，實際上提煉出了兩對重要的分類範疇，即「憲法／法律」和「人民／議會」。在第4點，馬歇爾通過對憲法與議會立法關係的比較，實際上從成文憲法的邏輯層面對英國憲法進行了激烈的批評。其語言指向是很容易解讀的──「議會通過尋常立法改變憲法」、「憲法和普通立法是等同的，並可隨議會之喜怒隨時修改」。在第5點，馬歇爾總結了憲法的性質，即作為民族國家的「根本法」與「高級法」，並據此推導出與兩個世紀前的柯克大法官同樣的結論──「和憲法抵觸的議會立法是無效的」。馬歇爾在此所展現的成文憲法的形式化邏輯非常關鍵，支撐其核心論證的原理來自啟蒙時代的人民主權學說。美國憲法的成文性是英美憲政區別的關鍵所

---

13. 參見〔法〕西耶斯（Emmanuel Joseph Sieyès），馮棠（譯）（1990）。《論特權，第三等級是什麼》。北京：商務印書館，64頁。

在，也是美國而非英國引領現代憲政主義思潮的邏輯前提。美國通過憲法的成文性打通了普通法傳統與現代憲政之民主原則之間的觀念性障礙，使得美國式的憲政主義具有了普通法理性之外的民主正當意志基礎。這恰恰是美國憲法之綜合性優勢。

第三，儘管如此，美國的成文憲法還是給馬歇爾大法官製造了不小的麻煩，即具有最高地位的憲法在文本上並未明確規定司法審查權。問題很快演化為，就算憲法是最高法，違憲審查絕對必要，但這和美國聯邦最高法院何干？憲法既沒有授權《司法法》來授權最高法院頒發強制令，同樣沒有授權最高法院審查議會法律的合憲性。顯然，單純依靠成文憲法的形式邏輯已經無法推理下去了。於是，馬歇爾的論證又重新回到了柯克式的「普通法理由」之上。這是第6至10點闡述的內容。馬歇爾的論證是從純粹的個案邏輯而非憲法文本出發的。他首先提出解釋和適用法律是法院的職權和責任，然後為法官預設了一種特定的司法情境，即法律與憲法相衝突。從法官不得拒絕裁判的角度來看，此時的法官必須在相衝突的法律與憲法之間作出選擇，依據成文憲法的形式邏輯，顯然應該選擇憲法。馬歇爾還在第9點裏面非常突兀地強調了司法審查權對於憲法爭議的覆蓋效應，即「法院的權力應擴展至與憲法相關的所有爭議」。他更在第10點中通過對法官宣誓效忠憲法這一形式化儀式的解釋，來申明法官進行違憲審查是制憲者賦予的天職。確實，法律與憲法發生衝突時需要作出明確的選擇，這是一個法律實踐問題，但究竟應該由誰或何種機構來選擇？這不是一個簡單的形式邏輯的問題。而且，馬歇爾所謂的法官的「天職觀」來源於深厚的普通法傳統，而不是成文憲法，除非後者明確規定了法官具有此種職責。這也就是為何馬歇爾貌似完美無缺的邏輯，只能在美國憲法獨特的成文性與普通法雙重語境中成立，卻不能被簡單地移植到歐陸國家或諸多發展中國家的根源。如果沒有普通法的背景，馬歇爾的論證會顯得非常突兀，也不符合現代性語境下的形

式主義法治的基本要求。忽視馬歇爾邏輯的普通法背景，超越具體憲
法文本和特定民族的政法傳統來談論美國式司法審查的普適性，將一
個轉型國家的憲政命運寄託於某個偶然而孤立的司法個案（比如中國
的「齊玉苓案」），這確實是一種歷史的誤會和理想的天真。

馬歇爾立基於美國憲法的普通法背景，通過對成文憲法之形式邏
輯的精密論證，在美國本土語境中證成了司法審查權的正當性，形成
了美國式的司法憲政主義。然而，美國憲法畢竟是屬於人民而非法官
的，而單純從形式邏輯來看，受人民委託之議會（乃至於總統）在維
護憲法的正當性上似乎要高於不具有民主基礎的法官。美國憲法中的
「人民憲政主義」（popular constitutionalism）在1803年馬伯里案之後
長期拷問、檢驗，[14]甚至推動着最高法院司法審查對民主政體的適應
性的調適與發展。而「司法審查與民主」的反覆對話，在美國成文憲
法缺失司法審查條款的條件下，構成了美國憲法學和美國憲政主義的
核心論題。這在某種意義上是一種美國語境下的關於憲政的「古今之
辯」──「古」者，普通法也；「今」者，民主也。普通法在對抗王
權中發展出來的一整套憲政主義話語和技術，在面對更加複雜的現代
立憲政體和民主原則時，已經日益不具有柯克式的自信與優勢了。

不過，總體而言，馬歇爾確實奠定了美國司法憲政主義的根基，
儘管後續發展中出現了若干重要的修正。[15] 我們這裏簡要總結一下司
法憲政主義之美國模式的核心特徵：

1.　　憲法是國家的根本法與高級法，高於議會法律；

---

14. 關於人民憲政主義與司法審查的關係，參見〔美〕拉里・克萊默（Larry D. Kramer），田雷
　　（譯）（2010）。《人民自己：人民憲政主義與司法審查》。南京：譯林出版社。

15. 比如貝克爾教授就認為馬歇爾的邏輯不夠充分，從而提出了自己的理據，參見〔美〕亞歷山
　　大・M・比克爾（Alexander M. Bickel），姚中秋（譯）（2007）。《最小危險部門──政治
　　法庭上的最高法院》。北京：北京大學出版社；伊利教授也從「強化民主」的功能主義角度
　　提供了補充論證，參見〔美〕約翰・哈特・伊利（John Hart Ely），張卓明（譯）（2011）。
　　《民主與不信任：司法審查的一個理論》。北京：法律出版社。

2. 美國普通法院具有解釋和適用憲法的天然權力，這種權力來自普通法傳統而非憲法文本；

3. 美國聯邦最高法院具有最高的司法審查權，其憲法解釋同時管束議會、政府和下級法院；

4. 美國普通法院對涉及憲法的爭議具有廣泛的管轄權，成為美國的「政治法庭」；

5. 缺乏成文憲法的明確授權，司法審查的「普通法理由」經常受到憲法之「民主理由」的挑戰；

6. 司法審查權屬於一種美國普通法上的憲法權力和制度。

美國式司法憲政主義是現代啟蒙運動之政治現代性思想與英國普通法傳統奇特結合的產物，具有歷史的特殊性。如果美國不基於獨立革命之形勢和啟蒙運動所內置的「創新」、「開端」的時代風尚而舉全國精英進行制憲，則其憲政模式可能很難區別於英國，而古老的普通法也很難借助「成文憲法」的形式而完成「古今」之蛻變。美國式司法憲政主義的世界性影響伴隨着美國作為世界新帝國的崛起而急劇擴展，甚至成為古老的歐洲大陸國家的效法對象。然而，憲法的生命也不在於邏輯，而在於經驗，[16] 歐洲大陸國家儘管最終也發展出了司法憲政主義，卻與美國模式有着重要的差別。

由馬歇爾奠基的美國式司法憲政主義，在隨後的兩百多年時間裏對美國憲政與政治社會的塑造，起到了關鍵性的作用。缺乏憲法之形式依據的司法審查權儘管仍然飽受爭議，但其通過長期的司法實踐已經發展出了一套相對成熟的憲法解釋與適用技術，並成功地推動着美國社會應對各種可歸屬於憲法的結構性危機，從而成為一種普通法上的憲法制度——這也充分印證了美國式司法憲政主義的普通法胎記。

---

16. 這是對霍姆斯大法官（Oliver Wendell Holmes Jr.）的法律格言「法律的生命在於經驗，而不在於邏輯」的化用。

2. 司法憲政主義的經驗模式：歐陸模式

司法憲政主義在歐洲大陸的展開與英美世界存在諸多歷史與制度上的差異，其制度根源在於是否存在長期的普通法傳統，其哲學根源則在於歐陸宗奉唯理論，而英美倚靠經驗論。如果説英美世界裏「法律的生命在於經驗而不在於邏輯」，那麼歐陸世界可能恰恰相反，表現為「法律的生命在於邏輯而不在於經驗」。當然，法律傳統的經驗取向或邏輯取向只是就核心特徵而言的，在任何一個法律體系中，經驗和邏輯都具有不可替代的地位。

歐陸司法憲政主義的確立伴隨着一場著名的爭論，即凱爾森和施米特（Carl Schmitt）關於「憲法守護者」的爭論。[17] 施米特的觀點很明確，總統應成為憲法的守護者，這是一種政治憲政主義的結論，筆者稱之為「總統自己」（the president himself）。凱爾森則針鋒相對，提出了獨立法院作為憲法的守護者，並為自己建構的奧地利憲法法院模式辯護。二者的爭論是從貢斯當（Benjamin Constant）的「中立性權力」學説開始的。

貢斯當以對兩種自由（古代人的自由和現代人的自由）的區分聞名於世，這種區分構成了著名自由主義思想家關於兩種自由概念（積極自由和消極自由）的理論來源。在對自由觀念及其歷史類型作出卓越性理論貢獻的同時，貢斯當還對19世紀初的代議制政府的基本原則進行了系統討論，主要體現在其1806年完成、1815年正式發表的

---

17. 這場爭論的主要文本，參見〔德〕卡爾·施米特（Carl Schmitt），李君韜、蘇慧婕（譯）（2008）。《憲法的守護者》。北京：商務印書館；〔奧〕漢斯·凱爾森（Hans Kelsen），張龑（譯）。《誰應成為憲法的守護者？》，載許章潤（2008）。《民族主義與國家建構》，《歷史法學》，第一卷。北京：法律出版社，241–290頁。

《適用於所有代議制政府的政治原則》。[18] 貢斯當的「中立性權力」
學說集中體現在該部作品第二篇關於立憲君主制的王權性質的討論，
其寫作背景是拿破崙稱帝與波旁王朝復辟，其意圖顯然是為了回應法
國本身之立憲君主制的憲法架構問題。貢斯當首先提出了一對重要的
區分，即王權與大臣權力，前者是中立權力，後者是能動權力。[19] 值
得注意的是，貢斯當在討論「王權」時進行了頗值得玩味的概念擴
展，這使得他的討論有可能啟發了施米特對總統權力的思考——「王
權（我指的是國家元首的權力，無論他碰巧被冠以什麼稱號）是一種
中立的權力。」[20] 貢斯當十分清楚當時法國的政治情勢，即革命勢力
和復辟勢力正在進行殊死的搏鬥，他希望通過對立憲君主制之「君
主」或「王權」的更加理性與普適化的重構，特別是提供一種王權與
常規政府權力關係的新式架構來為法國憲政秩序奠定理論基礎。貢斯
當對於王權中立性的論證可謂十分經典：

> 行政權、立法權和司法權是三種各領一方、但必須在整體
> 運作中進行合作的權能。當這些權能的職責被混淆，以致相互交
> 叉、抵觸和妨礙的時候，你就需要一種能夠使它們回到恰當位置
> 上去的權力。這種力量不能寓於三種權能的任何一種之內，不然
> 它會幫助一種權能而破壞其他兩種權能。它必須外在於任一權
> 能，在某種意義上說，它必須是中立的，以便在真正需要它的時
> 候能夠採取恰當的行動，以便它能夠保持或恢復秩序而又不致引
> 起敵意。

---

18. 中譯本參見〔法〕邦雅曼‧貢斯當（Benjamin Constant），閻克文、劉滿貴（譯）
　　（1999）。〈適用於所有代議制政府的政治原則〉，《古代人的自由與現代人的自由——貢
　　斯當政治論文選》。北京：商務印書館。49–222頁。

19. 同上，66頁。

20. 同上，66頁。

政治憲法的中國之道

　　　立憲君主制的國家元首身上建立起了這種中立的權力。國家
　　元首所真正關心的不是讓這三種權能的任何一種推翻其他兩種，
　　而是讓它們相互支持，互相理解，協調行動。[21]

　　顯然，貢斯當作為現代政治思想家並不反對孟德斯鳩的三權分立
學說，但他又必須通過王權功能之重構推演出一個具有複合性質的分
權體系，其中包含了傳統王權制和三權分立的合理因素。在貢斯當看
來，新王權是一種超脫於三權的調節性權力，其核心功能在於監督三
權各負其責，維持憲法秩序的平衡，這顯然構成了歐陸違憲審查的
一個重要面向。貢斯當進一步認為，王權是一種高於其他常規權力的
上級權力。需要注意的是，在貢斯當的理論構想中，王權的中立性與
王權的至上性必須同時滿足，因為如果王權至上而不中立，就可能演
化為專制權力，就與歷史上的絕對君主制無異；而如果王權中立而不
至上，則缺乏必要的政治權威來擔當護憲之責。貢斯當同時運用了羅
馬共和國和英國君主立憲制的歷史材料，對其中立王權的理論予以佐
證。我們這裏不妨簡單比較一下貢斯當的立憲君主與英國立憲君主。
關於英國立憲君主的憲法角色，白芝浩（Walter Bagehot）認為是憲法
的「尊嚴部分」（the dignified part），[22] 而常規政府機構只是憲法的
「效率部分」（the efficient part），[23] 二者之間的關係是「政制中富於
尊嚴的部分給予政府力量——使它獲得動力。政制中富於效率的那部
分只是使用了這種力量。政府中體面的部分是必需的，因為其主要力
量就建立在這部分的基礎之上。」[24] 這樣一種理解框架注意到了王權

---

21. 同上，67頁。

22. 參見〔英〕白芝浩（Walter Bagehot），夏彥才（譯）（2005）。《英國憲法》。北京：商
　　務印書館。56頁。

23. 同上。

24. 同上，57頁。

的「尊嚴」（權威）的一面，但對此功能的論證有神秘化傾向，不夠具體和理性。戴雪（Albert Dicey）對英國憲法結構的總結是「國王在議會中」。[25] 這樣一種結構化的描繪確實大致符合英國王權的實際形象，但卻使王權喪失了獨立的憲法角色和功能。英國君主立憲制的歷史走向是通過議會主權的成長而不斷將君主虛化，使之僅具有儀式化的象徵性地位，成為英國憲法的「尊嚴」所在。相比之下，貢斯當的君主則具有維繫政體平衡的關鍵性職責，儘管其權力是中立的。

施米特對貢斯當的「中立性權力」學說是極其推崇的，並將之引為支持「總統作為憲法守護者」這一論斷的重要理論來源。施米特的寫作背景是魏瑪憲法所確立之議會民主制無法正常運轉，而總統權力及其行使程式因自由法治國思想的束縛而難以展開。施米特在重述貢斯當之學說時，幾乎原封不動地「照搬」了貢斯當的理論邏輯：

> 在一個將各種權力予以區隔的法治國裏面，這樣的功能不應該附帶地託付給任何一個現存的權力部門，否則該權力部門就會取得相對於其他權力部門的優勢地位，並且使自己不受任何審查。藉此，它也就成了憲法的主宰。因而我們有必要在這些權力部門之外，另行設置一個平行而具特殊中立性的權力部門，其係通過獨特的許可權而與其他部門相互連結，並求取平衡。[26]

施米特只是對貢斯當的理論邏輯作了一點點小小的改動，即這種「中立性權力」並不高於常規政府權力，而是平行關係。施米特將貢斯當的學說稱為「關於中立性、斡旋性和規制性權力」的特別學說，屬於市民法治國的經典學說，並回顧了這一學說在德國國家法學說

---

25. 參見〔英〕戴雪（Albert Dicey），雷賓南（譯）（2001）。《英憲精義》。北京：中國法制出版社。116頁。

26. 〔德〕卡爾・施米特（Carl Schmitt），李君韜、蘇慧婕（譯）（2008）。《憲法的守護者》。北京：商務印書館。190頁。

史（如施泰因〔Lorenz von Stein〕、耶利內克〔Georg Jellinek〕、巴泰
勒米〔Joseph Barthélemy〕、特里佩爾〔Heinrich Triepel〕等），[27] 以
及19世紀的憲法史上的重要影響——「19世紀所有憲法中對國家元
首（君主或國家總統）之特權與許可權所列舉之典型目錄，都可上
溯到該學說」。[28] 當然，施米特的根本意圖是將貢斯當的「中立性君
主」置換為魏瑪憲法中的「總統」，使之具有憲法守護者的職責正當
性。為此，施密特對「中立性權力」學說進行了德國國家法學上的
重構。施米特首先指出：「根據魏瑪憲法所構成的實證法，由全體人
民選出的帝國總統所具有之地位，唯有藉助一種關於中立性、斡旋
性、規制性與持存性權力，並且更進一步開展的學說，才有可能被建
構出來。」[29] 如何「更進一步開展」呢？施米特回歸到德國國家法學
說脈絡中尋找具有支撐作用的相關學說，主要是魏瑪憲法設計者普羅
伊斯（Hugo Preuß）和國家法學者瑙曼（Friedrich Naumann）的觀點。
根據施米特的引述，普羅伊斯認為總統之功能包括：其一，作為眾議
院的平衡力量而存在；其二，構建為所有常規權力機制之外的穩固的
中心。[30] 瑙曼則進一步明晰了總統的憲法角色定位，認為總統應成為
「時時刻刻關注整體狀態的人物」並負擔維繫民族國家之完整統一
性的「代表性義務」。[31] 經此重構，魏瑪憲法的守護者就被理論性地
指向了總統，這正是施米特的論證意圖所在。施米特在論證中多處提
及多元主義的問題，這是苦惱施米特乃至於整個1920年代之德國國
家法學界的共同問題。施米特的政治法學說之建構具有明確的處境意

---

27. 〔德〕卡爾・施米特（Carl Schmitt）（2008）。《憲法的守護者》。北京：商務印書館。
     191頁。
28. 同上，190頁。
29. 同上，194頁。
30. 同上，195頁。
31. 同上，195–196頁。

識，即德國議會在多元主義的衝擊之下已經不能夠達成多數共識並採取及時行動，已經喪失了維護憲法的可能性。施米特突出總統之護憲角色，是其對議會民主絕望態度的一種體現。那麼，施米特如何認識法院在護憲中的角色呢？《憲法的守護者》一書正面討論了這一問題，基本觀點為：其一，實體的司法審查權在德國不足以構成憲法的守護者；其二，對憲法爭議之關鍵決定權屬於立法者──而非司法者──之本質任務。[32] 對於美國的司法審查經驗，根據台灣學者吳庚教授的總結，施米特的排除理由為：（1）德意志不具備盎格魯薩克森傳統，故不能成為美國式的司法國家；（2）美國司法審查主要以正當法律程式條款為手段，保護私人財產及自由之免於國家干預，但在其他領域未必具有功能，其判決亦非廣受尊重，甚至招致危機；（3）美國的司法審查權是偶發性裁判權，不足以擔當護憲重任。[33] 實際上，施米特的「總統」儘管從貢斯當的「中立性權力」學說中獲得了護憲的正當性，但在施米特所引述的關於德國國家法學說對總統作為常規體制外之中心的論證及施米特本人關於「總統／領袖」的人格化理論與政治決斷理論的重構之下，所謂的「中立性」很難獲得理論上嚴格的堅持和制度上有效的保障，「能動性」將逐步取代「中立性」。顯然，從施米特的整體理論脈絡來看，他並沒有嚴守「中立性」的邊界，也沒有認真對待貢斯當關於這一「中立性權力」學說付諸實踐的嚴正告誡：

> 這當然是一項偉大的事業，它需要非凡的天賦和強烈而高貴的使命感。只有陰險狠毒的顧問們才會向一位立憲君主提出不受限制或不受束縛的專制權力的目標，是他心嚮往之，或者扼腕惜

之；那將是含義不清的權力，因為它不受限制；那將是岌岌可危的權力，因為它濫用暴力；它將使君主和人民同樣面臨災難性的後果：前者必將誤入歧途，後者或是忍受折磨，或是走向墮落。[34]

1933年的《授權法》標誌着作為國家元首的總統放棄了「中立性」，獲得了「能動性」，開始了專制暴政。「總統作為憲法的守護者」因為希特勒的負面影響而累及施米特本身構建學說的學術影響。

不過，我們這裏的任務不是「以成敗論英雄」，而是進行理論上的探討，澄清歐陸司法憲政主義的宏觀政治思想背景。凱爾森作為「歐洲憲政之父」，儘管反對施米特關於「總統作為憲法守護者」的具體結論，但對於「中立性權力」學說本身及違憲審查權的「立法權」屬性卻仍然保持着高度的認同。下面我們就簡要考察一下凱爾森如何回應施米特的觀點，以及在一個更加開闊的理論脈絡中凱爾森如何展開自己關於歐陸司法憲政主義的構想的。

在〈誰應成為憲法的守護者？〉一文中，凱爾森對施米特的「憲法守護者」理論進行了針鋒相對的批評。根據吳庚教授的總結，凱爾森的批評意見主要有四點：（1）施米特引述貢斯當「中立性權力」學說的動機在於對魏瑪憲法第48條進行擴大解釋，證成總統的憲法守護者地位；（2）以自己的法律規範層級理論批評施米特關於憲法條文不可供司法涵攝的主張；（3）違憲審查機關的本質是具有維持憲法秩序、撤銷違憲法規的功能，是否具有司法機關名義並不重要；（4）奧地利憲法法院運行良好，可為例證。[35] 凱爾森是1920年的奧地利憲法法院模式的主要設計者，主張通過設立專門的憲法法院作為「憲法的守護者」。

---

34. 〔法〕邦雅曼・貢斯當（Benjamin Constant），閻克文、劉滿貴（譯）（1999）。《古代人的自由與現代人的自由——貢斯當政治論文選》。北京：商務印書館。77頁。

35. 參見吳庚（2007）。《政法理論與法學方法》。北京：中國人民大學出版社。270頁。

為何專門的憲法法院應作為「憲法的守護者」？這需要從凱爾森的純粹法學理論中獲得理解。在《法與國家的一般理論》中，凱爾森一方面認為存在「法律」違反「憲法」的可能性，且必須加以糾正，另一方面又認為賦予立法機關之外的機關來宣告違憲的法律無效可能「在政治上是不合適的」。[36] 凱爾森如何解決憲法保障問題呢？他進一步論述道：

> 關於立法的憲法規則的適用只有在委託除立法機關以外的一個機關以下任務時，才能有效地保證，那就是：審查一個法律是否符合憲法，以及如果根據那一機關的意見，它是「違憲」的，就將他廢除。可能有一個專為這一目的而成立的特殊機關，例如，特殊的法院，所謂「憲法法院」；或者是對法律的合憲性監督，所謂「司法審查」，可能授予普通法院，尤其是授予最高法院。[37]

這裏，凱爾森明確提出了兩種憲法保障模式，即專門法院模式和普通法院模式。由於美國式的司法審查採取的就是普通法院模式，且成熟運行了一百多年，故凱爾森不可能斷然否定其合理性。當然，作為奧地利模式的主要設計者，凱爾森提出了普通法院模式的缺陷——「如果一個普通法院有權審查一個法律的合憲性，它可能只是有權在它認為該法律是違憲法律時就拒絕將它適用於具體案件，而其他機關卻仍然負有適用該法律的義務。」[38] 凱爾森認為美國式的普通法院審查僅具有個案效力，這是對普通法傳統的一種誤解。但無論如何，凱爾森主張在常規的三種權力之外專門設立作為憲法裁判機關的憲法法院，這一模式構成了歐陸司法憲政主義的主導模式。不過，凱爾森本

---

36. 〔奧〕凱爾森（Hans Kelsen），沈宗靈（譯）（1996）。《法與國家的一般理論》。北京：中國大百科全書出版社。176頁。

37. 同上，177頁。

38. 同上。

人並不認為憲法法院是「普通」的法院，違憲審查權是「普通」的司法權，而認為這是一種消極立法權，是憲法賦予憲法法院的一項本該保留給議會的立法職能，而且憲法法院的成員並非如普通法院那樣獨立，而是由國會選舉產生，具有一定的民主基礎。[39] 1949年的《德國基本法》採用了凱爾森的憲法法院模式。學界通常所說的違憲審查的「德奧模式」，就是指凱爾森的這種專門法院模式。由此觀之，凱爾森儘管批評了施米特調用貢斯當之「中立性權力」學說的不良動機和理論歪曲，但在護憲機構的設計上卻沿用了「中立性權力」的思路，在常規國家權力之外創設新的權力機構。

這是歐陸德奧的模式。法國如何呢？法國現代憲政的發展受到法國大革命原則的長期影響，盧梭的民主主義更是支持了其「不斷革命」的歷史進程。直到1958年第五共和憲法頒佈之前，法國並未形成相對成熟的憲法保障機制。法國第五共和憲法標誌着法國憲政新時代的到來。在該部憲法中，一個相對獨立於議會、政府和法院的憲法委員會被設計出來，主要功能是監督憲法關於議會和行政的許可權規定是否獲得遵守、對待決法案之合憲性進行審查、裁決選舉訴訟和提供諮詢意見。在法國歷史上，關於憲法保障機制曾有不同的方案出現，比如西耶斯的「憲法裁判機構」、共和八年憲法的「元老院」、1852年憲法的「參議院」及1946年憲法的「憲法委員會」，但基本上都成為一種「政治的裝飾品」。[40] 第五共和憲法在改進1946年憲法之「憲法委員會」的基礎上強化了該機構的護憲職能。憲法委員會

---

39. 參見〔奧〕凱爾森（Hans Kelsen），張千帆（譯）（2011）。〈立法的司法審查——奧地利和美國憲法的比較研究〉，《南京大學法律評論》。春季號，1–9頁。

40. 參見李曉兵（2008）。《法國第五共和憲法與憲法委員會》。北京：智慧財產權出版社。68–80頁。

在設置上具有明顯的政治性質，因而不同於普通的司法機構，而更接近一種特殊的立法審議機構。不過，憲法委員會在其發展過程中的理論創新及法國憲法本身的結構性修正，為這一機構的司法化提供了更加堅實的基礎，從而使得法國的憲法委員會具有了政治性和司法性相複合的特徵。法國憲法委員會的重要發展主要體現在以下方面：（1）1971年的「結社法決定」開創了憲法委員會保障公民權利的時代；（2）1974年的憲法修正案將法案審查的申請主體資格擴展至「60名議員」，開創了議會少數派第二次挑戰多數意見的審查程式，強化了憲法委員會的立法審議和合憲性控制功能；（3）「憲法團」理論的提出和實踐豐富了第五共和憲法的權利法案，[41] 創造性地將法國歷史上的憲法經驗予以整合，彌合了法國不斷革命帶來的民族歷史的斷裂，是一種真正意義上的「反革命」（counter-revolution）的法理學，[42] 顯示了實踐者的歷史智慧和解釋技藝；（4）2008年的憲法修正案賦予了憲法委員會對已生效法律的審查權，儘管是一種間接審查。由此，法國的憲法委員會模式也構成了歐陸獨具特色的一種司法憲政主義模式。同時，法國的憲法委員會也不是「普通」法院，而是一種「中立性權力」，是常規政府權力機構之外的特殊制度裝置，與貢斯當學說的指向儘管不是一一對應，卻也可以對照。

---

41. 同上，88–119頁。

42. 關於「革命的法理學」與「反革命的法理學」的政治憲法學分析，參見高全喜（2010）。〈論革命的法理學〉，《北京大學研究生學志》。1期；高全喜（2010）。〈美國現代政治的「秘密」——從政治思想史的視角審視〉，《戰略與管理》。合編本5/6期；高全喜（2010）。〈革命與憲法及中國憲制問題〉，《北大法律評論》。北京：北京大學出版社。11卷2輯。

政治憲法的中國之道

我們對歐陸司法憲政主義模式的考察主要以上述德奧法三國為主。[43] 綜合上述考察，司法憲政主義之歐陸模式的核心特徵為：

1. 審查主體採行機構模式，拋棄了憲法守護者的人格化特徵（如貢斯當的「君主」和施米特的「總統」）；

2. 審查機構符合「中立性權力」的基本特徵，是基於特殊功能需求而對分權結構進行的理性修正，相當於憲法中的「第四種權力」，無論是凱爾森的憲法法院模式還是法國的憲法委員會模式；

3. 審查機構具有明顯的政治性質，不是普通的司法機構；

4. 審查機構之許可權直接來源於成文憲法之規定；

5. 審查權安排上採行集中審查模式，不同於美國式的分散審查；

6. 審查對象相容法案的抽象審查和結合個案的附帶審查；

7. 審查重點在初期集中於分權監督與政體平衡，後逐漸轉向權利保護；

8. 以成文憲法和獨立機構為基礎，違憲審查與民主的規範性衝突相對緩和。

儘管貢斯當在19世紀初提出「中立性權力」學說的主要目的並非指向一種司法憲政主義，而是為立憲君主制下的君主在現代憲政體系內尋找到一個合適的角色，但其學說中的理性成分卻激發了施米特、凱爾森等人關於「憲法守護者」的爭辯。施米特試圖通過對貢斯當學說的重構來為魏瑪總統的「憲法守護者」角色正名。凱爾森基於其規

---

43. 當然，這只是就代表性和影響力而言的，實際上歐陸模式內部還存在着某些未定型的「弱司法審查模式」，此類模式在類型化與影響力上相對較弱，且基本上屬於在議會民主與法院審查之間構建合作體系的努力。有關比較與分析參見程雪陽（2010）〈弱司法審查的興起及其對中國的可能意義〉，《憲政、公共政策與法學研究新範式學術研討會論文集》。北京大學法治研究中心主辦，2010年10月16日。

範法學進路和法治主義立場，斷然拒絕了貢斯當和施米特關於「憲法守護者」的人格化傾向，但卻仍然在「中立性權力」的原則範圍內展開關於憲法守護者的建構。凱爾森的方案是在常規權力機構之外另設專門的憲法法院，以成文憲法明確規定其憲法審查的職權與程式。凱爾森的方案稱為二戰前的奧地利和二戰後的德國之憲法保障機構的基本模式，屬於德奧版的司法憲政主義。法國的憲法委員會模式也具有「中立性權力」的基本特徵，與德奧的憲法法院模式一起構成了堪與美國式司法審查模式相媲美的歐陸司法憲政主義模式。

歐陸模式相對於美國模式具有明顯的理性和可攜性優勢，主要體現在：（1）違憲審查機構之職權與程式具有明確的成文憲法依據，不必以「普通法理由」來加以證成；（2）集中審查更有利於保證憲法解釋與適用的一致性；（3）相容抽象審查與附帶審查，能夠更加全面地維護憲法秩序的權威性；（4）違憲審查機構設置成獨立於常規權力機構的「中立性權力」，在政體結構上更加合理，更少爭議。

3. 司法憲政主義的經驗模式：轉型國家模式

前面考察了司法憲政主義的美國模式和歐陸模式。比較而言，美國模式更加單一和特殊，而歐陸模式更加複雜卻更富理性色彩。這兩種模式代表了司法憲政主義的主流模式，是西方經驗的重要組成部分。現在我們要討論的轉型國家模式基本上是參照這兩種主流模式進行組合設計的產物。何謂「轉型國家」？這是發展政治學的一個概念，指的是傳統社會主義國家和第三世界經過非殖民化而新獨立的國家，其轉型的基本目標是建立一種現代性的民主憲政體系。亨廷頓（Samuel P. Huntington）的「民主波次論」討論的就是轉型國家的問題。

　　當我們將轉型國家納入世界憲政地圖予以結構性和模式化分析時，我們就需要對分類框架作出一定的修正。王衛明博士在對轉型國家的違憲審查模式進行比較研究時發現：「集中審查和分散審查已經無法涵蓋所有國家的違憲審查狀況。在轉型國家，特別是絕大多數拉美國家，出現了融合集中審查和分散審查兩種方式的發展趨勢。傳統的二分法已不能說明某一個國傢俱體的、獨特的違憲審查制度。對於處於轉型中的國家，如果違憲審查觀念在一個國家形成的歷史愈長，那麼這樣的國家違憲審查制度就愈顯得複雜。」[44] 比如，王衛明博士舉了頗具代表性的拉美國家哥斯達黎加（Costa Rica）的例子。該國的司法審查制度的演變歷史為：（1）最初的司法審查制度以美國式的分散審查為母版，由普通法院「普遍地」承擔起違憲審查的職責；（2）在20世紀受到德國與西班牙的憲法法院模式的影響，出現了審查集權的趨勢；（3）普通法院因運行良好而無法取消其違憲審查權，改革的結果是在最高法院專設憲法審判庭；（4）司法審查制度的現狀是普通法院的分散審查和專門法庭的集中審查並存。[45] 顯然，哥斯達黎加司法審查制度的結構性演變，與其作為拉美國家所處的地緣政治形勢及作為西班牙傳統殖民地的殖民歷史，有着不可忽視的聯繫。這也印證了轉型國家模式的一般特徵：在美國模式與歐陸模式之間進行着「自由選擇」但未必是「深思熟慮」式的組合。這種表面上「東拼西湊」和「博採雙長」式的司法憲政主義，未必能夠為該國的憲政發展與國家轉型提供真正理性化的制度支撐。鑑於轉型國家模式的複雜性特徵，王衛明博士提出了超越傳統二分法的三分法，即集中審查模式、分散審查模式和混合審查模式。[46] 不過，這種簡單增加第三種類型的方法似乎還不足以應對轉型國家模式的多樣性與複雜性。

---

44. 王衛明（2008）。《東歐國家違憲審查制度比較研究》。北京：中國政法大學出版社。65頁。

45. 同上。

46. 同上，66頁。

　　張千帆教授在一項關於司法審查制度的大樣本比較研究中，提出了更加合理化的分類框架，即「將普通法院的審查制度進一步分為分散和集中兩種模式，兩種兼備的稱為『普通混合』模式；專門機構的審查制度則進一步分為以德國憲政法院為代表的特殊法院模式和以法國憲政院為代表的委員會模式，而同時具備專門審查和普通審查的制度被稱為『歐美混合』模式」。[47] 基於這樣的「六分法」框架，張千帆教授對世界194個國家或地區的司法審查制度進行了類型化處理，並以各大洲為統計比較單位製成了司法審查的「世界地圖」，引述如下：

表1.1：司法審查制度的世界分佈（國家或地區數量）[48]

地理位置	司法審查總數	普通分散	普通集中	普通混合	特殊法院	委員會	歐美混合
亞洲	35／50（70%）	4	10	3	15	2	1
美洲	35／35（100%）	4	20	4	0	0	7
歐洲	41／44（93%）	4	4	1	25	1	6
非洲	50／51（98%）	1	13	4	20	11	1
大洋洲	12／14（86%）	2	8	2	0	0	0
總數	173／194（89%）	15	55	14	60	14	15

　　值得說明的是，這份統計表主要是基於對各國憲法之文本分析的結果，而文本並不能等同於實踐，或者說「憲法」不能簡單等同於

47. 張千帆（2008）。〈從憲法到憲政──司法審查制度比較研究〉，《比較法研究》。1期。
48. 同上。

「憲政」。不過,由於憲法文本是一個民族國家的總體政治決斷的產物,故載有「司法審查」條款本身即意味着某種走向司法憲政主義的意志,儘管具體實踐成效參差不齊。由於通過司法憲政主義而成為成熟憲政國家的實際數目屈指可數,該表基本可以作為分析說明轉型國家憲政走向的一種統計性論據。從該表之實際資料來看,轉型國家對司法憲政主義的選擇具有如下特義:(1)從總體來看,統計範圍內的194個國家中有173個國家建立了司法審查制度,比列高達89%,這表明絕大多數轉型國家選擇了司法審查制度;(2)從典型性來看,採取普通法院分散審查模式(美國模式)的國家是15個,採取特殊法院/委員會模式(歐陸模式)的國家是74個,這表明歐陸模式更容易被轉型國家採用,具有可攜性上的優勢;(3)司法審查權的集權性來看,集中審查模式的國家遠遠超過分散審查制的國家,這表明司法審查權作為一種有別於常規政府權力的特殊權力,轉型國家在制度設計時更多選擇了集權模式;(4)從大洲分佈來看,亞洲比例最低(70%),其他四大洲的比例較高,基本屬於同一檔次,原因何在?這可能需要調用殖民主義理論和亨廷頓的「文明衝突論」來解釋,即歐美是具有文化同質性的殖民主義國家體系,是種族主義的文明優越論的原產地,非洲國家在殖民體系上依附於歐洲國家,拉丁美國國家則經歷了歐洲之葡萄牙與西班牙的長期殖民,後又受到美國新殖民主義的深刻影響;因此,處於依附地位的拉美和非洲在制度形態上便更多具有歐美的複合烙印,其本身的文明遺產在經歷殖民主義的長期跌宕之後不足以在現代政治體系中佔據原則性地位,而亞洲儘管也遭受到了世界性的殖民主義的衝擊,但在文化與政治上相對自主,構成了亨廷頓所謂的「文明衝突論」的主要「他者」,在政治體制上並未簡單依附於歐美主流模式,而具有複雜的憲法精神結構與制度體制(如儒家文化價值觀、社會主義、伊斯蘭主義等)。應該說,這份統計表恰恰說明了亞洲政治體系的多元性、傳統性和自主性特徵。不

過，從所謂「大趨勢」來看，亞洲是世界憲政的「異數」，中國則是大國憲政的「異數」。

現在我們來總結一下司法憲政主義之轉型國家模式的核心特徵：

1.　轉型國家主要通過制憲過程產生一部成文憲法來實現司法憲政主義模式之建構；

2.　轉型國家在司法憲政主義具體模式的選擇上主要受到殖民歷史的影響，在歐陸模式和美國模式之間進行組合，自身不具備構成獨立模式的可能性；

3.　轉型國家模式具有多元性和複雜性的特點，相比歐美的典型模式，它們往往具有更加複合的制度體系；

4.　轉型國家模式中以移植歐陸模式者相對居多，美國模式次之；

5.　轉型國家中的亞洲國家之文明連續性與政治自主性相對較高，其憲政模式具有未定型的特點，其自身文化傳統與歷史經驗對政體結構的塑造作用明顯；

6.　轉型國家之司法憲政主義從「文本選擇」到「成熟實踐」之間存在較大距離，參差不齊的司法憲政主義實踐對於自身之種姓政治、部落政治、等級政治、宗教政治、文化政治等傳統政治因素的改造效果有限，例如司法審查制度比例高達98%的非洲在治理成效和現代化進程上就未必優於亞洲。

轉型國家大多脫胎於傳統殖民主義和社會主義體系，它們在獨立或重新回歸西方之後進行政治重建的過程中，一般接受的都是西方關於轉型的規範方案：通過選舉民主重建政治權威，通過司法審查保護人權，通過聯邦制協調中央與地方關係。但是諸多的發展政治學的實證研究都表明，這樣一套規定動作並沒有實現預期目標，倒是造成了諸多「失敗國家」（failed state）。因此，數量和比例可能未必能夠說明什麼問題，而且在一種政治與文化上的弱勢心理支配之下的、未經

充分「深思熟慮」之「自由選擇」的司法憲政主義，可能也並非真正
的「民族自由」的意志表達。在轉型國家面對的諸多工之中，國家構
建和政治（人民）成熟可能構成更具理性和優先性的目標。著名政治
學者王紹光教授曾在民主「第三波」的尾聲之中提出「建立強有力的
民主國家」 的命題，[49] 這是對發展政治學主流理論和轉型國家憲政
模式選擇的一種警示。

4. 小結：選擇理由與觀念基礎

以上部分通過對司法憲政主義之美國模式、歐陸模式和轉型國家
模式的經驗性考察與比較，初步展示了司法憲政主義之基本公式「憲
政＝司法審查」在不同憲政模式中的邏輯基礎和制度樣態。我們發
現，司法憲政主義確實呈現出了「全球化」的趨向，其基本態勢是從
現代文明的核心區域（歐洲、美國）以美國模式和歐陸模式為底版，
借助傳統殖民主義的影響路徑及社會主義體系失敗之後的回歸心理，
向外輻射、交互並形成了豐富而複雜的司法審查模式結構。

司法憲政主義之不同模式的選擇理由則有所不同：在美國模式中
呈現為「普通法理由」和成文憲法之形式邏輯，以「普通法理由」為
主；在歐陸模式中，始自貢斯當的「中立性權力」學說和凱爾森的規
範法學是主要理由；在轉型國家模式中，殖民主義的傳統影響和社會
主義體系失敗之後的回歸心理是主要理由。美國模式和歐陸模式屬於
「自由選擇」和「深思熟慮」的結果，是西方制度文明自然演進的產
物，且分別打上了西方大傳統之下的文明小傳統（尤其是哲學傳統與
公法文明傳統）的烙印。轉型國家模式之選擇理由大多基於殖民歷史

---

49. 參見王紹光：〈建立一個強有力的民主國家——兼論「政權形式」與「國家能力」的區別〉
（1990年12月），載王紹光（2007）。《安邦之道：國家轉型的目標與途徑》。上海：三聯
書店。3–32頁。

依賴性和政治重建的功利心理，在「深思熟慮」上不夠自主與充分，在制度組合上出現了在參照歐美主流模式時的疊床架屋、思路不清晰、左右搖擺的傾向。因此，司法憲政主義之制度比較研究的意義可能是有限的，對於中國憲政轉型而言，更加重要的還是西方主要國家憲政之原理研究和本土的政治憲法經驗研究。

關於作為司法憲政主義選擇理由之深層預設的觀念基礎，翟小波博士曾通過思想史的考察進行了總結，認為包含兩個基本的觀念前提：（1）憲法是高級法和根本法，具體分解為六個方面，即源遠流長的自然法和高級法學說、法律職業反映神秘實踐理智的法律知識論、一切權力尤其是立法權皆為有限的權力觀、依靠一紙文件建立一個國家的理智主義、「共通正義和理智」的高級法本體論，以及社會契約論、自然權利論和人民主權論等國家和法權哲學；（2）同位制衡的三權分立，要求破除立法權優越與至上思想。[50] 翟小波博士的總結基本上是以美國式司法審查模式為對象的，這些觀念基礎直接支撐了上述作為美國模式選擇理由的「普通法理由」和成文憲法的形式邏輯，其在文章的開頭也作了明確的交代——「本文所說的違憲審查制，主要是（美國式的）立憲合法性的司法審查制」。[51] 根據美國模式提煉司法憲政主義的觀念基礎，對於轉型國家而言可能「門檻」更高。當然，作為反司法化論者，這樣一種批評也可視為一種非常機智的選擇，為其後期提出「代議機關至上的人民憲政」作出鋪墊。不過，歐陸模式具有顯然不同的觀念基礎，並不以上述概括性要素為嚴格必要之前提，而於「三權」之外另闢蹊徑，從分權框架的理性修正出發，結合規範法學的理論基礎，成就出一種作為機構權力的「中立性權力」作為歐陸違憲審查的憲法載體。

50. 參見翟小波（2009）。《人民的憲法》。北京：法律出版社。122頁。

51. 同上，65頁。

　　對於司法憲政主義之觀念基礎問題，在歐美學界關於政治憲政主義的討論中也常有觸及。比如英國政治憲法學者亞當・湯姆金斯（Adam Tomkins）就總結出了司法（法律）憲政主義的六大核心原則：（1）法律是一種不但區別於而且高於政治的活動；（2）法律活動的主要舞台在法院；（3）個人應盡可能地保持自由，免於政府的干涉；（4）一旦政府干涉不可避免，該種干涉必須受到理性的限制並具有理性基礎；（5）政府干涉的範圍及其正當性是應由法官加以決定的法律問題；（6）法律應通過關於合法性的特定規則和一般原則（如人權）來控制政府。[52] 另一位英國政治憲法學者則將法律憲政主義的主要理由（觀念）概括為更為簡明的兩條：（1）基本權利的可共識性；（2）司法過程更加理性可靠。[53] 關於貝拉米（Richard Bellamy）的概括，身處司法憲政主義大本營的某些美國憲法學者也有類似觀點，並提出了值得重視的、可稱為美國之「人民憲政論」的理論批評，如理查・派克（Richard D. Parker），馬克・圖什內特（Mark Tushnet）等。[54]

---

52. See Adam Tomkins (2005). *Our Republican Constitution*. Oxford: Hart Publishing. pp.10–25.

53. See Richard Bellamy (2007). *Political Constitutionalism: A Republican Defense of the Constitutionality of Democracy*. Cambridge: Cambridge University Press. p.3.

54. Parker 教授1994年出版的一本小冊子被認為是美國「人民憲政論」的開端，See Richard D. Parker (1994). *Here, the People Rule: A Constitutional Populist Manifesto*. Harvard University Press. pp.3–5; Tushnet的批評可參見〔美〕馬克・圖什內特（Mark Tushnet），田飛龍（譯）（2011）。《分裂的法院：倫奎斯特法院與憲法的未來》。北京：中國政法大學出版社；〔美〕馬克・圖什內特（Mark Tushnet），田飛龍（譯）（2012）。《憲法為何重要》。北京：中國政法大學出版社，1–13頁。

二、憲政母國的另一種聲音：英國的「政治憲法」傳統

中國是大國憲政的異數，而作為憲政母國的英國也不具有現代司法憲政主義的規範格式，在西方成熟憲政國家中頗有幾分「異數」之象。直觀地看，中國與英國憲政還確實具有幾分相像，兩國都遵奉「議會至上」，都沒有發展出任何一種可歸類於司法憲政主義之美國模式或歐陸模式的憲政框架，都在現代憲政地圖的邊緣位置。這種形式和境遇上的相似性確實啟發過某些不滿「美國憲法教條主義」的中國憲法學者。多少有些受到英國憲法的啟發，翟小波博士提出「代議機關至上的人民憲政」，[55] 強世功教授提出「中國憲法中的不成文憲法」。[56] 這些啟發、類比乃至附會儘管可能忽略了中英兩國憲政框架的根本性差異（比如英國憲政中不存在「黨的領導」的問題，中國憲政中不存在「競爭性政黨」的問題），但卻多少指明了中國憲法的「政治」或「民主」主題，指明了中國憲政動力結構的規範內核。

回到英國憲政。英國是普通法的母國，也是現代憲政的母國。在陳述現代憲政之歷史與思想淵源時，兩條主線不容忽視：一是以羅馬憲政為模範的大陸理性主義傳統，二是以英國普通法憲政為模範的英國經驗主義傳統。在不成文憲法的經驗主義邏輯之下，英國政治與法律精英通過普通法的建制化和一系列蘊含現代憲政基本原則的憲法性文件，在數百年的歷史時間內添附、反思、駁正和積澱，為現代憲政提供了厚重的歷史基礎。前已述及，17世紀的英國大法官柯克已經從普通法的角度提出了司法獨立和司法審查的原則框架。但普通法的

---

55. 參見翟小波（2007）。〈代議機關至上的人民憲政——我國憲法實施模式的解釋性建構〉，《清華法學》。2期。

56. 參見強世功（2009）。〈中國憲法中的不成文憲法——理解中國憲法的新視角〉，《開放時代》。12期；強世功（2009）。〈「不成文憲法」：英國憲法學傳統的啟示〉，《讀書》。11期。

經驗主義進路所附帶的法律體系的凌亂、缺乏系統性的缺陷也逐漸顯露出來。普通法在近現代日益受到羅馬法、教會法和議會制訂法之簡明理性的挑戰。真正將普通法條理化並帶入現代世界的人是布萊克斯通,其《英國法釋義》完成了英國普通法的理論化與系統化,並奠定了英國普通法教育的基礎模式。《英國法釋義》深深影響了英國北美殖民地的法律精英和法學教育,強化了英國普通法對美國法的系統性影響。

不過,由於現代世界普遍接受人民主權,英國憲政的普通法傳統無法對抗與人民主權具有更直接法權聯繫的議會主權。英國法院在長期的司法實踐中對議會主權逐漸分化出兩種態度:一是遵從議會主權的「越權模式」,這表明權力之界限是由議會法律確定的,法院不過是守護議會法律之成文規定而已;二是沿襲柯克傳統的「普通法模式」,即法院可以根據普通法的理性和邏輯確定權力界限乃至於審查議會法律,普通法具有接近於成文憲法的地位。[57] 與美國相對照,英國憲政邁入現代司法憲政主義似乎是「萬事俱備,只欠東風」。何謂「東風」?成文憲法也。基於同樣的原因,英國民間早已存在數部成文憲法草案,而1998年《人權法》的通過更是令司法憲政主義的鼓吹者激動不已,因為在他們看來,憲法的本質部分就是「權利法案」。然而,由於缺乏正式的制憲過程和對成文憲法的形式化宣示,《人權法》可能不過就是英國不成文憲法序列上的一部當代文件而已。而且,止步於現代憲政門檻處的英國憲政在經歷布萊克斯通以來兩百多年的發展之後,已經逐步具有了自身不同的性格。在法院視角和傳統普通法敘事模式之外,一種「政治憲法」 (political constitution) 的解釋模式逐漸興起並在英國憲法學界產生重要影響。

---

57. 關於「越權模式」和「普通法模式」的相對簡明的考察與分析,參見何海波(2007)。《司法審查的合法性基礎——英國話題》。北京:中國政法大學出版社。

英國的「政治憲法」傳統是一種「議會自己」（the Parliament itself）式的傳統，強調議會主權和政黨政治，強調通過政治過程解決基本社會爭議的正當性，強調共和主義自由觀和平等的政治參與。對這一傳統作出卓越貢獻的英國學者包括白芝浩、戴雪、拉斯基（Harold Laski）、格里菲思（J. A. G. Griffith）、湯姆金斯、貝拉米等。對英國「政治憲法」傳統的系統梳理將在以下相關章節中具體展開，這裏只是簡要介紹英國憲政的特殊性，以此表明司法憲政主義的現代形式與特定政治體的政治傳統之間存在着緊密的聯繫。

三、一次失敗的嘗試：齊玉苓案與中國「憲法司法化」的規範訴求

與歐美司法憲政主義席捲現代世界的主流趨勢相比，英國的「政治憲法」傳統雖獨樹一幟，卻也明顯處於下風。歐美的司法憲政主義伴隨着亨廷頓式的「民主波次」極大地衝擊並引誘轉型國家進行結構性的憲法改革。司法憲政主義的話語塑造了關於憲政的單一化的框架與模式。司法憲政主義在中國的登陸和嘗試，就其必然性而言是30年形式主義法治進程的結果。就其偶然性而言，是與2001年的所謂「憲法司法化第一案」──「齊玉苓案」聯繫在一起的。司法精英與法學家群體，試圖將該案與美國1803年的「馬伯里案」相比附，通過對憲法之「法律性」和司法之「專業性」的強調，依託中國的成文憲法，以司法批覆為形式，在中國推動一場馬歇爾式的「普通法」憲政革命。經由此案之激發，憲法學界掀起了「憲法司法化」的研究熱潮。然而，這註定是一場失敗的嘗試，「憲法司法化」的規範訴求忽視了中國自身的政治憲法結構。2008年，時隔七年之後，同一個最高法院親自「廢止」了寄託着中國憲法學者集體理想的那個批覆。本

節即擬對該過程予以簡要回顧，呈現出司法憲政主義「中國化」的一次獨特經驗。

1. 何以成案：知識狀況與基本案情

首先簡要交代一下「齊玉苓案」發生時的憲法學知識狀況。改革開放以來的中國憲法學仍然受到馬克思主義階級分析方法論的影響，在知識體系上突出憲法的階級屬性和政治原則的控制功能，對於基本權利的系統學理、憲法司法化的具體模式等涉及較少，對於違憲審查的研究也不夠重視。[58] 在憲法實施和憲法監督問題上，傳統學說通常嚴格從中國憲法文本的「人大」條款出發，主張通過人大立法的「間接實施」模式和依賴人大監督權的立法監督模式。2000年開始的新世紀，在憲法學學術方向上則發生了重要的變化。首先是本土憲法學者王磊教授獨立提出了面向未來的「憲法司法化」命題，作者自陳：「《憲法的司法化》的基本觀點是憲法的司法化。上一個世紀我國憲法學的研究和實踐有一個很大的誤區，就在於沒有真正把憲法作為一部法並通過法院來實施。《憲法的司法化》一書的誕生反映了我九年來在北大教學和科研過程中對我國憲法苦苦探索的過程。」[59] 其次是在比較憲法學領域，剛剛留學回國的張千帆教授出版了《西方憲政體系‧上冊：美國憲法》，[60] 對美國憲法學作出了「職業主義」的體系性敍述，深化了國內學界對美國憲法的制度性理解。阿克曼（Bruce Arnold Ackerman）教授將美國憲法學敍事模式分為「職業主義」和

58. 參見張友漁等（2003）。《憲法論文集》。北京：社會科學文獻出版社。文集收錄了作者改革開放以來的諸多憲法學文章，具有代表性。

59. 參見王磊（2000）。《憲法的司法化》。北京：中國政法大學出版社。

60. 參見張千帆（2000）。《西方憲政體系‧上冊：美國憲法》。北京：中國政法大學出版社。

「整全主義」，[61] 儘管他本人認為「職業主義」存在認識上的欠缺而選擇了「整全主義」，但「職業主義」在2000年之後卻相當深刻地塑造了中國學界對憲政的想像、敘事和追求。稍晚於2000年的憲法學學術變遷，留日歸來的林來梵教授在2001年出版了作為其「規範憲法學」前言的《從憲法規範到規範憲法》，[62] 為國內學界補充了關於德日憲法學的規範體系知識。這樣一來，憲法學研究群體的代際更替、憲法學知識體系的多樣構成和憲法學學術方向的結構性調整，共同烘托出了作為中國「憲法司法化第一案」的「齊玉苓案」的當代憲法學知識背景。[63] 與知識更新相協同，部門法學經過改革30年的「部門法自治」運動，[64] 在法治主義的大邏輯下對於「憲法司法化」之接受已經沒有知識理論上的障礙了。在此背景下，剛剛邁過新世紀門檻的中國職業法學家和司法精英已經具有了對現代憲政之外部知識和本土實踐的相對協同的訴求。「齊玉苓案」因此成為中國初步成長起來的「法律共同體」推動中國憲法司法化和中國憲政的一次歷史性嘗試。

　　「齊玉苓案」是一起涉及受教育權的侵權案件，具有民事案件的性質，中國法院系統也是按照民事案件予以立案和審判的，因而並非典型的憲法訴訟案件，但這並不影響其成為「憲法司法化第一案」。該案的基本案情是：原告齊玉苓原系山東省滕州市第八中學初中畢業

---

61. 參見〔美〕阿克曼（Bruce Arnold Ackerman），汪慶華（譯）（2005）。《二元民主制》。《法大評論》，四卷。北京：中國政法大學出版社。

62. 參見林來梵（2001）。《從憲法規範到規範憲法──規範憲法學的一種前言》。北京：法律出版社。

63. 這種變遷與改革以來中國憲法學理論流派的結構性分化有關，關於流派分析的具體分析，參見田飛龍（2009）。〈中國憲法學理論流派的形成〉，《山東大學法律評論》。濟南：山東大學出版社。6輯。

64. 對「部門法自治」運動的邏輯和過程的考察與分析，參見高全喜、張偉、田飛龍（2012）。〈面向常態的轉型法治：改革與治理〉，《現代中國的法治之路》，第五章。北京：社會科學文獻出版社。

生，1990年通過了中專預選考試，取得了報考統招及委培的資格，並於同年經過考核被山東省濟寧市商業學校錄取；被告陳曉琪在中專預選考試中落選，但卻在有關方面的違規操作之下「冒名」頂替齊玉苓領取了〈錄取通知書〉，報到入學，並於1993年畢業之後被分配到中國銀行滕州市支行工作；1999年，齊玉苓得知基本侵權事實，以陳曉琪及有關學校和單位侵害其姓名權和受教育權為由訴至棗莊市中院，要求被告停止侵害並賠償經濟損失和精神損失。一審棗莊中院認定姓名權侵權成立，但以原告主動放棄受教育權為由，駁回該部分的訴訟請求。齊玉苓不服一審判決，上訴至山東省高院，主張自己並未放棄受教育權。山東省高院認為本案存在法律適用上的疑難：侵權行為發生時的《民法通則》並未直接規定受教育權，1986年的《義務教育法》又因為齊玉苓的中專教育超出了「義務教育」範圍而不能適用，可適用於中專教育的《教育法》1995年才開始實施，只有《憲法》第46條第1款直接規定了受教育權，成為該案裁判唯一的規範依據。山東省高院於是以魯民終字第258號《關於齊玉苓與陳曉琪、陳克政、山東省濟寧市商業學校、山東省滕州市第八中學、山東省滕州市教育委員會姓名權糾紛一案的請示》向最高院提出司法請示，最高院經研究，正式發佈了個案批覆《關於以侵犯姓名權的手段侵犯憲法保護的公民受教育的基本權利是否應承擔民事責任的批覆》（法釋〔2001〕25號），其核心內容為：「經研究，我們認為，根據本案事實，陳曉琪等以侵犯姓名權的手段，侵犯了齊玉苓依據憲法規定所享有的受教育的基本權利，並造成了具體的損害後果，應承擔相應的民事責任。」最高院的批覆直接援引憲法作為具體民事案件的裁判依據，並以個案司法解釋的方式確立了憲法作為司法裁判依據的司法政策。山東省高院根據最高院的批覆作出終審判決，支持了齊玉苓的上訴請求。

　　該案成為「憲法司法化第一案」除了前述知識背景下法學家與司法精英的「共識」之外，還存在某些偶然性因素：（1）侵權事實非常清楚，且單純依據《民法通則》提供的姓名權侵權救濟既偏離該侵權行為的「本質」，且救濟效果也明顯偏輕；（2）司法系統內部的「請示─批覆」工作模式，這是一種司法解釋的極限模式；（3）侵權行為發生時的法律狀況，必須提供法律救濟，而其依據只能是憲法。上述因素缺乏任何一個，都可能造成該案法官簡單依據普通法律進行裁判。正是這種司法「極端事件」倒逼出了這樣一個影響深遠的司法批覆（解釋）。儘管批覆僅僅針對個案，但解決的是一類普遍性的法律解釋與適用問題，且其本身所具有的規範格式可以作為批覆具有普遍適用效力的證明：（1）該批覆以「法釋〔2001〕25號」的形式發佈，屬於司法解釋的一種特殊形式；（2）該批覆經過最高院審判委員會正式通過，並以最高院公告的形式發佈；（3）最高院在該批覆的公告中明確規定了實施日期。個案批覆構成有別於最高院「抽象解釋權」的一種特殊的司法解釋權。問題是，1982年全國人大關於法律解釋的決定僅僅授予了最高院對普通法律具體適用問題的解釋權，對憲法的解釋權在1982憲法上被明確配置給全國人大常委會（第67條第一項）。這個「大膽」的解釋如何正當化呢？它是否可以為中國帶來一個「馬伯里案」式的憲政時刻？圍繞該案的所有的興趣、爭議乃至於意義都不約而同地被編織進該案與兩百年前的「馬伯里案」的某種同構性想像之中。

2.　憲法司法化：黃松有的法官邏輯

　　對該司法解釋的推行背景及其「憲法司法化」的規範訴求，時任最高院民一庭庭長、對該批覆起到重要影響的黃松有法官的解釋頗

政治憲法的中國之道

具代表性。[65] 在該批覆作出之後不久，該法官在《人民法院報》上撰文評析該批覆，明確提出中國應該建立美國式的普通法院司法審查制度。[66] 這裏將簡要呈現並分析黃松有法官的論證邏輯。

在該文中，黃松有法官首先根據基本案情和最高院的批覆內容歸納出了一個憲法上的問題，即：「公民在憲法上所享有的受教育的基本權利能否通過訴訟程式獲得保障或救濟？或者説憲法是否可以作為法院裁判案件的法律依據而在裁判文書中直接援引？」。這裏存在具有遞進關係的兩個設問，前者是結合本案的技術性設問，後者則是涉及憲法司法化的一般性問題，顯然，黃法官更感興趣的是後者。接着，黃法官從司法實踐的角度指出了中國憲法實施中存在的問題，即未司法化的問題。黃法官認為：「憲法在我國的法律適用過程中實際上面臨着十分尷尬的處境：一方面它在我國法律體系中居於根本大法的地位，具有最高的法律效力，是各種法律法規的『母法』；另一方面它的很大部分內容在我國的司法實踐當中被長期『虛置』，沒有產生實際的法律效力。」何以如此呢？黃法官認為有三個方面的原因：（1）憲法本身具有高度的抽象性，司法實踐通常只援引具體的法律規定；（2）對憲法政治性的過分強調妨礙了憲法法律性的突顯和憲法的司法化；（3）司法實務界對1955、1986年最高院關於司法裁判依據的兩次批覆存在僵化理解。應該説，黃法官對中國憲法未能司法化的原因診斷代表了當時通行的看法。然而，通行的看法未必就是真理。黃法官此處的邏輯存在一定的問題：（1）憲法不能司法化不等於憲法不具有實際的法律效力，司法化只是憲法實施的途徑之一；

---

65. 該法官後因司法腐敗而承擔了刑事責任，但該批覆及其代表性評論還是很能説明當時學界和司法精英對於憲政模式的集體想像的。

66. 參見黃松有（2001）。〈憲法司法化及其意義——從最高人民法院今天的一個《批覆》談起〉，《人民法院報》，8月13日版。

（2）中國憲法在文本上將憲法解釋權明確配置給全國人大常委會，根據中國的人大至上原則，這就排除了最高法院獨立解釋憲法的權力；（3）憲法同時具有政治性和法律性，這是憲法區別於普通法律的根本標誌；（4）憲法政治性的過分強調不等於憲法真正的被「政治地」（politically）實施了，「憲法民主化」與「憲法司法化」同時構成中國憲政轉型的核心目標，且根據中國的憲政體制，「憲法民主化」更具價值優先性和體制優勢；（5）1955、1986年最高院的兩次批覆顯示了司法的節制精神，不同於2001年批覆中彰顯的司法能動主義。很顯然，黃法官作為司法精英，是司法能動主義的主張者。為強化「憲法司法化」命題的正當性，黃法官在引出「馬伯里案」之前作了兩項工作：一是通過對1955、1986年兩次批覆的技術性解釋及對最高院關於「司法解釋」作為正式法律淵源的政策規定的解讀，表明在最高院的司法政策框架中並不反對「憲法司法化」；二是通過對黨政領導人憲法講話的政策性解讀引申出憲法機制創新的政治正確性。這樣，黃法官就按照法官的邏輯將中國憲法司法化的需求正當化了。按照邏輯的自然發展，黃法官緊接著討論了方案供給的問題。黃法官直接援引了1803年的馬伯里案，但只引用了馬歇爾大法官的一句過於簡單化的判詞——「立法機關制訂的與憲法相抵觸的法律無效」——然後一步跳躍到憲法司法化的世界歷史之中，列舉出了美國的普通法院模式和德奧的特別法院模式，並以中國不存在專門的憲法法院為由，主張採行美國式的普通法院模式。為證明其選擇美國模式的正當性，黃法官還明確闡明最高院的此次批覆具有「先例」作用，開創了法院通過普通民事程式保護公民基本權利的先河。黃法官這裏關於模式選擇的邏輯存在更嚴重的斷裂或誤識：（1）黃法官自始至終沒有正面解釋中國憲法文本中的憲法解釋權條款，而是從單純的法官邏輯和比較憲法經驗出發推導出中國憲法司法化的正當性及其具體方案，顯然是錯置了中國司法所根植的政治時空，因為中國不是一個

普通法國家；（2）黃法官對馬歇爾推理邏輯的考察過於簡單化，忽視了美國憲政背後的「普通法理由」和「成文憲法的形式邏輯」必須同時起作用才能夠支撐一種非文本性的司法審查模式；（3）黃法官對於歐陸模式根植的「中立性權力」學說及其模式理據基本上處於失察狀態，不理解歐陸成文法傳統下如何將「違憲審查」轉化為具體憲法制度的理性邏輯；（4）中國的憲法司法化採取「普通法院」模式貌似「阻力最小」，實質「阻力最大」，難以被中國的政治憲法結構相容；（5）以個案作為憲法司法化的「先例」在中國法律傳統中不具有正當性；（6）中國違憲審查模式的設計是嚴格的憲法改革命題，中國司法自身的權威性與工作能力均不足以承擔這一使命。實際上，與法學家和司法精英的「職業天命」情結不同，中國的立法者對於違憲審查的思考一直是從中國憲法自身的政治結構出發的，普通法院基本上不在此類設計的考慮之列。這方面的制度性進展主要體現在：（1）2000年的《立法法》第90、91條規定了法規備案審查的申請主體和審查程式，最高法院是申請主體之一；（2）根據香港基本法的規定和香港憲政發展的實際需求，全國人大常委會基於香港方面的提請進行了法律解釋。當然，現有制度的缺陷也是明顯的：（1）法規備案審查程式的「程式化」不足，缺乏公開性和具體的審查實踐；（2）僅限於法規層面的違憲／違法審查，對於法律違憲及憲法適用問題基本沒有涉及；（3）香港基本法的解釋主要處理的是中港關係中的主權問題，對內地的借鑒意義有限。因此，從尊重憲法文本和憲法權威的角度而言，中國憲政轉型的真實命題並不是借助職業法律人及其「職業天命」來推動一場「普通法」式的憲政革命的問題，而是如何促使憲法上的憲法解釋權具體化及如何通過制度供給落實「憲法民主化」的政治憲法任務的問題。

3. 走向失敗與理論反思

　　從2001年8月13日該批覆生效到2008年12月8日最高院明確廢止
這一批覆，這一時期誕生了大量關於憲法司法化的譯著、論著和論
文，這裏不能一一綜述。值得指出的是，該批覆被廢止的理由是「已
停止適用」，這是一個很難讓學者信服的理由。[67] 這顯然只是最高院
的一種技術化的「表面」理由，真實理由何在？這已經超出了中國法
院的「解釋權」範圍。最高院的大量批覆中，可能還沒有哪一個批覆
像該批覆一樣牽動着諸多法學家的敏感神經。這一批覆是最高院司法
能動主義的典型體現，從草草而悄悄地登場，到草草而悄悄地退場，
「棧道」明修了，「陳倉」卻未能暗渡。根由就在於：這不是一個普
通法國家，憲法文本中的既定權力結構是中國憲法的真實存在，而非
「虛置」，最高院的失敗嘗試本身就證明了中國司法從「職業天命」
觀出發的憲法想像無法獲得中國憲法內部任何決定性政治力量或法律
傳統的支持，證明了法官眼中的中國憲法遭遇到了另外一種中國憲
法——政治憲法，還證明了憲法的法律性和直接依託普通法院的「憲
法司法化」無法承載中國憲法的整體生命。

　　然而，一次失敗的嘗試，一個司法批覆的被廢止，並不意味着中
國憲政之路的中斷。相反，這啟發我們一方面要認真對待中國憲法的
文本，另一方面要重新解釋中國憲法中的政治憲法結構與原則，從而
呈現出「立法者」而不僅僅是「法官」視角中的中國憲法。「憲法司
法化」及其所有的技術性儲備都是必要的，但更為關鍵的是，我們

---

67. 馬嶺教授就提出了質疑，參見馬嶺（2009）。〈齊玉苓案批覆的廢止「理由」探析〉，《法
　　學》。4期。

如何使中國憲法獲得真正的「政治生命」，如何通過憲法建構出意志飽滿、行為理性的「人民」。顯然，這些關於中國憲政轉型的核心目標，很難通過僅僅賦予中國憲法以「司法生命」來達成。中國是後發現代化國家，沒有普通法傳統，也沒有被普通法國家長期殖民的歷史，更因為其文明的連續性和堅強的「政治生命」而在所有非西方文明的現代化過程中獨樹一幟，反覆地在「西化」與「化西」之間尋求自主性的建構之道。相比於黃法官對美國模式的鍾情，中國憲政更加合理的選擇似乎應該是歐陸式的建構理性進路。當然，如果我們是具有保守改良德性的憲法學者，我們就必須完整而嚴肅地對待憲法文本，科學而理性地解釋中國憲法自身的歷史背景和政治生命，從這一真正嚴格的科學起點出發，討論中國憲政轉型的基本問題。這正是政治憲法學者（political constitutionalists）的核心使命所在。

四、中國憲政轉型的剛性約束：政治憲法結構

本文從歷史和制度實證的角度考察了司法憲政主義的世界圖景，證明了歐陸專門法院模式比美國普通法院模式更加具有合理性和可攜性。美國模式是根源於英國憲制的「普通法理由」和根源於歐陸的成文憲法形式邏輯相結合的產物，創造了世界憲政史上非文本性的、以「普通法」方法開創現代司法審查制度的先河。後世的模仿者儘管可能在制度形式上借鑒美國模式，但一般都會採用成文憲法明確條款的形式來強化司法審查的正當性。因此，僅僅依據憲法文本的比較和統計分析，也許不能夠看出轉型國家建立司法審查制度時必須添加的制度條件。歐陸的專門法院模式是一種導源於貢斯當「中立性權力」學說的模式，創設了回應現代政體之「違憲審查」功能的第四種權力。凱爾森拒絕了貢斯當和施米特關於「中立性權力」人格化的主張，通

過「機構化」的複式分權設計完成了歐陸的憲政轉型。這一「第四種權力」並非普通的司法權，凱爾森更認為這是一種「消極立法權」，是立法職能的一部分。美國語境中司法審查與民主的長期糾葛在凱爾森的模式中並不明顯，其原因有兩個方面：一是成文憲法的明確授權；二是作為第四種權力的違憲審查權基本具備了超越三種常規權力的權威而中立的品格，在分權框架上更加清晰、穩靠和富於理性。中國憲政最終也必須回應違憲審查模式的設計問題，作為後發國家，歐陸模式更具參照意義。如何在中國現有體制結構中「借力使力」，改造或創設一個相對獨立於三種常規權力的「第四種權力」作為違憲審查的制度載體，是中國憲政結構成熟的標誌。

　　不過，儘管美國模式是得天獨厚的特殊性存在，但由於美國在現代文明世界中的絕對優勢影響，中國的法律職業共同體對美國模式的鍾情要遠遠超過其他模式。發生於2001年的「齊玉苓案」被稱為中國「憲法司法化第一案」，這是憲政的「美國夢」在中國登陸的一次嘗試，但註定是一次失敗的嘗試。黃松有法官的評論是法律職業共同體的代表性意見。然而，通過上述分析，他的論證理由言之鑿鑿，卻遠離中國憲法文本和中國政治憲法結構。對一個主要依賴建構理性而非復興傳統來完成現代性過程的後發國家而言，一場由法學家和司法精英擔綱的「普通法」式的憲政革命，很難成功地被既定憲法結構所理解和接納。我們在憲政模式上的拿來主義暴露出了嚴重的「實用」和「功利」傾向，既沒有審慎的憲法理性反思，也不認真對待中國的政治憲法結構。這一失敗的嘗試直接推動我們反思中國憲政轉型的「剛性約束」到底是什麼，或者政治憲法學者所稱的中國的政治憲法結構到底如何呢？

　　這就要回到中國憲法文本本身來進行解讀。這裏構成解釋對象的當然是現行有效的1982年憲法（含四次憲法修正案）。對憲法結構的解釋存在不同的理論模式：法條主義者通常會採取法官的視角，以

政治憲法的中國之道

「限制權力」和「保障權利」作為緊縮而簡明的憲法解釋目的論結構，對於憲法中的政治原則通常存而不論；[68] 政治憲法學者通常會採取立法者的視角，側重憲法結構整體意涵和政治理性的解釋與闡發，重視憲法的「權力構成」（constituting）功能和公民的參政權面向，突顯憲法的共和主義維度，即國家構建與公民成熟。憲法司法化論者基本上是一種法條主義進路，或曰司法憲政主義進路，而政治憲法論者通常是一種結構主義進路，或曰政治憲政主義進路。以法條主義（司法憲政主義）的眼光看待中國憲法，則其許多內容無法納入法官式的規範分析的範疇，或者並非嚴格意義上的完整的「憲法規範」。因此會有學者提出「憲法不應該規定什麼」的命題，如張千帆教授認為中國憲法實施需要清除文本障礙，即中國憲法不應該規定基本經濟制度、公民積極權利和公民憲法義務。[69] 顯然，這裏對中國憲法文本的「定點清除」的內容，恰恰就是相對於美國憲法所「多」出來的內容：（1）基本經濟制度屬於社會主義的經濟基礎；（2）公民積極權利屬於現代憲法發展出來的「第二代人權」，作為近代憲法典範的美國憲法並未反映這一發展，也未有效吸納和包容；（3）公民憲法義務的倫理基礎不是國家主義，而是共和主義，完全可以在更加合理與正確的倫理基礎上予以證立。這一代表性論斷有如下預設：（1）憲

---

68. 這是傳統憲法學的通論，以法官視角和司法尺度作為憲法規範之「規範性」的唯一準據。不過，這一通論隨着憲法結構和任務伴隨時代變遷也發生了重要的變化，例如中國台灣地區的憲法學就開始明確承認「基本國策」（相當於「總綱」）的憲法規範地位及其拘束力，並簡要討論了「基本國策」對「基本權利」的限制與補充功能，且據稱是根據德國憲法學的相應變化（社會法治國條款）而產生的憲法理論上的「跟進」。參見林明昕（2011）。〈論「基本權利」與「基本國策」間之關係〉，《兩岸四地公法發展新課題研討會論文集》。清華大學法學院，2011年10月29–30日）。325–333頁。

69. 早期論證參見張千帆（2005）。〈憲法不應該規定什麼——為憲法實施清除幾點文本障礙〉，《華東政法學院學報》。3期。在近來的論文中，張千帆教授進一步強化了這一選擇適用說的理論論證，並用來批評政治憲法學的規範取向。參見張千帆（2012）。〈論憲法的選擇適用〉，《中外法學》。5期。

法實施＝司法審查，不適宜司法審查的憲法規範不宜作為憲法規範；

（2）中國憲法體量太大，普通法院無法承載，需要「清除」其過分張揚的政治內涵和多出近代憲法的現代憲法內涵。在政治憲法論者看來，中國憲法文本中需要「定點清除」的恰恰就是其「根本法」的政治生命所在，是其憲法權力結構和道德基礎得以確立的核心支點，是中國憲政轉型的「剛性約束」所在。

法條主義者的文本清理，通常還只限於中國憲法本文，不包括獨具特色的「序言」部分。然而，中國憲法序言的真正意義絕不在於是否具有法律效力這樣的法條主義論辯，而在於對憲法的「歷史生命」與「政治生命」的正當性論證。沒有憲法序言，我們將無法理解憲法總綱中的國體條款，更無法理解現實政治生活中的大部分憲法現象。中國憲法的序言無疑是一種非常獨特的、很不具有現代性的、融合了中國古典政治的天命觀與西方政治神學的真理代表觀的政治合法性論證系統；其中最為關鍵的，是序言中對中國憲法主權結構的複合性界定，即「中國人民在中國共產黨領導下」。這一界定涉及到政治憲法學者對中國憲法文本上的「政治憲法結構」的理論認知。陳端洪教授認為這一結構可以表述為「雙重代表制」，但未加以具體展開。筆者認為這一「政治憲法結構」應認定為作為中國憲法之「元原則」的人民主權在憲法上的「道成肉身」，具體包括三個要素：（1）真理取向的黨的領導代表制（黨的領導）；（2）程式取向的人大代表制（人民當家作主的代表制形式）；（3）非代表制的參與民主制（人民當家作主的非代表制形式）。人民主權不可被代表制結構窮盡，這是盧梭（Jean-Jacques Rousseau）以來的民主政治哲學的重要洞見，也是共和主義民主的規範性預設，社會主義民主延續了這一傳統。[70]

---

70. 高全喜教授在近來的論文中肯定並發展了筆者的這一框架，突顯了政協的代表性意義，但相對降低了「非代表制的參與民主制」的規範性意義，具體參見高全喜（2012）。〈革命、改革與憲制：「八二憲法」及其演進邏輯〉，《中外法學》。5期。

　　基於此，在政治憲法學看來，中國憲政轉型的剛性約束就在於上述的「政治憲法結構」。從「革命」到「憲法」，這是人類現代政治文明的普遍邏輯，但這一邏輯在具體民族傳統中的展開卻各不相同。從比較憲政的橫向視野來看，以西方成熟憲政體系下的司法憲政主義的公式進行衡量，中國無疑成為了大國憲政的「異數」。然而，從中國自身的憲政歷史與思想脈絡來看，又有着鮮明的政治憲政主義特徵，有着圍繞憲政理想的政治自主性的規範訴求，在「國家構建」與「公民成熟」的雙重主題脈絡中反覆調試乃至於創造。中國的法學家群體也曾試圖通過「齊玉苓案」追求一種關於中國憲政轉型的「普通法革命」，卻遭遇根本性的失敗。這種失敗表明，真實的憲政進步所根植的是歷史與經驗的王國，而非邏輯與推理的王國。中國憲政轉型的根本疑難，在於記載於1982憲法文本上的「政治憲法結構」。無論法學家認為中國憲法文本中的序言和總綱的規範效力如何，這些根本性的政治憲法規範卻直接體現於中國憲法文本，塑造着中國的權力結構，決定着基本權利的優先順序與實現程度。中國憲政轉型依賴於這一「政治憲法結構」的制度化與理性化，無視這一剛性約束的憲法解釋框架或憲法改革提議，均很難理性而和平地進入中國憲政轉型的主體議程之中。中國憲法強烈的政治憲政主義特徵，根源於中國憲政進程的高度的政治自主性，以及中國政治思想精英對憲政的強烈的政治理解和實踐認知，孫中山的憲政階段論和毛澤東的民主憲政論皆屬此類。這一點區別於絕大多數的完全殖民地國家，後者在政治上和智力上實際上並無能力進行聯邦黨人所謂的真正的「深思熟慮」和「自由選擇」。因此，面對當代中國的憲政狀況，不是通過橫向比較而橫加指責，或者簡單建言，輕率論斷，誤解先賢，誤解人民，而是要真正理解中國憲法文本上的「政治憲法結構」，理解它的思想背景、制度原理和價值訴求。國內政治憲政主義學術話語的興起，正是基於這樣的問題意識與制度旨趣。

02

CHAPTER

第二章

政治憲法：普通法的規範對極

政治憲法的中國之道

在阿克曼的眼中，英國憲制的基本特色是「一元民主制」；此外，「柏克式歷史主義」（柏克，Edmund Burke）也構成了英國憲制的重要特色。[1] 實際上，阿克曼的眼光確實比較獨到，已經正確識別出英國憲政的兩個基本支柱：（1）與「一元民主制」有關的、源自1688年光榮革命的議會主權，以「正當意志」為內核；（2）與「柏克式歷史主義」相關的、源自17世紀初柯克傳統的普通法憲政主義，以「普遍理性」為內核。柯克傳統下的普通法憲政主義確曾在17世紀英國革命前後發生重要影響，但1688年以來的議會主權改寫了英國憲制的基本框架，或者說，使其更加具有現代性。在英國憲法學的話語結構中，「正當意志」與「普遍理性」的對話構成了1688年以降的公法學術的主題。由於在英國不存在濃縮為一個文件的成文憲法，憲法與普通法律之間並無位階和效力的明確區分，故不可能發生美國式的「馬歇爾革命」。所以在英國憲法學問題意識中，並不存在所謂的「反多數難題」，所存在的倒是一種「多數難題」，即議會主權如何接受憲法約束的問題。英國法院對議會法律實行的是一種「柔性司法審查」，[2] 原則上必須遵奉議會法律的至上性。

由於英國憲法的不成文性，其憲政體制本身儘管比較成熟，但一直處於美國和歐洲成文憲法模式的壓力之下，經歷着一種成熟狀態上的轉型和改革。1998年的《人權法案》和2010年的最高法院改

---

1. 參見〔美〕阿克曼（Bruce Arnold Ackerman），汪慶華（譯）（2005）。《二元民主制》，《法大評論》，四卷。北京：中國政法大學出版社。

2. 關於這一審查模式較為系統的考察，參見李蕊佚（2011）。《議會主權下的英國違憲審查》，中國人民大學，博士論文。

革，被認為是英國憲法成文化進程的重要標誌。學者們已經習慣於用歐美成文憲法的眼光去打量這個曾經的「日不落帝國」、今日在歐美之間不知所從的大國的憲政走向。英國憲法學者柏格達諾（Vernon Bogdanor）教授以白芝浩和戴雪的作品作為英國舊憲法的經典表述，而以20世紀後半葉開啟的英國憲法改革所初步結晶出來的成果作為英國新憲法的框架。但他對於英國憲法改革的精英化特徵抱持批評態度，希望進一步的憲法改革能夠實現權力分配的大眾化，並提供更多的政治參與機會，打造一個「人民憲政國家」（a popular constitutional state）。[3] 而且，英國坊間早已流傳多部成文憲法草案，學者中呼籲英國制訂成文憲法的也不乏其人。如果說英國19世紀的憲章運動的主題是普選權，那麼20世紀中後期的憲章運動的主題則是成文憲法。

在柏格達諾教授所稱的英國新憲法之前，英國憲法學的經典辯題，是圍繞「多數難題」展開的關於議會主權和普通法憲政主義的二元爭議，在學術上分殊為英國的「政治憲法」（political constitution）傳統和「普通法」傳統。出現所謂的英國新憲法之後，這一辯題結構修正為：一方仍然堅持「政治憲法」傳統；另一方則在「普通法」傳統之外加上了「成文憲法」因素，並日漸佔據學術和政治影響的上風，試圖將英國憲制由「議會至上」改革為「憲法至上」。

然而，英國現代憲制的基本特色遠未過時，柏格達諾教授也承認英國新憲法並未完成。對於本文之考察興趣而言，其重點既不在於英國憲法中的「普通法」傳統，也不在於英國新憲法改革中呈現出的「成文憲法」邏輯，而在於作為英國憲制基石的「政治憲法」傳統。因為這是英國「一元民主制」的本色，而「一元民主制」對於憲政轉型國家的意義絕不低於阿克曼的「憲法政治」。這是一種有別於美國式「人民自己」模式的「議會自己」模式。

---

3. See Vernon Bogdanor (2009). *The New British Constitution*. Hart Publishing. pp. 291–310.

本文對英國「政治憲法」傳統的思想史考察主要分三部分進行：第一部分側重對17、18世紀英國法學家思想論述中的「政治憲法」觀念予以整合，試圖呈現出普通法學者的「政治成熟」；第二部分聚焦於19世紀的英國憲法學，以白芝浩的《英國憲法》和戴雪的《英憲精義》為主來闡述學者對英國憲法的「學術法典化」，呈現以議會主權為代表性原則的「政治憲法」體系；第三部分以詹寧斯（Ivor Jennings）和湯姆金斯的憲法理論為主，考察20世紀以來英國公法學者理論視野中的「政治憲法」。思想史考察的目的在於為英國「一元民主制」提供思想性解釋與支撐，適度約制英國憲法學中的「普通法神話」，為觀察與評估當代英國憲法改革提供更加完整的理論視野。

一、從柯克到布萊克斯通：普通法學者的「政治成熟」

柯克和布萊克斯通生活在不同的時代。在柯克的時代，英國主權的標誌是王權而非議會權力。柯克以遙不可追的普通法的名義向國王和議會要求司法獨立和司法審查的權力。那時的王權並非現代憲法意義上的行政權，而是握有立法權和普通法院之外的其他司法權力（比如衡平法院）。柯克的普通法憲政主義尚未觸及與民主意志的正面交鋒和妥協。這是柯克所代表的17世紀的故事。然而，1688年的光榮革命改變了英國憲制的結構，主權的標誌從王權轉向議會權力，「議會主權」開始成為英國憲法的第一根本法。儘管由於革命的妥協性，光榮革命之後的憲法依然保持了濃厚的「混合憲法」（mixed constitution）的色彩，英國主權的完整結構應該是「國王在議會中」（the king in the parliament），而議會本身又分為作為貴族院的上議院和作為平民院的下議院。但作為1688年之後的英國憲法中的「政治正確」（political correctness）的首要標準，下議院保持最後決策者的

地位，掌握了議會主權。而布萊克斯通就生活在這一新的時代。

如果説柯克在17世紀初的「博納姆醫生案」中自信滿滿地要求對議會法律行使司法審查權，是基於當時議會不甚明確的憲法地位的話——這種地位表明不具有主權地位的議會同時低於國王和普通法院——布萊克斯通承受的是同樣的普通法，但卻面對完全不同的英國議會。在英國不成文憲法的現代展開過程中，1688年的光榮革命類似於阿克曼所謂的「憲法政治」。儘管英國的普通法院在推動英國憲法發展過程中貢獻極大，但對於1688年光榮革命的處理卻非常接近於一種阿克曼意義上的「鞏固」（consolidating），充當了英國新憲法的「維護者」（preservationist）。這種角色調整充分體現在布萊克斯通的《英國法釋義》（1765年）之中。英國憲法學因應英國憲法本身的結構變遷，在學術話語上實現了時代更新，布萊克斯通也因此在18世紀取代了柯克的影響力，既承繼了柯克傳統而成為18世紀英國普通法的代言人，也通過對英國新憲法的政治性理解和消化而開始表達英國現代憲法的「政治憲法」（political constitution）傳統。

布萊克斯通之前的普通法及其教育系統很不發達，普通法本身在學理和制度上缺乏權威而有效的整理，學院內部的法律教育又以羅馬法和教會法為主，除了專業化的普通法律師之外，普通民眾、甚至各類精英對英國普通法都不甚了解。1758年，布萊克斯通成為英國第一位普通法講座教授（瓦伊那講座教授）。從1765年開始，布萊克斯通陸續出版多卷本的《英國法釋義》，包括解釋英國法普遍性質的導論和正文四卷（《人的權利》、《物權》、《私法不法行為》和《公共不法行為》），以「評註」的方式系統整理了英國普通法的概念和制度體系，在某種意義上屬於對英國普通法的一種學術意義上的「法典化」（codification）。《英國法釋義》的內容非常豐富，除了較為完整地反映普通法中的財產法、人身法的內容之外，還對英國憲法的現代特徵進行了卓有成效的研究和表達。《英國法釋義》第一卷

已經被翻譯為中文出版。[4] 生活在新時代的布萊克斯通雖然在《英國法釋義》中多處援引柯克的普通法觀點，但明確反對柯克關於普通法院司法審查權的主張，提出了「議會至上」這一英國「政治憲法」的首要原則。

布萊克斯通於1758年10月25日瓦伊那講座成立之際在牛津大學的演講，構成了《英國法釋義》導論部分的第一章。布萊克斯通在這次演講中通過對孟德斯鳩（Montesquieu）關於英國憲法觀點的部分援引，對英國憲法表達了由衷的讚歎，並以此為根據論證了英國國民學習普通法的義務：

> 英國憲法可能是世上唯一一部僅以政治自由和公民自由為管轄對象並以實現這種自由為終極目標的憲法。這種自由的主要特點，確切地說，應當是一種在法律允許的範圍內做任何事的權利。而只有當各個社會階層、各種社會規則都遵循那些合理的行為準則時，這種權利才能得以實現。這種權利保護哪怕是出身最低賤的人，使他們不致受到任何人（包括地位最高的人）的侮辱和壓迫。既然每一個公民都可以從維護英國法律中受益，那麼每個人自然都有熟悉英國法律的義務。至少他應該對與他切身相關的那部分法律有所了解，以免他身為社會的一員，卻對社會加諸他的責任義務一無所知，並因此招致責難或造成諸多不便。[5]

顯然，作為18世紀普通法的代言人，布萊克斯通將普通法的自由作為英國憲法的「終極目標」並不奇怪。布萊克斯通的自由觀具有這樣的規定性：（1）法治原則，即自由只受到法律的限制和約束，排除專斷和任意的權力侵害；（2）理性原則，即普通法上的主體及其

---

4. 參見〔英〕威廉・布萊克斯通（William Blackstone），游雲庭、繆苗（譯）（2006）。《英國法釋義》（第一卷）。上海：上海人民出版社。

5. 同上，7頁。

規則需要符合「那些合理的行為準則」；（3）平等原則，即堅持普通法面前人人平等、法律施與平等的保護，反對特權。這些基本觀點在19世紀末戴雪的《英憲精義》中有着進一步的闡釋與發展。儘管英國社會未必方方面面都符合這裏的規定性，但這是布萊克斯通表達出來的普通法的自由理想，構成了英國憲法的倫理基礎和價值核心。

當然，如果僅僅限於顯示英國憲法上的普通法的自由觀，布萊克斯通就不可能超越柯克了。布萊克斯通對英國憲法的結構性認知已經具有了「政治」（political）的維度，通過對「議會至上」原則的論證表達了光榮革命成果的普通法承認，尤其是對革命之後更加清晰的憲法分權結構的承認，確立了英國憲法中立法權高於司法權的正統觀點。

在第一卷第二章「議會」專題中，布萊克斯通對「議會至上」進行了詳細的描述與論證。布萊克斯通首先根據光榮革命之後的英國憲法分權結構，對英國議會的結構與地位進行了總結：

> 因此，在英國，這種最高統治者的權力被分成兩個分支：其一為立法機關，即議會，由國王、上議院及下議院組成；另一支則為行政機關，只包括國王一人。本章的主題將會圍繞不列顛王國的議會展開，其擁有的立法權及（當然還有）國家的絕對最高權力是由我國的憲法授予的。[6]

在布萊克斯通的結構化描述中，英國國王既是議會的一部分，又是行政機關的首腦，這是英國「政治憲法」的一個非常特殊的制度要素。布萊克斯通在這裏肯定了議會立法權及其至上性的憲法基礎。在該章關於議會作為一個整體的權力的討論中，布萊克斯通援引了柯

---

6. 同上，167–168頁。

克的有關論述來證成「議會至上」，[7] 可是柯克不是在「博納姆醫生案」中以普通法的理性反對過議會法律嗎？這需要進行適當的澄清：（1）柯克在此處的論述是將議會作為「高等法院」而非立法權主體對待的，柯克的目標是「司法至上」；（2）柯克與布萊克斯通在分權觀念上具有時代性差異，各自站在不同的分權結構上展開論述；（3）布萊克斯通似乎是有意忽略了柯克論述的特定背景和指向，從中摘取有利於「議會至上」的論述。由於《英國法釋義》的寫作是評註式的，筆者更加關注的是布萊克斯通在「移花接木」之後到底想說些什麼？

> 在制訂及確認某項新法，擴大或限制某項法律的適用範圍，撤銷、廢止或重新啟用某項法律及對某項法律加以闡述方面，議會擁有的權力是至高無上且不受約束的。它有權處理的法律涉及所有可能的領域，無論是宗教的還是世俗方面的，是民事、軍事、海事方面的還是刑法方面的。任何體制的政府都必須將這種絕對的專制權力交給某個個人或機構，而議會正是英國憲法所選定的託付這種權力的機構。……議會甚至可以對王國的體制或議會本身的組織結構進行變動或重新建立一套全新的體制或結構。簡言之，只要不是本質上不可能的事，議會都能做到。……事實確實是，對議會所做的任何事，世上再無其他權力機構可以加以廢除。[8]

很明顯，布萊克斯通所引述的柯克的有關論述是關於作為「高等法院」之議會的權力的，但他本人的評註基本上都是關於作為立法權主體的議會的權力的。在布萊克斯通的論述中，「議會至上」的憲法原則已經不可置疑，「世上再無其他權力機構可以加以廢除」，這

---

7. 同上，181頁。
8. 同上，182頁。

裏的「其他權力機構」自然包括柯克竭力捍衛的普通法院。根據斯諾維斯（Sylvia Snowiss）教授的進一步考察與整理，布萊克斯通的具體邏輯層次是：（1）議會至上是英國憲法賦予的政治權威，法官拒絕適用議會法律會導致司法權凌駕於立法權之上，造成政府顛覆和政治混亂；（2）在議會法律明顯違背理性時，如果法律表述存在解釋空間，只能按照公平原則進行合理性推定，不能直接宣佈無效；（3）如果上述法律表述明確，則法官必須尊重立法意圖。⁹那麼，難道布萊克斯通對於這樣的「議會主權」與他內心之中堅強捍衛的普通法的自由之間的張力就視而不見嗎？顯然不是，他認為：

> 因此為維護本王國的自由，最重要的莫過於確定被委派承擔如此重任的議會成員，其正直、勇氣和學識都是最為傑出的。¹⁰

布萊克斯通緊接着用很大篇幅討論了議員資格及其選舉、議會內部的議事規則等問題。顯然，布萊克斯通是寄希望於民主選舉和理性審議來「馴化」這一新出世的至上權力。此外，布萊克斯通對「議會主權」的承認還因為英國議會體現了「混合政體」的完美性，其內部構造並非一院制的單純民主制，而是結合了君主政體、貴族政體和民主政體的優點，具有內在的相互制約與平衡的機制。¹¹正是基於對英國議會內在均衡性與理性的認知，布萊克斯通並不擔心自己對作為一個整體的議會的主權性承認會在根本上威脅到他銘刻於內心深處的「普通法的自由」。相反，他很清楚，面對光榮革命的政治遺產，如果一味堅持柯克式的

---

9. 參見〔美〕西維亞·斯諾維斯（Sylvia Snowiss），諶洪果（譯）（2005）。《司法審查與憲法》。北京：北京大學出版社。13–15頁。關於針對柯克「司法至上」命題的更加全面細緻的學術批評史的考察，參見江菁，〈博納姆案：案情、判決及評論〉，載姜明安（2008）：《行政法論叢》，11卷。北京：法律出版社。

10. 〔英〕威廉·布萊克斯通（William Blackstone），游雲庭、繆苗（譯）（2006）。《英國法釋義》（第一卷）。上海：上海人民出版社。182頁。

11. 同上，62–64頁。

「司法至上」的理性主義論調，普通法的理性和自由不僅不可能在新的
憲法秩序內得以擴展，甚至可能因為對議會主權的激烈衝突而不斷失城
陷地。作為18世紀普通法的代言人，布萊克斯通對「議會至上」原則
的論證及其理性化的制度分析，顯示了普通法學者的「政治成熟」。當
然，布萊克斯通的「政治成熟」還進一步表現為對洛克政治理論中具有
激進主義色彩的「人民反抗權」的明確拒絕，從而杜絕了人民直接出場
進行革命和制憲的法律可能性。他聲稱：

> 任何一種人法都不會對這種摧毀所有現行法律，迫使人們在
> 新的基礎上重新建立新的法律體系的做法加以確定，更不會允許
> 這種使所有法律條款失效的極端危險情形的出現。因此只要英國
> 憲法得以繼續存在，我們就不妨認定議會權力是絕對的、不受控
> 制的。[12]

所以，在英國憲法學理論中，「人民主權」不是一個特別具有理
論地位和實踐價值的概念，「議會主權」儘管在性質上是民主的，但
堅持嚴格的阿克曼意義上的「一元民主制」，所以英國的「政治憲
法」只是一種「議會自己」的模式。當然，布萊克斯通在這裏的拒絕
主要是基於政治理由和實踐理由，而非學術理由，他最終對議會主權
的認定也是有前提的，即「英國憲法得以繼續存在」。這是法學家的
保守理性所在，對於飄忽而來的革命，從理性上而言既無法預測，也
無法阻擋，法學家所能預測和守護的只是既定憲法體系下的法律的確
定性。有趣的是，一方面《英國法釋義》出版之後深刻影響了北美大
陸的法學教育和法治實踐，另一方面北美人民又根據洛克的「人民反
抗權」理論發動了獨立革命，「在新的基礎上重新建立了新的法律體
系」。布萊克斯通死於1780年，對此歷史弔詭應是可以見證的。

---

12. 同上，183頁。

　　總之，布萊克斯通在《英國法釋義》中證成了英國憲法的兩個奠基性原則：（1）權力分配原則，即「議會至上」；（2）法治原則，即普通法的自由與理性，前者是英國「政治憲法」的核心原則，後者是英國普通法或「法律憲法」（legal constitution）的核心原則。布萊克斯通以其普通法學養和政治成熟對英國光榮革命之後的憲法作出了非常精彩的結構化處理，儘管其中的張力不可能根本消解，但其理論完成了英國憲法學學術話語的轉型。布萊克斯通之後的學者，將分別從其普通法和政治憲法的兩個維度不斷汲取營養。本文關注於「政治憲法」學術話語的演化脈絡。在19世紀，英國「政治憲法」的旗幟傳遞到了白芝浩和戴雪手中，並由戴雪最終完成了對英國不成文憲法的學術意義上的「法典化」（codification）。如同下文要展示的，戴雪的工作不是法學家通常所理解的普通法意義上的法治表達，而是政治憲法意義上的結構化整合。而戴雪之所以能夠完成這一整合，與布萊克斯通在一個多世紀前的理論奠基工作顯然是分不開的。

二、從白芝浩到戴雪：英國「政治憲法」的學術法典化

　　在《英國法釋義》中，布萊克斯通將英國憲法中的「議會主權」和「普通法的自由」扭結在一起。對於布萊克斯通的「釋義」，首先表示不滿的是英國功利主義的奠基人傑瑞米・邊沁（Jeremy Bentham）。1776年，年方28歲的邊沁匿名發表了針對《英國法釋義》的批評性著作《政府片論》，[13] 針對《英國法釋義》第一卷「導

---

13. 參見〔英〕邊沁（Jeremy Bentham），沈叔平等（譯）（1995）。《政府片論》。北京：商務印書館。

論」的第二部分進行全面而系統的批判，該部分的主題是關於法律普
遍性質的研究。邊沁在作為整個批判論文之「序言」的闡釋中，從總
體上表明了對《英國法釋義》的評價及選擇「導論」第二部分進行批
判的理由。邊沁首先為讀者展示了1870年代的整體知識氛圍，即道
德界的理論思考與改進落後於自然界日益月滋的進展，並提出從方法
和精確性上對作為道德界「元倫理」的功利主義原則——「最大多數
人的最大幸福是正確與錯誤的衡量標準」——進行發展的必要性。[14]
在功利主義原則的基礎上，邊沁提出了法律改革的倫理要求，認為改
革是理性的、進步的、符合功利原則的。在此理論框架之下，邊沁
認為布萊克斯通的作品只是以「釋義」的方式滿足於對法律現狀的說
明和維護，其最嚴重的缺點在於「反對改革」，[15]缺乏批判性，更難
以引起理性的改革。確實，布萊克斯通以普通法的方式，對英國法律
體系進行了從概念到理論再到制度的系統總結，並且充分肯定了傳統
法律的合理性，如果只從這一龐大的體系內部來看，邊沁的批評就
缺乏立足點和力度。相反，邊沁並不是以普通法的方式來批評布萊克
斯通，而是首先確立自己的功利主義原則，以此為根據對布萊克斯通
作品的「要害」部位進行直接打擊。何謂布萊克斯通作品的「要害」
部位呢？邊沁自然不可能從正文四卷中選擇，而是從最具理論色彩的
「導論」中進行選擇。邊沁認為「導論」第一部分雖然「善辯」，
但「並無什麼啟發性的內容，只是些華麗詞藻而已」；[16]第二部分則
不同——「這一部分篇幅雖短，然而卻是該書中最顯著和最富特性的
部分，也是作者獨出心裁的部分」[17]——其餘部分則屬於「編撰」而

---

14. 同上，92頁。
15. 同上，93頁。
16. 同上，95頁。
17. 同上。

缺乏理論價值。這樣，邊沁就以功利主義原則跳出了普通法敘事的經驗主義框架，其理論後果在邊沁的後續作品中得到了充分的展現。對於布萊克斯通通過普通法體系化的方法加以維護的英國憲法的諸多領域，邊沁都以功利主義方法提供了理性主義和規範主義的批評性分析與改革建議。

實際上，是邊沁而非布萊克斯通，把準了1870年代之後英國憲法變遷的脈搏。[18] 在1870年代之後的英國政治中，保守派和自由派圍繞議會改革和社會平等展開了長期的政治論辯與博弈，保守派很容易從布萊克斯通那裏獲得營養，而自由派則擁抱邊沁的功利主義。功利主義成為英國19世紀自由主義的重要基礎。密爾（John Stuart Mill）發展了邊沁的功利主義，把更加複雜的心理因素（激情、感情、理想等）添加進邊沁的以理性為核心的功利主義框架之中。熟諳英國政治思想的龔祥瑞先生認為：「但很不幸，密爾富於人情味的功利主義又有過於複雜之嫌，出現了種種無法解釋的問題，從而削弱了他的社會分析……現在所需的是對憲法結構來一番新的批判，要像邊沁那樣的無畏，但又要比邊沁深刻而富於思想。」[19] 白芝浩就是在這樣的時代和思想範圍中提出自己關於英國「政治憲法」的獨特見解的。白芝浩在公法與政治思想方面的著作主要有兩本，即《英國憲法》（1867年，1892年再版，加上了一則長篇導言）和《物理與政治》（1875年），[20] 前者是從政治視角分析英國憲法的經典之作，後者則是從進

---

18. 對英國議會及憲法更加激烈的批評來自潘恩，參見〔美〕潘恩（Thomas Paine），田飛龍（譯）（2011）。《人的權利》。北京：中國法制出版社。對潘恩批評觀點的一個總結，參見田飛龍：〈公民潘恩的權利哲學與科學神學〉，前引書「重譯後記」。

19. 龔祥瑞（1995）。〈法與政治——讀白芝浩《英國憲法》〉，《比較法研究》。2期，197頁。

20. 參見參見〔英〕白芝浩（Walter Bagehot），夏彥才（譯）（2005）。《英國憲法》。北京：商務印書館；〔英〕白芝浩（Walter Bagehot），金自寧（譯）（2008）。《物理與政治》。上海：三聯書店。

化論的角度討論了民族政治進化的歷史條件與規律問題。其中,《英國憲法》被公認為是對英國「政治憲法」傳統的經典分析與表述。當代英國政治公法理論大家馬丁・洛克林（Martin Loughlin）稱讚白芝浩為英國「19世紀憲法最敏銳的分析者」。[21] 根據龔祥瑞先生的總結,白芝浩的《英國憲法》建立在他自己發展出來的新功利主義的基礎之上,這種新功利主義在繼承老功利主義的兩個基本假設——國家等於富有管理職責的國家機關,國家機關為自己的利益而進行管理——的基礎上提出傳統與習慣對於人類理性行為的決定性作用並不弱於自利的動機,從而拓寬了人類行為選擇的功利根據。[22]

在簡要廓清從布萊克斯通經由功利主義而到達白芝浩的歷史線索之後,讓我們回到《英國憲法》本身來看白芝浩如何解說英國憲法中的「政治憲法」。如果說布萊克斯通對英國「政治憲法」的原則承認和制度編撰顯示了一個普通法學者的「政治成熟」的話,白芝浩對英國「政治憲法」的分析則完全拋開英國憲法中的普通法內容,專注於從政治結構角度對英國憲法進行科學解剖。在整本《英國憲法》中,白芝浩根本沒有設立專門章節討論英國的普通法院及其普通法問題。

如何理解白芝浩的「政治憲法」呢?白芝浩在《英國憲法》的〈再版導言〉中這樣表明自己的學術意圖:

> 一個著者要想試圖素描一部活生生的憲法——一部處於實際運行和效力中的憲法——殊非易事。難處在於,所要描畫的對象一直變動不居。[23]

---

21. 〔英〕馬丁・洛克林（Martin Loughlin），鄭戈（譯）（2003）。《公法與政治理論》。北京：商務印書館,18頁。

22. 參見龔祥瑞（1995）。〈法與政治——讀白芝浩《英國憲法》〉,《比較法研究》。2期,197頁。

23. 〔英〕白芝浩（Walter Bagehot），夏彥才（譯）（2005）。《英國憲法》。北京：商務印書館,5頁。

白芝浩通過短短一句話陳述了英國政治憲法學的研究對象、研究方法和研究的難點。就研究對象而言，顯然就是所謂的「政治憲法」，即「一部活生生的憲法」、「一部處於實際運行和效力中的憲法」。如何研究呢？白芝浩使用了美術中的一個術語，即「素描」，這大體表明作者將運用一種實證主義的科學方法。有何研究上的困難呢？對象的「變動不居」。儘管英國憲法是在悠久的歷史歲月裏「漸積」而成的，但1860年代的英國憲法處於改革關頭，變動很大。白芝浩本人就受到了這種變動的困擾，其《英國憲法》的首版和再版之間發生了重要的議會改革，選舉權被擴展至工人階級。如何在學術上應對這樣的變化呢？白芝浩的信念和處理方法是：（1）從實證而非規範的角度正確認識新憲法的「效力」與「實效」的區別，政治憲法學以「實效」為根據展開論述，他堅定地認為：「一部新憲法，只要它轄下的公民在舊憲法環境下長大，只要其轄下的政治家受過該舊憲法的訓導，就不會展示其全部的效果。」[24]（2）基於上述信念，白芝浩的處理方式是保留原版，只對憲法本身的變化（規範）及已經發生的憲法變化（實效）作為外在素材予以描畫。白芝浩有貴族傾向，對1860年代的普選權改革抱持質疑態度，而對英國憲法的穩定性及其效力機制具有足夠的信心，他的《英國憲法》就是要從「政治」的角度揭示「變動不居」的憲法表象之下真正沉澱下來的結構與規則。對白芝浩的「政治憲法」，《英國憲法》美國版序言的作者，美國法學家尤曼思（Edward Livingston Youmans）從比較憲法的角度給予了相當精闢的理解與解釋：

> 對我們來說，它意味着在某個時刻頒佈的作為國家最高法律的成文的法律文件。……而英國人沒有這種書面文件。國家憲法

---

24. 同上，7頁。

對他們來説意味着其實際的社會政治秩序——一整套從前代繼承
下來的且規範當下政府操作行為法律、習慣和先例。因此,一部
關於英國憲法的著作自然使我們聯想到它事關英國政治機構和社
會生活的結構及其實際運行。……宛如一本木匠手冊和一本生理
學手冊不同一樣:前者殆屬建造藝術領域,而後者則屬自然科學
領域。在研究美國憲法時,為了弄清一段印刷文字的含義,我們
常忙於探究「制憲者們的意圖」、「建造的規則」和習律者的學
識。而對英國法的研究則使我們更直接地面對事實和現象,或者
説直面政治活動的規則、社會的變遷和國家的成長。顯而易見,
這些研究對象適宜於使用科學的處理方法,其目的是探求自然原
因和內在法則的運演……[25]

確實,由於缺乏濃縮為一個文件的成文憲法,如何認知和理解英
國憲法長期以來依賴於普通法的敍事傳統,布萊克斯通對「政治憲
法」之闡釋也基本限於歷史和原則的層面。白芝浩拋開既往的敍事傳
統,在缺乏權威文本的背景下對英國的「政治憲法」進行了一次「深
描」。這種方法不訴諸傳統的普通法方法,也不訴諸美國式的成文憲
法解釋方法,而是運用社會科學的方法予以分析。然而,白芝浩的這
種「政治憲法學」又不是簡單的「歷史素描」,而包含了作者對英國
憲法的某種特定的規範性理解,這種理解導引出了作者敍述英國憲法
的預設框架,即英國「政治憲法」的「尊嚴—效率」二重結構。

看一下《英國憲法》的目錄,就可以大致了解白芝浩對憲法的特
定理解。不同於布萊克斯通對「議會」的尊崇,白芝浩在《英國憲
法》首版中將「內閣」作為第一章,並在其中提出了認知英國「政治
憲法」的「尊嚴—效率」二重結構;作為主權標誌的「議會」(包括
君主、貴族院和平民院)則安排在後續章節之中;整體敍述中偏重

---

25. 同上,1–2頁。

「內閣制」而非「議會制」。為何白芝浩特別看重英國「政治憲法」中的「內閣」呢？我們需要先從「尊嚴—效率」二重結構入手。這一二重結構的劃分是功能主義的結果，而英國的「政治憲法」與功能主義一直有着非常密切的關係。

在「內閣」這一章中，白芝浩首先批評了兩種認知英國憲法的理論模式：一種是三權分立的模式；另一種是混合政體的模式。白芝浩認為這兩種模式都不能成立，前者只是哲學家的「紙上作業」，而後者來自於古典的政體學說和共和主義傳統，也不能解釋英國憲法的現代結構。[26] 在此批評基礎上，白芝浩提出了自己的「尊嚴—效率」二重結構：憲法的尊嚴部分（the dignified part），其功能在於「激發和保留人們的崇敬之心」；憲法的效率部分（the efficient part），功能在於在政治操作中運用來自於尊嚴部分的崇敬和力量。[27] 這一分類儘管有着英國憲法的經驗背景和解釋英國憲法的強烈的理論預期，似乎是為英國憲法量身打造的，但白芝浩並不滿足於此，他為自己的分類法提供了關於憲法功能理解的普遍性基礎：

> 每部憲法都有兩個必須達成的目標：先獲得權威，然後運用權威。它必須先贏得人們的忠心和信心，然後在政治操作中利用這種崇敬之心。[28]

具體而言，英國憲法的「尊嚴部分」以王權和王室為代表，「效率」部分以議會和內閣為代表。在現代政治科學語境下，英國憲法中有爭議的自然不是「效率部分」而是「尊嚴部分」。關於英國憲法中的「尊嚴部分」，白芝浩面對的是當時存在的兩種各執一端的觀點：一種

---

26. 同上，55–56頁。

27. 同上，56頁。

28. 同上，56–57頁。

觀點認為尊嚴部分沒有實際作用，就不應存在，這帶有自由派的印記；另一種觀點認為尊嚴部分才是英國憲法的主要制度，是具有重大價值的中樞，這帶有保守派的傾向。白芝浩本人對於尊嚴部分是持肯定態度的，他認為過分貶低或拔高這一部分的實際價值都是不對的，應從功能主義的角度予以科學的理解。白芝浩提供的理解方式是：

> 政制中富於尊嚴的部分給予政府力量——使它獲得動力。政制中富於效率的那部分只是使用了這種力量。政府中體面的部分是必須的，因為其主要力量就建立在這部分的基礎之上。就做某件確定的事情而言，它們不一定比一個更簡單的政體做得更好；但是它們卻是所有工作賴以完成的必要前提。它們養兵，儘管他們不一定打勝仗。[29]

> 對英國憲法典型優點的簡單描述是，它的富於尊嚴的部分是非常複雜且有點堂皇的，是非常古老且頗受尊重的；而它的富於效率的部分是絕對簡單而頗為現代的，至少在盛大場合和關鍵時候是如此。……它的本質因其擁有現代式的簡單性所帶來的力量而顯得孔武有力；它的外觀則因其擁有一個更堂皇的時代所顯示的哥特式的莊嚴性而顯得富麗堂皇。[30]

白芝浩對英國君主立憲制中的君主因素提供了一種功能主義而非保守主義的解釋，能夠同時見容於自由派和保守派，這是他的《英國憲法》出版之後即風行英國和海外的重要原因。現代政制是一種理性主義設計下的「效率導向」的政制，英國政制卻包容了太多的歷史與傳統因素，但又是議會制和現代政治的重要代表。白芝浩的框架，為英國政制提供了非常精妙的時代化的「正名」。潘恩（Thomas

---

29. 同上，57頁。
30. 同上，61頁。

Paine）和托克維爾（Alexis de Tocqueville）這樣的現代理性主義政治思想家都認為英國沒有憲法，在白芝浩看來是極大的誤解，而白芝浩的工作就是為了證明英國不僅存在憲法，而且是最好的，甚至好於作為成文憲法巔峰代表的美國。

那麼，再回到內閣問題上，白芝浩為何如此看重英國憲法中的內閣呢？這涉及到白芝浩所揭示的英國憲法的真正秘密。白芝浩不滿於傳統理論對英國立法權與行政權的分權式理解，認為英國憲法的真正秘密就在於立法權和行政權的聯合，其連接點就是「內閣」。白芝浩認為「內閣」是立法機構選任的諸多委員會中最強大的一個，擔任的是英國的行政機構的職能；內閣首相則成為英國憲法中「效率部分」之首，而女王不過是憲法中「尊嚴部分」之首。他還表明了與內閣構成及運行相關的兩種因素：貴族院成為內閣成員的儲備地；內閣會議的秘密原則。對於英國普選權改革帶來的下議院的底層化，白芝浩抱持着不信任。他對「內閣」的重視，顯示了運用強大的行政機構維護憲法及政策穩定性、消解普選權改革衝擊波的政治意圖。白芝浩對「內閣」的分析是對英國憲法「效率部分」的結構原理的深刻洞察，深化了對英國「政治憲法」的結構認知。白芝浩對「內閣」的重視根源於他將「內閣」作為英國憲法「效率部分」的樞紐和聯動閥，這充分體現在他最終關於「內閣」的政治憲法定義之中：

> 內閣是一個混合的委員會——一個起連接作用的「連字型大小」，一個起緊扣作用的「扣子」，而被連接和緊扣的是國家立法部分和行政部分。從它的起源上講，它屬於這一部分；而從其所起的作用上講，它又屬於另一部分。[31]

---

31. 同上，64頁。

　　以「尊嚴—效率」二重結構和內閣制原理為基礎，白芝浩在後續章節中較為系統地考察了英國憲法的「尊嚴部分」和「效率部分」，並在全書的結尾回到了內閣制的評估之上。應該說，這種對英國「政治憲法」的功能主義解釋相當有說服力，而且白芝浩的文筆相當優美流暢，對英美社會和學界都產生了很深的影響。儘管白芝浩也對自己的功能主義框架進行了適當的普遍化改造，不過其規範屬性並不突出，主要還是滿足於對英國憲法的實際經驗的解讀。由於英國憲法缺乏成文特徵，學者的解釋就成為憲法傳統現代表達的一種特殊形式，故英國素有「憲法學家是英國憲法的編撰者」的說法，這就是所謂的英國憲法的「學術法典化」。布萊克斯通和白芝浩儘管在研究方法和理論體系上相距甚遠，但所從事的是同一種歷史工作。然而，布萊克斯通的缺陷在於1760年代的英國憲法在制度上還不成熟，而且布萊克斯通本人主要是一個普通法學者，其《英國法釋義》對英國憲法的總結還不能賦予英國憲法以相對成熟的現代特徵；白芝浩的特點在於長於功能分析和經驗描述，短於規範論證和體系建構。因此，從布萊克斯通到白芝浩，英國「政治憲法」的「學術法典化」並未完成。對於柏格達諾眼中的英國傳統憲法而言，其「學術法典化」的完成歷史性地落在了戴雪的身上，主要體現在戴雪出版於1885年的《英憲精義》。誠如龔祥瑞先生所言：「戴雪生活的年代是19世紀革命的年代，他的憲法論是對古典憲法的概括和總結。」[32]

　　戴雪受邊沁和奧斯丁（John Austin）的影響，接受的是規範主義的學術訓練，對於白芝浩的政治憲法學，戴雪怎麼看呢？一方面，戴雪認為白芝浩「在今代思想家中最能闡發英吉利政治的奧義，使無餘蘊。他的《英吉利憲法》不但富於創造力，而且饒有趣味，足以引人

---

32. 龔祥瑞（1995）。〈憲法與法律——讀戴雪《英憲之法的研究導論》〉，《比較法研究》。3期，312頁。

入勝」；[33] 另一方面，對白芝浩側重憲法慣例的純粹政治視角在《英憲精義》初版時則有所保留，直到1914年修訂時才有所改變。[34] 本文之考察以戴雪1885年的《英憲精義》為基準，展現他如何通過規範主義的方法完成了英國憲法的「學術法典化」，從而續寫了英國「政治憲法」傳統新篇章的。

戴雪對於英國憲法的「學術法典化」不同於布萊克斯通和白芝浩，這體現在他對憲法概念的界定和對英國憲法基本原則的歸納之上。戴雪的概念分類是規範性的，而不是描述性或功能性的。

戴雪的憲法概念建立在對「憲法」的一種二元分類基礎之上。由於戴雪的核心學術任務是為英國憲法「正名」，故不可能無視英國憲法的不成文性和存在大量憲法慣例的事實。英國憲法的這一特色以「憲法慣例」的形式進入了戴雪的憲法概念之中。戴雪使用了「規則」（rules）而非「法律」（laws）來表達其憲法規範的基本屬性。因此，在戴雪的憲法概念中，憲法不僅僅是「法律」，還包括「慣例」。戴雪這樣定義自己的「憲法」概念：

> 憲法，就其在英國的用法而言，表現為囊括一國之內直接或間接影響主權權力之分配或行使的所有規則。[35]

這一定義反映了戴雪對英國「政治憲法」傳統的規範性認知，即從規則而不僅僅是慣例的角度來界定政治權力。從比較憲法學的角度來看，戴雪時代的憲法學說已經有從權利哲學來加以界定的憲法概

---

33. 〔英〕戴雪（Albert Dicey），雷賓南（譯）（2001）。《英憲精義》。北京：中國法制出版社。99頁。因雷老先生的譯本多處意譯，有失準確，故本文對《英憲精義》的引用在中譯本相關內容可採時採用之，翻譯不佳時則直接援引戴雪著作的原文並自行翻譯。

34. 參見夏彥才（2006）。〈白芝浩和他的《英國憲法》——白芝浩《英國憲法》譯後〉，《武漢理工大學學報》（社會科學版）。4期，554頁。

35. Dicey (1959). *Introduction to The Study of The Law of The Constitution.* Basingstoke: Macmillan. 10th Edition. p.23.

念。戴雪以「主權權力」為核心來認知英國憲法，這表明戴雪對憲法概念的把握具有「政治憲法學」的維度。戴雪的這一憲法概念影響到了中國政治憲法學者對憲法的特定理解和思考，如陳端洪認為「這是憲法的最基本的含義，適用於中國憲法的研究」，[36] 而翟小波認為「憲法是關於主權的真實規則」。[37]

為支撐這一概念，戴雪具體説明了何為影響「主權權力之分配或行使」的規則：關於主權權力的所有者及其關係的規則；決定主權權力及其所有者如何行使權力的規則；規定王位繼承的規則；規定首相特權的規則；規定立法機關的形式及其選舉模式的規則；規定部長責任與行動範圍的規則；規定領土的規則；規定臣民或公民身份的規則。[38] 這表明戴雪的憲法是一種「政治法」（political law）。

這樣，戴雪就形成了關於英國憲法的規範性認知框架：

1. 憲法的概念：關於「主權權力之分配與行使」的所有規則；
2. 憲法的範圍：包括「憲法性法律」（law of the constitution）和「憲法慣例」（conventions of the constitution），二者共同組成了完整意義上的「英國憲法」（the English constitution）；
3. 「憲法性法律」是嚴格意義上的「憲法」（constitutional law），「憲法慣例」不是「法律」（laws），但屬於「英國憲法」的組成部分；
4. 「憲法性法律」可被法院承認和適用，「憲法慣例」不被法院適用，而由其他政治機構適用。[39]

比較戴雪和白芝浩，我們就會發現，白芝浩的「政治憲法」主要

36. 陳端洪（2007）。《憲治與主權》。北京：法律出版社。149頁。

37. 翟小波（2004）。〈憲法是關於主權的真實規則〉，《法學研究》。6期。

38. Dicey (1959). *Introduction to The Study of The Law of The Constitution*. Basingstoke: Macmillan. 10th Edition. p.23.

39. Ibid., pp.23–24.

是指戴雪分類框架下的「憲法慣例」，而戴雪的「政治憲法」則不僅包括「憲法慣例」，還包括「憲法性法律」。戴雪在這裏確立了區分「憲法性法律」和「憲法慣例」的標準，即能夠被法院適用。這是一種司法性標準，而非立法性（法律淵源）標準。為了完成英國憲法的「學術法典化」，戴雪有着作為法學家的充分的法教義學意識。戴雪對「憲法性法律」和「憲法慣例」在憲法學研究中的地位和角色是有區分的；他的書名更準確地翻譯是《憲法性法律研究導論》，表明其研究的中心是「憲法性法律」。但戴雪生活在英國而不是美國，不可能完全像美國的法學家那樣圍着一部成文憲法和聯邦最高法院的憲法判決來展開研究，故其憲法學研究就不得不進行如下的調整：（1）對「憲法性法律」進行政治憲法學而不僅僅是憲法解釋學或一般法教義學的整理，這反映在他對英國憲法基本原則、而非規則的經典「編撰」之上；（2）對「憲法慣例」予以重視，通過「憲法性法律」與「憲法慣例」的關聯性解釋實現英國憲法的體系化。

戴雪在《英憲精義》之「憲法的研究範圍測定」一節中表明了其法教義學的立場。他這樣陳述英國法教授的「本分」和「任務」：

> 他的本分是在於向英憲的各部分中尋出及提示孰為法律的規則（及受執行於法院之規則）。[40]

> 簡言之，英國法學教授有一重要任務，析之可得四層功夫：第一，要勾提一切構成憲法的規則；第二，要分類排比，使之各得其所；第三要一一為之作界，不使互相混淆；第四要於可能範圍內闡明各類規則在名理上之相互繫屬。[41]

---

40. 〔英〕戴雪（Albert Dicey），雷賓南（譯）（2001）。《英憲精義》。北京：中國法制出版社，109頁。

41. 同上。

　　然而，這裏面似乎存在一定的矛盾：如果某位英國法教授按照戴雪這裏的「四層功夫」完成了英國憲法的「學術法典化」，則在其完成的規則體系中，必有諸多規則屬於政治性規則而無法被法院適用，於是便超出了戴雪為這位教授設定的「本分」；如果這位教授完全按照「本分」從事，他在工作程式上可以從英國法院的判例體系出發，根據判例法中的規則提煉憲法規則，則勢必將不適宜進入「法院」的憲法規則排除在外，從而就不可能完成英國憲法的「學術法典化」。「任務」超越「本分」，這是作為普通法學者的戴雪和作為政治憲法學者的戴雪之間的張力。正是由於存在這樣的張力或複合角色，戴雪才同時超越了布萊克斯通和白芝浩，成為英國憲法「學術法典化」的最終完成者，從而也最為恰當地從規範層面對英國的「政治憲法」進行了系統表達。其實，如果戴雪的職志就是完成英國憲法的「學術法典化」，其完全不必在此嚴格設定「法院」口徑作為學術「本分」，實際上戴雪本人的學術工作也並不局限於單純的「可司法化」的憲法規則，而是一種體系化的、整全意義上的「學術法典化」。這種困境其實也是法教義學的普遍困境。根據法教義學者的一般界定，法教義學通常需要完成兩項基本任務：（1）法律解釋；（2）體系化。[42] 就憲法學領域而言，法律解釋可以完全服務於司法目的，但體系化本身不可能完全服務於司法目的。政治憲法學，就其規範層面而言，也包含了體系化的理論任務。部門法不必考慮「政治」視角，但憲法學的「體系化」不可能不考慮「政治」視角。或許「體系化」會構成政治憲法學和憲法教義學（而非狹義的、以司法為目的的憲法解釋學）的交叉領域，二者的差異可能在於，政治憲法學側重從憲法整體架構和基本原則的角度認知憲法體系，而憲法教義學側重從憲法規則的角度認知憲法體系。戴雪在確立認知英國憲法的規範性框架之後即展開了

---

42. 參見白斌（2010）。〈論法教義學：源流、特徵及其功能〉，《環球法律評論》。3期。

英國憲法「學術法典化」（體系化）的工作，在筆者看來，這一工作更側重原則層面和整體結構，並非專以司法為目的，故筆者將戴雪的這一工作視為「政治憲法學」的學術實例。當然，這只是就戴雪工作中對英國憲法之原則整理而言的，戴雪在總體上仍然主要是一個法學家和「司法憲政主義」的遵奉者。

下面讓我們來簡要考察一下戴雪在《英憲精義》中對英國憲法的整體性規範建構。戴雪自己深刻意識到這是一項無比艱巨的學術任務。他在作為全書綱領的第五節「憲法的研究範圍測定」的結尾處，提出了擔當這一學術任務的三個指導性原則（guiding principles）作為論述的線索：（1）議會的立法主權；（2）普通法律的普遍效力；（3）憲法慣例與憲法性法律的關聯性。[43]

首先談「議會主權」，這與戴雪的憲法概念（關於主權的規則）直接相關。戴雪開宗明義，在第一章《議會主權》的開頭即表明了自己的主要觀點：（1）議會主權的存在是一個法律事實，為英國憲法所長期承認；（2）對議會主權的法律限制並不存在；（3）在英國憲法之下，議會主權具有絕對性。[44] 戴雪接着對「議會主權」的結構原則進行了解釋：議會主權是國王、貴族院和平民院的「三位一體」，簡稱為「國王在議會中」（the King in the Parliament）。戴雪這裏的觀點其實並非首創，他自己也承認布萊克斯通對此已有精闢之論述，並摘引了後者的大段文字作為旁證。[45] 此外，戴雪另行徵引了狄龍（De Lolme）那句關於英國議會的名言：「除了不能易男為女和易女為男外，議會無所不能，這是英國法律家信奉的一個根本原則。」[46]

---

43. Dicey (1959). *Introduction to The Study of The Law of The Constitution.* Basingstoke: Macmillan.10th Edition. pp.34–35.

44. Ibid., p.39.

45. Ibid., pp.41–42.

46. Ibid., p.43.

具體而言，於法律層面上看，議會主權的法律特徵如下：（1）議會可以變更一切法律，無論是根本法還是普通法律，程式相同；（2）在憲法和普通法律之間缺乏顯著的法律區分；（3）不存在任何司法或其他權力有權廢止議會法案、判其無效或違憲。[47] 對於議會法律與普通法院的關係，戴雪從議會主權的角度進行了匡正，認為：「英國法官並不主張或行使廢除議會法律的任何權力，而議會法律卻可以推翻法官的判決。簡言之，法官造法是一種從屬性立法，在議會同意的條件下得以實施，並受到議會的監督。」[48] 當然，戴雪也並非認為議會主權毫無限制，從法律家的觀點來看，他也不可能接受一種不受限制的主權，一個龐大的現代「利維坦」。只是，作為戴雪時代的「政治正確」，在不成文憲法的特定語境下，戴雪無法想像和尋找到限制議會主權的適當法律機制。不過，戴雪在《英憲精義》裏還是表達了自己對限制議會主權的某種願景，這反映在「議會主權」這一部分的第三章〈議會主權與聯邦主義〉之中。這一章表面上看是一種對英國與美國憲法的比較研究，但戴雪的兩點傾向表明了他的某種理論意圖：（1）他的比較憲法研究不像白芝浩那樣對英國自身的制度無比自信和樂觀；（2）強調聯邦主義和法治的關係，隱含着戴雪對美國式的通過聯邦制安排限制議會主權的體制的認可。當然，英國後來的憲法發展中確實出現了某種「準聯邦制」的傾向，即地方自治，這對於限制議會主權具有一定的作用。此外，戴雪在《英憲精義》中也提到了主權的內部限制和外部限制，只是他對此類限制的「政治憲法」機理沒有深入探討。實際上，20世紀以來的英國憲法中出現了諸多關於議會制政府之行為與責任的法律，英帝國體系內宗主國與殖民地的關係重構也構成了對英國議會主權的某種結構性制約。這些發展都

---

47. Ibid., p.91.

48. Ibid., pp.60–61.

是對議會主權的理性化的限制，也是英國的「政治憲法」着重關注的。[49] 當然，在戴雪的時代，這些法律機制還不夠完備。

除了對「議會主權」的規範性證成之外，戴雪最重要的貢獻就是非常清晰而堅決地闡釋了英國憲法中「法治原則」的精義。在對「法治原則」的闡釋中，戴雪顯示了一名英國法學家的普通法訓練背景和對普通法院憲法功能的深刻理解。戴雪認為英國的「法治原則」包括如下三個基本要素：（1）反對專斷權力，人民只受法律約束；（2）法律平等，一切人皆平等接受普通法院執行之普通法律的約束；（3）個人權利來自於法院判決而非憲法條文。[50] 戴雪在論述這三個基本法治要素的同時激烈批評了法國行政法：（1）基於法治的反專斷原則，戴雪反對法國行政法中的自由裁量權（discretion）；[51]（2）基於法治的平等原則，戴雪反對法國的行政法和行政法院，認為這些制度機制是特權，與英國人的法律平等觀念不符。[52] 戴雪的法治觀念，是一種基於英國普通法傳統和19世紀古典自由主義理念的時代化產物，是對英國憲法基本原則的經典闡釋。然而，戴雪又身處古典自由主義向壟斷資本主義轉型的階段，行政法和社會立法的興起已經逐步成為一種時代趨勢，戴雪對此表現了一種保守態度。戴雪的法治觀導致英國公法學術中「行政法和行政法學」的理論地位長期無法確立。後來經過詹寧斯、韋德等人的理論修正，英國行政法學才開始發展起來。根據龔祥瑞先生的考察，1930年代「詹寧斯曾對憲法名家戴雪『正統』的法治觀、憲法論作出歷史主義的評論，填補了戴

---

49. 龔祥瑞先生簡要描述了19世紀以來英國議會法的理性化發展軌跡。參見龔祥瑞（1995）。〈憲法與法律——讀戴雪《英憲之法的研究導論》〉，《比較法研究》。3期，318–319頁。

50. Dicey (1959). *Introduction to The Study of The Law of The Constitution*. Basingstoke: Macmillan.10th Edition. pp.202–203.

51. Ibid., p.188.

52. Ibid., p.203.

雪所留下的空白——行政權和行政法——闡述了戴雪法學中的個人自
由主義本質，並和拉斯基等人攜手為工黨社會主義的行動綱領奠定了
理論基礎」。[53] 我們看到，儘管戴雪對「議會主權」之遵奉達到了相
當高的程度，但他對英國「法治原則」的頂禮膜拜也是無以復加的。
事實上，英國憲法的張力恰恰就在於「議會至上」和「法律至上」
這兩個並存於英國憲法之中的「兩個至上」的結構性與原則性關係之
中。也許和布萊克斯通一樣，戴雪對英國的普通法傳統和議會民主制
還有著作為英國人的信心，所以對於形式上龐大無比的現代「利維
坦」——議會——的主權至上性並無太大的憂懼。

戴雪《英憲精義》的最後一部分，處理的是憲法性法律與憲法慣
例的關係。這又回到了戴雪前面對英國憲法的體系化認知。戴雪以是
否能夠「司法化」作為區分憲法性法律和憲法慣例的根本標誌，並認
為不能「司法化」的憲法慣例儘管發揮着實際的憲法效力，但並不屬
於法律。那些神秘的「憲法慣例」是什麼呢？其實主要是涉及議會
運行的程式與規則，其責任機制與效力保障主要通過政治過程而非司
法過程來完成。戴雪認為憲法慣例相對於憲法性法律具有從屬地位，
憲法學研究只能在二者的關係脈絡中對憲法慣例作出描述與解釋，否
則就可能脫離了憲法學研究的學術立場。實際上，「憲法慣例」恰恰
是白芝浩所認為的英國憲法的主要內容和秘密所在。在政治憲法學看
來，對議會主權的有效制約，恰恰可能來自於這些「憲法慣例」而非
可被「司法化」的「憲法性法律」。只有從「憲法慣例」入手，才可
能更加有效地消解戴雪確定的英國憲法兩大基本原則——議會主權和
法治原則——之間的規範性張力。遺憾的是，戴雪儘管在其憲法概念

---

53. 龔祥瑞（1995）。〈法與憲法——讀詹寧斯《法與憲法》〉，《比較法研究》。4期，414頁。

和制度體系中包含了憲法慣例，但對其法律屬性和憲法功能之認知與探究缺乏深入的理論反思與對待。[54]

三、20世紀以來的發展：詹寧斯與湯姆金斯的接力

我們回過頭來看英國「政治憲法」的「學術法典化」的歷程，從布萊克斯通到白芝浩到戴雪，英國的「政治憲法」最終在戴雪的憲法體系中獲得了在既往的普通法學術傳統中難以確立的明確地位：（1）作為「政治憲法」之根本原則的「議會主權」被納入「憲法性法律」的原則之中，且作為首要原則獲得確立；（2）作為「政治憲法」之具體機制的「憲法慣例」被納入戴雪的憲法概念和憲法制度體系之中，作為英國憲法的有機組成部分。戴雪通過《英憲精義》，在體系、結構與基本原則的層面上完成了英國憲法的「學術法典化」，而英國的「政治憲法」也經由這一整體過程而獲得了規範屬性與明確地位。

然而，戴雪的「學術法典化」的工作並不意味着英國憲法在理論和制度上的終結。相反，經過戴雪的整理與提升，英國憲法學的研究對象和辯論主題似乎更加明確了。如何限制議會主權，顯然成為英國憲法學者的共同理論任務。但具體學術路徑的分歧則一直存在：是在普通法傳統的基礎上推進英國憲法的成文化，建立美國式的標準司法審查制度，還是延續英國「政治憲法」的傳統，通過政治過程的原

---

54. 詹寧斯糾正了這一點，認為憲法慣例和憲法性法律一樣，都是在政治過程中獲得遵守的規則，並專章討論了在戴雪理論中不甚明確的憲法慣例的效力機制。參見〔英〕詹寧斯（Ivor Jennings），龔祥瑞、侯健（譯）（1997）。《法與憲法》。北京：三聯書店。55–92頁。

政治憲法的中國之道

則論證與制度設計來促進議會與政府行為的理性化？對英國「政治憲法」的學術表達是堅持白芝浩式的功能主義描述路徑，還是需要尋求某種規範主義的理論基礎？這些影響英國憲政走向的根本性理論問題，沒有被戴雪的「學術法典化」所終結，而是在戴雪工作的基礎上進一步獲得了深化。20世紀是英國憲法變遷的重要時代，也是英國「政治憲法」學術傳統傳承更新的重要時代。在此意義上，戴雪的工作具有承上啟下的獨特歷史作用。

在戴雪的體系中，法院和憲法性法律仍然構成英國憲法的核心，議會儘管在政治原則上具有至高性，但受到戴雪的「法治原則」的有效制約，而行政權與行政法則缺乏明確的理論地位，憲法慣例也只能在與憲法性法律的關聯中獲得理解與定位。戴雪不同於白芝浩，是一個明確的規範主義者，是追求「法律憲法」（legal constitution）的法治主義者。上文中將戴雪作為英國憲法「學術法典化」的典型，是因為他從原則與結構、而非具體的法律技術層面，建構了理解英國憲法整體性所必要的認知框架。這一框架本身儘管帶有濃重的普通法痕跡，但卻是超越普通法視角的「政治憲法」視角，為後來的批評者和修正者提供了一個恰當的學術工作起點。戴雪對「政治憲法」的理論相容，在很大程度上促進了英國「政治憲法」傳統的學術發展。

戴雪所確立的英國憲法學正統框架影響深刻，以致於作為「英國公法學的首創者」[55] 的詹寧斯，在1933年出版《法與憲法》一書並提出超越戴雪的英國現代憲法學說時，被普遍認為是「異端邪說」[56]。戴雪恰恰是在古典自由主義行將衰落之際對英國憲法進行「學術法

---

55. 這是龔祥瑞先生的說法。參見龔祥瑞（1995）。〈法與憲法——讀詹寧斯《法與憲法》〉，《比較法研究》。4期，414頁。

56. 這是詹寧斯本人的說法。參見〔英〕詹寧斯（Ivor Jennings），龔祥瑞、侯健（譯）（1997）。《法與憲法》。北京：三聯書店。1頁。

典化」的。他本人後來也注意到了集體主義思潮對英國憲法結構的改變，但囿於自身的理念立場和集體主義改革尚未構成一定體系，他並非對自身的憲法學體系進行實質性的修正。在詹寧斯看來，戴雪的體系已經不適應英國憲法在20世紀的狀況了。如果説戴雪是以某種普通法的古典視角試圖對1688年光榮革命以來共存於英國憲法內部的「政治憲法」和「法律憲法」予以綜合的話，詹寧斯則是從一種社會科學的現代視角對20世紀的英國憲法予以描述和論證。詹寧斯最具代表性的理論作品主要是三部：《法與憲法》、《內閣制政府》和《英國議會》。與戴雪不同，詹寧斯沒有固守普通法的「司法」立場，而是面對真實的英國憲法進行原則論證和結構分析。《法與憲法》自1933年出版以來，先後四次再版，成為理解20世紀上半葉乃至於整個英國現代憲法的經典作品。這部作品最大的特色，就是始終貫穿着與戴雪的「對話」意識。正是在戴雪的框架和基礎上，詹寧斯完成了對20世紀英國憲法的再一次的「學術法典化」。在該書中，詹寧斯在某種意義上回到了白芝浩，正面面對英國的「政治憲法」。他的《內閣制政府》和《英國議會》就是對英國「政治憲法」進行學術研究的重要代表。而在《法與憲法》之中，他也基於更加清晰和明確的「政治憲法」的學術意識，對戴雪所界定的「法治原則」的三個要素予以清理和批判，認為：（1）行政裁量不等於行政專斷，行政法的存在是一個基本事實，行政法學應具有自身的獨立地位；（2）法律面前人人平等不能作絕對化理解；（3）基本權利來自法院判決不符合歷史事實，英國憲法的諸多內容來自於政治運動和議會立法。[57] 詹寧斯還對戴雪的憲法慣例論點進行了修正，提高了憲法慣例的憲法地位。詹寧斯對戴雪的批判，基本上採取的是一種歷史主義的進路，其歷史基礎在於：1688年以來英國憲法的結構性變遷不可能完全納入「司法」

---

57. 同上，38–43頁。

的框架，而「議會主權」與「內閣制」的發展基本上屬於「政治」過程，並不產生於司法過程，而這些進入英國憲法體系的「政治憲法」也具有自身的程式和規則。與詹寧斯具有某種理論聯盟關係的拉斯基及其學生，也對英國的「政治憲法」作出了功能主義的研究和解釋。這裏涉及到英國公法研究中的兩種理論風格，即規範主義與功能主義。英國「政治憲法」的學術傳統與功能主義之間存在着重要的理論關聯。馬丁·洛克林教授對兩種理論風格的區分相當精闢：

> 公法中的規範主義風格的根源，在於對分權理想以及使政府服從法律的必要性的信念。這種風格強調法律的裁判和控制功能，並因此而關注法律的規則取向和概念化屬性。規範主義基本上反映了一種法律自治的理想。相反，公法中的功能主義風格，將法律視為政府機器的一個組成部分。其主要關注點是法律的規制和便利功能，並因此而注重法律的意圖和目標，並採取一種工具主義的社會政策路徑。功能主義體現着一種進化式變遷的理想。[58]

當然，這種二元劃分只是一種理想類型方法的運用，並不等於說所有的政治憲法學者都只有「功能主義」面向，也不是說普通法學者對「政治憲法」就毫無洞察和觀照。[59] 例如，規範主義並沒有影響戴雪賦予英國「政治憲法」以一定的原則與體系地位，而洛克林本人儘管基本上是一個規範主義者，卻對「公法與政治」這樣的政治憲法學

---

58. 〔英〕詹寧斯（Ivor Jennings），鄭戈（譯）（2002）。《公法與政治理論》。北京：商務印書館。85頁。

59. 筆者在運用洛克林的這一二分法梳理中國憲法學理論流派時，就曾發現過某種精確歸類的困難。參見田飛龍（2009）。〈中國憲法學理論流派的形成〉，《山東大學法律評論》。濟南：山東大學出版社，6輯。

命題傾注了大量的學術心力；[60] 其在《公法與政治理論》中的那句名言「公法是複雜形式的政治話語」，幾乎可以作為英國「政治憲法」學術傳統的宣言。英國憲法學敍事中的功能主義的典型代表，可以追溯至白芝浩。當白芝浩在《英國憲法》再版導言（1872年）中聲稱「所看到的東西每天都在變」時，[61] 100年後的格里菲思（J. A. G. Griffith）作為一個當代的功能主義公法學教授，在1978年的演講中更加徹底地回應並刻劃了英國憲法的經驗特徵：

> 英國憲法常在，且每天都在變化，因為憲法恰恰就是每天發生的事情。我們的國家發生的每一件事都是憲法性的。即便什麼大事也沒發生，那也是憲法性的。[62]

格利菲思教授的這篇演講成為英國「政治憲法」學術傳統的當代宣言，其背景正是柏格達諾教授所謂的「英國新憲法」時代。這篇演講多少帶有些情緒化的宣洩，是對英國加入歐共體、國內憲法改革及憲法成文化壓力等一系列事件的回應。然而，如果英國的政治憲法學者僅僅滿足於回到白芝浩的功能主義描述傳統中的話，其理論競爭力是可疑的，而且除了關於事實的解說之外，對於英國憲法的時代走向未必能夠提供多少知識性的貢獻。所以，面對從詹寧斯以來英國「政治憲法」學術論述回歸白芝浩傳統的傾向，英國的部分政治

---

60. 國內公法學界對馬丁・洛克林的「公法與政治理論」的興趣非常濃厚，其兩部代表性作品已經翻譯過來，即〔英〕馬丁・洛克林（Martin Loughlin），鄭戈（譯）（2002）。《公法與政治理論》。北京：商務印書館；〔英〕馬丁・洛克林（Martin Loughlin），高秦偉（譯）（2011）。《劍與天平：法律與政治關係的省察》。北京：北京大學出版社。其最新的一本綜合性的政治公法理論著作《公法之諸基礎》（Foundations of Public Law, Oxford University, 2010）也已被收入陳端洪、翟小波主編的《憲政古今譯叢》，由陳燕博士承擔翻譯，法律出版社出版。

61. 〔英〕白芝浩（Walter Bagehot），夏彥才（譯）（2005）。《英國憲法》。北京：商務印書館。5頁。

62. J. A. G. Griffith (1979). "The Political Constitution," The Modern Law Review, 42(1):19.

憲法學者加強了規範主義方面的理論工作，試圖為英國的「政治憲法」奠定共和主義的理論基礎，從而形成可與普通法憲政主義（或曰「法律憲政主義」）相競爭與抗衡的一種「政治憲政主義」（political constitutionalism）。下面以湯姆金斯作為理論個案來加以說明。

湯姆金斯教授是英國格拉斯哥大學John Millar公法學教授，其於2005年出版的《我們的共和憲法》一書對英國公法學界關於「法律憲政主義」（legal constitutionalism）和「政治憲政主義」（political constitutionalism）的爭論的梳理相對比較清晰，[63] 更重要的是為英國的「政治憲法」明確提供了共和主義的理論基礎，補充了相關論述中規範性的匱乏。

湯姆金斯教授首先對英國「政治憲法」的核心規則進行了總結。他認為英國「政治憲法」可以歸結為對「政治責任」（political accountability）理念的憲法落實之上，具體而言就是英國的「責任內閣制」。[64] 他認為這是一個「簡潔」（simple）而「優美」（beautiful）的規則，是傲然於世的英國憲法的核心（core）。「政治責任」處理的是英國內閣制政府對英國議會負責的問題，在這一關聯式結構中，為法學家們津津樂道的普通法院不具有重要作用。與「政治憲法」對應的是「政治責任」，這是一種完全不同於法院可執行的「憲法」意義上的「法律責任」。湯姆金斯將這一政治責任制視為英國民主和「我們英國人民」（We the British People）意志正當性的保障。湯姆金斯的這一概括繼承了英國「政治憲法」的學術傳統並使之更加明確：白芝浩將內閣作為溝通「尊嚴部分」/「效率部分」、立法/行政的樞紐；詹寧斯專門論述過「內閣制政府」（the cabinet government）而不僅僅是「議會制政府」。在具體的責任機制上，湯

---

63. Adam Tomkins (2005). *Our Republican Constitution*. Oxford: Hart Publishing.

64. Ibid., p.1.

姆金斯認為存在兩種形式：（1）極端形式，即不信任投票和內閣總辭職；（2）日常形式，即政府日常性的「政策」（policies）、「決定」（decisions）和「行動」（actions）必須獲得議會的支持。[65] 圍繞這兩種責任形式，英國的「政治憲法」發展出了豐富的制度程式和機制，這些制度內容構成了英國「政治憲法」的基本體系。進而，湯姆金斯教授在比較憲法的意義上進一步突顯了英國「政治憲法」的獨特性。他認為世界各國的憲法都面臨着建構一種政府責任制的任務，而歐陸和北美的大部分現代憲法採取的都是一種「法律控制」（legal controls）模式，其理念基礎在於法治和人權，其制度選擇在於依賴法院和法官，[66] 而這種「大多數」的選擇恰恰構成了英國憲政特色的對立面，從而成為他在後文中竭力批評的一種「法律憲政主義」。在湯姆金斯看來，成為大國憲政的「異數」不僅不是英國憲法的缺陷，而恰恰是其光榮所在。湯姆金斯的理論立場非常明確，認為以「政治責任」為核心的英國「政治憲法」，來自於英國憲政秩序內部，是共和主義原理制度化的產物，但學術界和實務界在認知和實踐上存在諸多誤導，「法律憲政主義」就是一種危險的誤導。[67] 而正是這種誤導，使得作為英國「政治憲法」核心的「政治責任制」處於嚴重的挑戰之中。[68] 他的工作就是正本清源，發現和整理英國「政治憲法」的共和主義傳統，並據以提出英國憲法改革的計劃方案。

那麼，作為湯姆金斯對話之對象的「法律憲政主義」到底是什麼？其誤導性何在？他在該書中作出了相對於其他政治憲法學者更為清晰的歸納與分析。在湯姆金斯看來，法律憲政主義在英國公法學

---

65. Ibid., p.2.

66. Ibid., pp.2–3.

67. Ibid., "Preface," pp.xii–ix.

68. Ibid., pp.6–10.

界有着非常強大的學術影響，其中的主要作者未必在所有觀點上取得一致，但卻分享着基本的學術共識或傾向。根據湯姆金斯的歸納，堅持法律憲政主義的代表性學者包括艾倫（T. R. S. Allan）、喬沃爾（Jeffery Jowell）、奧利弗（Dawn Oliver）及作為上訴法院法官的勞斯（John Laws），在部分意義上還包括克雷格（Paul Craig）。[69] 根據這些法律憲政主義學者的學術作品，湯姆金斯歸納出了「法律憲政主義」的六大原則（tenets）：（1）法律是一種不但區別於而且高於政治的活動；（2）法律活動的主要舞台在法院；（3）個人應盡可能地保持自由，免於政府的干涉；（4）一旦政府干涉不可避免，該種干涉必須受到理性的限制並具有理性基礎；（5）政府干涉的範圍及其正當性是應由法官加以決定的法律問題；（6）法律應通過關於合法性的特定規則和一般原則（如人權）來控制政府。[70] 果然，法律憲政主義者運用的就是「法治」和「人權」而非「政治」的方式來限制政府權力的。支撐這些原則的是佔據主流地位的法治理論和自由理論，其中的法治理論受到普通法經驗的啟發，而自由理論（人權理論）顯然受到盛行於歐美世界的「消極自由」論（伯林〔Isaiah Berlin〕）的影響。湯姆金斯在書中具體分析了這六大原則的理論背景與文獻狀況。[71] 那麼，這些基本上已經屬於比較憲法學「常識」的信條，湯姆金斯認為它們錯在哪裏呢？湯姆金斯認為可以歸結為兩點：（1）不民主（undemocratic），具體分解為三個層面，一是缺乏對作為主要決策者的法官的責任機制，二是決策過程缺乏參與和可接近性，三是決策缺乏代表性的民主基礎；（2）無效率（ineffective），具體分解為兩個層面，一是法院裁判的被動性影響了政策形成的效果，法院不能

---

69. Ibid., p.11.

70. Ibid.

71. Ibid., pp.11–25.

像議會那樣主動制訂政策回應社會問題，二是司法審查和司法救濟的
實際紀錄並不令人滿意。[72] 湯姆金斯在這裏對法律憲政主義展開的批
評，同時包含了規範層面（是否民主）和功能層面（是否有效）。

　　正是基於這種「知己知彼」，湯姆金斯隨之展開了關於「共和憲
法」之理論基礎的探討。湯姆金斯對英國的公法思想史非常熟悉，他
認為作為一種現代的自由主義模式，法律憲政主義直到1990年代中
期才成為英國公法思想中的一種綱領性的潮流與形式，而在此之前的
公法理論流派基本上可以分為保守主義和功能主義兩大陣營。[73] 實際
上，對於「政治憲政主義/法律憲政主義」這一新式分類法之前的英
國公法思想流派的劃分，可能洛克林的框架比湯姆金斯的框架更加健
全。當然，湯姆金斯在這裏也明確提及了洛克林框架的有效性。根據
湯姆金斯的論述，他這裏的「保守主義」應解釋為包括了現代自由主
義若干關鍵因素的「保守主義」，這樣就可相容於洛克林的框架。當
然，湯姆金斯的分析優勢在於對這兩大流派作出了相對洛克林更加細
緻具體、更加集中於公法領域的探討。[74] 實際上，在筆者看來，湯姆
金斯在這裏列出的「法律憲政主義」的六大原則的理論成熟與制度運
用的時間，要遠早於1990年代中期，而且諸多原則肯定與作為規範
主義的「保守主義」相重疊。不過，湯姆金斯的重心，顯然還是放在
了對於英國憲法之共和主義淵源的探究之上。[75]

　　在梳理英國公法思想脈絡和共和主義淵源的基礎上，湯姆金斯提
出了可與「法律憲政主義」之規範基礎相競爭的英國「政治憲法」的
規範基礎，即共和主義的三大主題（原則）：（1）反君主制與人民

---

72. Ibid., pp.25–31.

73. Ibid., p.33.

74. Ibid., pp.33–46.

75. Ibid., pp.46–56.

主權；（2）無支配的自由觀；（3）政治責任制的制度設計。[76] 這是湯姆金斯政治憲法理論的精華，也是據以提出相關憲法改革建議的理論基礎，下面進行簡要的分述。

首先是反君主制和人民主權的問題。英國是一個非常特殊的現代共和國，是偽裝成君主制的共和國。在英國公法學的正統理論中，「人民主權」作為理論概念和制度原則的地位都不夠突出。與美國的「我們人民」式純粹化敍事不同，英國憲法的正當性基礎在於「議會主權」，其具體結構是「一君兩院」，其中的君主和貴族院並不具有程式性的民主基礎，而平民院也只是在普選權實現之後才具有了真正的民主基礎。英國憲法的正當性基礎在於一種「混合政體」概念，而不是純粹的「人民主權」概念。湯姆金斯認為共和主義的首要原則是人民主權原則，因此主張廢除英國君主，去除英國作為現代共和國的「匿名」假象。其實，人民主權只是現代共和主義的基本原則，而古典共和主義的基本原則恰恰在於混合政體體現出來的制約與均衡結構。[77] 為何湯姆金斯不能容忍已經在制度上虛化的英國君主呢？除了與現代共和主義的人民主權原則具有形式上的衝突之外，君主的存在還構成了一種破壞共和主義之「無支配的自由」的規範價值，因為英國君主儘管在憲法慣例意義上被虛化，但仍然作為威脅英國人民享有的共和主義自由的一種因素而存在，並且無法從理論和憲法根本原則上提供真正安全可靠的保障。

其次是無支配的自由觀。這是現代共和主義理論家菲利浦・佩迪特（Philip Noel Pettit）出的自由概念，被認為是對伯林「兩種自由概念」的重要理論修正，也是共和主義在自由主義所依賴的最為核心的

---

76. Ibid., pp.57–65.

77. 關於共和主義源流的理論考察，參見天成（2003）。〈論共和國——重申一個古老而偉大的傳統〉，載《公共論叢：憲政主義與現代國家》。北京：三聯書店。7輯。

概念「自由」上面，所發展出來的最具競爭力的概念。這種自由觀不
滿足於伯林式的「無干涉」的自由，在下列兩層意義上作出了修正：
（1）無干涉不等於無支配，因而不等於自由，其理由是有些社會關
係中（比如主奴關係）優勢者的仁慈可以實現無干涉，但支配關係依
然存在，劣勢者仍然處於不自由的權力關係之中；（2）有干涉也不
等於有支配，因而也不等於不自由，其理由是合法的積極干涉有可能
更好地援助劣勢者擺脫支配關係，實現真正的自由。這種自由觀修正
了消極自由觀對國家權力的偏見，承認了合法干預是自由的條件而不
僅僅是對自由的限制，這是對共和主義理論的現代發展。然而，這種
自由觀也確實存在激進之處，比如湯姆金斯據此主張廢除英國君主，
將君主的存在視為對人民自由的一種「支配」關係，從而將白芝浩視
為英國憲法「尊嚴部分」的王權徹底掃除。這種制度變革並非英國憲
法的首要任務，也不大容易獲得英國人民自身的贊同，因為他們從英
國君主那裏已經感受不到支配關係和復辟可能性了；相反，他們感受
到的是英國君主所代表的民族的光榮傳統和高尚德性，即所謂的「尊
嚴部分」，而這種感受是英國非常獨特的一種愛國主義和憲法認同的
基礎。

　　再次是對政治責任制的制度設計。這就回到了湯姆金斯所概括的
英國「政治憲法」的核心規則。法律憲政主義對於針對政府權力的政
治控制機制抱持不信任的態度，鼓噪法律控制和司法審查。湯姆金斯
則認為強化議會對政府的控制程式和機制，才是英國憲法的特色與優
勢所在，也是共和主義的原則性要求。

　　基於上述共和主義的規範基礎，湯姆金斯為英國的「共和憲法」
（政治憲法）開出了針對性的藥方：（1）所有的特權與豁免均應予
以廢除，如有需要必須通過制訂法加以規定；（2）當前的資訊自
由法應被廢除，代之以真正保障「開放政府」（open government）的
法律；（3）議會、兩院均應實行民主選舉，且兩院自由運行，不受

政黨忠誠性原則的限制；（4）廢除王權，有關權力轉移給平民院行使。[78] 應該說這裏的四點建議都是比較激進的，如果全部實現，則英國將完全擺脫其「混合政體」的傳統基礎，真正將政體的正當性基礎建立在「人民主權」之上。比較而言，第（1）和（4）項很難獲得作為「人民主權」之主體的英國人民的同意，因為這將意味着完全取消普通法上的特權和作為「尊嚴部分」的王權，將徹底撕裂英國憲法中傳統因素與現代因素的有機聯繫，而將英國完全置於現代憲法基礎之中。這樣的英國也許更加符合現代共和主義的規範原則，但很可能由於喪失了傳統根基，而陷入更加激烈的權力衝突和價值混亂。第（2）項比較可行，「開放政府」確實是增強政府責任制的重要制度機制。第（3）點也有一定的可行性，其中主要涉及貴族院的民主化改造及議院獨立於政黨的問題。美國的參議院就經歷過從貴族到地區民主性的轉變。不過，議院完全獨立於現代政黨可能只是湯姆金斯的一廂情願，現代民主政治中的政黨在選舉和政策制訂中的作用日益突出，不可能在制度上完全消除其理論。更加合理的政策建議可能應當是改革選舉制度、改善議事規則和立法過程公開，側重於提升理性審議，而不是遮罩難以遮罩的政黨影響。

儘管湯姆金斯教授的具體政策建議也許不那麼切合「英國國情」，但卻嚴格符合於其自身設定的現代共和主義規範原則。湯姆金斯在一定意義上確立了英國憲法改革的共和主義評價標準，也許具體的改革措施和最終的憲法狀況並不能完全符合他的預期，但這種規範性的評價標準無疑對於核對總和推動英國憲法改革具有重要的理論意

---

78. Adam Tomkins (2005). *Our Republican Constitution*. Oxford: Hart Publishing. p.132.

義。[79] 同樣作為政治憲法學者的格里菲思教授，儘管缺乏湯姆金斯這樣明確的理論規範意識，但其基本論點和政策建議和湯姆金斯有諸多共同之處：（1）法律不是也不可能成為政治的替代物，學界鼓噪的「成文憲法／權利法案／最高法院」只是將政治決策從政治家之手轉到法官之手，這種轉移並不能減少相關決策政治性；（2）人權不過是個人向統治者提出的一種政治主張，需要通過政治過程、而非司法過程，獲得根本的保障與實現；（3）政治決策應由受民主控制的政治家作出，政治家的責任應該是真實的，而非虛置的；（4）作為民主的最集中體現，平民院應繼續得到加強；（5）須迫使政府擺脫秘密，走向公開；（6）以更強的資訊公開和媒體自由來對抗政府威權。[80]

我們對湯姆金斯理論的考察，主要目的在於了解一種以共和主義為規範基礎的政治憲法理論，是如何參與當代英國公法學術論辯和政策框架競爭的；而其針對英國憲法改革的具體政策建議及其可行性，並非本文考察的重點。上述考察基本達到了這一目的。[81]

---

79. 英國「政治憲法」的規範性問題依然是當代學者的討論重點，近期的集中討論參見《德國法雜誌》2013年第12期的專號，尤其是湯姆金斯教授的學術總結，其中提出了新「混合憲法」的可能性。See Adam Tomkins (2013). "What's Left of the Political Constitution?" *German Law Journal*, 14(12). pp. 2275–2292.

80. J. A. G. Griffith (1979). "The Political Constitution," *The Modern Law Review*, 42(1):1619.

81. 中文世界對英國「政治憲法」學術脈絡的一個較為系統的整理，可參見王鍇：〈政治憲法的源流——以英國法為中心〉，http://blog.sina.com.cn/s/blog_53944d570101f650.html，2013年12月31日讀取。

CHAPTER
第三章

重返政治：施米特的思想幽靈

　　大致與阿克曼理論登陸中國的時間（2003/2004）相仿，德國魏瑪時期的公法大家卡爾‧施米特的政治憲法理論也在新世紀初被以更加系統和完整的形式譯介到中國，從而在中國的憲法思想界和政治哲學界引發一定的反響。主持國內《施米特文集》的是學養深厚的劉小楓先生，他實際上早在1990年代末期即開始策劃編譯這一套文集。其中，政治憲法理論佔據了極其重要的位置，先期出版的《政治的概念》（2004）、《政治的浪漫派》（2004）和《憲法學說》（2005）構成了一個相對完整的理論體系。[1] 2006年，該文集的第四卷《論斷與概念》出版，[2] 屬於施米特的政論文集。商務印書館2008年出版的《憲法的守護者》則對施米特的政治憲法理論構成了重要的補充。[3] 同時，《陸地與海洋》（2006）和《霍布斯國家學說中的利維坦》（2008）的出版則表明施米特理論並不限於政治和憲法領域，[4] 而深入到政治思想史和地緣政治理論之中，前者構成了施米特的「空間革命論」，後者則表明施米特對利維坦所代表的「原始統一體」的留戀和對猶太思想家（如斯賓諾莎〔Baruch de Spinoza〕等）通

1.　〔德〕卡爾‧施米特（Carl Schmitt），劉宗坤等（譯）（2004）。《政治的概念》。上海：上海人民出版社。〔德〕卡爾‧施米特（Carl Schmitt），馮克利‧劉鋒（譯）（2004）。《政治的浪漫派》。上海：上海人民出版社。〔德〕卡爾‧施米特（Carl Schmitt），劉鋒（譯）（2005）。《憲法學說》。上海：上海人民出版社。

2.　〔德〕卡爾‧施米特（Carl Schmitt），朱雁冰（譯）（2006）。《論斷與概念》。上海：上海人民出版社。

3.　〔德〕卡爾‧施米特（Carl Schmitt），李君韜‧蘇慧婕（譯）（2008）。《憲法的守護者》。北京：商務印書館。

4.　〔德〕卡爾‧施米特（Carl Schmitt），林國基‧周敏（譯）（2006）。《陸地與海洋》。上海：華東師範大學出版社。〔德〕卡爾‧施米特（Carl Schmitt），應星‧朱雁冰（譯）（2008）。《霍布斯國家學說中的利維坦》。上海：華東師範大學出版社。

過「宗教寬容/信仰自由」等新教教理和自由主義現代學說瓦解「利
維坦」之精神內核的歷史批判，其中暗伏下施米特「反猶主義」的思
想根源。此外，劉小楓先生還單獨組織編譯了兩本關於施米特政治思
想的評論文獻集，即《施米特與政治法學》（2002）和《施米特與
政治的現代性》（2007）。[5] 近來出版的《論法學思維的三種模式》
則是其法學方法論的經典之作。[6] 由此形成一個以施米特作品為主
幹、以經典評論文獻為側枝的德國政治憲法理論構架。與阿克曼著作
在翻譯組織上的隨意、鬆散及初譯作品上的種種硬傷相比，[7] 從事施
米特文集組織翻譯的人員在語言基礎和專業基礎方面相對紮實，譯作
經受了學術界的引證和考驗。

　　阿克曼和施米特同時被引入中國學界並非偶然，其反映了中國學
界在政治與國家理論上的巨大缺口。儘管存在翻譯組織上的學術差
距，但阿克曼和施米特所共同展示的美國與歐陸關於政治憲法的理論
反思方式與深度卻引人注目。從學術關係上講，施米特是長輩，阿克
曼是晚輩，阿克曼讀過施米特。但由於阿克曼構建自身理論時強烈的
民族主義動機而基本排除了對歐洲理論範疇的借用，而施米特晚年蟄
伏故鄉，交往甚少，且阿克曼主要作品開始出版時（1991年）施米
特已經去世，故施米特應該沒有讀過阿克曼。不過，這種時空的錯
位與隔離，並不影響二者之理論對中國學界發生某種「共時性」的影
響。2005年，對法政哲學素有興趣和經歷的高全喜教授專門撰文，

---

5. 劉小楓選編（2002）。《施米特與政治法學》。上海：三聯書店。劉小楓選編。魏朝勇等
　　（譯）（2007）。《施米特與政治的現代性》。上海：華東師範大學出版社。

6. 〔德〕卡爾•施米特（Carl Schmitt），蘇慧婕（譯）（2012）。《論法學思維的三種模
　　式》。北京：中國法制出版社。

7. 先期翻譯出版的阿克曼的《我們人民》第一、二卷顯然沒有經受住學術界的考驗，翻譯硬傷
　　太多，所以經阿克曼本人同意，從2011年9月起，中國政法大學出版社委託在美國憲法學術
　　翻譯方面頗有基礎的田雷副教授主持《阿克曼文集》的系統翻譯工作。相信這一工作的後續
　　進展，將可改觀國內對美國政治憲法理論的系統性認知。

政治憲法的中國之道

從「憲法政治」的角度對阿克曼和施米特進行了比較思想分析，預伏下中國後來的「政治憲法學」對二者的某種接受態勢。[8] 而國內政治憲法學的首倡者陳端洪教授在2007年的《憲治與主權》一書中，剛剛表示要效法阿克曼的政治憲法理論並以「中國人民在中國共產黨領導下」為核心構建中國憲法學體系不久，[9] 在2008年的代表性論文〈論憲法作為國家的根本法與高級法〉中迅即明確引用施米特的「絕對憲法」概念，來論證作為中國憲法「五大根本法」之首的「中國人民在中國共產黨領導下」。[10]

世紀之交，中國法理學知識路徑沿着「奧斯丁—凱爾森—哈特〔H. L. A. Hart〕」的分析實證主義展開，[11] 中國憲法學的主流學術範式沿着美國憲法學的職業主義路線和德日憲法學的規範主義路線展開，二者儘管獨自進行，但在知識路徑上尚可相對默契地和諧共處，且共同表徵着中國法學在整體上的實證主義轉向。在此知識轉型的重要關口，中國憲法學界的部分學者為何會同時產生對阿克曼和施米特的相關政治憲法理論的興趣呢？這顯然很難用知識傳播學上的偶然性來解釋。這種理論選擇的背後，是對政治的重新理解和對國家基礎的深刻反思。這一點在德國公法史上也不稀罕。德國著名的公法史學家蜜雪兒‧施托萊斯（Michael Stolleis）教授在《德國公法史》第二卷中曾這樣描述一般國家學說和國家法學的實證主義這兩種知識路徑與時代性之間的關係：

---

8. 參見高全喜（2005）。〈論憲法政治——關於法治主義理論的另一個視角〉，《北大法律評論》。北京：北京大學出版社。6卷2輯。

9. 參見陳端洪（2007）。《憲治與主權》。北京：法律出版社，148頁，註〔1〕。

10. 參見陳端洪（2008）。〈論憲法作為國家的根本法與高級法〉，《中外法學》。4期。

11. 在這一主線之外，德語世界的哈貝馬斯（Jürgen Habermas）的法律商談理論和阿列克西（Robert Alexy）的法律論證理論對中國法理學的研究向度也產生了重要的影響。

　　19世紀下半期，法學的實證化、科學化和去政治化趨勢給一般國家學說帶來巨大後果。這門專業在有效法律之上研究「不受時間限制」的國家基礎。當有效（憲法法律）處於顯要地位時，對國家基礎進行反思的需求就小了……

　　或許在其背後存在着某種規律性。歐洲國家理論的偉大思想路標（馬基雅弗利〔Niccolò Machiavelli〕、博丹〔Jean Bodin〕、霍布斯〔Thomas Hobbes〕、洛克〔John Locke〕、孟德斯鳩、盧梭）形成於危機情況之下，這些思想路標力圖建立起穩定的支撐，他們或許是危機的思想先兆。生死攸關的生存環境必然導致根本性的東西，而政治和平階段往往潛在地更有利於有效法律的文化。[12]

國家不幸詩家興，因為詩家是對個人心靈負慰藉責任的人文學者；國家不幸法家亦不幸，因為法家是對整體秩序負知識責任的社科學者。確實，德國公法史在德意志同盟（1866年）和德意志第二帝國（1871年）之後記錄了一般國家學說的衰落和國家法的實證主義的發達，拉班德（Paul La-band）的國家法的實證主義取得了支配地位，他本人則成為「帝國國家法自信心的一座豐碑」。[13] 然而，魏瑪時期的危機卻使得國家法的實證主義一籌莫展，因為後者本就是一種空心化的法律技術理論，是一種和平理論，而非危機理論。魏瑪時期的施米特可列入施托萊斯上述「偉大思想路標」的現代名單之中，是魏瑪憲法的「危機的思想先兆」。

　　世紀之交的中國法治狀況，在部門法學者看來似乎是成績斐然，但在憲法學者看來，憲法依然沒有牙齒，「憲法司法化」的理想籲求亦孤掌難鳴，「部門法自治」與「憲法空虛化」成為中國法治在現階

---

12. 〔德〕蜜雪兒‧施托來斯（Michael Stolleis），雷勇（譯）（2007）。《德國公法史》。北京：法律出版社，571頁。

13. 同上，455頁。

政治憲法的中國之道

段的獨特風景。那麼,中國在憲法階段上處於何種狀態呢?許章潤教授在2008年説「中國步入訓政初期」,在2011年説「中國需要加緊邁入訓政中期」,可想而知,在新世紀初,中國大體處於「訓政」的邊緣。在此狀況下,國家法學的實證主義所能提供的理論知識就具有顯然的局限性,對一般國家學説的需求便應運而生。中國憲法學直接面對着憲法文本中法治化程度相對較低的「政治憲法結構」(雙重代表制+非代表制的參與民主制),需要對國家的正當性基礎進行理論反思,需要運用共和主義法理來整理國家的憲法原則結構。這種特定的時代狀況導致我們產生了不可迴避或掩蓋的「國家理論需求」。[14]

阿克曼曾以「權利本質主義」概括德國憲法的主要特徵,但這種特徵主要是1949年《基本法》之後的狀況。德國魏瑪時期以施米特為代表的政治憲法理論在阿克曼的理論視野之外(或許是有意迴避),但卻是德國思想界政治憲法理論的一種獨特貢獻。本文即擬以施米特政治憲法理論的四本主要著作《政治的概念》、《政治的浪漫派》、《憲法學説》和《憲法的守護者》為主要分析對象,簡要闡釋施米特政治憲法理論的基本特徵。儘管筆者在總體上認為施米特的政治憲法理論由於以「非常政治」為中心而缺乏某種「轉型原理」,因而不適合中國當下的憲法改革,但其對於政治和憲法概念的深刻反思與建構,卻能夠為我們從整體上理解與把握中國憲法的原則與精神結構,提供有益的養分。在筆者看來,施米特的政治憲法理論不同於美國的「人民自己」模式和英國的「議會自己」模式,而是一種訴諸決斷和神聖守護的「總統自己」模式。

---

14. 陳端洪教授對此有着明確的理論意識,參見陳端洪:「我們時代的國家理論需求」,載〔美〕小查理斯・愛德華・梅里亞姆(Charles Edward Merriam),畢洪海(譯)(2006)。〈代譯序〉,《盧梭以來的主權學説史》。北京:法律出版社。

一、施米特的憲法處境：議會制的衰敗

劉小楓先生曾這樣概括施米特的論述風格：「施米特的大多數論著都是從現實政治處境出發、針對現實處境而論，但論述方式往往帶有思想史性質。」[15] 確實，施米特是一個具有充分的「政治意識」、非常敏感的魏瑪時期知識分子，他的理論研究並非純粹的學術考據或概念遊戲，而是有着強烈的處境意識和現實關懷，始終注意將現時代的重大問題帶入具有「思想史」面貌的思考之中。要理解施米特的政治憲法理論，就必須搞清楚他面對什麼樣的「政治」，具有怎樣的「處境」。《當代議會制的思想史狀況》對施米特的「處境」問題提供了某種值得探討的線索。該書初版於1923年，再版於1926年，再版時施米特加寫了一篇較長的引論，對法學家托馬（Richard Thoma）的批評予以回應，[16] 並對「處境」進行了更加明確的闡述。

1. 魏瑪議會制的衰敗與經典代議制的思想原則

施米特是從魏瑪議會制的實踐狀況出發，對議會制的思想基礎及其與民主制的關係進行理論檢討的。從1919至1923數年間，魏瑪代議民主制在施米特眼中是一幅怎樣的圖景呢？或者說彼時的施米特處於一種怎樣的政治「處境」之中呢？在該書初版的導言部分，施米特綜合當時的各種相關文獻，對此進行了頗為辛辣的描述：

---

15. 〔德〕卡爾・施米特（Carl Schmitt），馮克利、劉鋒（譯）（2004）。〈編選說明〉《政治的浪漫派》。上海：上海人民出版社。2頁。

16. 托馬的批評文章參見〔德〕理查・托馬（Richard Thoma）：（1925），載〔德〕卡爾・施米特（Carl Schmitt），馮克利、劉鋒（譯）（2004）。〈附錄〉，《政治的浪漫派》。上海：上海人民出版社。221–225頁。

　　無數小冊子和報紙文章指出了議會活動中最突出的缺陷和錯誤：黨派至上、在用人政策上表現外行、「票友政府」、政府危機不斷、議會辯論無目的且平庸陳腐、議會的常規標準不斷下降、議會杯葛的破壞性手法、鄙視議會本身的激進反對派濫用議員免責權和特權、日常工作秩序中的無恥表現、經常缺席會議等等。這種基於長期觀察的印象在逐漸擴散：比例代表制和黨派代表式選票的制度，破壞了選民與議員之間的關係，使結幫拉派成了議會中不可缺少的統治手段，使所謂的代表原則成了無稽之談。此外，真正的事務不是出現在全體參加的公開會議上，而是出現在委員會裏；重大決策是在宗派領袖的秘密會議甚至議會外的委員會作出的，因此，〔決策〕責任被轉移甚至被取消了。這樣一來，整個議會制度最終變成了一件掩蓋黨派統治和經濟利益的可憐外衣。[17]

　　施米特對這樣的「可憐外衣」顯然不能夠滿意。對於「代議制」的這種墮落情形，有些論者提出了功能性的辯護意見，比如魏瑪的代議制主要是為了選擇合格統治者；代議制儘管有諸多不如人意之處，但卻是「次好」的選擇。施米特認為這些解釋或意見不構成魏瑪代議制的新的基礎。他希望去尋找現代代議制真正的基礎。他認為，現代經典的代議制理論成熟於19世紀中期，主要理論代表是「柏克—邊沁—基佐（François Guizot）—密爾」，這些人之後，代議制在基本思想原則上沒有新的突破。

　　施米特尋找到了經典代議制的兩個核心思想原則：（1）辯論；（2）公開性。什麼是「辯論」呢？施米特在該書出版中進行了詳細的思想史考察，尤其重點援引了基佐的觀點。[18] 在1926年的再版引

---

17. 同上，173頁。

18. 同上，185–188頁。

論中，施米特對「辯論」進行了更加清晰的界定：

> 辯論指意見交流，其目的是通過論證某事為真理或正確而說
> 服對手，或被人說服而認為某事為正確或正當。……辯論需要以
> 共同信念為前提，需要有被人說服的意願，需要獨立於黨派關係
> 和擺脫私利。[19]

施米特尤其區分了「辯論」與「協商」或「協議」的區別，區分了公共辯論與私人妥協的區別。施米特可謂抓住了經典代議制的核心，即通過「辯論」呈現理性審議的過程，探尋真正的共識，然後以共識為基礎作出決策。由於選民只是選擇了議員而不可能選擇具體的政策，所以政策形成過程中的「理性」就是代議制據以正當化的內核——這種「理性」絕對不是市場經濟意義上的計算理性，而是一種公共理性。「公開性」則成為經典代議制反對絕對君主制過程中出現的一種「絕對價值」，成了「一劑治療所有政治疾患和腐敗的靈丹妙藥」。[20]

將施米特描述的魏瑪代議制的狀況與他通過思想史考證獲得的關於代議制的思想原則相比較，很容易得出一個結論：魏瑪代議制死了。施米特關注的不是魏瑪代議制殘餘的若干制度性功能，而是其思想原則或精神基礎在理論和實踐上的崩潰。施米特十分看重「思想原則」對於某種基本制度的維繫作用。他以君主制的崩潰為例，認為如果君主需要在「尊嚴」之外為自己尋找某種存在的功能或理由，則君主制的精神已經死亡，君主制被拋棄只是一個時間問題。[21]

---

19. 同上，162頁。
20. 同上，189頁。
21. 同上，164頁。

2. 施米特的民主概念:同質性的設定與追求

施米特通過找回經典代議制的思想原則來宣佈魏瑪代議制「病入膏肓」,這是否意味着施米特要用這些思想原則來療救魏瑪代議制之傷呢?施米特認為,既不可能,也不必要。這與他自身關於理想政治的設定有關,無論是19世紀的經典代議制還是20世紀20年代墮落了的魏瑪代議制,都不是施米特的政治理想。即使對於「辯論」原則,他實際上也保持着批判:他將經典議會制的「永恆的辯論」與德國浪漫派的「永恆的交談」相關聯,指出其共同的思想旨趣和自由主義根底,因而施米特對「政治的浪漫派」的批評也就同樣適用於對各種代議制的批評。[22] 而施米特本身是反對自由主義的,他的政治理想是追求一種以「同質性」為內核的民主制,是否有利於增強民主的同質性成為施米特評價經典代議制和魏瑪代議制的共同的規範尺規,在這一規範框架內,後兩者顯然都不合格。那麼,經典代議制是如何轉型或墮落的呢?施米特認為「現代大眾民主」的興起是經典代議制的思想原則與其制度實踐相分離的原因。從19世紀中期到20世紀初,歐洲世界經歷了普選權改革,產業主與工人各自進行政治上組織化,這構成了代議制轉型或墮落的歷史背景。由於這一歷史基礎的轉換,代議制不可避免地從「理性主義」轉向「多元主義」,從「實體」轉向「程式」,原來的「永恆的辯論」日益空洞化。在精神基礎上,施米特認為「現代大眾民主」是人人平等的自由主義觀念和民主同質性的含混的結合。[23]

在撇清自身的民主理想與經典代議制/魏瑪代議制的區分之後,施米特又對由普選權改革帶來的民主的大眾性與他的民主同質性之間

---

22. 同上,187頁。

23. 同上,168頁。

的關係進行了區分。施米特的民主同質性概念受到盧梭的啟發。他認為「現代大眾民主」在精神上的含混，可以追溯到盧梭政治思想中的「契約」概念和「公意」概念之間的張力結構之中。按照施米特的解讀，盧梭的「契約」概念以人人平等這樣的自由主義觀念為前提，承認分歧和對立，國家的正當性基礎就在於一份自由契約，而盧梭的「公意」概念則為國家確立了另外一種正當性基礎，即「真正的國家只能存在於人民具有同質性、從而基本上存在着全體一致的地方」。[24] 施米特似乎要為盧梭的經典著作更名，因為他明確論斷：

> 全體人相互達成契約這種思想，來自一個完全不同的理論世界，那兒要有各種對立的利益、分歧和私心。這種思想來自自由主義。盧梭所設想的公意其實就是同質性。那才是真正的合乎邏輯的民主。所以，按照《社會契約論》的觀點，這個國家不是基於契約，其實是基於本質的同質性……統治者與被統治者的同一性就是由此產生的。」[25]

施米特實際上反對盧梭的社會契約論，而接受其公意論。所以，盧梭的著作如果更名為《社會公意論》，施米特似乎才會覺得是名副其實。施米特對盧梭的理論取捨，實際上正是盧梭政治哲學內部的張力所在。盧梭的起點是「自由」，終點是「秩序」，目標是通過理論建構實現「自由」與「秩序」的同一化。然而，對盧梭而言，這似乎是一項拋開上帝之後的人類所進行的最為勇敢的政治遠征，其內在張力或硬核至今難以完全消解。從施米特對公意理論的接受及對民主同質性的堅強捍衛上來看，他卻是一名保守主義者。

基於民主的同質性設定，施米特認為無條件的普選權改革已經掏

---

24. 同上。

25. 同上，169頁。

空了民主的政治實質，背離了民主的族群預設和文化界限，因而作為普選權之理論基礎的人人平等學說不是民主學說，而是「某種類型的自由主義」，「一種個人主義、人道主義的道德和世界觀」。[26] 實際上人人平等是一種現代人權觀念，而人權是超越實證法和國家觀念的，是不斷卸載作為相對性標誌的族群／文化內涵與符號並對人進行原子化還原的結果。施米特作為保守主義者，更重要的是作為羅馬天主教大公教義的虔誠信徒，[27] 對於從經典代議制到墮落的魏瑪代議制再到實質上取消民主同質性之實質內涵的普選制這些現代自由主義政治制度，顯然抱持着一種從實證到規範的整體性批評。施米特要捍衞的是具有實質內涵的「政治」和體現羅馬大公教義基本原則的「秩序」，而不是作為現代性政治體系內核的「自由」。

3. 神學與法學之間：施米特的複調面向

因此，魏瑪代議制作為一種現時代的憲法／政治處境對自身思想原則的背離，為施米特尋找自身的「理想政治」提供了理論理由和實踐理由。正是從魏瑪代議制表現欠佳而德國的內外處境又極其危急的歷史縫隙中，施米特開始了自身關於德國版的政治憲法理論的建構。從浪漫派批評到代議制批評，這些學術工作構成了施米特建構政治憲法理論的一個導引。施米特的政治憲法理論以其獨特的政治概念和憲法概念為基礎，其共同的理論前提就是在《當代議會制的思想史狀況》中確定的民主的同質性概念：區分敵我是為了界定「我」的存在

---

26. 同上，167–168頁。

27. 關於施米特對羅馬天主教的政治價值的闡釋，參見〔德〕卡爾·施米特（Carl Schmitt），劉宗坤等（譯）（2004）。〈羅馬天主教與政治形式〉，《政治的概念》。上海：上海人民出版社。45–77頁。

與屬性，絕對憲法是為了從憲法律的規則叢林中尋找到作為憲法正當性基礎的特定政治存在類型並加以堅強捍衞。二者均訴諸「民主的同質性」，共同回答在政治意義上德國人是什麼及如何維繫與鞏固同一性的問題。

　　問題是，施米特的「民主的同質性」是制度的結果還是制度的前提？如果同質性是制度的前提，是客觀存在的，且可以由先知預先獲得，則民主程序本身將喪失實質性，成為先知啟蒙和說服大眾的過程。如果同質性是制度的結果，是經驗認知的暫時性共識，可反駁，可修正，則民主程序對於作為暫時性共識的同質性的發現與論證，就具有實質性意義。施米特在解讀盧梭的「契約」和「公意」之間的張力時，實際上隱含着對民主同質性的如下設定：作為制度的前提，可由先知預先獲得。所以，他抬高「公意」、貶低「契約」的理論意圖日益顯露：在「公意」存在的地方，「契約」是不必要的；在「公意」不存在的地方，「契約」就會變成德國浪漫派式的「永恆的交談」與「永恆的辯論」，意義不大。[28] 所以，施米特要尋找和守護的並非某種經驗性的民主程序，而是一種一以貫之的「道」，一種具有神學背景的統一性。主流的民主理論建立在這樣的預設基礎上：通過民主程序尋找暫時性共識，再通過民主程序反駁和修正此前的暫時性共識。按照施米特的看法，這種經驗化的民主理論屬於一種「永恆交談」式的政治浪漫派立場，是不足取的。施米特的政治法學論著始終籠罩着政治神學的背景，[29] 始終以民主理解上的一種本質主義和先驗主義來批評和對抗民主理解上的程式主義和經驗主義。作為其政治憲

28.　〔德〕卡爾・施米特（Carl Schmitt），馮克利、劉鋒（譯）（2004）。《政治的浪漫派》。上海：上海人民出版社，169頁。

29.　規範憲法學者林來梵教授稱之為「有神論的政治憲法學」，參見林來梵、鄭琪（2006）。〈有神論的政治憲法學——對施米特的解讀之一〉，《同濟大學學報》（社會科學版）。2期。

法理論之概念基礎的「政治」的概念和「憲法」的概念，也具有同樣的意蘊和背景。這是作為「法學的神學家」的施米特的本來理論面目，對其作品的領悟因此也就可以有「啟示」（神學）和「啟發」（理性）兩個層面，本文側重的是後一層面。

二、施米特政治憲法理論的概念基礎：政治的概念與憲法的概念

1927年，施米特應邀赴柏林政治學院講演，其主要內容隨即以《政治的概念》為名刊發，於1932年經修訂出版了單行本，其中最關鍵的是提出了獨特的「政治」的概念。1928年，施米特出版《憲法學說》，提出了獨特的「憲法」概念，建構了自身的憲法學體系。

1. 施米特的政治概念：區分敵我

施米特對政治概念的思考是以如何定義國家為起點的。關於國家的定義，18世紀以來的德國國家學說提供了諸多版本：機器／有機體、人格／建制、社會／社群、企業／蜂巢，乃至於「一系列基本程式」。[30] 施米特認為這些定義的共同缺陷是過多的預設和牽扯，不具有嚴格理論所需要的簡明性。同時，在施米特時代還流行着關於國家的多元主義定義，即將國家理解為諸多的功能性社團之一，不具有壟斷主權的政治資格，而來自宗教、經濟、社會等各個領域的社團則具

---

30. 〔德〕卡爾・施米特（Carl Schmitt），劉宗坤等（譯）（2004）。《政治的概念》。上海：上海人民出版社，99頁。

有不同的功能，因而可以分享主權和自治。拉斯基的理論就是如此。施米特認為多元主義忽視了政治領域的獨特性和本質性。因此，為了建構更加合理的國家概念，為了「開闢通向現象的道路，避免諸多事先預設的範疇和區分、解釋和評價、假定和看法」，[31] 施米特在開篇明確提出了「國家的概念以政治的概念為前提」。[32] 施米特認為，只有正確地界定政治領域及其本質標準，國家的定義才具有理論可能性，否則，國家概念就可能淪為各種非政治性概念（宗教、經濟等）的附庸，而喪失其政治本質。而憲法概念是關於國家的規範性概念，因此，定義「政治」便成為施米特政治憲法理論的前提。

　　施米特的政治概念是從人類活動領域的標準比較中獲得啟發的。施米特考察了人類活動的道德、審美和經濟領域的劃分標準，分別為善惡、美醜和利害。施米特認為這些領域的相對自足的二元劃分標準，標示出了領域自足性的規範邊界，而政治領域也需要去發現並確定專屬性的二元劃分標準。施米特尋找的結果是：朋友和敵人的劃分構成了政治領域的專屬性標準。[33] 施米特認為敵友標準是獨立於其他活動領域的劃分標準的，即對敵人或朋友的認定不以對象的道德、審美或經濟屬性為前提；這裏的敵人是公敵，朋友也是公友，是政治意義上與特定共同體的異質性／同質性關係。[34] 更進一步，施米特不僅認為政治領域的區分標準具有獨立性，而且還具有某種彌散性和擴張性，即任何宗教、道德、經濟、種族或其他領域的對立只要達到一定的「強度」，就能夠在性質上轉化成政治對立，成為適用敵我劃分標

---

31. 同上，「1963年版補註」，107頁。

32. 同上，99頁。

33. 同上，106頁。

34. 同上，110–111頁。

政治憲法的中國之道

準的領域。[35] 比如宗教戰爭就不是宗教之間的戰爭，而是以宗教為基礎的政治團體之間的戰爭。施米特的政治概念是一種生存論意義上的概念，其理性基礎在於：

> 我們無法否認各民族仍然按照朋友和敵人的對立而分合聚散，因而無法否認這種劃分在今天仍然存在的每一民族具有現實性，也無法否認這是每個處於政治領域的人始終具有的可能性。[36]

如果説康德（Immanuel Kant）以降的現代理性哲學家追求的是一種「永久和平」的政治理想的話，施米特則重新揭開了人類生活的「鬥爭」本質，從存在主義和現實主義的角度提出了強化政治而非消解政治的主張。施米特認為人類的整個生活就是一場「鬥爭」，而每個人在象徵意義上都是一名戰士，朋友和敵人是以「鬥爭」這一主線貫串起來的。[37] 而在施米特看來，自由主義通過另外的概念建構掩蓋了政治概念的本質，如「它試圖站在經濟學的立場上把敵人變成競爭對手，又從知識的角度把敵人變成論爭對手。在經濟學領域，沒有敵人，只有競爭對手，在徹底的道德和倫理領域則或許只有論爭對手」。[38] 將揭示政治概念本質的「鬥爭」化約（reduce）為依託於市場制度和議會制度的某種合作體系，這正是自由主義的理性所在，也是接近康德「永久和平」理想的實踐性建構。施米特則通過還原的方法重新透視並放大了人類的「鬥爭」處境，這顯然與施米特經歷一戰和巴黎和談之後對西方自由主義理性建構的可靠性產生懷疑有關──

---

35. 同上，117–118頁。
36. 同上，109頁。
37. 同上，113頁。
38. 同上，109頁。

施米特在這一「西方的沒落」（斯賓格勒〔Oswald Spengler〕）[39] 過程中看到了自由主義理想政治的失敗，看到了戰勝者的貪婪和德國所處的赤裸裸的「鬥爭」境地。

　　既然政治的標準是劃分敵友，而國家的概念又是以政治的概念為前提，施米特就很自然地提出了一種面向非常狀態（exception）的戰爭法權，其認為這樣一種法權的制度安排具有絕對的優先性——「在特定情況下決定誰是敵人的現實可能性，以及運用來自政治的力量與敵人作戰的能力，屬於在本質上作為政治統一體的國家」。[40] 顯然，這裏的「決定」是一種主權權力的運用，因為施米特認為「主權就是決定非常狀態」。[41]「劃分敵友—非常狀態—戰爭法權—政治統一體—國家—主權」，施米特通過政治概念的重新界定啟動了其政治法學的一連串分析性概念，從而完成了其政治理論內部的邏輯連接。施米特的政治概念適應的是主權者的一種「非常政治」狀態，是在「常規政治」之外尋找到的政治的本質規定性。施米特早在1922年的《政治的神學：主權學說四論》中就已經通過如下的陳述表明了其政治法學的非常規性質：

　　　　非常狀態真正適合於主權的法理學定義，這種主張具有系統的法理學基礎。對非常狀態作出決斷乃是真正意義上的決斷。因為常規所代表的一般規範永遠無法包含一種徹底的非常狀態，所以，在真正的非常狀態下所作的決斷完全不能從常規中引導出來。[42]

---

39. 一戰對西方現代文明的衝擊極大，不僅在其縫隙中誕生了蘇俄這樣一個競爭性的政治體系，而且引發了西方思想內部對理性主義的反思，並助推了存在主義和後現代主義的興起。斯賓格勒的《西方的沒落》是這一背景下知識反思的一個典型代表。參見〔德〕斯賓格勒（Oswald Spengler），吳瓊（譯）（2006）。《西方的沒落》（第一卷）。上海：三聯書店。
40. 同上，125頁。
41. 同上，5頁。
42. 同上。

在1927年的《政治的概念》中，施米特再次對於以正常處境為條件的法律規範學說進行了批評。[43] 在施米特的政治概念中，「常規政治」實際上是沒有確定的時空邊界的，已經被「非常政治」的強大政治邏輯所穿透與改造，因為「只要國家是一個政治統一體，這種對國內和平的要求便迫使它處於尚要決定國內敵人的關鍵處境中」。[44] 所以，作為政治統一體的國家，其政治性存在的標誌就是時刻回答「誰是敵人，誰是朋友」這樣一個根本性的問題，該問題的情境化的回答將表明政治統一體在政治上的存在性。因此，在施米特的國家理論中，只要國家一刻喪失了劃分敵友的意識和能力，這個國家或政治統一體在政治上就屬於一種不存在。所以，施米特的政治概念所支撐的國家是一種生存論意義上的國家，而不是規範論意義上的國家，高揚的是特定國家的生存理性與意志，是在「劃分敵友」和「是否存在」之間建立起直接而簡明的判斷與確認關係的政治國家框架。所以，施米特的國家完全不同於凱爾森的國家，它始終保持着一種戰士的形象。這種政治性理解又是與施米特的政治世界觀相聯繫的：世界並非政治的統一體，而是政治的多樣體，其本質在於各個民族通過劃分敵友和堅決鬥爭而實現自身的政治存在。所以，施米特的政治憲法理論中沒有「轉型原理」就不足為怪了。他通過建立一種在政治意義上凌駕和籠罩於「常規政治」之上的「非常政治」而表徵了另外一種與法治國家並行的、同樣是連續存在於歷史時間之中的決斷型的政治國家。

---

43. 同上，125頁。

44. 同上，126頁。

2. 施米特的憲法概念：存在論與總決斷

如果說施米特的政治概念主要依託於其政治神學和政治哲學的獨特構造並主要用於論證一種積極狀態的國家概念的話，則其憲法概念的必要性就在於：如何提供一種與其政治概念相適應的憲法概念來更加正面與系統地回應和挑戰法學領域中的自由主義法治國理論。

施米特在《憲法學說》中建立了憲法概念的類型學，即其第一章到第四章分別討論的「絕對憲法」、「相對憲法」、「實定憲法」和「理想憲法」。施米特借助「絕對憲法」／「相對憲法」這一對範疇提出了關於「憲法」／「憲法律」的重要區分，這是其憲法學說的概念基礎。只有借助這一區分，才能夠正確認識施米特憲法概念的超實證性特徵，即其「實定憲法」，也才能理解他對於「理想憲法」的局限性的批判。

首先來看施米特的「絕對憲法」概念。「絕對憲法」是作為統一整體的憲法，其核心含義可以分解為：（1）在存在論意義上，作為政治統一體的生存方式；（2）在規範論意義上，作為根本法。作為生存方式的「絕對憲法」是與政治統一體「一道被給定的」，因此，這種意義上的憲法就是政治統一體的「統一性」本身，同生同滅。在此意義上，「絕對憲法」主要具有描述和表徵意義，即對政治統一體的「統一性」予以銘刻，是「國家的『靈魂』、具體生命和個別存在」。[45] 存在論意義上的「絕對憲法」的含義可以具體分解為如下層面：（1）憲法等於一個特定國家的政治統一性和社會秩序的具體的整體狀態，即憲法＝政治存在；（2）憲法等於一種特殊類型的政治和社會秩序，即憲法＝政體形式；（3）憲法等於政治統一體的動

---

45. 〔德〕卡爾・施米特（Carl Schmitt），劉鋒（譯）（2005）。《憲法學說》。上海：上海人民出版社，5頁。

態生成原則，即憲法＝政治創造。存在論意義上的「絕對憲法」具有
「古代憲法」的古典特徵，保持了憲法與政治體的某種同構性與同義
性。在此意義上，特定政治體的存在具有優先性，憲法是該種存在的
銘刻者而非塑造者，是對既有的刻劃，而非基於規範的無中生有。規
範論意義上的「絕對憲法」則具有明顯的「現代憲法」內涵，即作為
根本法而存在。不過，施米特在論述這一意義上的憲法時批判了「憲
法主權論」，認為作為規範存在的憲法不可能具有主權，只有實存的
東西才能具有主權。[46] 也就是說，主權必須落實到具體的政治人格之
上，而非某種規範之上。這顯然構成了施米特與凱爾森的根本分歧之
一，後者通過作為法學思想預設的「基礎規範」來解決法律規範效力
的終極來源問題。[47] 施米特由此引出了「制憲權」的概念，認為是制
憲權及其主體的正當意志賦予了憲法以最高效力。[48] 當然，這也意味
着作為意志產物的憲法不能對抗制憲權主體的正當意志。施米特規範
論意義上的「絕對憲法」不同於通常所理解的憲法規範，而是負載着
「絕對憲法」之絕對性的根本法原則。什麼是絕對的？抑或什麼是根
本的？施米特認為是「一般國家生活的總規範、作為完整的統一體的
根本法和『諸法律的法律』」。[49] 值得注意的是，在存在論與規範論
的雙重意義上，施米特始終傾向於存在論，他堅決否認憲法規範的絕
對性或根本法能夠自我證成，而是將其根源界定於一種特定的整體政
治意志之上。以魏瑪憲法為例，他認為：「德意志民國的統一性並非
建立在181個憲法條款及其有效性之上，而是建立在德國人民的政治

---

46. 同上，10頁。

47. 參見〔奧〕凱爾森（Hans Kelsen），沈宗靈（譯）（1996）。《法與國家的一般理論》。
  北京：中國大百科全書出版社。124–126頁。

48. 〔德〕卡爾・施米特（Carl Schmitt），劉鋒（譯）（2005）。《憲法學說》。上海：上海人
  民出版社。12–13頁。

49. 同上，10頁。

存在之上。德國人民的意志——因而就是某種實存的東西——超越了個別憲法律的一切系統矛盾、不一致和模糊性，奠定了政治和國家法統一性的基礎。」[50] 所以，存在論意義上的「絕對憲法」優先於規範論意義上的「絕對憲法」，前者為「實」，後者為「名」。憲法文本中的根本法原則可以成為「實」的形式表現，從而達到「名副其實」的狀態，其具有根本性的原因在於制憲權主體的正當意志，但不能反過來對抗這一意志。

施米特的「絕對憲法」概念主要用於將憲法文本中的規範予以區分，其中體現政治統一體存在的正當意志的規範被稱為「憲法」，其他規範則只能稱為「憲法律」。施米特進而討論了「相對憲法」，即指向「憲法律」的、純粹規範論意義上的憲法。施米特認為這是憲法概念相對化的結果。「憲法律」只能「根據外在的、次要的、所謂形式的『標記』來加以確認」，[51] 典型做法就是根據檔案名稱的形式標誌和修改程式的差別性特徵來分辨。

施米特的《憲法學說》顯然需要確定自身獨特的憲法概念，而「絕對憲法」和「相對憲法」只是為其提出「實定憲法」進行概念和理論上的準備。施米特的「實定憲法」概念是其憲法概念討論的總結，最能體現其政治概念對憲法概念的影響。根據施米特的定義，「實定憲法」是指關於政治統一體的類型與形式的總體決斷。[52] 這就是施米特的決斷論式的政治憲法概念，是其政治憲法理論的核心。決斷論是存在論而非規範論邏輯的自然延伸，以存在論意義上的「絕對憲法」為前提，即以特定政治統一體的存在為前提。能夠決斷不是因為具體的憲法規範的存在，而是因為具體的政治意志的存在。施米

---

50. 同上，13–14頁。

51. 同上，15頁。

52. 同上，25頁。

特批評了那種將憲法等同於一種「法律類型」，即單純強調憲法之法律性的國家法學觀點。[53] 當然，既然是「實定憲法」，施米特就必須給出這種憲法概念的具體內容，否則就只能是一種抽象的理論概念，而不是一種可以對具體憲法進行評估的分析概念。聯繫施米特「絕對憲法」概念的存在論和規範論的兩個層面，作為政治決斷的「實定憲法」分別具有兩種存在形態：（1）前憲法律狀態，制憲權主體已經作出了關於政治統一體的類型與形式的總體決斷，這構成了「實定憲法」的始源性存在；（2）後憲法律狀態，憲法律本身通過特定的規範條文記載了上述總體決斷，形成規範論上的根本法原則，「實定憲法」具有了法律的形式。作為政治決斷，「實定憲法」的存在和內容不取決於具體的法律形式，在存在意義上與特定的政治統一體同在，「實定」的含義並非「規範」的實定性，而是「意志」的實定性。因此，憲法文本中反映「實定憲法」的條款和不直接反映「實定憲法」的條款，顯然就不可能具有同等的地位。例如修憲條款本身不能用於修改一切憲法條文，否則「實定憲法」就沒有絕對性和根本性──只有「實定憲法」的原作者（制憲權主體）才有正當資格改變「實定憲法」。

那麼，對於一部具體的憲法而言，如何確定作為根本法的「實定憲法」呢？施米特以魏瑪憲法為例，按照其「實定憲法」的標準，尋找出了魏瑪憲法中的「五大根本法」：（1）選擇民主制的決斷；（2）選擇共和政體的決斷；（3）選擇聯邦制的決斷；（4）選擇議會代議制的決斷；（5）選擇國民法治國的決斷（包括基本權利和權力區分兩項基本原則）。[54] 國內政治憲法學的首倡者陳端洪教授就是

---

53. 同上，25–26頁。

54. 同上，28頁。

沿着類似的思路確定了中國1982年憲法中的「五大根本法」。[55] 這樣一些決斷屬於政治憲法的基本原則。施米特提到了戰前的德國國家學對這些決斷的理論認知上的偏頗：

> 戰前的國家學沒有認識到這類決斷的本質，總覺得這裏有一些並非法律規範的成分，「所以」就認定這類決斷只是「純粹的宣言」、「純粹的聲明」、甚至只是「空洞的套話」。這是當時的國家學常犯的錯誤。這樣一來，憲法本身就朝着兩個方向化為烏有：一方面是幾句多少還算漂亮的套話，另一方面是大量互不關聯、有着外在標記的法律。[56]

施米特舉例說，1871年帝國憲法和1919年民國憲法各有一段序言清晰有力地表達了相關的政治決斷，但德國國家學和主流法學家卻只將之解釋為「純粹的聲明」、「歷史敍述」、「單純宣示性的，而非需要貫徹的」。[57] 當然，這種知識狀況與第二帝國時期一般國家學說的衰落和拉班德式的國家法的實證主義和形式主義的興起有關，在方法上便表現為「國家學方法」受到純粹的「法學方法」的系統修正。當代中國的主流憲法學對中國憲法文本中的「序言」和「總綱」中的政治憲法原則的理論認知，基本上等同於施米特所描述的德國國家學在戰前的狀況。而施米特要挖掘、正名和守護的，恰恰不是法學家眼中的「憲法律」，而是指向政治統一體總體決斷的「實定憲法」。

在完成其「實定憲法」概念的建構之後，施米特還考察了一種「理想憲法」的概念。什麼是「理想憲法」呢？施米特認為是「在

---

55. 參見陳端洪（2008）。〈論憲法作為國家的根本法與高級法〉，《中外法學》。4期。

56. 〔德〕卡爾·施米特（Carl Schmitt），劉鋒（譯）（2005）。《憲法學說》。上海：上海人民出版社。29頁。

57. 同上。

一種突出的意義上、因一種特定內容而被稱為憲法的『憲法』」。[58]
「理想憲法」在一定意義上構成了現代憲法的「意識形態」。施米
特將「理想憲法」之理想性歸結於現代憲法的「國民法治國因素」
中的特定內容：（1）憲法＝公民自由的保障系統；（2）憲法＝權
力分立；（3）憲法＝成文憲法。這不只是一種形式要求，而是一種
規範原理，即成文憲法之外不存在合法的權力。[59] 施米特認為這種
憲法概念只是表徵了現代憲法的一部分特徵，不能取消現代憲法中
的「政治要素」。在《憲法學說》的後續章節中，施米特細緻考察
了現代憲法的國民法治國要素和政治要素，顯然，在他看來，政治
要素具有優先性。

　　總之，施米特在《憲法學說》中建立了較為複雜的憲法概念的類
型學，這一類型學既具有與主流憲法學說對話的性質，也具有對主流
憲法學說進行批判的性質。當然，他的類型學是某種綜合過程的產
物，對不同立場和流派的學說進行了新的定位與分類，形成了內涵豐
富、原則明確的憲法學體系。從他所提出的四種憲法概念來看，我
們大致可以作出如下判斷：（1）「絕對憲法」和「相對憲法」構成
了「憲法」和「憲法律」相區分的邏輯前提，在此基礎上才可能提出
「實定憲法」的概念；（2）「實定憲法」概念是一種作為存在論邏
輯自然延伸的決斷論式的憲法概念，是施米特憲法概念分析的理論
總結，體現了其政治憲法概念的本質；（3）「絕對憲法」和「實定
憲法」構成了施米特憲法學說的「知識增量」，這一增量曾被國家法
的實證主義和形式主義所排除與遮蔽；（4）「相對憲法」和「理想
憲法」分別從表現形式和實體價值兩個層面構成了施米特理論建構的
「對話者」，即一種理論上的他者與競爭者；（5）現代憲法在體系

---

58. 同上，41頁。

59. 同上，43–45頁。

上包含國民法治國因素和政治因素，施米特的憲法概念和政治憲法理論側重於論證後者的絕對性與根本性。

儘管與納粹德國有關複雜的合作關係，但施米特在納粹上台之前的憲法學說的某些重要觀點，尤其是「絕對憲法」概念，則受到戰後基本法制訂者的重視和吸納。德國基本法中不可修改之憲法條款的思想並非來自於情緒化的暴政反思，而是來自於施米特的憲法概念。[60]

儘管施米特有着濃厚的政治神學背景，但筆者關注的是理論論述的政治法學的層面。該部分對於施米特理論中的政治概念和憲法概念的考察，顯示出施米特與眾不同的政治憲法學圖景。正是基於此類概念構造與理論建構，施米特提出了「總統作為憲法守護者」的制度性理論：如何守護是該種制度性理論的內容。但守護什麼卻是由施米特建構的「民主同質性」理論、以政治概念和憲法概念為基礎的政治憲法理論來回答的。

三、施米特政治憲法理論的制度化：總統自己

通過上述考察與分析，我們理解了施米特發展其政治憲法理論的背景和概念基礎。顯然，施米特的政治憲法理論是面向魏瑪德國的，是一種基於特定「處境」的理論建構，是一種阿克曼式的「民族主義」的憲法學。他發展出了「絕對憲法」的概念，而且提煉出了作為魏瑪民國之「絕對憲法」的五大根本法。1919年的魏瑪憲法建立了

---

60. 劉小楓先生持該種觀點，參見劉小楓選編（2002）。〈編者前言〉，《施米特與政治法學》。上海：三聯書店。6頁；〔德〕卡爾‧施米特（Carl Schmitt），劉鋒（譯）（2005）。〈中譯本前言〉，《憲法學說》。上海：上海人民出版社。6頁。德國當代著名憲法學家Dieter Grimm 2010年夏應邀來北大講授德國憲法，筆者曾有幸聆聽，並當面詢問過施米特憲法學說對德國基本法的影響，教授本人給出了肯定回答。

議會民主制，1920年的奧地利憲法規定了以凱爾森規範法學理論為
基礎的憲法法院模式，德語世界的憲法思想似乎已經被一種自由主義
和法學規範主義所主導。然而，施米特善於從「處境」中發掘時代命
題和特定需求，他的政治憲法理論在魏瑪時期的憲法學術格局中獨
樹一幟。那麼，施米特會拿出什麼樣的方案來守護他的「絕對憲法」
呢？其政治憲法理論的制度化面向如何呢？

1929年，施米特發表〈憲法的守護者〉一文，初步提出了「總
統作為憲法的守護者」的命題，以對抗凱爾森的「法官作為憲法的守
護者」的規範主義命題。該文在1931年經施米特擴充而成為一本獨
立的專題論著。在1931年版的〈前言〉中，施米特明確表達了自己
對德國憲政走向的憂慮和責任的自覺：

> 我的殘酷命運和疑慮降於一基礎未固之國家
> *Res dura et regni novitas me talia cogunt*
>
> 我必須挺身而戰
> *Moliri* [61]

「基礎未固之國家」顯然是指在魏瑪憲法和凡爾賽體系之下風雨
飄搖的德國，而施米特的戰鬥理由顯然是自由主義和多元主義的時代
思潮和體制已經在消解德國人民的政治意志，侵蝕德國人民的「絕對
憲法」。可是，關於憲法的守護者，或者憲法的體制模式，施米特為
何獨獨選擇一種「總統自己」式的模式呢？這大致可以從施米特提供
的正面理由和排除理由兩個方面來加以解讀。

61.〔德〕卡爾・施米特（Carl Schmitt），李君韜、蘇慧婕（譯）（2008）。〈前言〉，《憲法
的守護者》。北京：商務印書館。2頁。

1. 總統作為憲法守護者：正面理由

正面理由確定總統的守護者資格。在前文關於歐陸「司法憲政主義」模式的討論中，我們曾經比較分析了施米特和凱爾森關於憲法守護者的爭論，這正好構成了《憲法的守護者》的正面理由。施米特通過大段援引貢斯當「中立性權力」學說，來證明總統作為憲法守護者的正當性資格。在貢斯當的理論中，君主是「中立性權力」的承載，他所擔當的不是白芝浩式的「尊嚴部分」的象徵角色，而是一種具有憲法價值的「第四種權力」，即超脫於憲法建構的立法、行政、司法之外的、對憲法運行之均衡性起調節與監督作用的權力。其主要特點是：（1）權威性；（2）中立性。這是貢斯當為法國的立憲君主制中的「君主」尋找到的憲法角色和存在理由，這是一種實質性的現代君主，是立憲君主制的歐陸版。

施米特的敏銳在於，從貢斯當理論中捕捉到了強化民國總統護憲權力的理性理由。以「中立性權力」為紐帶，施米特將立憲君主制中的「君主」平移並更換為立憲民主制中的「總統」。[62] 而總統作為憲法的守護者，顯然具有可與其政治概念與憲法概念相協調的制度功能：（1）總統是一種人格化的設置，在決斷力和行動力上具有非人格化權力機構所無法比擬的優勢；（2）總統具有「君主」的代表性意涵，能夠滿足德意志民族對於整體性代表的傳統想像與渴望；（3）總統的一人性在理論上更適合施米特關於民主同質性的設定，這是一種偏重「公意」而非「契約」的本質主義民主概念，是具有先驗性質的憲法之「道」，施米特認為總統可將此「道」一以貫之；（4）施米特設定的護憲者的任務不是守護「憲法律」，而是守護「絕對憲法」，是守護德意志民族根本的政治決斷，維護德意志民族整體的政治存在，這顯然是一項超越具體的憲法司法的政治性任務。

---

62. 同上，189–197頁。

2. 總統作為憲法的守護者：排除理由

排除理由排除其他政治主體作為守護者的資格。施米特在《憲法的守護者》中直接排除了法官/法院作為憲法守護者的可能性，施米特從比較憲法的角度對美國的司法審查與德國魏瑪時期國事法院的司法審查進行了比較，並對德國學界強化國事法院司法審查權的觀點進行了回應。施米特並非否定美國式司法審查在美國的正當性，而是從美國模式中得出了司法審查的憲法前提：

> 原則上，只有一個將公領域整體都置於普通法院控制之下的司法國裏，這種司法審查權或者說對訴訟作出裁判之法院，才能在憲法承認這些——由普通法院保障其不受國家（亦即立法權、政府及行政權）侵害的——市民法治國中之基本權、人身自由及私有財產的前提下，成為憲法的守護者。[63]

在美國，施米特陳述的這些條件基本上都滿足，因此，美國的最高法院可以成為美國憲法的守護者。施米特對此似乎並無異議，而只是認為魏瑪憲法賦予國事法院的司法權不足以構成美國憲法意義上的「憲法守護者」資格。而按照施米特自身發展出來的政治概念和憲法概念，法院更加缺乏守護「絕對憲法」的正當性資格與能力。施米特的國家是一個「政治國」而非「司法國」。施米特的憲法核心並非是由「憲法律—理想憲法」構成了自由主義憲法體系，而是由「絕對憲法—實定憲法」構成的決斷主義的政治憲法體系。當然，施米特也沒忘記對凱爾森的憲法法院模式予以批評，他認為：

> 此外必須注意的是，合法性以及合憲性這種一般性原則的維護並不足以成為特別設立一個機關的理由。[64]

---

63. 同上，18頁。
64. 同上，24頁。

　　凱爾森模式不同於美國模式，採取的是一種專門法院模式。他在1930年回應施米特的《憲法的守護者》的論文中重構了貢斯當的「中立性權力」學說，拒絕了施米特對該學說的「人格化」因素的利用，而將「中立性權力」設定為一種機構化的權力，從而為其專門法院模式的正當性補充了理論論據。

　　施米特認為在德國不將法院設定為「憲法守護者」的理論選擇是「體系權衡」的結果。[65] 此外，他還提及了法院作為憲法守護者的政治化危險。針對一戰之後德國「憲法司法化」的理論壓力，施米特認為這是一種欠缺反思的、對法治國概念的抽象誤解：

> 　　具體而言，它是把政治問題的司法解決當成是法治國概念的理念，但是卻也忽略了，把司法權擴及或許不具司法本質的領域，只會讓司法權受到損傷。因此，也就可能造成了我經常在憲法或國際法論述中所提到的，不僅是政治司法化、而甚至是司法政治化的結果。這種思維所顯現出的是一種徹底形式化的做法，因為它是虛構出來的，不具實體，從而也就無法駁倒。[66]

　　實際上，即使在美國模式中，「司法政治化」所帶來的對司法審查權之正當性的質疑也非常突出，只是施米特寫作時新政和戰後民權運動還未展開，比克爾（Alexander Bickel）的「反多數難題」還未獲得總結和深化。中國關於「憲法司法化」的學術爭議也時常浮現出施米特所遭遇的學術狀況，如青年憲法學者翟小波博士就曾以「司法政治化」為理由反對司法審查。[67] 可以説，施米特的「處境」、論戰立場和方式確實已經深入了政治憲法理論的諸多核心論題結構之中，因而對中國的政治憲法學者具有特殊的吸引力。只是，中國的政治憲法

---

65. 同上，24–25頁。

66. 同上，25頁。

67. 參見翟小波（2009）。《論我國憲法的實施制度》。北京：中國法制出版社。90–94頁。

學界必須學會對施米特理論中的不同養分予以識別、選擇和修正。但在理論資源意義上，施米特是繞不開的。

施米特對法院作為憲法守護者的反對理由還包括：（1）憲法內容發生爭議時，關鍵決定權歸屬立法者而非司法者；[68]（2）對於德國國事法院而言，賦予司法審查權是將憲法轉變為憲法契約（協議）這種趨勢的表徵，而施米特憲法概念的核心是「公意」而非「契約」。[69]

那麼，在排除了法院作為憲法的守護者之外，是否「總統」就是唯一的選項了呢？如果說憲法的守護者需要具有政治權威，則議會與人民也是合格的選擇，為何一定是「總統」呢？施米特是如何排除「議會自己」模式（英國模式）和「人民自己」模式（另一種理論表述下的美國模式）的呢？對「議會自己」模式的排除，主要基於施米特在《當代議會制的思想史狀況》中對經典代議制和魏瑪代議制的雙重批評。前者以「辯論」和「公開性」作為思想原則，但卻落入施米特的浪漫派批評範疇之內，其「永恆的辯論」無法產生出施米特設定的民主同質性；而後者則不僅喪失了經典代議制的思想原則，而且墮落為一種消解政治與公共性的多元主義櫥窗。施米特是以同質性的民主制來否定任何一種議會制的，因此，英國式的「議會自己」不可能得到施米特的青睞。那麼「人民自己」怎麼樣呢？作為現代語境下的政治憲法理論家，施米特不可能在理論前提上否認「人民主權」，但也不意味着承認人民出場的實踐價值。理解施米特對「人民主權」的理論態度的關鍵，仍然是其關於民主同質性的設定。施米特批判性地繼承了盧梭的政治哲學，將「公意」改造成民主的同質性，作為其政

68. 參見〔德〕卡爾·施米特（Carl Schmitt），李君韜、蘇慧婕（譯）（2008）。《憲法的守護者》。北京：商務印書館，39–49頁。

69. 同上，62–71頁。

治憲法理論的概念前提，而拒絕了盧梭體系中的「契約」因素。如果說盧梭還在「契約」與「公意」的張力中徘徊並試圖尋找和諧之道的話，施米特則基於其政治神學背景斷然「執其一端」，取「公意」而捨「契約」。這是施米特理論的真正保守之處，幾乎沒有為現代自由主義政治哲學和常規政治制度留下任何據以自立的價值與制度空間。基於這樣的理論預設，施米特對「人民自己」在政治實踐中的價值抱持着深刻的懷疑態度：

> 現代國家的危機源於這樣一個事實：一種大眾的——所有人的民主制根本就不能成其為一種國家形式，遑論成其為一個民主制國家。[70]

因此，承載「民主同質性」或作為施米特絕對憲法意義上的決斷者的適格主體，就不可能是「人民自己」，而是「總統」。「人民主權」在施米特的意義上只是對總統決斷權的一種政治神學意義上的解釋原則，而非憲法上的實踐原則。所以，施米特是片面發展了盧梭的「公意」理論，消解了盧梭體系中的自由主義面向。對此理論差別值得予以重視。那麼，所謂施米特的「同質性民主」的政治場景如何呢？施米特對此曾提供了一種生動的描述：

> 「人民」是一個公法概念。人民只存在於公共性之中。一億個私人的一致意見既不是人民的意志，也不是輿論。與過去50年裏建立的統計學的精確計算相比，通過萬眾歡呼，通過某些不言自明的事情，譬如一目了然、無可否認的表現，人民的意志同樣能夠得到表達，甚至表達得更好。民主感情的力量愈強烈，就愈能真切意識到民主不完全是秘密投票的記錄制度。同直接民主相

---

70. 〔德〕卡爾・施米特（Carl Schmitt），馮克利、劉鋒（譯）（2004）。《政治的浪漫派》。上海：上海人民出版社。70頁。

比，不只在技術意義上，而且在至關重要的意義上，議會是一個人為設立的機器，是從自由主義的推理中產生的，而專政的和凱撒主義的方式不僅能夠得到人民的萬眾歡呼，也能夠成為民主的實質和力量的直接表達。[71]

顯然，施米特這裏描述的並非雅典式的直接民主，而是一種「領袖—大眾」結構下的特殊的民主。因為在雅典的民主制在城邦範圍內還具有程式化和理性化的制度色彩，而施米特的「歡呼」式民主顯然不能與之同日而語。施米特的描述表面上以「人民」為中心，實際上在「歡呼」的民主儀式中，「誰在歡呼」的重要性已經讓位於「誰來決定歡呼什麼」。所以，必須追問施米特所鍾情的「專政的和凱撒主義的方式」中的專政者和凱撒是誰，必須確定誰有資格啟動「歡呼」程式，形成「一呼一應」式的最為極端且最為簡化的政治對話。如此，施米特設定的憲法的守護者——總統——便應運而生，應喚而出。不能認為施米特的政治憲法理論是為希特勒量身訂造的，因為在希特勒之前，施米特曾建議時任總統興登堡（Paul von Hindenburg）動用魏瑪憲法48條規定的緊急狀態權力來取締納粹黨，挽救魏瑪民主。然而，歷史的巨大諷刺在於，是希特勒而非興登堡通過政治實踐反覆重現了施米特式的「歡呼」的民主。

3. 施米特「總統自己」模式的極端化及其理論救贖

綜合施米特提出的關於憲法守護者的正面理由和排除理由，施米特在理論上不僅阻斷了德國國事法院作為憲法守護者的可能性，而且也一併阻斷了德國議會乃至於德國人民作為憲法守護者的可能性，從

---

71. 同上，171頁。

而確立了「總統作為憲法守護者」的命題。由於基本否認魏瑪憲法中作為民主分支的議會和作為司法分支的法院的憲法功能，施米特的政治憲法理論儘管在概念清晰性和理論反思性上屬於上乘之作，但卻在政治實踐上造成了災難性的後果。施米特的政治憲法理論是一種以「非常政治」為中心的憲法理論，不僅缺乏所謂的「轉型原理」，而且對「常規政治」進行了「非常政治」式的殖民和改造，實際上終結了魏瑪憲法建構的常態政治架構。1933年的《授權法》很容易從施米特的政治憲法理論中獲得支撐。而希特勒的「領袖專政」在汲取施米特「總統作為憲法守護者」的理論支援之後，早已超越了「中立性」的設定，而過分張揚其「權威性」，從而不僅打破了魏瑪憲法的常規政治架構，而且破壞了施米特總結出來的作為魏瑪憲法之「絕對憲法」的五大根本法。當然，本文更在意的是從思想層面上考察與分析施米特的理論價值。作為學者的施米特對於其理論的政治效用和實踐後果，也未必能夠有充分的預見力。

作為自由主義理論肌體上的一枚「毒刺」，[72] 戰後世界範圍內的政治思想界傾向於徹底拔除。如哈貝馬斯基於對納粹暴政和施米特政治憲法理論的反思，在兩個方面為基本法秩序下的德國憲政提供新的基礎：（1）提出「憲法愛國主義」以取代以民族為基礎的愛國主義；[73]（2）提出「作為程式的人民主權」以取代施米特的民主同質

---

72. 米勒教授稱之為「危險的心靈」（a dangerous mind），參見〔德〕揚・維爾納・米勒（Jan-Werner Müller），張龔、鄧曉菁（譯）（2006）。《危險的心靈：戰後歐洲思潮中的卡爾・施米特》。北京：新星出版社。

73. 哈貝馬斯的理論建構處於戰後德國思想家尋求國家認同之新型基礎的集體努力之中，有關「憲法愛國主義」在德國的理論發展情況，參見翟志勇：〈中華民族與中國認同──論憲法愛國主義〉，載許章潤主編（2010）。《歷史法學》（第三卷・憲法愛國主義）。北京：法律出版社。164–170頁。進一步的理論發展參見〔德〕揚・維爾納・米勒（Jan-Werner Müller），鄧曉菁（譯）（2012）。《憲政愛國主義》。北京：商務印書館。

性概念。⁷⁴ 然而，在筆者看來，施米特的政治憲法理論在去除其極端
化的民主概念和專政傾向之外，對於我們認識政治與憲法、非常政治
與常規政治之間的關係方面，仍然可以提供有益的概念啟發和理論參
照。更重要的是，中國憲政必須放置於轉型語境中進行考察，其終極
目標是建立一種由政治上成熟的中國人民所守護的、以常規政治為日
常框架的規範憲政。在中國憲政對「轉型原理」的需求上，施米特的
教誨是有限的，但在對於中國憲法文本中的「政治憲法結構」的理解
與解釋上，施米特的理論建構則是富有價值的。

---

74. 參見〔德〕哈貝馬斯（Jürgen Habermas）（譯）（2003）。《在事實與規範之間：關於法
    律和民主法治國的商談理論》。北京：三聯書店。620–651頁。

04

CHAPTER

第四章

憲法政治：阿克曼的人民轉換

政治憲法的中國之道

　　新世紀以來，曾有兩個思想型人物逆「齊玉苓案」及其引發的「憲法司法化」主潮而動，[1] 一個是德語世界的施米特及其政治法學，另一個是英語世界的阿克曼及其二元民主論。[2]《施米特文集》之學術翻譯與研究精緻入微，影響深遠，阿克曼的系列著述在學術翻譯上則遜色極大。儘管如此，阿克曼還是深刻影響了國內法政學界，「我們人民」、「二元民主」、「憲法政治」、「自由共和主義」、「私人公民」等概念自成體系，流行於各色論文與討論之中。然而，阿克曼的政治憲法理論從思想脈絡到主題論證都還是模糊不清的，對其思想的「深描」工作依然停頓於淺表。近來國內學界頗有重讀阿克曼的趨勢，這與改革進入政治議題時代顯有關聯。與施米特的「決斷」、「領袖守護憲法」等觀念與方案相比，阿克曼的「憲法政治」似乎要溫和理性得多，顯示了變革時代處理「憲法政治」議題上的高度的法治理性和節制美德。重讀阿克曼對於矯正學界對自由主義思想頹勢的失望情緒和對施米特「飲鴆止渴」式的思想接引具有積極的理論意義。[3]

　　耶魯大學法學院的布魯斯·阿克曼（Bruce Ackerman）教授曾經在其《我們人民》（*We the People*）三部曲的第一部《奠基》

---

1. 代表性主張參見黃松有（2001）。〈憲法司法化及其意義——從最高人民法院今天的一個《批覆》談起〉，《人民法院報》，2001年8月13日。

2. 甘陽先生在近期的關於「守法、變法與保守主義」的主題演講中重點介紹了阿克曼的二元民主論，將之作為美國式「變法」理論的一個典型，但也承認該理論的溫和特徵，參見甘陽：〈守法、變法與保守主義〉，載《觀察家網》，http://www.guancha.cn/gan-yang/2013_06_19_152158.shtml

3. 關於當代中國自由主義的思想頹勢，參見秋風（2011）。〈中國自由主義二十年來的頹勢〉，《二十一世紀》（香港）。8月號。

（*Foundations*）中確立了作為其「二元民主」模式對立面的「一元民主論」和「權利本質主義」，認為英國憲制代表了一元民主論，德國憲制代表了權利本質主義。[4] 阿克曼教授的這一類型化的工作根源於其憲法學創作強烈的民族主義動機，即其在《奠基》第一部分第一章開頭的那句話：「美國是世界強國，但它有能力理解自己嗎？難道說，到了今天，它仍然滿足於作為知識的殖民地，借用歐洲範疇來解釋其國家身份的意涵嗎？」這是一句很有力度的質問。[5] 如果說美國憲法學尚且存在「歐化」的「知識殖民地」危機的話，中國憲法學則在逐漸擺脫「俄化」影響之後長期徘徊於「歐化」和「美化」之間，尋找不到自身的自主性，於是中國憲法學根據學者留學路徑的不同而呈現出「你方唱罷我登台」的場景，但嚴重缺失了主場意識，林來梵教授稱這種現象為中國憲法學研究的「次殖民地化」，[6] 任劍濤教授則從中國近代政治思想史的角度提出了「建國之惑」的問題，主張超越「模仿建國」，實行「自主建國」，但其「自主建國」主要是一種回歸自由主義憲制框架的「自主」，因而並非真正意義上的「自

---

4. 〔美〕阿克曼（Bruce Arnold Ackerman），汪慶華（譯）（2005）。〈二元民主制〉，《法大評論》。北京：中國政法大學出版社。四卷，296–303頁。值得說明的是，第一卷的完整中譯本曾由法律出版社在2003年推出，但謬誤眾多，本文寫作主要參考英文原本和汪慶華的第一章譯本；汪慶華的最新完整譯本也可參考，參見〔美〕阿克曼（Bruce Arnold Ackerman），汪慶華（譯）（2013）。《我們人民：奠基》。北京：中國政法大學出版社。

5. 這種質問姿態與蘇力教授在1990年代中期發出的「什麼是你的貢獻？」的質問頗有異曲同工之妙，只是阿克曼對於美國憲政之民族性特徵頗為自信，而蘇力的質問及其「本土資源」的訴求則帶有某種中國精英知識分子在近現代遭遇中的歷史悲情和文化鄉愁。這一點從蘇力在該書扉頁中所引的袁可嘉的詩句中可以讀出——「面對你我覺得下墜的空虛，像狂士在佛像前失去自信，書名人名如殘葉掃空而去，見了你才恍然於根本的根本。」（《母親》）另可參見蘇力（2004）。〈什麼是你的貢獻？〉（自序），《法治及其本土資源》（修訂版）。北京：中國政法大學出版社。

6. 參見林來梵：〈中國憲法學的現狀與展望〉，載《兩岸四地公法發展新課題研討會論文集》。清華大學法學院，2011年10月29至30日。

主」。[7] 阿克曼的這句表面上憂心忡忡、實質上自信滿滿的質問，如果將其中的「美國」改成「中國」，將「歐洲」改成「歐洲和美國」，則完全可以用來總結中國的憲法學術現狀。阿克曼從這一質問出發，通過業已出版的《奠基》和《轉型》（*Transformations*）改寫了美國憲法史，提供了一種有別於「法律職業主義」敍事模式的「整全主義」敍事模式。這是一種美國的政治憲法學理論，試圖通過對人民主權這一根本政治憲法原則的重新解釋並結合美國更加完整的憲法歷史來解釋美國的憲法變遷，並在某種規範意義上確立了觀察和分析美國憲政走向的「高級立法」（higher lawmaking）框架。

中國的政治憲政主義與政治憲法學的興起，在學術意識上受到阿克曼理論的直接影響，比如國內政治憲法學的首倡者陳端洪教授曾在2005年在耶魯大學訪學期間受到阿克曼課程的啟發並當面向阿克曼教授提出計劃以「中國人民在中國共產黨領導下」為主題構思中國憲法學體系，[8] 而作為國內政治憲法學另一重要代表的高全喜教授同樣在2005年撰寫長文評論阿克曼理論中的憲法政治（constitutional politics）思想。[9] 當然，美國政治憲法學的理論資源並不限於阿克曼教授，還有所謂的「人民憲政論」，這一進路源起於1990年代初，以派克教授的《人民憲政主義者宣言》為起點，[10] 後續則形成了人民憲政論的「四駕馬車」，包括拉里・克雷默（Larry Kramer）、馬克・圖什內特（Mark Tushnet）、羅伯特・普斯特（Robert Post）和瑞娃・

---

7. 參見任劍濤（2012）。《建國之惑：留學精英與現代政治的誤解》。北京：中國政法大學出版社。筆者曾就其思想主旨撰寫過書評，參見田飛龍（2012）。〈不惑者的疑惑：任劍濤的建國之惑〉，《法治週末》，2012年9月13日。

8. 參見陳端洪（2007）。《憲治與主權》。北京：法律出版社，148頁，註1。

9. 參見高全喜（2005）。〈論憲法政治——關於法治主義理論的另一個視角〉，《北大法律評論》。北京：北京大學出版社。6卷2輯。

10. Richard D. Parker (1994). *Here, the People Rule: A Constitutional Populist Manifesto*. Harvard University Press.

西格爾（Reva Sigel）。筆者認為，相比於人民憲政論的群像，阿克曼的高級立法理論對美國憲法的解釋力和對中國政治憲法學者的影響力更為突出。因此，本文對美國政治憲法理論的考察以阿克曼理論為中心。美國的政治憲法理論可以概括為一種「人民自己」（the people themselves）模式，其理論作用的政治時空為「憲法政治」，介於「非常政治」與「日常政治」之間。其核心理論意圖是通過重新解釋人民主權的實在性來緩解嚴格代議制（常規民主）條件下的「司法審查」與「民主」的規範性衝突，以「人民」的政治參與而非任何一種憲法機構的壟斷性解釋，作為憲法變遷與憲法原則制度化的最終正當性依據。

被阿克曼界定為「一元民主論」的英國憲制，實際上也具有政治憲政主義的特徵。對英國憲制具有兩種敘事傳統，一種是普通法憲政主義，以普通法律師、普通法法學家和普通法院法官為主體，沿襲並發揚柯克的司法傳統，另一種是政治憲政主義，以憲法學家、政治思想家為主體，以英國代議制為中心，堅持並發揚英國的政治憲法（political constitution）傳統。當然，英國的政治憲法是以「精英」為中心的，缺乏明確的「人民」概念和「人民主權」理論，是「一元民主」或「常規民主」意義上的政治憲法。不過，作為一種常態政治下的政治憲政主義，英國模式的論證者也提出了諸多值得討論的規範性命題。英國的政治憲法理論可以概括為一種「議會自己」（the parliament itself）模式，其理論作用的政治時空為「日常政治」，其核心理論意圖是通過對英國代議制基本原則的重新解釋來捍衛英國「議會至上」的光榮傳統，以健全有力的「議會」來表徵英國憲法的優越性。

被阿克曼界定為「權利本質主義」的德國憲制，主要是1949年《基本法》頒佈實施以來的狀況。但就政治憲法理論資源而言，對德國的考察無法迴避卡爾‧施米特。施米特是德國魏瑪時期政治法學的代表人物，其《政治的概念》和《憲法學說》恰好構成了其政治憲

法理論的學術基礎，而《憲法的守護者》則是其政治憲法理論的制度運用。施米特的政治憲法理論可以概括為一種「總統自己」（the president himself）模式，其理論作用的政治時空為作為政治例外狀態的「非常政治」；其核心理論意圖是通過對政治與憲法概念的重新界定，啟動《魏瑪憲法》第48條的總統緊急狀態權力，論證總統作為憲法守護者的地位，通過決斷與行動來守護德意志民族的絕對憲法與根本政治存在。

本文對美國政治憲法理論的考察，將以阿克曼的二元民主理論為主線。經由阿克曼的理論論述，「人民」而非柯克式的「專門理性」成為美國政治憲法理論的核心概念，這意味着與普通法職業人士提供的「法律正當程式」（due process of law）之神話相伴而行的，還有一種訴諸人民主權的「政治正當程式」（due process of politics），[11] 即「憲法政治」程式。這是一種典型的立法者視角而非法官視角，因而是一種典型的政治憲法學路徑而非憲法教義學路徑。

一、阿克曼政治憲法理論的學術背景

1. 美國憲法學自身的脈絡與背景[12]

美國式的司法憲政主義以馬歇爾大法官關於司法審查的論證邏輯為中心，其中涉及了對成文憲法之形式邏輯的運用：聯邦最高法院根

---

11. 這是筆者對「法律正當程式」的化用，以區別於「日常政治」語境下的「法律正當程式」，同時從程式的視角賦予阿克曼理論以顯著的政治正當性內涵。

12. 田雷博士曾經質疑國內憲法學界對阿克曼理論理解上的非語境化缺陷，筆者認同這一批評，因而在引介阿克曼理論時注意語境化的解讀。但田雷博士強調的語境似乎僅限於美國憲法學自身的語境，而相對忽視了阿克曼在《奠基》第一章中通過類型化方法展示出的更加開闊的比較憲法學語境。筆者認為應同時關注這兩種不同的語境意識，才能更好地把握阿克曼理論的價值。關於田雷博士對阿克曼理論的解讀，參見田雷（2010）。〈重新理解美國憲法——阿克曼憲法理論的用途與誤用〉，載《北大法律評論》。北京：北京大學出版社。11卷2輯。

據憲法宣佈國會法律違憲無效的正當性，在於憲法表達的人民意志高於國會法律表達的代表意志。馬歇爾法官在這裏巧妙地運用了「人民」，但他只是在形式上進行了兩種意志的比較，卻忽略了最高法院本身的代表性問題，即儘管憲法中的人民意志高於國會法律中的代表意志，但這句要命的話到底應該由誰來說？類似的語言顯然也可能出自總統之口。相對於總統和國會這樣的政治機構，最高法院可能是最沒有資格「代表」人民的，因為作為人民意志之文本載體的憲法沒有明確授權，而大法官們又並非人民選舉產生。所以，美國式司法審查的正當性基礎只能歸於柯克傳統下的「專門理性」，馬歇爾對「人民」的援引在嚴格的理論邏輯上來說並不嚴密。正因為如此，「司法審查」與「民主」之間的長期理論爭議就成為了美國憲法學的中心辯題，這種辯論在最高法院保持司法節制（judicial restraint）的時期並不突顯，但在最高法院呈現司法能動（judicial activism）時則十分熱烈。1830年代，托克維爾（Alexis de Tocqueville）考察美國政治之後，在《論美國的民主》中提出「多數人暴政」的問題，並提出以法學家精神制約之。這是對「民主」局限性的深刻洞察，也是美國司法審查的正當性理由所在。[13] 但隨着美國憲政歷史的更加豐富的展開，司法審查也並不總是代表「理性」和「歷史進步性」的一面，甚至常常在關鍵時刻阻撓美國民主的進步，比如1857年的「斯科特案」、1905年的洛克納案及1930年代的系列新政案件。美國總統與國會在內戰時期和新政時期的卓越表現，似乎又為「民主」的正當性加了許多分。

　　1950年代，伴隨着以「布朗案」為代表的沃倫法院的司法能動主義的興起，關於「司法審查」與「民主」之間的關係的討論再次升溫，其中體現為漢德（Learned Hand）法官和威克斯勒（Herbert

---

13. 參見〔法〕托克維爾（Alexis de Tocqueville），董果良（譯）（1988）。《論美國的民主》（上卷）。北京：商務印書館。287–291頁、302–311頁。

Wechsler）教授分別於1958年和1959年在哈佛大學法學院所作的霍姆斯講座，耶魯大學法學院的布萊克教授於1960年出版《法院與人民》一書，加入了這場對話。在這場緊鑼密鼓的學術對話中，漢德法官反對馬歇爾的論證，宣導一種司法消極主義；[14] 威克斯勒則反對漢德的消極主義，提出了憲法的「中立原則」來支持司法審查；[15] 布萊克同樣支持司法審查。1962年，耶魯大學法學院的比克爾教授出版《最小危險部門——政治法庭上的最高法院》一書，[16] 正式提出了與托爾維爾的「多數人暴政」具有某種對稱或反諷意味的「反多數難題」（counter-majoritarian difficulty）。關於這一波學術爭議的興起，威靈頓在為該書所寫的前言中這樣描述道：

> 新一代憲法學學者又一次致力於論證司法審查的正當性及其實施的形態。對於我們的憲法秩序的這一根本因素的興趣之重新出現，至少可以追溯到最高法院廢除種族隔離的那些裁決中。這些裁決既可以被視為保護了選擇，又可被視為認可了謀殺，得看你站在哪個立場上。因而，證明司法干預之正當性或證明其不可信，可以被視為一項對美國社會的性質潛在地具有重要後果的學術操練，它確實是一個賭注很高的遊戲。[17]

---

14. Learned Hand (1958). *The Bill of Rights*. Cambridge, MA: Harvard University Press. 關於美國司法審查中的消極主義，更加詳細的學術考察與分析，可以參見劉練軍（2010）。《消極主義：憲法審查的一種哲學立場》。北京：法律出版社。

15. Herbert Wechsler (1959)."Toward Natural Principles of Constitutional Law," *Harvard Law Review*, 1: 73。中譯本參見〔美〕赫伯特·威克斯勒（Herbert Wechsler），張千帆（譯）（2005）。〈走向憲法的中立原則〉，《哈佛法律評論·憲法學精粹》。北京：法律出版社。

16. 參見〔美〕亞歷山大·M·比克爾（Alexander M. Bickel），姚中秋（譯）（2007）。《最小危險部門——政治法庭上的最高法院》（第二版）。北京：北京大學出版社。

17. 同上，〈前言〉。2頁。

　　確實，由於司法審查缺乏憲法明文授權，且大法官又不具有堪與其他政治機構相比擬的民主選舉基礎，因而導致學術和憲法實踐上聚訟紛紜。誠如威靈頓的評論，這是一種事關美國社會性質的「學術操練」，也是一個「賭注很高的遊戲」。美國的司法審查在缺乏現代憲法意義上的有力基礎的前提下，只能通過實踐本身來證明自己，因而需要對時代主題和歷史進步邏輯具有一種非司法的政治性關注與洞察，才能在比克爾所謂的美國的「政治法庭」（the bar of politics）上立足。也就是說，在人民沒有通過憲法也沒有通過週期性選擇進行明確授權的前提下，最高法院無法和人民之間建立任何正式的「政治正當程式」，只能提出一種本質化的代表關係模式，並經由長期的憲法實踐來加以檢驗。對於美國社會而言，其政體的共和性質決定了民主的優先性，但抑制「多數人暴政」的功能需求又證成了司法審查的正當性。在最高法院成功推進公民權利運動並通過1954年的「布朗案」而達致高潮時，其「越位」動作必然造成對美國社會其他政治機構及其代表性價值的傷害。因此，司法能動主義最盛的時候，也一定存在司法節制主義的最強音。比克爾教授的這一作品就承擔了這樣一種理性糾偏的功能。比克爾教授對「司法審查」與「民主」之間的理論拉鋸戰及其傳統論調顯然有些不夠滿意，他這樣提出了自己界定的「反多數難題」：

　　　　根本性的難題在於，司法審查是我們的體制中一股反多數主義的力量。有幾種不同的方法可以迴避這一無可迴避的現實。馬歇爾就曾這樣做過，他曾談論過，代表「人民」執行他們為一個有限政府的各個機構所規定的限制。自那以後，還有太多評論家，也是這樣為司法審查辯護的。馬歇爾本人所遵奉的是漢密爾頓，漢密爾頓在《聯邦黨人文集》第七十八篇中……寫道：「它只是假定，人民的權力高於這兩種權力；如立法機關通過其製成法所表達之意志與人民的意志相違反，則法官應當受後者而非

受前者約束」。但是，這裏使用的「人民」一詞卻是個抽象概念。……這樣一種抽象概念遮蔽了下面的現實：當最高法院宣佈立法機構通過的一部法案或選舉產生的總統的某一行為違憲的時候，它妨礙了真實的、此時此地的人民所選出的代表們的意志；它行使了控制權，但卻不是為了佔據優勢的多數的利益，而是與之唱對台戲。不用什麼神秘的暗示，實際上就是這麼回事。這是一個截然不同的難題，這也正是人們指責司法審查不民主的原因所在。[18]

這是一段非常經典的關於「司法審查」與「民主」之間的規範性張力的總結性表達。理解比克爾教授這一難題的入口就是關於「人民」概念的論辯。在比克爾看來，「人民」就是「真實的、此時此地的人民」，這是與比克爾同處一個時代的美國民權運動時期的「人民」，是手握選票、可以委託代表並塑造新政治形態的「人民」。在比克爾教授看來，最高法院宣佈這樣一種「人民」經過選舉產生的國會和總統的行為違憲就直接與「真實的、此時此地的人民」的代表意志衝突，是明顯的「反多數主義」行為。應該說，比克爾教授正確地總結出了「反多數難題」的真實性與此在性，並認為這是一種「無可迴避的現實」。那麼誰在迴避？如何迴避呢？比克爾教授認為迴避的方法就是「漢密爾頓—馬歇爾」式的抽象的「人民」概念，即與比克爾教授所指稱的「人民」具有某種對稱性的虛擬的、彼時彼地的「人民」。但是，法官如何知道「人民的意志」呢？法官之司法審查權沒有憲法的明確授權，本身也並非「人民」通過週期性選舉產生的政治機構，有何資格正當地代表「人民」呢？馬歇爾在自己的經典論證中是通過將法律解釋作為法官的天職這一普通法傳統命題，來連接這一

---

18. 同上，17頁。

邏輯上的斷裂的。所以，在「漢密爾頓─馬歇爾」式的論證中，法官
只能通過憲法文本領會「人民意志」並通過具體個案的憲法解釋予以
理性化表達。這是一種與比克爾所謂的「真實的、此時此地的人民」
迥然不同的「人民」概念，在性質上具有二重面向：一是歷史性，作
為建國憲法奠基者的「建國人民」，是創制憲法的第一代人民，通過
一次完結的制憲行為將其「意志」轉化為憲法文本形式；二是抽象性
與規範性，即除了第一代「建國人民」之外，後續各代的「人民」
意志被一種法治主義邏輯推定為憲法文本語言的解釋性存在，而法
官在其天職和理性優勢上可以壟斷這一解釋過程。這裏所涉及到的兩
種「人民」的概念已經觸及到了近代憲法理論上非常棘手的「代際約
束」難題，即一代人所制訂的憲法有何正當理由阻止後一代人的重新
自由選擇和意志表達。[19] 對此問題，柏克曾以傳統主義的理由支持憲
法的代際約束力，而激進民主主義者潘恩則認為每一代人都有每一代
人的充足的自由。憲法實踐通過在成文憲法中規定修憲程式的方式緩
和了這一「代際約束」難題，將約束力收縮至門檻較高的修憲程式之
上，而非憲法的實體原則之上。由於美國憲法修改程式極其困難，
在1791年一次性通過費城制憲時作為政治承諾的《權利法案》十條
之後，一直到1860年代的內戰期間，美國憲法僅僅產生了兩條修正
案。這樣，美國人民在經歷一次制憲之後就基本上被完全吸收進憲法
文本之中了，而憲法是什麼就取決於法官的解釋。這就是現代憲法
的「反革命」（counter-revolution）邏輯，即通過憲法轉化革命成果並

---

19. 這是潘恩政治思想的一個重要主題，他主張每一代人都可以自由地為自己立法，反對柏克式的
　　代際約束力理論。參見〔美〕潘恩（Thomas Paine），田飛龍（譯）（2011）。《人的權利》。
　　北京：中國法制出版社。關於「代際約束」的更為詳盡深刻的討論，參見〔美〕史蒂芬‧霍姆斯
　　（Stephen Holmes），潘勤、謝鵬程（譯）（1997）。〈先定約束與民主的悖論〉，載〔美〕埃
　　爾斯特（Jon Elster）、〔挪〕斯萊格斯塔德（Rune Slagstad）編。《憲政與民主──理性與社
　　會變遷研究》。北京：三聯書店，223–265頁。

將「人民」文本化，開啟「日常政治」的法治時間。這樣，第一次制
憲和第一代的「建國人民」就只能永遠作為現行憲法的奠基石，在不
斷被神聖化和神秘化的同時，也不斷地被人們遺忘。後續各代的「人
民」則只能以「憲法」的面目出現，如同上帝並不示人而以「聖經」
面世一樣，完成一次制憲的「人民」在邏輯上也不再面世而以「憲
法」俯視眾生。這樣一種憲法邏輯就是阿克曼後來歸納出的「一元民
主制」。憲法教義學者對此有更加顯白的表達，將憲法學作為教義學
來比擬和操作。[20] 這樣一種比擬實際上根源於對法官職業神聖性的某
種推崇，受到「法官—祭司—守護神」這樣一種職業神聖性想像的強
烈心理暗示。只是，在現代憲法語境下，來自普通法傳統的法官天職
必須結合「人民主權」進行解釋，必須發展出一種適合於維持並推進
「司法至上」的「人民」概念。

　　比克爾教授的質疑實際上落入了近代以來關於憲法之「代際約
束」難題的論辯空間，從而使得「司法審查」與「民主」的傳統辯題
具有了更加深刻的理論意義。憲法的「反革命」邏輯並不能夠完全消
解這一難題，因為「人民」因存在代際性而不可能被完全吸收進「憲
法」之中，卻表現為一種「真實的、此時此地」的政治存在。確實，
如果將憲法的「反革命」邏輯貫徹到底，則憲法本身就是反人民的，
不過是體現了一代人的專制而已。然而，美國憲法的常規修憲程式因
門檻過高而十分接近於一種徹底的憲法「反革命」邏輯，「真實的、
此時此地」的人民的意志無法通過修憲程式得到及時、有效的表達，
於是只能由他們的「此時此地」選出的代表通過國會法律或總統令的
形式來表達，但該替代形式的政治意志表達卻又受到了最高法院以另

---

20. 比如有的憲法教義學者就詳細考察了「法教義學」和「神學」之間的語義和邏輯關聯，將自
　　身所從事的憲法學事業比擬為闡述憲法教義的事業。參見白斌（2010）。〈論法教義學：源
　　流、特徵及其功能〉，《環球法律評論》。3期。

一種名義的「人民意志」（憲法）的封殺。阿克曼理論中的「高級立法」就是在這種封殺與反封殺的政治博弈中產生的。

　　比克爾的「反多數難題」揭開了美國憲法理論的「潘朵拉之盒」，「漢密爾頓—馬歇爾」式的經典論證已經無法掩蓋其對「真實的、此時此地的人民」進行邏輯遮蔽所包藏的徹底的「反革命」意圖。這是一種擁抱法治主義的徹底的理性主義。領受這一天命的美國聯邦最高法院卻並不輕鬆，時時受到「真實的、此時此地的人民」及其代表的拷問與反擊。

　　那麼，比克爾本人如何回應自己總結出來的「反多數難題」呢？他雖然提及了「真實的、此時此地的人民」，但沒有直接訴諸這樣的人民，而只是肯定了這樣的人民選出的代表所制訂的國會法律及總統令的民主正當性，在此前提之下來討論司法審查的恰當角色與範圍問題。正是由於比克爾對民主分支正當性的肯定，其對於司法審查採取一種「消極美德」（passive virtues）式的消極主義立場，[21] 這是一種多少具有調和主義性質的司法哲學立場：（1）最高法院最適合充當連續性政治社會價值的宣示者和守護者；（2）在宣示與守護時要秉持一種「消極美德」。這表明，比克爾深深懂得，力量維持的最深刻本質在於分寸。在沃倫法院高歌猛進推進公民權利運動時，比克爾教授的「消極美德」無疑是對司法能動主義的冷峻的批評與提醒。然而，我們也可以說，比克爾教授只是觸摸到了「真實的、此時此地的人民」通過其代表者所表達出的時代氣息，並沒有突破代議制的框架，因而仍然是在「司法審查」與「民主」的傳統的、平面化的對話語境中通過調整司法審查的範圍及其德性基礎而充實其正當性。比克

---

21. 參見〔美〕亞歷山大•M•比克爾（Alexander M. Bickel），姚中秋（譯）（2007）。第四章〈消極的美德〉，《最小危險部門——政治法庭上的最高法院》（第二版）。北京：北京大學出版社。

爾教授還是站在司法審查而非「我們人民」的立場上對司法審查的「反多數」難題展開思考的，延續的是美國憲法學中的「消極主義」的傳統，只是更加明確了原有的論題和立場，但並未提出真正具有創新性與突破性的理論。阿克曼是比克爾在耶魯法學院教過的學生，對比克爾命題及其傳統應該具有直接而深刻的理解。阿克曼後來正是因為突破了代議制框架而直接訴諸「真實的、此時此地的人民」而提出了「高級立法」理論，這樣一種問題意識和思考方向不可能擺脫比克爾的影響。

比克爾教授的「反多數難題」及其「消極美德」為1960年代以來的美國憲法學確立了更加明確的中心辯題和需要加以支援或辯駁的實踐立場。1980年，比克爾的學生約翰‧哈特‧伊利（John Hart Ely）出版了《民主與不信任》一書，提出了一種「強化民主」[22] 的司法審查理論，直接回應了比克爾的「反多數難題」，認為儘管「反多數難題」確實存在，但這種表面的「反多數」實際上是為「多數」提供更好的民主運轉條件。司法審查如何「強化民主」呢？伊利教授在該書第三到六章提出了四種理由：（1）探索基本價值；（2）監督代議程式；（3）疏通政治變革的管道；（4）確保少數人的理由得到代表。[23] 這樣，司法就不是在「反多數」和為「民主」使絆，而是在價值上肯定「民主」，在司法實踐中為「民主」開路和護航。如果說伊利教授對比克爾「反多數難題」的回應多少有些反駁的意味的話，也有某些重要學者沿着比克爾的路線繼續闡發「消極美德」的實踐立場，比如1990年代，美國另一位著名的憲法學者凱斯‧孫斯坦（Cass

---

22. 這是該書中文版譯者張卓明博士在〈譯者導言〉中的概括，較為準確地把握了伊利教授該書的主旨。

23. 參見〔美〕約翰‧哈特‧伊利（John Hart Ely），張卓明（譯）（2011）。《民主與不信任：司法審查的一個理論》。北京：法律出版社。

Sunstein) 就曾經沿襲「消極美德」的實踐立場而提出了「司法最小化主義」（judicial minimalism）。[24]

然而，從比克爾到伊利再到孫斯坦，他們本身都不反對司法審查，而是針對比克爾提出的「真實的、此時此地的人民」之代表意志的實在性基礎上的「反多數難題」，站在司法審查的立場上，或者提出伊利式的價值論證與功能分析，或者像孫斯坦那樣延續比克爾的「消極美德」的實踐立場。1960年代以來的美國憲法學在公民權利運動與保守主義革命交替展開的變革時代圍繞着比克爾命題對司法審查的正當性進行了更加清晰與細緻的論證，完成了一次威靈頓所謂的影響美國社會性質的「學術操練」。

阿克曼的《我們人民》三部曲的第一部出版於1990年，但其中的基本章節在1980年代的學術講演中已經基本成形。從比克爾以來的關於「反多數難題」的學術討論的特定氛圍，對阿克曼自然有着不可忽視的影響。只是阿克曼並沒有沿襲比克爾、伊利或孫斯坦的任何一種風格，因為他們基本上還是站在司法審查立場上的一種法律職業主義的視角，而阿克曼所選取的恰恰是一種直接訴諸「我們人民」而非其代表或「常規立法」的整全主義視角，其本質是一種「政治正當程式」的立法者視角，與法律家們的「法律正當程式」迥然有別。因此，對比克爾命題及其後續展開的學術考察，只是為理解阿克曼理論提供了一種美國憲法學的職業主義視角。而阿克曼所要創立的卻是一種不為美國法律職業主義者所熟悉或願意接受的新的美國憲法學，一種更加「整全」地反映美國憲法歷史的真實面向、動力與成就的政治憲法理論。因此，阿克曼雖然接受過比克爾等人的法律職業主義教

---

24. Cass Sunstein (1999). *One Case at a Time: Judicial Minimalism on the Supreme Court.* Cambridge, Mass: Harvard University Press. 中譯本參見〔美〕凱斯‧孫斯坦（Cass Sunstein），泮偉江、周武（譯）（2007）。《就事論事：美國最高法院的司法最低限度主義》。北京：北京大學出版社。

育，具有美國憲法學內部視角的觀察能力，但其理論卻有着更為宏闊的、由阿克曼自設的、據以與之對話的「他者結構」。阿克曼正是在對該種結構而不僅僅是比克爾的「反多數難題」的不斷對話與回應過程中，形成了自身獨特的問題意識與理論成就的。

2. 阿克曼自我表述的「他者結構」

前面考察的是阿克曼理論所根植的美國憲法學自身的脈絡與背景，但阿克曼顯然並不願意僅僅局限於美國憲法學自設的命題，而是具有一種更大範圍的他者預設，從而構成阿克曼與之對話的「他者結構」。這一「他者結構」包括阿克曼自身通過類型化方法總結出來的下列理論模式：（1）一元民主制；（2）權利本質主義；（3）柏克式的歷史主義。阿克曼的二元民主理論正是在與這些具有顯著的歐化色彩的主流理論模式的對話、辯駁與匡正之中，確立自身的理論特質的。因此，考察這種由阿克曼自身表述出來的「他者結構」有利於更加「整全」地理解阿克曼的政治憲法理論。

2.1 一元民主制

在《奠基》第一章中，阿克曼將一元民主制確立為首要的對話對象。他列出了一長串的美國現代學派的學術精英，包括伍德羅·威爾遜（Thomas Woodrow Wilson）、詹姆斯·泰爾（James Thayer）、查理斯·比爾德（Charles Beard）、霍姆斯、羅伯特·傑克森（Robert Jackson）、亞歷山大·比克爾和約翰·哈特·伊利，以及許多無法一一具名列出的學者。阿克曼認為儘管這些學者之間的具體觀點並不完全一致，但在一元民主制這一點上高度一致，即「民主要求授予最近

一次大選的勝出者以全面的立法權威——只要這次選舉是建立在自由公平的原則基礎之上的，而且勝出者沒有試圖妨礙下一輪選舉對他的挑戰。」[25] 實際上，一元民主制反映的正是現代代議制發展的完備形式，即直接意義上的民主僅僅限於投票產生統治者，解決「誰來統治」的問題，而「如何統治」則完全由當選的統治者負責。阿克曼列舉的主要是美國現代學派中的憲法學者，實際上熊彼特的精英民主論對此有着更為細緻的論述。[26] 法國思想家貢斯當在其著名的論文〈古代人的自由與現代人的自由之比較〉中，曾對現代人的「私性」存在予以精當的歷史社會學和政治哲學的分析，認為「商業」對「戰爭」的替代改變了人的價值觀和社會活動方式。[27]

一元民主制是一種純粹形式的代表制，排除了在兩次常規選舉之間賦予人民以任何制度武器來制約競選獲勝者。阿克曼認為英國憲制代表了一元民主制的典型，在一場程式公正的選舉之後，下議院多數就成為「議會主權」的真實而完全的代表，「人民」本身則與該代議制結構中的權力行為及其關係不再發生程式上的關聯，因為既然「人民」的民主義務只是選舉，那麼其民主權利也將局限於選舉。

在一元民主制的邏輯下，美國的司法審查便只能遭遇「反多數難題」，而比克爾、伊利等人在理論上根本不去質疑一元民主制本身，比如比克爾儘管注意到了「真實的、此時此地的人民」的實在性，但

---

25. 〔美〕阿克曼（Bruce Arnold Ackerman），汪慶華（譯）（2005）。〈二元民主制〉，《法大評論》第四卷。北京：中國政法大學出版社。296頁。

26. 參見〔奧〕熊彼特（Joseph Alois Schumpeter），吳良健（譯）（1999）。《資本主義、社會主義與民主》。北京：商務印書館。395–400頁。

27. 參見貢斯當，李強（譯）。〈古代人的自由與現代人的自由之比較〉。載〔法〕貢斯當（Benjamin Constant），閻克文、劉滿貴（譯）（1999），《古代人的自由與現代人的自由》。北京：商務印書館。另可見楊利敏（2011）。〈一種關於憲法自由的社會理論——《古代人的自由與現代人的自由之比較》導讀〉。載高全喜主編。《大觀》。北京：法律出版社。第六卷。

此種人民的政治存在的意義也只能在一元民主制下獲得理解，而司法審查所面對的不過是這種人民所選舉出來的代表而非「人民自己」。所以，阿克曼認為他們的解決進路就只是在調和「司法審查」與「一元民主制的前提」，因而並未尋找到真正的出路。阿克曼認為二元民主制的主要目標就是打破「民主＝議會至上」這樣的英國法教條，尋找作為正當性終極權威的「人民」可以作用於其中的「政治正當程式」。如果「人民」能夠以某種程式和形式對政治家的立法提議予以審議和確認，則司法審查守護「人民意志」就可以獲得「真實的、此時此地的人民」的認可，從而即使司法審查的結論違背了國會法律也不一定就是「反多數」的，因為「多數」作為一種有效的政治存在在「高級立法」程式中清楚地表明了當下的實在意志。

當然，阿克曼認為一元民主制本身無法解決這一問題，因為在一元民主制那裏，在兩次選舉之間，「人民」是虛化的，是不可能以任何程式和形式來確認和制約當選者的立法行為的。二元民主制則希望通過對「我們人民的意志」和「我們政治家的行為」的區分來使得「人民」在兩次選舉之間也是實在化的。在人民保留最終確認權的「政治正當程式」中，人民的代表並不是人民意志一勞永逸的完全代表，最高法院的司法審查因此可以成為具有維護者（preservationist）功能的制度，逼迫當選者在意圖改變先前的高級法原則時必須通過高級立法而非常規立法程式的檢驗。

顯然，一元民主制是借用自歐洲尤其是英國的概念和框架，阿克曼通過彰顯這一框架對於解釋和解決美國憲法自身的「反多數難題」上的局限性來表明必須根據美國憲政經驗本身發展出一種超越一元民主制的理論框架，通過請回「人民」的方式發展出一種「政治正當程式」，將美國憲法學的視野從司法過程和常規立法過程轉移到人民具有實在性的高級立法過程。

　　阿克曼的觀察包含了對美國憲法優於英國憲法的深刻自信。確如
阿克曼的這種對話意識的潛在指向，英國憲法中因為缺乏成文憲法的
形式邏輯和高級立法的正當程式，甚至還沒有發展出「名正言順」
的司法審查制度，而只能採取一種所謂的「柔性司法審查」，即使
1998年的《人權法案》和2010年最高法院的改革也尚未完成其憲政
轉型的目標。

2.2　權利本質主義

　　阿克曼在以英國憲制為靶子盡數呈現一元民主制的理論局限性之
後，又將批評的矛頭轉向了權利本質主義。阿克曼認為權利本質主義
者儘管所擁抱的具體權利性質有所差異，但存在理論上的共識：「美
國憲法首先及最主要涉及的是對權利的保護」，而無論何種權利構
成了基本權利。這是一種與一元民主制本身也存在重要差異的理論立
場，阿克曼認為他們的思想資源更加具有歐陸色彩：康德（通過羅爾
斯〔John Rawls〕）和洛克（通過諾齊克〔Robert Nozick〕）。

　　阿克曼將權利本質主義的代表，推歸德國現代憲制不是無道理
的。在希特勒以所謂民主的名義實施的暴政終結之後，1949年的德
國基本法對於權利本質主義予以了最為明確的宣告與執行：（1）人
的尊嚴作為基本法的價值核心（第1條第1款）；（2）人權作為普適
價值（第1條第2款）；（3）基本權利作為直接有效的法律，拘束立
法、行政和司法權力（第1條第3款）；（4）第1條和第20條為不可
修改的條款（第79條第3款）。「基本權利高於立法」是權利本質主
義的信條，在此信條之下，司法審查就具有了最為堅實的倫理性而不
僅僅是「理性」或「功能性」的基礎。加之德國基本法明確規定了憲
法法院的違憲審查權，故在德國憲法學中不存在困擾美國數個世紀的

「反多數難題」。與德國相比，「反多數難題」倒成了美國特色的憲法問題，當然，這也可以正好構成了阿克曼建構美國特色的憲法理論的學術理據。

正因為「反多數難題」是美國的地方性問題，所以阿克曼認為從理論上遠溯至康德和洛克的權利本質主義無法真正消解這一難題，甚至可能加深「民主」與「權利」之間的規範性衝突。阿克曼細緻重構了「一元民主制」和「權利本質主義」對「民主」和「權利」各執一端的辯論場景，[28] 從而為二元民主論的出場佈置了絕妙的理論舞台——「因此，對於那些認為一元論者和權利本質主義者各有部分真理的人來說，二元論更深刻地調和了民主和權利」。[29]

2.3 柏克式的歷史主義

如果說一元民主制和權利本質主義都是一種借助歐洲理論範疇而對美國憲法進行的「非歷史理解」的話，阿克曼還必須面對一種同樣源自英國經驗的柏克式的歷史主義，這同樣構成阿克曼自設的「他者結構」的一種要素類型。

阿克曼首先描述了作為普通法傳統的柏克式歷史主義，高度肯定了這一立場所具有的歷史理性價值。阿克曼模仿普通法律師的口吻總結了柏克式歷史主義的憲法觀念：

---

28. 阿克曼將這種辯論場景形象化為司法語境中的原被告的經典對話：「原告堅持認為某項法規違反了他的根本權利，而被告則反駁說，法院應當尊重國會的民主權威。」〔美〕阿克曼（Bruce Arnold Ackerman），汪慶華（譯）（2005）。〈二元民主制〉，《法大評論》第四卷。北京：中國政法大學出版社。303頁。

29. 同上，300頁。

　　具體判決的日積月累比我們最有才華的學者的抽象思考更有智慧。任何具有真正價值的「理論」只能在法官回應具體案件事實的判決書中發現。而甚至於連這些被發現的理論也不能當回事。在不同的時代，不同的法官在不同的案件中運用它們，他們呈現出不同的意涵。那些沉思型的理論家根本不可能理解我們的憲法，因為他們未能夠浸淫於具體案件的歷史實踐，所以他們不可能培養出明智的憲政發展所必需的審慎的治國術。[30]

　　阿克曼本人可能就是普通法律師所指稱的「沉思型的理論家」，但阿克曼肯定自信於自己對美國憲政實踐和治國術的嫻熟。所以，他立刻指出了普通法律師們的共同盲點，即嚴重忽視了「憲法政治」（constitutional politics），對該種政治具有法律精英主義者慣有的誤解、歧視和貶低，而沒有看到這是「領導者和群眾在民主框架內深層次的對話」，是「我們國家憲法的最偉大成就」。[31]

　　柏克式的歷史主義是一種普通法憲政主義，主張普通法傳統下的適應性變遷，而不是阿克曼在「憲法政治」中觀察到並予以正當化的革命性變遷，這也構成了柏克保守主義的深刻內涵。

　　當然，阿克曼對於普通法憲政主義顯然是不滿意的，認為其無法涵蓋美國的「憲法政治」的獨特經驗，因為不是他願意接受的那樣一種歷史主義的理解。

---

30. 同上，304–305頁。

31. 同上，305頁，汪慶華博士在此處將 "constitutional politics" 譯成「憲法政治學」顯然不妥。阿克曼在這裏討論的不是普通法律師對一種學說形式的誤解，而是對一種政治類型的誤解，故更合理的翻譯應該是「憲法政治」。

二、政治正當程式：阿克曼的二元民主論

阿克曼的學術歷程受到1960年代以來比克爾「反多數難題」及其學術討論氛圍的直接影響。阿克曼的二元民主論的核心問題意識既來自於美國憲法學內部的論辯結構，也來自於阿克曼頗具民族主義動機的憲法理論創新意圖。確實，僅僅梳理阿克曼所在的美國憲法學的內部學術背景不足以理解阿克曼的完整理論意圖。在強烈的「去歐洲化」的理論意圖之下，阿克曼基於對美國200多年憲政歷程的獨特歷史觀察和理論反思，提出了著名的「二元民主論」。這一理論來自於經驗描述，具有經驗性特徵，但阿克曼並沒有將其理論完全建構為一種歷史理論，而是通過對人民主權原則的重新解釋發展出一種具有規範性質的「政治正當程式」理論，這是其「高級立法」概念的核心。下面就對其二元民主論之精義予以闡釋。

1. 阿克曼理論的經驗基礎與經驗性質

阿克曼的二元民主理論是以美國自身的憲政經驗為基礎的。阿克曼的理論增量在於提出了適合於「憲法政治」的、不同於「一元民主」的另一種民主概念，這種民主概念不再單純依賴精英，而是一種精英動員下的人民參與的民主。阿克曼分別以建國時期、重建時期和新政時期作為其第二種民主概念的經驗原型。

在《奠基》第一章中，阿克曼簡要定義了「二元民主」的基本內涵：

> 最重要的是，二元憲法尋求區分民主制下作出的兩種截然不同的決定。第一種決定是由美國人民作出的；而第二種決定是由他們的政府作出的。[32]

---

32. 〔美〕阿克曼（Bruce Arnold Ackerman），汪慶華（譯）（2005）。〈二元民主制〉，《法大評論》第四卷。北京：中國政法大學出版社。294頁。

　　顯然，「一元民主制」假定所有的政治決定都是政府作出的，人民的選舉不過是選擇誰來作出決定而已。一元民主制無法對阿克曼所指出的三個時期的憲法變遷作出有效解釋。阿克曼所指出的三個時期具有共同的特徵，即憲法變遷並不是通過原憲法規定的修憲程式進行的，存在三次所謂的形式違憲：（1）建國時期，聯邦黨人推動的費城制憲及其批准程式違反了《邦聯條例》關於憲法修正的程式規定；（2）重建時期，第14修正案的通過不符合憲法的民主原則及第五條規定的修憲程式；（3）新政時期：一系列的新政立法改變了美國的憲法結構，但並未尋求常規的高級立法（修憲）程式。這些作為例外狀態而產生的高級立法最終都獲得了「人民」的認可，因而具有了確認（追認）的效果。阿克曼在行文中反覆提及憲法第五條，並解釋為這一條並不排除其他形式的修憲程式的存在。這種規則解釋在法教義學上顯然是荒謬的，但如果注意到憲法不僅僅是規則，還是原則，而且人民主權本身可以提升因程式瑕疵而出現的合法性衰減狀態，則阿克曼的理論解釋還是有一定說服力的。

　　阿克曼的二元民主理論是以歷史為基礎的，具有顯著的經驗性質。汪慶華博士認為阿克曼的理論貢獻「更多的在於事後解釋，而不在於事先預測」。[33] 筆者不完全同意這樣一種觀點。阿克曼理論儘管存在明顯的經驗性質，而且第二卷《轉型》也提供了阿克曼關於美國憲法歷史的相對完整的考察。而且，就思維過程而言，阿克曼也很可能是先完整追蹤了美國憲法史，然後再提出了具有規範屬性的二元民主論，顯示出明顯的歸納法色彩。這是理論工作的實際過程，然而這樣的科學工作程式並不妨礙阿克曼理論的規範屬性。應該這樣來理解阿克曼的理論：（1）阿克曼通過經驗方法發現了不為常規理論重視

---

33. 參見汪慶華（2005）。〈憲法與人民——從布魯斯·阿克曼《我們人民：奠基》談起〉，《政法論壇》。6期。

的美國憲法的「政治正當程式」，即人民參與的「高級立法」程式；
（2）阿克曼通過對人民主權原則的不同於「一元民主論」的解釋賦
予了這樣一種「政治正當程式」以規範性與合法性；（3）這一「政
治正當程式」可以用來評價和預測美國憲法變革的未來狀況。

　　阿克曼二元民主論的規範屬性的根基在於「我們人民」內在於美
國憲法，是美國憲法的根本原則，是賦予憲法變革以高級法屬性的最
終規範基礎。

2. 「政治正當程式」的程式性

　　在阿克曼的歷史考察中，那些形式違憲的高級法創制行為何以謂
之「高級」？阿克曼給出了確認高級性的程式特徵。在第一卷《奠
基》和第二卷《轉型》中，這種程式具有不同的歸納與表述，但其核
心要素相對一致。

　　在第一卷《奠基》第一章中，緊跟着對「二元民主」的簡要定
義之後，阿克曼給出了高級立法的「三階段論」，大致對應於所謂
的「建國時期」：（1）憲政變革的倡議者說服人民以平常少有的政
治嚴肅性對待相關提議；（2）允許反對者有組織自己力量的公平機
會；（3）在人民參與的審議論壇（deliberative fora）上說服多數人予
以支持。[34] 這裏提出的程式三階段還相對粗糙，但作為憲法變革的
「政治正當程式」，其程式的正當性已經突顯出來，這從其程式的關
鍵字即可判斷出來——「說服」、「政治嚴肅性」、反對者的「公平
機會」及「審議」。顯然，如果一次形式違憲的憲法變革缺乏人民的
嚴肅對待和有效參與，缺乏反對者的公平組織與對抗，缺乏理性上的

---

34. 參見〔美〕阿克曼（Bruce Arnold Ackerman），汪慶華（譯）（2005）。《二元民主制》，
　　《法大評論》第四卷。北京：中國政法大學出版社。294–295頁。

審議過程，則不具有「正當性」，而歸於法律上的違憲和政治上的專制，肯定無法通過阿克曼理論的測試。

在第一卷《奠基》的第十一章「高級立法」中，阿克曼又提出了高級立法的更具有制度化特徵的「四階段論」：（1）發出信號（signaling），確立議題，贏得人民之深刻而廣泛的支持，從而突破「常規政治」下相對封閉的多元主義政治競爭程式；（2）提出具體的憲法變革建議（proposal），形成議案，這是對上述得到人民回應的議題的具體化；（3）動員起來的人民審議（mobilized popular deliberation），這是改革者與人民進行深層次對話的過程；（4）法典確認（codification），以司法屈從並承認高級立法成果為標誌。[35] 阿克曼在提出這一「四階段論」的過程中經常以新政為例加以說明。從四階段來看，上述三階段中的人民參與和審議的正當性要素得以繼承。

在第二卷《轉型》第一章中，阿克曼根據重建時期的高級立法經驗總結出了「五階段論」：（1）憲法政治鬥爭的僵局；（2）通過選舉獲得人民授權；（3）對持不同政見的機構實施非常規的威脅；（4）持不同政見機構的及時轉向；（5）鞏固憲法改革的選舉。[36]

總體而言，阿克曼在高級立法階段論上的標準不一，顯示了其開展理論建構時過分強烈的經驗主義傾向和依賴。這種對最具理論創新價值的「政治正當程式」的程式性表達上的不確定性，導致其理論並未克服他本人業已意識到的一個危機，即：「然而，只要高級立法保持神秘性，我們就還距離我們的目標很遠」。[37] 也許阿克曼是有意通

---

35. Bruce Ackerman (1999). *We the People: Foundations*. Cambridge, Mass: Harvard University Press. pp. 266–269.

36. 參見〔美〕阿克曼（Bruce Arnold Ackerman），孫文愷（譯）（2009）。《我們人民：憲法的變革》（修訂版）。北京：法律出版社，22頁。

37. Bruce Ackerman (1999). *We the People: Foundations*. Cambridge, Mass: Harvard University Press. p. 266.

過對高級立法程式的過分經驗化的表達以達到如下兩個目的：（1）去神秘化，表明這一過程的可觀察性和可理論化；（2）如實表明歸納高級立法確認標準上的實際困難，暗示對一次高級立法的確認需要採取「個案」形式，而尚未提出一種科學簡明的程式指標。在筆者看來，這可能正是阿克曼試圖在非常政治與日常政治之間建構「憲法政治」在理論上的本質規定性所在：如果「政治正當程式」達到了「法律正當程式」的簡明化標準，那麼所謂的「憲法政治」也就成為一種特殊的「日常政治」了。這樣一種理論上的不完全性或階段性自然給阿克曼招來了諸多的質疑和批評，比如蘭德里（Thomas Landry）認為阿克曼的確認標準是武斷的，甚至即使根據這樣的武斷標準，新政立法也不屬於高級立法。[38]

儘管阿克曼在高級立法的程式性理論上存在瑕疵，但其多種歸納法仍然展現了這一有別於「法律正當程式」的「政治正當程式」的規範性要素，筆者試着予以綜合總結：

1. 人民參與：政治精英集團（國會或總統）作為憲法變革的提議者，在議題和議案階段訴諸「人民」而非「常規政治」中的多元主義精英集團，顯示出「人民自己」對重大憲法改革的程式上的參與性和意志上的決斷性。

2. 理性審議：允許反對者發出聲音，動員人民積極審議，這是與民粹主義的顯明區別。

3. 法典確認、二次選舉與司法審查的三重認可程式：高級立法的結果需要形式上的「法典確認」，即以憲法修正案或國會法律的形式固定下來，但這些法典之正當性根源於前面的「人民參與」和「理性審議」，而並不來源於各州的積極批

---

38. Thomas K. Landry (1992). "Ackermania!: Who Are We the People?" 47 *U.Miami L. Rev.* 273–281.

准及法院最終的司法屈從。相反，正是因為改革倡議者和
「我們人民」的深度對話賦予了高級立法以實質合法性，並
迫使各州和最高法院予以被動的承認，這種「法典確認」過
程可能存在反覆，呈現出實在的「人民意志」與各州或法院
保守意志的反覆博弈。緊鄰「法典確認」的二次選舉作為本
次高級立法程式終結的最後標誌，此時之人民投票的憲法內
涵已經被大大拓寬，不僅僅是選擇誰來統治，而且包含了最
終確認當選者必須以新的高級法來統治的實體內涵。在《奠
基》第六章中，阿克曼將司法審查作為「鞏固」憲法政治之
高級法成果的一種制度機制，即一種「維護者」的機制。

4. 阿克曼在設計高級立法程式時具有非常清晰的法律思維和程
式理性，注意充分調動「常規政治」下的憲法機構參與這一
高級立法過程，並通過「三重許可程式」來鞏固和終結高級
立法，和平轉入新的「常規政治」時期，從而保持了美國憲
政的連續性和法治理性。

3. 何種政治？

阿克曼在二元民主理論中提出了一個重要的政治憲法學概念，
即「憲法政治」（constitutional politics），這是一個與「常規政治」
（normal politics）相對應的概念。

「憲法政治」是一種什麼樣的政治呢？首先，它肯定不是「常規
政治」，這是阿克曼的分類法中顯然的區別。它是不是一種「非常政
治」呢？是不是一種革命與制憲權意義上的政治呢？阿克曼斷然否定
了這一點。

阿克曼否定了制憲權理論對高級立法的解釋效力。阿克曼在第二
卷《轉型》第一章中簡要地概述了制憲權理論，即「在這裏，法律

逐漸淡出而純粹的政治（或戰爭）登上了舞台：如果經過一系列革命後成功地制訂了新憲法，他們作出的有違常規的舉措或許是無關緊要的；反之，他們的行為將受到譴責」。[39] 阿克曼在此處還專門通過一個註腳表明了該種「成王敗寇」式的制憲權理論與施米特之間的聯繫，認為施米特沿着這一理論前進並最終成為了納粹法學的主要代言人之一。[40] 然後，阿克曼話鋒一轉，指出了美國的高級立法與制憲權理論的差異，即「如此簡要的論述顯然不能概括美國歷史的主要特徵」。[41] 阿克曼通過區分兩種不同程度的違憲形式來證明美國的高級立法不是制憲權的運用，不是通常意義上的革命：一種是美國式的對具體憲法規則的違反，另一種是蘇俄革命式的對整個憲法體制的違反。作為對美國憲政體制的根本維護，阿克曼模仿「麥迪森—賓格漢姆—羅斯福」的口吻表達了美國的高級立法的體制內性質：

> 坦率地說，我們並沒有按照舊有的原則與規則行事，但我們的所作所為仍然是恰如其分的。在法律規定的範圍內進行的一系列頗為艱辛的選舉鬥爭中，我們一次又一次地擊敗了對手。當然，根據既存的修憲程式，這些一次又一次的勝利並不能構成正規的憲法修正案。但是，沒有大多數被動員起來的美國人民的審慎支持，我們就不可能在選舉中獲得一個又一個的勝利。因此可以肯定的是，我們在制度上和選舉中所獲得的一系列勝利使我們獲得了人民授權，這種授權又足以使我們有構建一部新憲法的權威。強行按照舊的修憲程式列事，只能使少數人運用已喪失其潛在功能的法制主義口號窒息人民的呼聲。[42]

---

39. 〔美〕阿克曼（Bruce Arnold Ackerman），孫文愷（譯）（2009）。《我們人民：憲法的變革》（修訂版）。北京：法律出版社。12頁。

40. 同上，註1。

41. 同上，12頁。

42. 同上，13頁。

顯然，這種「政治家—立法者」的視角正是阿克曼二元民主理論的所謂「整全主義」視角，其中包含着阿克曼對「高級立法」予以正名的基本規範要素，但又區別於革命和制憲權意義上的非常政治。它的理性結構不是「暴力革命—決斷」，而是「憲法倡議—審議—人民認可」。阿克曼在《奠基》第三章所使用的標題「一部憲法，三種政體」頗能說明這種「高級立法」的特殊性質，即「憲法」作為共和國的根基一以貫之，但「政體」卻不斷在改變自身的實體原則。阿克曼要追問的是，在憲法變遷中，什麼是永恆不變的？什麼是可以由人民進行自由選擇的？顯然，「一部憲法」説明了「我們人民」在高級立法中的非革命性質，「人民」對「憲法」之根本原則並無明確顛覆之意志，但「三種政體」表明「我們人民」參與塑造和改變了「人民」所追求之幸福生活的具體原則與制度結構。「高級立法」在憲法之內的「變」與「不變」之間以改革者和人民的深度對話的方式完成了對美國憲法的根本體制的維護與更新。

這樣看來，「憲法政治」是介於「非常政治」和「日常政治」之間的一種獨特的轉型政治或改革政治，是一種理性而有序的政治參與，創造性地化解了「一元民主論」者和「權利本質主義」者在重大憲法問題上的規範性爭議，推動了美國憲法的時代變遷。

4.　何種人民？

當然，阿克曼的二元民主理論也需要規範基礎，這一基礎就是他自己試圖調和自由主義和共和主義兩種立場而提出的「自由共和主義」（liberal republicanism），以及與之相對應的「人民」的個體原型「私人公民」（private citizen）。

阿克曼在《奠基》第一章中比較分析了「自由主義」和「共和主義」兩種主流思潮，分別以路易士·哈茨（Louis Hartz）和約翰·波科

政治憲法的中國之道

克（John Pocock）為代表。哈茨的「自由主義」認為美國是「洛克式合意」的國度，推崇自然權利，淡化政治，對權力保持高度戒備，追求小政府下的個人自由。[43] 波科克的「共和主義」則提供了認知聯邦黨人行為意義的非洛克式的知識框架：古典共和主義在義大利和英國的復興與轉型。阿克曼認為波科克的共和主義框架對於認知二元民主論，有着重要的理論支援作用，但他也面對着這樣的思想現實，即：「共和主義的幽靈已經飄離了美國人生活的中心，現在是自由主義霸權的時代」。[44]

阿克曼寫作的年代正是美國政治哲學界「共和主義復興」的重要時期。不過，阿克曼無法在這兩種立場中進行任何一種簡單化的非此即彼的選擇，他要作的並不是對現有選項的選擇，而是進行理論的綜合，即追求某種規範立場上的「合題」。於是，他提出一種所謂的「自由公民主義」和「自由公民性」（liberal citizenry）。

阿克曼既無法否認個體自由已經成為人的現代規定性，也無法迴避公民身份的古典淵源和現代價值。於是，他為二元民主論的適用主體「人民」造出了一種頗具辯證性的個體原型，即「私人公民」。這個概念很容易進行分解，因為它幾乎只是一種簡單的屬性加合，儘管這種結果並不是阿克曼本人所滿意的。在筆者看來，「私人公民」顯然是阿克曼設定的每個人身上的兩種身份屬性：（1）私人性：人的現代規定性，個人作為自給自足的道德主體，推崇自由權利和個體自由，對國家權力保持最嚴格的防範與戒備，關注於個體領域甚於公共領域，對商業與享樂的偏好優於對政治和公共責任的擔當；（2）公

---

43. 〔美〕阿克曼（Bruce Arnold Ackerman），汪慶華（譯）（2005）。〈二元民主制〉，《法大評論》第四卷。北京：中國政法大學出版社。311頁。

44. 同上，314頁。

民性：人的古典規定性，個人作為「城邦—民族國家」的動物，受到共同體和公民同胞的影響與塑造，並對政治和公共責任保持着意義的理解和行動的參與，對公民身份具有高度自覺，是富有德性的政治公民。聯繫阿克曼關於「常規政治」和「憲法政治」的二分法，顯然可以看出個體的「私人性」適合於「常規政治」，個體的「公民性」適合於「憲法政治」。就分類的簡明性和理論邏輯的內部對應性而言，阿克曼做得很精緻，但問題是在「常規政治」中自私自利、缺乏德性和公共行動能力訓練的個體，如何在「憲法政治」中一躍成為富有德性、高度自覺的政治公民。在同一個人身上，難道「公我」和「私我」是分別儲存而互不影響的？能夠因為政治情勢的變化而靈活調取？難道「常規政治」中「私我」的長期放大，不會擠佔「公我」的價值空間、甚至導致「公我」行動機能的根本喪失？這樣一種質問同樣可以適用於對共和主義的各種路數的質疑。實際上，正是因為「承平日久」，滋生惰性，明智的理論家有理由擔心私性十足的個體一旦被普遍釋放到「憲法政治」之中承擔起參與的重責，因普遍缺乏公民德性和公共倫理，可能會導致暴民政治。對此，阿克曼似乎有所察覺並作出了簡要的回答，認為此種危險可以控制──「首先，在日常生活中大範圍培養民眾的公民技藝，從市政廳到校董會直到童子軍；其次，通過研究各種辦法，使得憲政結構得以鼓勵轉型運動，並把民眾的能量導向與大多數美國人的有效對話。」阿克曼的回答還是頗為精彩的，其要點在於：（1）必須重視「常規政治」中對公民的日常化的政治訓練，其形式可以是美國社會既存的各種類型的「公民技藝」傳統，要保持美國公民的家常作業，這實際上屬於公民教育的範疇，能夠為「憲法政治」對公民德性的需求提供一種日常化的儲備和基礎，從而溝通了兩種政治和兩種個體身份屬性；（2）對「憲法政治」的制度與程式進行理性化的設計，合理引導民眾能量，促進有效和負責任的對話。

政治憲法的中國之道

　　可見，阿克曼的二元民主論的規範基礎就在於「自由共和主義」和「自由公民性」。如果我們以更加整全的視角觀察美國社會，就會發現在「常規政治」迷霧之下還隱藏着另外一個美國，一個保持着「常規政治」下的民主訓練的日常功夫和「憲法政治」下的參與能力的美國，而不完全是自由主義或實用主義刻劃下的美國。阿克曼是自信和樂觀的，因為他相信這樣的另外一個美國不僅具有偉大的憲法轉型歷史成就，而且具有重新發揚的可能性。對於美國真正的政治家和積極公民而言，阿克曼是他們理論上的知音。

5. 二元民主論中的司法審查：代際綜合的維護者

　　值得補充說明的是，儘管阿克曼所講述的是「法院之外的憲法」故事，但這並不表示他對於「法院之內的憲法」故事缺乏了解和理解。

　　在《奠基》第六章「解釋的可能性」中，阿克曼對美國的司法審查的作用進行了評估和定位。[45] 阿克曼重點討論了沃倫法院時期的兩個經典案例，即布朗案和格里斯沃爾德案，前者涉及種族平等權，後者涉及隱私權和性自由權。阿克曼將最高法院在這兩個案件中的憲法裁決假定為「憲法政治」的倡議行為，並將之與重建時期的國會及新政時期的總統的憲法作用進行比較。結果表明法院的裁決並不構成阿克曼意義上的「憲法政治」，而只是對於既往發生的「憲法政治」的一種代際綜合式的解釋（synthetic interpretation），其憲法功能在於「鞏固」（consolidating）我們人民參與「憲法政治」

---

45. Bruce Ackerman (1999). *We the People: Foundations.* Cambridge, Mass: Harvard University Press. pp.131–162.

的高級法成果，防止新當選的政治家通過「常規政治」侵蝕這些成果。阿克曼將沃倫法院時期的這兩個案件與重建時期的「屠宰場系列案」（Slaughterhouse cases），以及新政時期的「卡羅林產品案」（Carolene Products）並列，認為法院的代際綜合與鞏固的憲法角色具有歷史的一貫性，構成了一種美國司法審查的自覺傳統。因此，阿克曼並不是反對司法審查，而是反對「司法至上」和單純運用司法觀點解釋美國憲法的變遷，他認為司法的恰當角色不是充當「憲法政治」的旗手，而是作為「憲法政治」成果的鞏固者，成為阿克曼所謂的「維護者」（preservationist）機制。

三、結語：不過是一種智力遊戲的開始

阿克曼的政治憲法理論內涵極其豐富，其作品還在不斷的生產之中。國內學界正在以更為虔敬的學術態度重新組織對阿克曼政治憲法理論作品的系統翻譯。[46] 在某種意義上，阿克曼與圖什內特一道致力於打破美國憲法學「職業主義敘事」的神話，[47] 對美國憲政進行「真相」還原，尋找並守護美國憲法真正的動力要素和價值內核。美國憲法學中的政治憲法理論的引入有利於打破中國憲法學界對美國憲法及美國憲法學的某種單調化的「想像的異邦」，通過呈現真實而正確理解的異邦故事來為中國憲法學的學術成熟和中國憲政的順利轉型提供有益的參照。本文的努力只是一個竭力進行的思想索引，不可能完備，也不可能窮盡，但它似乎可以強化一種理解美國憲政的新的維

---

46. 比如田雷副教授在中國政法大學出版社組織翻譯的《阿克曼文集》。

47. 圖什內特是美國「人民憲政論」譜系的重要代表。對國內法學界影響較大的是〔美〕馬克・圖什內特（Mark Tushnet），楊智傑（譯）（2009）。《讓憲法遠離法院》。北京：法律出版社。近來較為重要的作品是〔美〕馬克・圖什內特（Mark Tushnet），田飛龍（譯）（2012）。《憲法為何重要》。北京：中國政法大學出版社。

度，這一維度曾經因為我們對自身「政治」經驗的「受害者情結」而被簡單地拋棄了。

當我們今天習慣性地通過「法律正當程式」來吸納「革命」與「政治」時，我們發現規範法學理論無法有效解釋「改革政治」。「改革」到底是什麼？為什麼「改革」甚至具有超越憲法文本的政治合法性？國內已有學者對規範法學的話語體系產生質疑，開始從政治法學的維度解釋改革現象，比如夏勇教授對「改革憲法」的概念化，[48] 以及翟小波教授對改革的根本法屬性的理論探討。[49] 阿克曼的「憲法政治」概念及其理論體系對1949年以來中國憲法變革的解釋力值得挖掘。此外，阿克曼理論在憲法時間觀上的創新意義也值得關注。「憲法政治」如何構成一種介乎「非常政治」與「日常政治」之間的體制內的「轉型政治」，這可能構成對政治哲學理論的必要補充與發展。

憲政永遠是對一個民族政治心智的綜合性挑戰與檢驗，是該民族政治反思與構建能力的最終指標。可以説有什麼樣的政治心智就有什麼樣的憲政體制。對於被動參與世界憲政遊戲的中國而言，在海量的學術移植與學術意識形態的重負之下，如何活潑而清健地以「我」為主，正確識別與理解自身的古典經驗與現代化經驗，正確識別與理解外來的各種遊戲體系，尋找最適合自身的理性方案，這顯然構成學者需要承擔的塑造民族政治心智的重任。以此觀之，對阿克曼政治憲法理論的重新發掘，對被主流憲法學遮蔽與消解的憲法政治維度的張揚，無疑只是一種以「我」為主的智力遊戲的開始。

---

48. 參見夏勇（2003）。〈中國憲法改革的幾個基本理論問題〉，《中國社會科學》。2期。
49. 參見翟小波（2009）。《論我國憲法的實施制度》。北京：中國法制出版社。

中篇 憲制與轉型

CHAPTER
第五章

中國早期立憲中的黨國憲制

政治憲法的中國之道

　　2012年是中華民國（「一中各表」的民國版）建國100周年，同時也是中華人民共和國（「一中各表」的新中國版）最為穩定的一部憲法八二憲法30周年，二者均構成中國現代立憲史的重大事件。1912年和1982年前後相跨70年，其間國共兩黨在複雜的世界歷史與國內政治變革脈絡中競相展開「以黨建國」的特殊主義（與歐美主流的民主憲政建國路徑相對）的現代國家建構事業。1912年民國法統所秉承的最初的《臨時約法》與1949年的《共同綱領》都具有臨時憲法性質，二者在精神理路上更加接近共和主流，但卻遭遇到同樣的命運，即不能適應救亡圖存和富國強兵的整體價值訴求，也不能有效吸納、安頓和轉化特定階段相關政治勢力的競爭意識和權力訴求，而只能在經歷不同的革命與政治劇變之後，為更具威權主義和激進主義色彩的1931年《中華民國訓政時期約法》和1954年《中華人民共和國憲法》所取代。在整體生存與富強的壓力之下，革命激進主義逐漸在價值與實踐上超脫了共和憲政內蘊的妥協、節制與理性的美德，而一力求新，在政治上導致威權主義，從而為國共兩黨在憲法上的成熟轉型提供了從理論到制度的一系列疑難和困局。而1982憲法在某種意義上確實是對1954憲法而非1949共同綱領的回歸，其威權主義政治遺產並未消遁，儘管其有着相對鮮明的改革創新精神和政治開放結構。[1]

---

1. 比如八二憲法的四個修正案在某種意義上就構成了一種「新憲法精神」，其所接續的可能就不僅僅是五四憲法，還可遠溯至近代共和立憲主脈。參見高全喜、田飛龍（2012）。〈八二憲法與現代中國憲政的演進〉，《二十一世紀》（香港）。6月號。

　　國共兩黨在共和建國的立國思想上確實有着諸多共性，比如1931年約法和1954年憲法（包括作為其升級版的1982憲法）中都明確配置着一個「政黨國家」（party state）的憲制內核，這一內核構成國共兩黨各自憲政轉型脈絡中需要加以嚴肅對待的根本問題，也是外部性的公民權利運動與司法改革等訴求需要嚴肅思量的一種憲法上有效的政治存在。這一內核構成了中國現代立憲史上若干憲法文本中的「政治憲法結構」的奠基性原則，是中國現代政治與憲法思想中最具外源性和實踐上的徹底性的政治現代性原則。中國憲法中的這一「政治憲法結構」並不具有直接的中國古典政治根源，也不是西方主流的自由民主制的演化，而是來自於中國近現代「救亡圖存」背景下諸種政治思想模式之競爭和中國人民以「革命建國」為主線的政治成熟過程。根據國共黨史的主流論述，國共兩黨的「革命黨」建構均受到列寧主義的深刻影響，共同接受了黨國體制的基本原則，由此展開以反帝反封建為基本目標的國民大革命，其結果是國共分裂和國民黨完成國家統一與黨國體制的憲法建構。然而，雖然同受列寧主義影響，但兩黨之憲政規劃存在結構性差異：國民黨之接受「黨國體制」僅僅限於孫中山「憲政三階段」之「訓政」階段，具有手段性和階段性定位，在人民通過地方自治達到政治成熟之後以「憲政」的形式還政於民，最終成就制度化的「人民主權」，回歸自由民主的世界主流；共產黨之接受「黨國體制」則以相對系統完整的列寧主義教義為基礎，根本目標在於共產主義而非憲政，後隨着列寧版的馬克思主義的中國化和改革開放以來的常態政治建構，特別是通過以憲法修正案形式確認社會主義初級階段之長期化性質之後，人民主權和憲政國家也成為這一長期階段在政治結構上應予實現的根本價值，其結構性難題在於如何以人民主權之根本規範來解釋和轉化中國憲法上的「政治憲法結構」。概言之，國共兩黨在20世紀上半葉共同選擇的「黨國體

制」，是中國人民經由傳統王朝政治向現代法理政治轉型過程中的一種理性選擇，其背後纏繞的是政治變遷的歷史理性邏輯和憲政轉型的「先進性」命題。所謂的國家構建，就是指中國人民如何以權利為基礎「政治地」（politically）組織起來，成為富有德性和理性的、成熟的、制度化的「人民」。

進一步觀察國共兩黨的差異有利於理解二者之憲政轉型在理論與政治條件上的差異性。國民黨的主導立國思想尊奉三民主義，這是一種以民族國家為政治最大範圍的現代性政治理論，而共產黨的普世主義和國際主義維度在核心教義上優先於其民族國家建構目標。因此，前者之憲政轉型在政治教義上的規範性障礙較少，而後者之憲政轉型在政治教義上的規範性障礙非常嚴格，甚至可以説至今未能獲得有效的理論清理與改造。不過，1982憲法以1978年的十一屆三中全會的政治總決斷為前提，開啟的是一個面向常態、融入歐美主流世界的歷史進程，其在改革時代主要的理論創新（比如社會主義初級階段長期化理論，四個憲法修正案中包含的規範性的憲政理論、三個代表理論、和諧社會理論，以及科學發展觀理論等）是在馬克思主義中國化（民族化）的方向上更加完全與徹底的進展。其所汲取的主要理論資源已經不是馬克思主義的原旨，而是中國古典政治哲學和西方主流政治理論，這使得經歷改革30年之後，當代中國更加具有中國文明屬性和世界主流屬性.其在「古今」和「中西」兩個歷史哲學維度上的思想性調適和制度性改革，構成中國「大國崛起」的基本經驗。從大歷史的脈絡來看，馬克思主義中國化本身並非馬克思主義理論的直接教誨，也非列寧主義實踐模式的簡單啟發，而是中國政治文化精英面對現代性衝擊而提出的「師夷長技以制夷」的洋務運動思想的一次長距離、複雜時空條件下的創造性發揮；只是所謂的「長技」既非洋務運動初期的「器物」，亦非戊戌變法中的「制度」，同時也不是五四運動中所選擇的與西方主流之同質性相對更高的「文化」，而是對西方

主流具有對抗性質的、內蘊信仰因素的「主義」。以「主義」作為武器，既是抗擊外侮、維護主權的動員依據，也是斬斷舊文化、內部改造的政治綱領。「主義」之理想性與純粹性必然導致實踐上的嚴酷性與激進性，這是今日中國憲政轉型的宏闊歷史背景。然而，改革史已經證明、並將進一步證明，中國如欲進一步崛起為「負責任大國」和自我定義的文明國家，就必須進一步深度調用中國古典和西方主流文明因素，以世界眼光重估中國現代史、憲制結構及其歷史合理性。因此，與國民黨在台灣的成功憲政轉型相比，大陸儘管遭遇嚴格的規範性障礙，但其理論創新與制度變革的活力依然生機勃勃，其憲政運籌仍有較大的思慮與實踐空間。

不過，大陸之憲政轉型畢竟還處於巨大的不確定性之中，還需要在政治教義和憲法制度兩個層面進行理性運思。作為大陸青年憲政研究者，筆者認為民國憲政史、尤其是孫中山的憲政實踐學說，對於理解中國憲法中的「政治憲法結構」（其核心為政黨國家結構）的生成及其轉型機理具有重要的理論意義。因此，作為更好理解1982憲法的一個背景性因素，筆者擬在本文中對孫中山的「憲政階段論」（軍政、訓政、憲政）予以歷史和思想脈絡的考察和分析，並對作為國民黨憲政轉型制度性機制的「舊政協」的憲法意義予以剖析。民國憲政之法統在台灣結出碩果，與孫中山這一輩革命者在思想與制度上的殫精竭慮與勉力實踐直接相關。而且台灣憲政作為中華民國法統的一種餘緒和現代展開，其地方性存在乃是為未來大一統脈絡中的中國憲政之成熟結構，作經驗與價值上的有效儲備，其政治生命必將有效融入中國的憲政主脈之中。港澳已經回歸，兩岸統一成為中國現代憲政演化最為關鍵的收官之作，其規範性理據有二：一是基於中國民族屬性而統一；二是基於憲政共識而統一，這一雙重認同系統乃是中華民族最終的政治成熟的理性寄託。

一、孫中山憲法思想體系：規範論、制度論與實踐論

作為中國民主革命的先驅，孫中山的憲法思想獨具特色。可以說，在晚清的政治思想格局中，代表革命派的孫中山也是比較憲法的重要代表。由於早年投身革命，其海外經歷十分豐富，對歐美憲制之了解與理解儘管未必極其深刻，但大體具有相對周全的知識。由於孫中山是革命家，其對憲法思想之理解與運用通常以實踐為導向，其憲法思想的實踐品格非常突出。

就孫中山的憲法思想體系而言，大體可以分為規範論、制度論和實踐論三個層面。

規範論以「三民主義」為代表，既是國民黨的建黨指導思想，也是建國指導方針。根據歷史學者王奇生的考證，三民主義的思想架構早在1896至1897年間孫中山在倫敦大英博物館圖書館潛心研究時即已初步成形，在1905年同盟會成立之際的《民報》發刊詞中首度提出。[2]「民族」、「民權」、「民生」三位一體。其中「民族」涉及主權獨立與民族解放（這一解放既針對外國列強，也針對滿清政府），接近「民族自決權」的思想，是近代中國遭遇西方列強侵凌背景下政治／文化精英的普遍共識。「民權」則根源於歐美憲政思潮，是孫中山憲法思想的價值內核，但孫中山對「民權」的強調側重於民主權利（積極自由）的面向，包括直接民權和間接民權，與後世學者倡言的基本權利（消極自由）具有重要差異。「民生」既具有西方社會民主主義背景下的「社會權」色彩，更具有濃厚的中國民本政治淵源。申言之，作為孫中山憲法思想之規範論的「三民主義」甚至已經突顯了西方學者在幾十年後才提出的「三代人權」的基本結構。「三

---

2. 參見王奇生（2003）。《黨員、黨權與黨爭：1924–1949年中國國民黨的組織形態》。上海：上海書店出版社。19頁。

民主義」成為國民黨開展憲政建設的基本思想來源和規範基礎。

　　孫中山憲法思想的制度論以「五權憲法」為代表，其中的「立法」、「行政」、「司法」的因素來自西方主流憲法理論，而「考試」和「監察」則具有中國傳統政制特色。三權分立理論成熟於法國政治思想家孟德斯鳩，至康德而獲得形式邏輯上的哲學證明，被解為理性推理過程中的「大前提」、「小前提」和「結論」。[3] 然而，具有形式優美性和理性邏輯基礎的「三權分立」也只是現代國家權力的一種「純粹理性」，屬於基礎性結構，並不意味着特定的政治共同體不可以根據理性治理的功能需要而通過憲法設立常規三權之外的特殊權力，也不意味着傳統政制中的權力不可以通過憲法與該種基礎結構進行關聯和轉化。在康德之後，法國政治思想家貢斯當就基於為法國設計一種理性化的立憲君主制的需要，而提出了重要的「中立性權力」學說，對歐陸違憲審查模式的理論成熟具有重要的啟發意義。孫中山的「五權憲法」體現了西方經典的「三權分立」學說與中國傳統政制因素的某種結合，儘管在理論和實踐上都未必十分嚴密，但這種憲法思考的自主性品格是值得肯定的。

　　嚴格來講，孫中山的「三民主義」和「五權憲法」是關於民國憲政的規範思考。而本文關注的孫中山的憲政階段論（軍政、訓政、憲政）則屬於憲法的實踐理論，是孫中山在民國憲政迭遭挫折的背景下提出的具有明顯的歷史時間邏輯的理論。孫中山的憲政階段論實際上已經包含了國共兩黨共用的「黨國傳統」中的代表制難題，具體表現為訓政過程中黨的領導與人民主權的結構性張力，以及從訓政到憲政的轉型難題。孫中山的「軍政、訓政、憲政」的三階段論是中國20世紀憲法學的重要理論成果。這一分析範疇至今影響着大陸某些重要的

---

3. 參見〔德〕康德（Immanuel Kant），沈叔平（譯）（1991）。《法的形而上學原理——權利的科學》。北京：商務印書館。138–139頁。

公法理論學者，比如對民國憲政史素有研究的許章潤教授近來就運用「訓政」概念來診斷當下的中國憲政狀況，甚至將這一概念進一步細緻化了，相繼提出「中國步入訓政初期」[4] 和「中國須趕緊邁向訓政『中期』」。[5]

縱觀孫中山的憲法思想，其中的「三民主義」和「五權憲法」不可能成為黨國體制的直接規範基礎，唯有憲政階段論與黨國體制聯繫密切。因此，探尋中國憲法之「政治憲法結構」的思想淵源，孫中山的憲政階段論是十分重要的理論分析對象。

二、憲政階段論的政治背景與憲法形態

孫中山憲政階段論的提出和中國國民黨轉向「黨國體制」的基本背景可以從以下兩個方面來加以認知：一是「宋教仁案」導致國民黨由革命黨向議會黨的轉型失敗，孫中山開始重新思考政黨的組織原則與政治功能；二是列寧主義影響下的國民黨改組。

首先來看國民黨轉型的失敗。在辛亥革命之前，作為國民黨前身的同盟會等組織是會黨形式的革命組織，缺乏固定的經費來源、嚴格的組織原則和成熟的思想體系，但在反清與共和上具有基本的共識。由於欠缺作為革命黨的嚴密的組織和紀律，同盟會的多次起義均以失敗而告終，同盟會會員及所聯繫的國內會黨團體中消極推諉者、臨陣變節者不乏其人。辛亥革命中的武昌首義並非同盟會的嚴密策劃，而是地方革命團體和新軍下級軍官的倉促之舉，其所引發的是1911

---

4. 參見許章潤，〈中國步入訓政初期〉。載許章潤（2011）。《現代中國的國家理性：關於國家建構的自由民族主義共和法理》。北京：法律出版社。69–86頁。
5. 參見許章潤（2011）。〈中國須趕緊邁向訓政「中期」〉，《領導者》。8月號。

年的中國主要政治力量的更大規模的政治博弈。彼時的清廷已經缺乏真正的政治家和具有戰鬥力的直控部隊，故首義之後的中國政治走向大體決定於兩大漢族政治集團：一是南方的革命黨政權；二是北方的袁世凱集團。辛亥革命的真正成功在於這兩大漢族政治集團對中華民國的共同奠基：孫中山以革命教義和《臨時約法》為中華民國確定了共和基礎；袁世凱以逼退清廷的《清帝遜位詔書》完成了中國推翻帝制的偉大歷史任務，並成為中華民國的第一任正式大總統。辛亥革命的社會代價並不大，南北政治集團進行了頗為成功的政治合作，地方立憲派較為理性地承擔了權力真空狀態下的社會責任。有學者認為這本可以成為一種「中國版的光榮革命」，[6] 但最終還是失敗了。確實，本來孫袁聯合為中華民國開創了非常良好的憲政局面。民國憲政隨之轉入議會政治階段。宋教仁是國民黨內的議會理論專家，對於議會政治極有熱情，對於將國民黨由革命黨改造為議會黨也用力甚多。然而，就在國會選舉的關鍵時刻，宋教仁被刺殺，且有直接證據證明與袁世凱委任的國務總理趙秉鈞有關係。國民黨內本來希望通過法律程式追究責任，上海地方檢察廳還向遠在北京的國務總理趙秉鈞發出了正式的傳票，成為民國憲政史上曇花一現的風景。然而，趙秉鈞離奇死亡，案件的法律程式終結。宋案起於宋教仁被刺，終於趙秉鈞死亡，不僅法律程式已經窮盡，而且南北雙方經由共和革命而建立起來的政治信任也蕩然無存了。隨後，孫中山發動二次革命，袁世凱迅速鎮壓了此次革命，並下令通緝孫中山。孫中山從民國國父一下子變為民國政府的通緝犯，共和革命之成果付諸東流，二次革命中國民黨紀律渙散，不堪一擊。從不久前的光榮革命到此時的徹底的政治失敗，這種時代的弔詭與命運的多舛促使孫中山斷然改變了宋教仁開啟

---

6. 參見高全喜（2011）。《立憲時刻：論〈清帝遜位詔書〉》。桂林：廣西師範大學出版社。3頁。

政治憲法的中國之道

的革命黨向議會黨的轉型之路，在流亡日本之後重建「中華革命黨」
（1914年）。此次籌組的「中華革命黨」既不同於宋教仁理想中的
議會政黨，也不同於辛亥革命之前組織與紀律頗為渙散的同盟會，而
是具有了新的組織原則。孫中山重新思考了革命黨的組織原則和政治
功能，採取了黨內對領袖的絕對效忠原則，具體做法是所有黨員重
新登記、按手印宣誓效忠領袖。同盟會時期的《革命方略》本有「軍
法、約法、憲法」之程式，此次改組提出了「軍政、訓政、憲政」三
期說，將革命時期界定為以革命軍起義為起點、以憲法頒佈為終點，
在此期間「一切軍國庶政，悉歸中華革命黨黨員負完全責任」。[7]
「軍政」以革命暴力奪取政權為標誌，易於確認和過渡，但「訓政」
以人民之政治成熟為標誌，不易確認和過渡。根據這裏的思想發展線
索，「訓政」亦有法度，即「約法」。此種「約法」雖具有國家根本
法之性質，但不同於正式憲法，受到「黨治」原則的嚴格限定。後來
蔣介石所謂的「一個政黨、一個主義、一個領袖」的主張可能就淵源
於孫中山的這一次改組。國民黨的重新「革命黨化」並實行效忠領袖
原則，反映了孫中山建黨思想的重要轉變，但尚未形成系統化的建黨
與建國理論。不過，這次改組的實際成效並不顯著，甚至直接造成國
民黨內部的分裂，即孫中山與黃興的政治決裂。中華革命黨在護國戰
爭勝利之後的1916年7月宣告停止活動，1919年國民黨復建。從二次
革命（1913）至國民黨一大（1924），孫中山在革命黨如何組織和
如何推動國民革命方面進行了艱苦的思考與實踐，但一直尋找不到成
熟的方案與道路。這一時期，北洋軍閥內爭不斷，新文化運動如火如
荼，俄國革命及馬克思主義影響逐漸擴散，特別是1921年中國共產
黨的成立代表了中國20世紀政治新元素的出現。國民黨在這一時期主

---

7. 轉引自王奇生（2003）。《黨員、黨權與黨爭：1924–1949年中國國民黨的組織形態》。上
海：上海書店出版社。20頁。

要依賴西南地方軍閥進行革命活動，沒有系統化的政治組織和直接掌握的武裝力量，這些都暴露出國民黨在政治與軍事組織上的缺陷。總之，宋教仁案阻斷了國民黨由革命黨向議會黨的轉型之路；剛剛奠基的中華民國重新在政治上分裂；孫中山對於革命黨組織原則與政治功能的重新思考對於1920年代初的列寧主義影響、國民黨改組、國共合作具有重要的鋪墊意義；憲政階段論的提出也與國民黨的這一段特殊的革命經驗具有直接的歷史關聯。

其次來看列寧主義影響下的國民黨的政治改組。此次改革基本奠定了國民黨新的組織原則和政治構想。前已述及，孫中山在「宋教仁案」的刺激下已經在開展國民黨的再度「革命黨化」，並初步呈現出領袖原則和黨治原則的端倪，但由於新的理論構想和歐美主流政治模式相距甚遠且缺乏理論支撐，因而還不夠成熟。但正是由於孫中山的早期理論思考和革命實踐，他對於列寧主義的影響會有更好的理解和接受的意願與能力。1924年的國民黨改組主要是借鑒俄共布爾什維克的組織模式，擺脫嚴重的「精英化」導向，建立了黨的各級基層組織，確立了「黨在國家之上」的黨治原則。1917年，俄國發生了十月革命，中國發生了護法運動，一成一敗，兩相對照。在此背景下，孫中山開始關注俄國革命的成功經驗，尤其是俄共的組織模式及俄共與新國家的關係模式。同時，出於打破封鎖與輸出革命的需要，俄共也作出了全力支援中國國民黨的政治決策。雙方開始進行密切接觸，其中包括《孫文越飛聯合宣言》（1923）、鮑羅廷擔任顧問，以及俄共促成國共第一次合作等，均對於孫中山1924年的改組起到了重要的支持作用。列寧主義對孫中山及其國民黨的影響主要體現在兩個方面：（1）黨的組織方面，1924年國民黨新黨章基本上以1919年12月俄共（布）第八次全國代表會議頒佈的《俄國共產黨（布爾什維克）章程》為藍本，強化了黨的基層組織建設和紀律建設，特別是建立了與行政區劃並行的黨務層級機構，開闢了「紀律」

專章，規定「黨內各問題，各得自由討論，但一經決議定後，即須一致行動」；（2）黨與國家的關係方面，確立了「以黨治國」原則，這是孫中山對俄國經驗的理解與運用，即「俄國完全以黨治，比英美法之政黨握權更進一步」。當然，列寧主義對國民黨的影響是不完全的，或者說主要集中於「用」（技術）的層面，不涉及「主義」的實體內容，有學者將這種影響模式稱為「三民主義為體、俄共組織為用」，[8] 即列寧主義的制度成果而非思想實質被孫中山借鑒過來，其目標在於實現孫中山自身發展完成的「三民主義」。孫中山對俄共的主義並不十分敏感和折服，認為自身的三民主義適合國情，順應世界潮流，無須改弦更張。這是一種比較奇特的歷史現象，就孫中山的國民黨與列寧主義政黨而言，「道」不同卻可「相為謀」。總之，在中國哲學的「體用」關係中，列寧主義相對於中國國民黨僅佔有「用」的地位，國民黨也從未對列寧主義之「主義」有過直接的承受，而這種制度之「用」又被鑲嵌進孫中山的「訓政」時期的法權框架之中。然而，所謂作為「用」的列寧主義在國民黨的組織體系和黨國關係中扎根之後，就伴隨着領袖原則與黨治原則的教義化而逐漸形成了一套涉及「體」的合法性理論，三民主義對此之思想與制度防範並不充分，如此而造成實質上的「體」、「用」易位。如何從「訓政」而達於「憲政」，是「體」、「用」復位的過程。因此，國民黨與共產黨在1920年代儘管同受列寧主義影響，但由於存在「體」、「用」之別，其總體的思想與制度差異仍然是結構性的。列寧主義對國民黨發生影響的正當性不取決於列寧主義教義本身的真理性，而取決於其功用性及與國民黨「訓政」階段基本任務的適配性。然而，任何制度建構總是伴隨着文化滲透，不存在孤立的制度與工具。當然，由於國民

---

8. 參見王奇生（2003）。《黨員、黨權與黨爭：1924–1949年中國國民黨的組織形態》。上海：上海書店出版社。11頁。

黨的政治理想（「體」）基本上是民族主義和政治革命範圍內，未接受列寧主義教義的真理性、普適性和徹底性，因而與以共產主義和社會革命為目標的共產黨存在着教義上根本區別，這是國共終極衝突的根源。儘管列寧主義對國共兩黨的影響存在結構和程度上的分別，但就憲法層面而言，都造成了兩黨各自主導下的「政治憲法結構」，從而給兩黨共同造成了憲政轉型的結構性疑難。

孫中山在1923年的《國民政府建設大綱》中正式提出「軍政、訓政、憲政」三階段論，這是對同盟會、中華革命黨諸時期關於中國憲政階段理論的總結。所謂「軍政」，即革命軍通過武力奪取國家政權。所謂「訓政」，即國民黨取得國家政權之後，通過「黨治」模式管理國家，並推行地方自治制度以促成人民的政治成熟。所謂「憲政」，即人民在地方自治上達於政治成熟時（其標誌是全國過半數地方實現了地方自治），展開制憲國民大會，制訂正式憲法，實行民主選舉，還政於民。此時孫中山提出憲政階段論應該是「胸有成竹」了，因為有了列寧主義提供的政黨組織模式和黨國關係模式，分別可以支撐其「軍政」和「訓政」的組織、紀律與制度需求。1924年國民黨改組之後，孫中山開始籌備「黨軍」，為「軍政」作準備。1920年代中後期以國共第一次合作為基礎的國民大革命（尤其是北伐戰爭）就是孫中山所謂的「軍政」。1927年國共分裂，原因複雜，但與國民黨在教義上與列寧主義迥然有別存在很大關聯。1927年之後的共產黨革命根據地問題成為國民黨「軍政」任務的重點。從國民黨的政治發展來看，1928年東北易幟使得中國完成了形式上的政治統一，「北伐」成功；1930年前後的「剿匪作戰」和「中原大戰」，國民黨中央基本能夠控制全國局勢。1931年6月1日，《中華民國訓政時期約法》頒佈，開始「訓政」階段。然而，國民黨「訓政」之路並不平坦，同年9月18日日本佔領東三省，民族危機深化，而同年11月7日共產黨領導的中華蘇維埃共和國在江西瑞金成立，並

通過了《中華蘇維埃共和國憲法大綱》。內憂外患同時迸發,「攘外」與「安內」的政策優先性問題一直困擾着訓政時期的國民政府。下面即以1931年頒佈的《中華民國訓政時期約法》為對象,分析説明國民黨之「訓政」的法權安排及與「憲政」的銜接關係。

該約法共八章89條,包括序言、總綱、人民之權利義務、訓政綱領、國計民生、國民教育、中央與地方許可權、政府之組織和附則。該約法基本按照孫中山的憲政階段論的具體內容展開,主要體現在:(1)開闢專章規定「訓政綱領」,以孫中山擬定之《建國大綱》為基準;(2)中央統治權由國民黨代行;(3)政權(選舉、罷免、創制、複決)由國民政府訓導,治權(立法、行政、司法、考試、監察)由國民政府直接行使,人民之政治權利局限於縣級自治範圍之內;(4)國民政府由國民黨中央進行組織;(5)約法解釋權歸屬國民黨中執委。這種法權安排的顯著特點在於:(1)該約法更像是對建國大綱的一種解釋性文件,而非獨立的憲法性文件;(2)國民黨具有絕對的國家統治權,體現在國民黨一大通過的建國大綱具有「根本法」地位,國民黨的全國黨代會代行國民大會職權及國民黨的中執委具有組織國民政府和解釋約法的權力;(3)人民之政治權利受到嚴重壓制,在未完全自治的縣需要由國民政府進行「訓導」,人民成為「政治學習班」之學員,即使在經過「訓導」而合格的所謂完全自治的縣,人民之政治權利也局限於縣級自治的範圍。該約法沒有規定訓政時期的具體期限。

至於「訓政」和「憲政」的銜接關係,該約法進行了簡單的程式性規定,即第86、87條,涉及兩方面工作:(1)由立法院準備憲法草案;(2)以地方自治為標誌判斷人民之政治成熟,以此作為制憲時刻的標準。國民黨的訓政目標是以縣為基礎的地方自治,制憲時刻之啟動則以過半數省份所轄各縣均達到「完全自治的縣」的標準為標誌。該部約法頒佈之時,國共內戰正在開展,兩黨之政治與軍事較量

逐漸激化，而「九一八」事變則開始成為全民抗戰的導火索。內憂外患之下，地方自治自然在政治重要性上要低於國內政治統一和對外主權維護。不過，國民黨的制憲準備貫穿於這一困難時期。

三、訓政的轉型與舊政協的憲法意義

下面簡要回顧一下1931至1947年間國民黨籌備「憲政」的基本過程。

1936年5月，《五五憲草》公佈，不久因抗戰爆發，制憲過程中斷。1943年9月，國民黨五屆十一中全會決議通過《關於實施憲政之決議案》，規定在戰爭結束後一年內恢復召開制憲國大。1943年11月，國防最高委員會成立憲政實施協進會，研究《五五憲草》和制憲問題。1945年8月15日，日本宣佈投降，中國民主同盟發表《在抗戰中的緊急呼籲》，提出「民主統一、和平建國」主張。1945年8月25日，中國共產黨發表《關於目前時局的宣言》，提出「和平、民主、團結」主張，要求召開國是會議，商討抗戰後各項重大問題，制訂民主施政綱領，結束訓政。1945年10月10日，國共雙方在重慶簽署《政府與中共代表會談紀要》（雙十協定），認同結束訓政實施憲政，並由國民政府召開整治協商會議，討論和平建國方案及召開國民大會等問題。1946年1月10日，國共雙方簽訂停戰協定。政治協商會議展開，38名代表，國民黨8席，共產黨7席，民盟9席，無黨派9席，中國青年黨5席。1946年1月25日，政協通過《憲草修改原則》十二條（即政協決議）。張君勱擔任憲法起草人。1946年1月31日，政協通過《和平建國綱領》，並決議於1946年5月5日召開制憲國大。國民政府成立憲草審議委員會對《政協憲草修改原則》進行審查，由政協秘書長雷震負責整理憲法條文。共產黨支持政協決議。國

民黨認為《政協憲草修改原則》破壞《五五憲草》原理,於1946年3月召開的六屆二中全會上作出針對性修改決議。

　　蔣介石於國民參政會第二次會議上宣佈政協會議不是制憲會議,只有國民大會有此職權。為表抗議,共產黨拒絕出席國民參政會。1946年4月19日,憲草審議委員會完成《政協憲草》,共產黨不予承認。1946年11月15日,國民政府在南京召開制憲國大,共產黨沒有參加。1946年12月25日,制憲國大在《政協憲草》基礎上通過《中華民國憲法》,宣佈1947年1月1日公佈,同年12月25日實施,正式結束訓政。1948年5月10日,《動員戡亂時期臨時條款》頒佈,憲法主要條款被凍結。1949年9月21日,共產黨召集的新政協開幕,《共同綱領》頒佈,新中國建立。

　　由於訓政時期的約法對人民政治權利限制過於嚴苛,國內其他黨派與政治勢力自然難以認同,而作為政治過渡之樞紐的「地方自治」也難連續、常態、有效地開展。不過,作為共同民族危機的抗日戰爭卻為國民黨從「訓政」到「憲政」的過渡提供了另外一種政治過程與政治基礎:(1)抗日戰爭提供了國共第二次合作的政治理由,民族利益超越黨派與階級利益而成為這一階段國內各種力量的政治共識;(2)抗日戰爭中「地無分南北,人無分老幼」,同負抗戰之責,在共同的命運體驗和犧牲中促成了中華民族真正的政治成熟,為抗戰後的制憲準備了根本的政治基礎,這一基礎早已超出縣級自治的範圍;(3)抗日戰爭中其他黨派的政治成熟,主要表現為共產黨在政治與軍事上的壯大,以及作為協力廠商勢力的各民主黨派的建立;(4)抗戰之後人民對於和平具有最熱切之願望,任何黨派均不敢負擔內戰責任或以人民之政治不成熟為理由延遲推行憲政。在此背景下,國民黨向「憲政」的過渡已經不可能完全按照建國大綱及1931年的約法規定的步驟從容地展開,而必須面對抗戰之後真實的政治處境,即中華民族在整體上的政治成熟與各黨派的政治成熟。這就是1947年《中

華民國憲法》的基本政治背景。這部憲法的頒佈在形式上終結了國民黨的「訓政」階段，但由於最終的制憲過程中，共產黨的缺席及國共內戰的激化，這部憲法很快被《動員戡亂時期臨時條款》這樣一部兼具「軍政」與「訓政」色彩的戰時憲法所「凍結」，國民黨重回「訓政」階段，其在大陸的憲政轉型以失敗告終。不過，作為中華民國之餘緒的在台國民政府卻以這部憲法為依據最終實現了憲政轉型，從而構成了20世紀中國人民通過「革命—制憲」開展建國運動的一部分。

與1947年憲法之頒佈密切相關的政治協商制度（所謂的「舊政協」）是20世紀中國憲政運動的重要制度創造，它不僅是該部憲法的「助產士」，而且直接影響到新中國的制憲與建國模式，並逐步轉型為新中國的一項重要的憲政制度。

前已述及，國民黨抗戰之後的憲政轉型並不是嚴格按照建國大綱和訓政約法的步驟與標準展開的，而是建立在抗戰之後的全新的政治基礎之上，即黨派協商模式。儘管國民黨最終排斥了共產黨和民盟對制憲過程的參與，但後兩者對於1947年憲法的實體內容具有歷史性的貢獻。而且，經過舊政協時期的政治合作，共產黨與民主黨派在基本政治原則與合作方式已經具有共識基礎和基本經驗，這也是1949年的新政協順利召開和新中國順利制憲建國的重要歷史基礎。在某種意義上，1946年的舊政協就是國民黨從「訓政」轉型為「憲政」的制度仲介。如果說1911年的《清帝遜位詔書》和孫中山的退位聲明構成了一次中國版的「光榮革命」，那麼1946年的政協決議及其對1947年憲法的實質性貢獻也可稱為一次中國版的「光榮革命」。不過，這兩場「光榮革命」都是開局良好，中途夭折。如果說「宋教仁案」表明孫、袁兩大集團無法適應《臨時約法》架構下的規範化的政黨政治，則歷經三十餘年之後，新的兩大政治/軍事集團（國共兩黨）甚至無法在制憲過程中完成全程性的合作，更不可能在國民黨單方面通過的《中華民國憲法》之下開展政黨政治了。如今以「一中各

表」形式存在的中華民國和中華人民共和國的憲法統一問題，是中國憲政轉型最終必須解決的根本問題之一。

抗戰在國內憲法意義上是國共兩黨的政體建構競爭。統戰政體取代訓政政體符合民族國家整體利益。共產黨及其政體建構在統戰框架下取得重大突破，構成戰後政治對決的實力基礎。國民黨在統戰框架下對抗戰作出了實質性貢獻，但政體建構與黨政軍協同缺乏突破和成效，滯後於共產黨。抗戰八年以戰爭過程而非自治過程基本完成了中國人民初步的政治成熟，是中華民族的歷史政治大熔爐，所謂「浴火重生」。民族的新政治生命構成對國民黨之黨國體制的嚴正制約，並限定和推動了戰後的民主建國。

聯合政府本可作為先前之訓政政體和統戰政體的憲法「合題」，但因國共兩黨的根本政治分歧及黨國精英的政治妥協精神匱乏而失敗，標誌着抗戰政體建構從「政黨」向「國家」層面和平有序擴展的失敗。具有儒家和民主主義者雙重背景的第三勢力，在統戰與舊政協框架下發揮了重要的參與和凝聚作用，但未能主導政局走向。解放戰爭、新政協及共同綱領，是對國民黨主導戰後制憲作用的否定與排斥，也是對共產黨領導之抗日民族統一戰線及其聯合政府路線的延續。抗戰同樣是共產黨的政治熔爐，其在根據地的憲法政治理論建設、政體建構、黨政軍協同框架及其與民族主義的深度融合，皆完成於這一過程。

四、結語：憲政階段論與政治理性

國民黨從「訓政」到「憲政」的過渡難題是孫中山革命學說與列寧主義建黨/建國原則相結合的產物。訓政約法中的黨與國家（人民）的關係源自列寧主義的黨治思想。不過，由於孫中山只是部分借

用了列寧主義的制度化成果，其源自歐美主流政治思想的「憲政」命題，對於國民黨的政治走向始終具有理論和制度實踐上的約束力，儘管這種約束力在黨治體系下已經被大大削弱。經過列寧主義影響的孫中山的憲政階段論是20世紀中國憲政運動中非常重要的、具有典型性與實踐性的政治憲法理論。不過，由於歷史基礎和條件的變更，從「訓政」到「憲政」的轉型仲介曾經由「地方自治」變化為「政治協商」，儘管最終失敗，但其中的政治經驗值得挖掘。「訓政」提供了國民政府在大陸時期的「政治憲法結構」，因為同受列寧主義影響，這一結構與今日大陸地區的「政治憲法結構」具有某種程度上的同構性。國共兩黨同為中國現代化和民主化過程中產生的現代政黨，而且共產黨之政治認知與憲法敘事也一直將自身定位於孫中山革命與民主事業的「真正」繼承者。[9] 因此，1982憲法中的「政治憲法結構」不僅有着列寧主義的思想淵源，而且在一定意義上也與孫中山的憲政階段論及其政治實踐之間存在某種歷史性的關聯。聚焦於中國憲政轉型的政治憲法學須認真對待孫中山的憲政階段論。[10]

事實上，大陸30年來的政治與社會進步是在「改革」話語下完成的。「改革」是什麼？「摸着石頭過河」這一說法只是對改革具體行為的形象化描述，並不構成嚴格的政治與憲法理論。夏勇教授提出過關照中國憲法改革的三個分析性概念，即「革命憲法」、「改革憲法」和「憲政憲法」，並認為中國憲政轉型的路線是從「革命憲法」

---

9. 這一點很容易得到佐證，比如2009年大陸官方推出的獻禮電影《建國大業》中，毛澤東在重慶記者招待會上明確聲明「我們都是中山先生的弟子」；2011年辛亥革命100周年紀念典禮上，胡錦濤主席鄭重重申，中國共產黨是孫中山革命與民主事業的真正繼承者。

10. 關於國內「政治憲法學」近幾年來的問題意識與學術狀況的一個總結。參見高全喜、田飛龍（2011）。〈政治憲法的問題、定位與方法〉，《蘇州大學學報》（哲學社會科學版）。3期。

政治憲法的中國之道

到「改革憲法」再到「憲政憲法」。[11] 作為夏勇教授得意門生的翟小波博士曾在有關論述中，試圖挖掘「改革」作為中國憲法之根本法規範的理論內涵，但並不成功。[12] 政治憲法學者陳端洪教授曾以「富強（生存）的法」概括中國憲法的生命精神，並認為「從富強到自由」應構成中國憲政的主導性演進邏輯。[13] 這些理論敘述中的憲政演化理性，顯然與孫中山的「憲政階段論」暗合符節。「革命—改革—憲政」構成了我們理解作為改革憲法的八二憲法之憲法規範內涵與實踐指向的重要理論線索。然而，改革的諸多實踐及其成功經驗並未有效地理論化，改革的功能邏輯與憲法的規範邏輯之間的價值與制度張力，並未獲得有效的理論性解釋與制度性安頓。1996年左右的「良性違憲」之爭就反映了這種張力的基本烈度。因此，儘管中國大陸的憲政研究者焦慮於大陸憲政的階段論問題並受到孫中山理論的重要啟發，但大陸版的憲政階段論還不夠成熟，還不能成為解釋與引導大陸憲政轉型的有效理論，甚至還未在政治正確的意義上獲得明確的認可。台灣的憲政轉型直接受惠於孫中山的憲政階段論，孫中山在理論規劃之初就將「憲政」標立為國民黨政治建構的最高目標，其他的階段性權力與制度安排在價值上均次於這一目標並以這一目標為依歸。而大陸憲政進程中曾經出現過部分左翼政治學術力量對「憲政」這一概念的嚴厲批判和廢棄努力（2004年左右），儘管最終沒有成功，但這表明了大陸憲政轉型領導者的主導思想內部對「憲政」作為最高政

---

11. 參見夏勇（2003）。〈「中國憲法改革的幾個基本理論問題——從「改革憲法」到「憲政憲法」〉，《中國社會科學》。2期。

12. 參見翟小波（2009）。《論我國憲法的實施制度》。北京：中國法制出版社。有關針對性的理論批評參見田飛龍。〈民主之中與民主之後——評翟小波的「憲法民主化」研究〉，載蘇力主編（2011）。《法律書評》。北京：北京大學出版社年版。9輯。

13. 參見陳端洪（2008）。〈論憲法作為國家的根本法與高級法〉，《中外法學》。4期。

治建構目標的猶疑不定，而其思想根源還在於馬克思主義教義所設定的非國家化的社會性目標，一種被稱為「共產主義」的理想烏托邦。

　　化用孫中山先生曾經的一句政治遺言「革命尚未成功，同志仍須努力」，大陸憲政轉型當在理論上發展出成熟的憲政階段論，在實踐上注意充實公民權利和鼓勵公眾政治參與，努力踐行「憲政尚未成功，公民仍須努力」。這也是大陸以北京法政學界部分學者為代表的、新興的政治憲法學與政治憲政主義的核心旨趣所在。[14]

---

14. 關於「國內政治憲法學」的基本學術狀況，參見高全喜、田飛龍（2011）。〈政治憲法的問題、定位與方法〉，《蘇州大學學報》（哲學社會科學版）。3期。關於「政治憲政主義」的系統化論證，參見田飛龍：《政治憲政主義——中國憲政轉型的另一種進路》，北京大學，博士論文，2012年。

CHAPTER
第六章

改革憲制：根本法治與部門法自治

　　新中國60年在政治上保持着核心層面的統一性和連續性，這在歷次黨代會的報告中均得到了顯著的重申。但是，就法治層面而言，新中國60年的探索卻呈現出時代性與結構性的差異，前30年與後30年迥然有別。法治在根本上是為了建立一整套規範和指導特定政治共同體，從事秩序維持和共同發展的規則系統；它不僅要求民主機構提供規模化的立法，還要求執法機構嚴格依法辦事。這種從「立法」到「執法」的規範化的流水線，需要借助現代科層制的官僚機構和相對獨立的司法系統來運作。

　　然而，如本書第四章所述，新中國前30年的「革命法治」在指導思想上依然延續反常態和反規範的運動式治理模式，側重從社會運動和個體的內在心理機制出發，實現對社會結構本身的「深度」改造，其驅動力主要不是來自代議民主的審慎理性和法律規則的形式理性，而是來自革命領袖與基層群眾的激情互動。[1] 這一時期由於沒有建立起規範化的立法系統和借助官僚階層的執法系統，法治基本上處於政治社會治理的邊緣地帶，法律人也因此被邊緣化。對此政法狀況，接受過歐美規範法治教育的民國法學家楊兆龍先生曾有專門的批評，[2] 體現了法學家在面對「革命法治」時的思想迷惘與理性堅守。作為經濟學家的林毅夫教授，對這一時代之制度選擇的解釋是「重工業優

---

1. 這種繞開「法律—職業官僚」之常規套路的政治治理，恰恰是背離韋伯所謂的「形式理性」的，是一種「社會革命」的動員與展開模式。

2. 參見楊兆龍（1956）。〈法律的階級性與繼承性〉，《華東政法學院學報》，12月。有關政法學界關於楊兆龍「法律繼承論」的批判性談論，參見〈上海法學會關於「法的階級性和繼承性」座談會報導〉，載楊兆龍（2005）《楊兆龍法學文集》。北京：法律出版社。588–591頁。

先發展」戰略。[3] 這一時期的治理模式呈現出高度集權與計劃性的特徵，黨通過政策控制國家，國家通過指令性計劃和結構性調整「吸納」了解放前相對自治的社會和具有一定規模的市場。當然，這種以「黨」為中心的收斂型治理結構，其主要目標絕不僅限於經濟學家所謂的「重工業優先發展」，更加關鍵的目標在於探索一種以社會運動和人心改造為基點的、企圖超越西方法治的新型治理模式，以便體現社會主義制度的優越性。然而，由於這樣一種具有「道德理想主義」旨趣的社會治理運動超越了具體的生產水準和人性狀況，並被部分捲入高層權力鬥爭的漩渦，其實踐結果是災難性的，標誌就是文化大革命的失敗和人民公社體制的瓦解。這一時期儘管也有具體的立法成果，比如相繼推出了《共同綱領》、1954年憲法、1957年憲法等憲法性文件，以及包括《婚姻法》在內的若干普通法律，但屬於法治體系基本構件的民法、刑法等均付之闕如，有關的立法提議也不斷被各種社會運動浪潮打破。屈指算來，新中國前30年在法治層面的具體成就確實不多，但其作為共和國奠基時期在工業建設、主權鞏固、集權與國家建設等方面還是取得了較大的成就，並因此構成鄧小平改革的重要政治社會基礎。新中國的法治之路在前30年裏一波三折，法學精英遭受打擊和邊緣化對待，但是實踐也從反面充分證明了厲行法治的根本重要性，從而使得恢復法治成為改革時代「撥亂反正」的重要組成部分。

　　如果說毛澤東時代的「革命法治」所呈現的仍然是「無產階級專政下繼續革命」的「革命」邏輯，所謂的通過法治完成革命之「反革命」（counter-revolution）的艱巨任務並未正式開展的話，鄧小平時代

---

3. 這是林毅夫對毛時代計劃體制的戰略性解讀，參見林毅夫等（1999）。《中國的奇跡：發展戰略與經濟改革》。上海：上海人民出版社。尤其第二章〈趕超戰略與傳統經濟體制的形成〉；林毅夫（2003）。〈戰略體制與經濟發展〉。載北京大學法學院編，《程式的正統性》（北大法學論壇，第一輯）。北京：法律出版社。112–142頁。

的面向國家常態建設的改革開放則呈現出了一種借助法治實現「立憲改良」的「反革命」指向。這種「反革命」並非復辟，而是革命主體的理性自覺和反向自制，是通過制度馴服革命之激情與暴力面向、鞏固並發展革命所確立之新政治原則的過程，是大型手術之後由用「藥」向「五穀雜糧」回歸的過程，是政治社會機體的康復過程。儘管改革30年並非一帆風順，其中甚至出現了1989年的重要反覆，但就主流走向而言，確實可以稱為中國始自鴉片戰爭以來的法治建設的一個「黃金時代」。有人可能對改革30年的法治成就並不滿意，同時高度懷念晚清法律改革和民國「六法全書」的形式成就。筆者的看法是，晚清法治和民國法治在法律文本建設和法治初步啟蒙方面確實取得了重要的成就，那一時期的若干法律文本和法學著作至今仍然構成我們推進法治建設的重要歷史資源；然而該時期的法治建設具有根本性的缺陷，即缺失現代國家的主權前提，具體表現在兩個方面：一是對外層面，主權遭到國際勢力的實質性壓制，外患經常造成國內法治的中斷；二是國內層面，自晚清以來，中央政府即缺乏足夠的國家能力來節制地方，中央頒佈的頗具現代性的法律經常遭遇地方的「封建壁壘」，國家缺乏推行法律所必要的主權權威和強制能力。鄧小平的改革時代則有明顯的不同：在對外層面上，經過毛時代的「主權打造」，國家之獨立並在國際體系中佔據穩定而重要之地位已經成為一個基本的事實前提，這為國內開展法治建設提供了重要的外部環境保障；在對內層面，經過頗具穿透力的社會運動，地方的「封建壁壘」已經被徹底擊穿，國家之法治建設面臨着空前有利的國家能力基礎和「國家—個人」的近緣關係。改革時代的法治建設在此背景下得以穩定而連續地展開。

　　法治是同時指向秩序和自由的，沒有自由的秩序固然構成專制，但沒有秩序保障的自由也只能是一種空中樓閣。改革時代的法治是從「穩定」和「發展」兩個基點展開的。所謂的「穩定」即通過法律手

段恢復文革中遭受嚴重破壞的若干層次的秩序，主要體現為以1979年制訂的《刑法》和《刑事訴訟法》為標誌的刑事法治的建構，其目標是提供基本的社會秩序，抑制犯罪和社會動亂。所謂的「發展」是指「以經濟建設為中心」的一系列保障性制度的建構，除了指向社會基礎性秩序的刑事法治之外，更重要是建立民商事法律體系和相應的訴訟法體系，以建立針對商品經濟（後改稱為「市場經濟」）的法制保障體系，其最顯著的成就是1986年頒佈的《民法通則》。新的法治藍圖在1982年憲法中得到了更具權威性的重生與規劃。儘管1982年憲法未能獲得「司法化」（即未能長出「鐵牙」），但它卻提供了改革時代政策論辯與合法性爭論的最終的規範標準，成為改革時代法治建設的正當性基礎。1982年憲法的法治啟蒙意義大於其具體的制度化實施的意義。20世紀80年代中後期，伴隨着政治體制改革與規劃的推進（尤其是中共十三大），公法領域的制度建設提速，尤其是1989年《行政訴訟法》的制訂，標誌着中國公法治理的某種意義上的「精神解放」，即官民法權關係從「壓制型結構」轉向「對峙型結構」，[4] 對於確立公民在公法上的權利主體地位具有積極的制度意義。這樣，改革時代的法治就呈現出一種不同於毛澤東時代收斂型治理結構的開放型治理結構，黨的領導仍然作為「四項基本原則」之核心與中國憲法之「第一根本法」而得到堅持，但國家的常規立法與執法系統得到正式的恢復與發展，社會自治獲得承認，市場自由成為憲法新原則。所謂的「轉型」，在規範語義上逐漸被定位於探索出不同的制度機制，從而使得黨的領導不斷適應於並有效促進國家常規治理、社會自治與市場自由。這一轉型方向並非民間話語，而是通過黨中央的政治決斷和歷次憲法修改而獲得正式確認的，因而構成了改革

---

4. 著名的憲法學者陳端洪教授早在1990年代即提出這一論斷，切中肯綮，參見陳端洪（1995）。〈對峙——從行政訴訟看中國的憲政出路〉，《中外法學》。4期。

時代法治建設的政治憲法保障。改革時代的具體法治的進展，便植根於這樣的開放型治理結構之中。

　　整體而言，對改革時代的法治建設的評價需要尋找到一個穩健持中的學理框架，否則可能引致片面的觀察結論。比如，對中國法治，如果單純從司法獨立和憲法司法化的角度來看，可能根本不符合規範的法治理論，因而可能得出所謂的「有憲法而無憲政」、從而也無「法治」的悲觀結論。但是，當我們從根本的憲政法治層面向下看時，具體的部門法治卻在司法不夠獨立、憲法尚未司法化的體制前提下顯得生機勃勃，逐步形成了「部門法自治」的相對獨立的法治格局。而司法系統本身的自我完善也在體制縫隙間不斷進行試探和建構，其司法解釋體系與案例指導體系在某種程度上促進了地方司法的獨立性。而某些司法機制創新也頗具改革探路意義，比如「行政審判白皮書」制度就創造性地運用了司法建議權和人大質詢權，一定意義上克服了《行政訴訟法》之受案範圍過於狹窄的缺陷，並將法治理性及其語言系統成功輸入了政治和行政系統。[5] 而2008年以來「人民司法運動」的開展並沒有像法學家普遍擔心的那樣造成中國法治的大踏步後退，甚至重慶的「唱紅打黑」也未能成功樹立一種替代性的「運動式審判」模式（比如李莊案中的法律博弈），其背後的根本原因就在於「部門法自治」和全國性的法律職業共同體的初步形成。因此，筆者認為中國的憲政確實還存在很大的進取空間，但具體法治的成就及其對憲政進步的支撐與拉動效用不容忽視。

　　據此，筆者試圖提出針對改革法治的二元分析框架：改革30年的法治建設，是以作為根本法治的憲政和作為具體法治的「部門法

---

5. 對「行政審判白皮書」之法治意義的分析，參見田飛龍（2010）。〈行政審判白皮書：建構法治理性的權力間對話機制〉，載《人民法院報》，2010年1月15日。

自治」二元並存為基本特徵的；作為根本法治，憲政呈現出有限而緩慢的進步，司法憲政主義受阻，政治憲政主義抬頭，憲政在啟蒙價值之外開始尋求制度實現；作為具體法治，私法優先伴隨着改革的「經濟中心主義」，但改革中後期面臨的政治社會秩序重整與合法性重塑的任務又強力推動了公法治理的崛起，具體法治的重心隨着社會改革與政治改革對「經濟建設」的替代而由私法轉向公法；由具體法治到根本法治，由私法優先到公法崛起，改革時代的法治之路正日益走向更加關鍵的創制與生成階段。本章即擬以這一二元分析框架對面向常態的改革期轉型法治進行結構性分析，肯定成就，指出不足，分析走向，評估前景，為深度認知和推動中國法治進步提供有益的參考依據。

一、轉型法治的二元構成與運作機理

上面已經簡要提及了改革期轉型法治的二元分析框架。這一框架在經驗上的根據在於，改革30年在憲政和具體法治領域出現了步調不一致的進取現象，具體而言，就是憲政進步相對遲緩，具體法治進步較大，出現了「部門法自治」格局。有一個事例可以很好地說明這種「部門法自治」的狀況。2006年前後，《物權法》（草案）向社會公佈徵求意見，北京大學法學院的鞏獻田教授上書中央，指責物權法違憲，引發民法學界的激烈反彈，甚至嘲諷作為法理學教授的鞏獻田不懂「民法」。我們回望改革時代的民事立法史就會明白，民事立法在二三十年間逐步被民法學家和民法實務部門壟斷，外界參與的可能性很小。此次，一名法理學教授以憲法的名義闖入民法學家的「自留

政治憲法的中國之道

地」，引發了規模不小的學術與政治爭議。[6] 筆者這裏不糾纏於具體
的爭議細節，而是希望指出：「部門法自治」是改革時代中國法治的
具體成就，是法學家與法律職業共同體維護法治成果的重要謀略；但
僅有「部門法自治」是不夠的，此次爭議將憲法引入立法討論的範圍
之內，標誌着「部門法自治」在抽象的改革倫理之外，必須認真探討
並尋求有效的憲法正當性基礎，其基於近似於「自然法」式的正當性
論證方式也需要具體憲政理論的支撐。這一次爭議提出了中國法治的
「整體性」問題，這種整體性只能從憲法中尋求。使憲法成為「眾法
之法」，是中國的具體法治實現憲法性提升的遠景目標。話題再收回
來，「部門法自治」確實構成了改革時代法治建設的具體成就。由於
中國憲法領域不可能同步實現部門法意義上的法治化，因此，二元分
析框架不僅適用於改革30年的法治評價，而且還將適用於新的改革時
期較長時段內的法治評價。

　　二元分析框架在理論上的理由也值得略加交代。這需要追尋「轉
型法治」的規範含義。在通常的理論解說中，「轉型」或「改革」只
是對兩個規範端點的進化論式的描述，比如從傳統農業社會轉型到現
代工業社會，從傳統人治轉型到現代法治，從計劃經濟轉型到市場經
濟，從國家與社會一元化轉型到國家與社會二元化，等等。這些描
述具有社會科學意義上寬泛的準確性，但卻並沒有提供任何具有規範
意義和實踐指導價值的理論，所謂的規範理論仍然分屬這一理論解說
所標定的兩個規範端點。於是，我們有「轉型」或「改革」之說，有
在本質上屬於轉型結果的各種規範化的操作技術，但始終缺乏的是

---

6. 關於此次爭議的具體細節，參見劉貽清、張勤德主編（2007）。《「鞏獻田旋風」實錄——
關於〈物權法〉（草案）的大討論》。北京：中國財政經濟出版社。有關學術討論的一個評
述，參見田飛龍（2007）。〈物權法草案違憲爭議觀點評述與思考〉，《江蘇警官學院學
報》。1期。

對轉型或改革本身進行反思與建構而形成的規範理論，即所謂的「轉型學」或「改革學」。在描述意義上的轉型理論之下，二元分析框架在邏輯上易被忽略，以轉型結果為根據的一元化的分析框架經常受到關注並佔據主導。筆者提出二元分析框架的理論理由就在於，轉型或改革應當被視為一個相對獨立和重要的歷史過程，改良型的法治理論應注意對這一過程的制度演化規則及其程式進行科學的分析與理論轉化，應賦予轉型或改革以規範理論上的實質內涵，從而使得轉型或改革本身不是一種夢幻式的理想跳躍，而是一種實在的、根據當下的、漸進改良的實踐與創造過程。筆者對改革30年中國法治的觀察就建立在關於轉型或改革的這一理性立場之上。

正因為我們借助的是革命主體的「反革命」操作，作為根本法治的憲政領域就顯示出一定的保守性與審慎性。憲政領域的結構性變革需要穩定連續的政治社會基礎，這依賴於一定的威權結構前提和秩序保障。丁學良在考察中國模式時也注意到了這一點，稱之為政治上的「列寧主義的核心要素」。[7] 而具體法治領域面向社會和市場，至多包括行政法律關係在內，具有相對獨立展開法治建構的政治條件。轉型法治的二元構成源自於立憲改良性質的、由革命主體擔綱的「反革命」邏輯，但其發展過程卻又逐漸產生了對此二元結構的消解邏輯，即通過具體法治領域的「部門法自治」階段及基於「部門法自治」的法治邏輯的向上延伸，原本作為法治建設之政治前提的根本法治領域，可能將逐漸發生法治化轉向。筆者這幾年對中國法治的經驗觀察印證了這一隱蔽的消解邏輯，比如中國法治領域已經出現了從具體法治向根本法治的滲透和訴求，以及從私法優先向公法崛起的轉換。轉型法治的二元不對稱結構最終將因為法治邏輯的不斷強化而演變成為

---

7. 參見丁學良（2011）。《辯論「中國模式」》。北京：中國社會科學文獻出版社。44–47頁。

一元化的結構，出現真正的以憲法為規範根據的法治格局，那將標誌中國法治之路的某種結構性完結，儘管仍然可能遺留下諸多需要細緻修補的環節。這就是轉型法治二元構成的運作機理。

下文的主要任務就是以改革30年為觀察時段，集中透視這一二元結構的演變形態，從中把握改革時期法治走向的基本脈搏。

二、根本法治：從司法獨立到憲法司法化

所謂根本法治，是指以憲法作為根本法，通過憲法的規範化實施生成統攝一切公權力形式的法治狀態。著名法學家羅文斯登（Karl Loewenstein）教授曾將憲法規範與政治現實的關係區分為三種類型：名義憲法（nominal constitution）、語義憲法（semantic constitution）和規範憲法（normative constitution）。其中名義憲法是指憲法僅僅是名義上修飾性的存在，名不副實，既無法刻劃現實的政治狀態，更不可能施加規範約束。語義憲法是指憲法規範能夠刻劃現實的政治狀態，但不能對後者施加規範約束。而規範憲法則不僅能夠刻劃現實的政治狀態，而且能夠對後者施加規範約束。[8] 顯然，成熟的根本法治指的就是這裏所謂的「規範憲法」，也就是理論界耳熟能詳的「憲政」。何為「憲政」？在改革開放初期，這一理論性的問題並不清晰，因為當時儘管在政治指導思想上已經排除了階級鬥爭理論和「兩個凡是」觀念，但對於具體建設何種「社會主義初級階段」的國家形式並無確定的共識，只能是「摸着石頭過河」。在知識界，20世紀80年代以來西方的憲政理論逐步被翻譯介紹過來。當時對憲政的理解主要來自三

---

8. 參見林來梵（2001）。《從憲法規範到規範憲法：規範憲法學的一種前言》。北京：法律出版社。264–269頁。

種來源：一是蘇聯式的社會主義憲政，但這一來源隨着中蘇關係的惡化和蘇聯的解體而日漸式微；二是法國大革命的憲政傳統，尤以《人權宣言》中「凡分權未確立和權利未獲保障的社會，就沒有憲法」之影響最為巨大；三是美國憲政傳統，但在進入新世紀之前，學界對美國憲政之了解並不系統。在此基礎上，中國的法學界開始了對「憲政」的規範化定義，較有影響的是李步雲教授的「三因素說」，即憲政包括民主、法治和人權，[9] 還有其他學者提出了不同的構成學說。不過，此類簡易轉化的憲政理論存在着經驗性列舉的缺陷，不具有理論上的嚴整性和一貫性。在1990年代，憲法學者陳端洪教授倒是從憲法學角度對憲政理論進行了某種相對嚴整的理論梳理。明確提出了憲政就是「有限政府」的觀點。[10] 嚴格而言，法國《人權宣言》對憲政的理論理解比較符合西方憲政主義的基本原理，這是一種結構主義的理解，其中「分權」的根據是孟德斯鳩的三權分立學說，是從國家權力內部進行的科學劃分，康德最終為之提供了形式邏輯的證明；[11]「權利」的根據是洛克的自由主義理論，是在國家與社會關係上對國家權力的結構性限制。改革以來，中國政府因應績效改進和治理優化的需求，不斷提出建設各種類型的政府，如「法治政府」、「責任型政府」、「創新型政府」、「服務型政府」、「開放型政府」，乃至於「民生型政府」等，但並未正式提出建設「有限型政府」，這表明中國政府在根本法治層面還存在思想進一步解放的空間。

當然，理論界對憲政理論研究的不足，很明顯地影響到了中國的根本法治的進程。從1978至2000年前後，中國的根本法治層面主要

---

9. 參見李步雲（1998）。《走向法治》。長沙：湖南人民出版社。

10. 參見陳端洪（1992）。〈憲政初論〉，《比較法研究》。4期。

11. 參見〔美〕曼斯費爾德（Harvey Mansfield），馮克利（譯）（2005）。《馴化君主》。南京：譯林出版社。3頁。原始出處為 Kant (1986). *Metaphysische Anfangsgründe der Rechtslehre*. Hamburg. p. 46.

是官方的修憲變革與民間的思想啟蒙／社會運動，制度性進步並不顯著。2000年之後，情況有所變化。首先是知識結構的變遷導致美國式的司法審查模式成為中國憲法學者的具體理想藍圖，「司法」而非政治民主或社會運動成為法學精英追求根本法治進步的共識性進路。這種知識結構的變遷主要體現在兩個方面：一是借助「齊玉苓案」展開的憲法司法化的學術運動；二是美國的「職業主義」憲法學知識體系被相對系統地移植過來。由此，中國的根本法治呈現出某種「司法中心主義」的規範性訴求，這是一種將西方成熟憲政之關鍵要素「硬性」嵌入中國之自主憲政進程的過程，將一種規範理想投射到具有「司法」外形的中國最高法院身上，並且得到了中國最高法院系統內法官精英的強烈呼應（以黃松有為典型）。2000年之前以「司法獨立」為主要目標的學術與政治運動在2000年之後與「憲法司法化」新潮相匯合，形成了在學術上非常強勢的「司法憲政主義」。然而，這種「司法憲政主義」作為比較憲法學的理論成果，是不能直接應用於中國憲政實踐的，其在中國憲政體制內無法對抗兩個根本性的政治憲法原則：黨的領導和人大至上。而且，「司法憲政主義」也沒有關照到中國憲政進步所必須經歷的「政治成熟」階段，最終遭遇到嚴重的挫折，其標誌就是2008年最高人民法院明確廢止了2001年推出的關於「齊玉苓案」的司法批覆。在此背景下，側重政治過程之憲法生成的「政治憲政主義」逐漸興起，標誌着中國根本法治領域政治理性的回歸和政治憲法的突顯，面向中國轉型法治的「政治憲法學」研究開始取得學術市場。[12]

---

12. 「政治憲政主義」的首倡者是北大法學院的陳端洪教授，參見陳端洪（2008）。〈論憲法作為國家的根本法與高級法〉，《中外法學》。4期。關於近三年來政治憲法學的學術狀況，參見高全喜、田飛龍（2011）。〈政治憲法的問題、定位與方法〉，《蘇州大學學報》（哲學社會科學版）。3期。

　　因此，改革30年以來根本法治領域的基本狀況就是：配合經濟改革並在政治上吸納法治新元素的修憲運動；以司法獨立和憲法司法化為核心的司法憲政主義的規範訴求；政治憲政主義的興起與轉型法治的理性化。下面將分別簡述之。

1. 修憲運動：改革時代的憲法變遷

　　嚴格而言，改革時代的基礎憲法共有兩部（1978憲法和1982憲法），憲法修正共有四次（1988、1993、1999和2004年）。但是，由於1978憲法屬於從「文革」向「改革」的過渡型憲法，其中保留了過多的文革時代的指導原則和制度機制，不適合作為改革時代國家建設的根本法基礎，故一般不將1978年憲法作為改革時代的憲法基礎來對待。這樣，改革時代的基礎憲法就只有1982年憲法一部。關於新中國建國以來歷次憲法之間的變遷關係，[13] 學術界存在形式說與實質說，形式說認為憲法變遷主要是通過修憲程式完成的，因而並不構成一種新的制憲；實質說認為就憲法實質內容而言，1954年憲法與1982年憲法較為接近，屬於側重國家常態化建設的社會主義憲法，1975年憲法和1978年憲法較為接近，屬於側重專政與繼續革命的社會主義憲法，故各部憲法之間構成了重新制憲關係。我們認為，新中國憲法變遷之基本形式仍然屬於憲法修改，主要理由並非是程式性的，也非內容性的，而是制憲權主體與基本的國體原則並未發生變化，即所謂的「中國人民在中國共產黨領導下」這一制憲權主體結構保持恆定，「人民民主專政」這一國體原則保持恆定。這樣，以

---

13. 《共同綱領》屬於臨時憲法，學界對此並無異議，關鍵是對1954年以來的憲法變遷之性質存在一定的爭議。

1982年憲法為基礎與中心，改革時代的立法運動成效卓著，至2011
年已由官方宣佈建成了中國特色社會主義法律體系。就根本法治層面
而言，四次修憲儘管在一定程度上影響了憲政體制的穩定性，但卻及
時確認了改革新政策的合憲性並將法治新元素納入其中，從而保持了
憲法體系本身的彈性、包容性、可擴展性與形式上的制度化能力。

回顧四次修憲，其側重點與制度任務各有不同，但總體上指向適
合經濟改革與法治新元素的合憲化，是改革精神在憲法上的一次次生
動的體現。1988年的修憲主要解決的公有制土地的市場化問題，即
通過憲法修正確認土地可以在法律範圍內有償轉讓，這就為中國的城
市化提供了重要的憲法支援，但也因此帶來了所謂的「土地財政」和
後續的徵收拆遷問題。1993年的修憲主要是確認社會主義市場經濟
體製作為改革目標，從而使得市場自由成為新的憲法原則。1999年
的修憲主要是解決「法治國家」作為國家建設目標的問題，從而在市
場自由原則的基礎上又增加了法治原則，使得中國法治在憲法原則層
面更加明確和健全。2004年的修憲主要是解決「人權」入憲和私有
財產保護的問題。

不過，這樣一種以「增量式修憲」（即吸納法治新元素，但並不
明確減少或刪除已經存在的憲法原則）為主的改革憲法變遷方式在回
應改革創新、吸納新的政治社會元素從而確保政治穩定與經濟社會發
展的同時，也不可避免地出現理論和實踐上相對棘手和疑難的問題。
這裏簡要舉出兩個例子：「良性違憲」問題和憲法原則衝突問題。

「良性違憲」問題是中國改革憲法的特有問題。由於中國憲法沒
有司法化機制，也不存在常規化的立法解釋機制，而憲法修改又不可
能頻繁進行，這就導致改革政策「先行違憲」的問題，即符合改革需
要的政策已經推出並執行，但憲法上的有關規定並沒有及時修改以適
應新的改革政策，在這一時間差範圍內，如果按照剛性的憲法規範判
斷，新的改革措施儘管合理卻不合憲，如何在理論和制度實踐上回應

這一改革憲法特有的問題構成了「良性違憲」討論的基本問題背景。
「良性違憲」，如同「社會主義市場經濟」一樣，從其產生之時就
具有一定的邏輯矛盾並隨着實踐的展開而不斷地產生消解這一矛盾
的理論需求。就字面而言，「良性」是一種功能主義的判斷，而「違
憲」則是一種規範主義的判斷，對這兩種判斷的不同選擇與取向是本
場爭議在學術上的基本圖景。無論如何，發生在1996年前後的「良
性違憲」的爭議本身就是一個進步，它表明中國憲法學不再單純地
以配合制憲和修憲為中心任務，開始將改革政策與憲法規範的關係
問題進行明確的理論化，並展開具有學術意義的理論交鋒。這是中國
憲法學學術自覺的表現，也是中國憲法學理論流派在規範主義與功能
主義上的明確分野。林來梵教授對此曾有一個非常形象的比喻：「良
性違憲説」吹皺了中國憲法學的「一池春水」。[14] 中國憲法學的「春
水」起皺是其理論流派產生的「胎動」。「良性違憲説」是郝鐵川教
授提出的，圍繞他的論題展開的辯論初步展示了中國憲法學的功能主
義與規範主義的理論風格。功能主義以郝鐵川、張千帆等為代表。郝
鐵川在〈論良性違憲〉一文中認為：違憲有良性和惡性之分，良性違
憲指國家機關的一些行為雖然違背了當時的憲法條文，但符合人民的
根本利益；檢驗良性違憲的標準有兩個，一是有利於生產力發展的標
準，二是有利於維護國家與民族利益的標準。[15] 張千帆早年反對良性
違憲，但後來改變觀點，其在〈憲法變通與地方試驗〉一文中認為中
央層面沒有必要違憲（因為中國憲法屬於柔性憲法，中央可以相對方
便地通過修憲使改革措施合法化，但是地方卻很難啟動正常的修憲程

14. 參見林來梵（2001）。《從憲法規範到規範憲法：規範憲法學的一種前言》。北京：法律出
版社。11頁。

15. 參見郝鐵川（1996）。〈論良性違憲〉，《法學研究》。4期。後續回應參見郝鐵川
（1996）。〈社會變革與成文憲法的局限性〉，《法學研究》。6期。

式），但基於鼓勵地方改革創新，可以對地方的良性違憲予以有條件
的寬容，他還建議將「良性違憲」改為「憲法變通」。[16] 同時，張千
帆在〈憲法不應該規定什麼〉一文中主張對於憲法文本的規範條文不
應一視同仁，而要「選擇適用」。[17] 規範主義以童之偉為代表，主張
嚴格按照憲法規範本身來衡量政策的合憲性，反對良性違憲，認為與
惡性違憲沒有實質區別，而且可能更加可怕。[18] 關於「良性違憲」的
問題，韓大元主張通過憲法解釋來解決，即「解釋型模式」——衝突
發生時首先使用憲法解釋權，通過對規範的合理解釋來消除矛盾。這
也可以歸入規範主義派的範疇。[19] 學界大部分學者不同意以「良性違
憲」的提法及標準解決憲法規範與社會現實的衝突問題，認為社會變
革過程中出現的衝突可以通過憲法解釋、憲法修改等憲法程式解決，
不能通過憲法外的途徑解決，否則可能導致淡化憲法的規範意識，憲
法規範被重新政治化。這實際上表明了憲法學界中規範主義的主導性
地位，無論其持保守主義還是自由主義的理論立場。十年之後，「良
性違憲」爭議的主要對手郝鐵川和童之偉雖然各自觀點有所調整，
但仍然堅持自己原來的核心立場，[20] 這反映出「良性違憲」爭議背後
的憲法規範與社會變革之間的緊張關係還沒有得到憲法學理論的有力
解釋和規範，理論上也沒有達到真正有意義的共識。不過，「良性違
憲」的存在確實一直刺激着中國法律人群體的規範主義心靈，僅有週

---

16. 參見張千帆（2007）。〈憲法變通與地方試驗〉，《法學研究》。1期。

17. 參見張千帆（2005）。〈憲法不應該規定什麼〉，《法學論壇》。3期。

18. 參見童之偉（1996）。〈良性違憲不宜肯定〉，《法學研究》。6期；童之偉（1997）。
〈憲法實施靈活性的底線〉，《法學》。5期。

19. 參見韓大元（1997）。〈社會變革與憲法的適應性——評郝、童兩先生關於良性違憲的爭
議〉，《法學》。5期。

20. 參見兩位教授在北京大學憲法與行政法研究中心「中央與地方關係的法治化」國家學術研討
會（2007年）上提交的論文及有關發言。如郝鐵川開始注意「規劃」的法律化問題，童之偉
更加重視憲法規範的解釋問題。

期相對較長的憲法修改顯然無法及時解決這一問題，因此需要尋求一種實施憲法的常規化機制，即憲法解釋機制，這種解釋機制也未必就一定是司法審查，也可能是一種立法審查式的解釋機制。2001年的《立法法》建立了全國人大常委會的法規備案審查程式，具有一定的違憲審查意義，但很遺憾，該程式自建立以來不乏公民申請，但從未正式啟動過。

　　憲法原則衝突的問題集中體現在2006年前後的物權法草案違憲爭議之中。如果說「良性違憲」吹皺了中國憲法學的「一池春水」，那麼發生在2006年前後的「物權法草案」違憲爭議，則搖醒了中國民法學的「改革春夢」，是「增量式修憲」導致的憲法新舊原則之間的規範性衝突。「物權法草案」違憲爭議源於2005年8月12日北京大學鞏獻田教授上書中央指責「物權法草案（四審稿）」違憲，由此遭致民法學界的集體批評，後來涉及到整個民法學界和憲法學界的爭論。鞏獻田教授的的基本理由為：草案沒有寫上「社會主義的公共財產神聖不可侵犯」構成形式上的違憲，草案的最核心條款（平等保護條款）背離社會主義原則構成實質違憲。[21] 儘管鞏獻田教授是法理學教授，但在這裏卻就「物權法草案」違憲問題明確表述了憲法學中的保守規範主義，其規範支點即為社會主義公共財產的神聖性和社會主義原則本身。一石激起千層浪，鞏獻田教授迅速受到民法學界的激烈反彈，一些為「物權法草案」正名的文章、論文和研討會漸次呈現。民法學家的批評一般基於民法的自由主義原理，強調物權保護的平等

---

21. 參見鞏獻田〈一部違背憲法和背離社會主義基本原則的《物權法（草案）》——為《憲法》第12條和86年《民法通則》第73條的廢除寫的公開信〉，載北大法律資訊網http://article1.chinalawinfo.com/article/user/article_display.asp?ArticleID=32266

性與普遍性，以及物權立法的自主性。[22] 一些學者指責鞏獻田教授不懂專業性很強的物權法。民法學界的集體辯護還可以追溯到所謂的「民法優位主義」。[23] 然而這種批評並不切中要害，陳端洪教授在最近就指出「物權法草案」違憲爭議中，民法學界並沒有在絕對憲法意義上就鞏獻田教授提出的社會主義原則進行價值論辯，因而所謂的爭議並不在一個相當與合適的層次上。[24] 憲法學界也參與了論辯，但奇怪的是，大多數憲法學家並不認同鞏獻田的「違憲論」，倒是與民法學界的基本觀點極為相近。[25] 因此，就學界主流來講，這場爭論並非處於憲法學界與民法學界之間，而是處於憲法學界內部的一部分憲法學家與其他的憲法學家及民法學家之間。從根本上講，主流的憲法學家與民法學家都分享着憲法中的自由規範主義，因而對於鞏獻田教授基於保守規範主義的違憲批評採取了「合圍」的策略。童之偉教授通過對中國憲法文本的規範分析明確點出了「物權法草案」違憲爭議中兩派的規範衝突的根源：雙方分別援引共存於中國憲法內部的基本經濟制度條款和市場經濟條款，各執一辭，各有訴求；由於中國憲法邏輯體系本身的不自洽，違憲爭議自然在所難免。[26] 儘管童之偉教授也

22. 參見王利明（2007）。〈為什麼説平等保護是完全符合憲法的？〉，《光明日報》2007年1月22日；王利明（2007）。〈《物權法》是奠定法治大廈的基石〉，《民主與法制》。1期；以及梁慧星（2007）。〈物權法草案的若干問題〉，《中國法學》。1期。

23. 對「民法優位主義」的理論分析，參見林來梵（2001）。《從憲法規範到規範憲法：規範憲法學的一種前言》。北京：法律出版社。294–317頁；以及田飛龍（2007）。〈物權法草案涉憲爭議觀點評述與思考〉，《江蘇警官學院學報》。1期。

24. 參見陳端洪（2008）。〈論憲法作為國家的根本法和高級法〉，《中外法學》。4期。

25. 參見張千帆（2006）。〈憲法的用途與誤用——如何看待物權法中的憲法問題〉，《法學》。3期；韓大元（2006）。〈由物權法（草案）的爭議想到的若干憲法問題〉，《法學》。3期。

26. 參見童之偉（2006）。〈物權法（草案）該如何通過憲法之門——評一封公開信引出的違憲與合憲之爭〉，《法學》。3期；童之偉（2006）。〈再論物權法草案中的憲法問題〉，《法學》。7期。

是一個規範主義者，但他確實意識到不能簡單地依附自由規範主義而導向民法學界一邊，而應該從中國憲法的文本出發透視中國憲法的精神結構。童之偉的理論結果就是，支持了鞏獻田的違憲論，並突顯了中國憲法學內部保守規範主義與自由規範主義的規範性衝突，儘管在這種突顯過程中他本人似乎想追求一種相對中立客觀的理論姿態。

綜上，無論是「良性違憲」問題所展示的修憲無法作為日常化的根本法治模式的困境，還是憲法原則衝突問題所展示的「增量式修憲」過程中延遲憲法決斷和憲法體系的原則性清理所帶來的立法與政策辯論中的「各說各話」的溝通性障礙，都說明中國的根本法治之進步需要在修憲程式之外發展出有效回應違憲審查需求的日常化的制度機制。不過，這種制度機構未必一定是「司法憲政主義」式的司法審查，也可以是（嚴格而言更應該是）一種可歸屬於「政治憲政主義」的立法審查機制。而中國根本法治目前的實際困境是，具有立法審查性質的、由《立法法》加以規定的法規備案審查程式十年來並未「程式化」，而這十年來由公民提交的違憲審查申請伴隨着每一次的「突發公共事件」，增長迅猛，由此造成制度的實際供給與公民的實際需求的嚴重失衡，長此以往將顯然不利於中國的政治穩定和憲政進步。當然，是否實質性啟動這一審查程式取決於政治上的決斷，不過延遲決斷將可能導致助推社會運動烈度並強化法律精英尋求其他方案的可能性。

2. 司法憲政主義：理想追求與體制遭遇

對法治理想的司法化追求是一種理性主義和貴族制的產物。在西方法律傳統中，法官是一個古老而偉大的職業，代表着理性與正義，身披護法者的光輝。法官身處近代以前的貴族行列，是所謂定分止爭、恢復和諧與正義秩序的「最後一道防線」。英國《自由大憲章》

中所載之自然正義（natural justice）原則即屬於基本的司法原則。在近代，理性化的司法傳統遭遇民主浪潮的衝擊，司法的防護重點從「一個人或少數人的暴政」轉向「多數人的暴政」，由此衍生出現代憲政中司法審查與民主的長期理論與實踐糾葛。[27] 西方在自身深厚的司法傳統基礎上，借助現代法學家和憲法法官的長期努力，終於證成了一種「司法憲政主義」，使得法官成為「憲法的守護者」。[28] 司法憲政主義的基本要點是司法獨立和憲法司法化：司法獨立是法律作為專門技藝（科克傳統）和法律人自治的規範訴求；憲法司法化是司法傳統應對現代民主挑戰的制度性回應。司法憲政主義推崇通過司法和法官主體將重要的政治社會爭議轉化為法律爭議，通過司法過程的理性論辯予以裁決，從而樹立法律統治權威，增進社會理性共識。司法憲政主義之優越性，通過以下兩個基本論斷獲得證成：（1）現代憲法中的基本權利具有可共識性；（2）司法過程在解決基本權利衝突時比政治過程更加理性可靠。[29]

如前所述，新中國前30年的司法處於政治社會運動的邊緣，在治理框架中的地位微弱。改革時代的司法則有所不同。儘管中國並無司法獨立和憲法司法化的傳統，但接受西方法學教育或通過法學著作之翻譯來了解西方法治的法學家們，對於「司法」抱持着一種理想性的追求。改革初期關於恢復司法的決定，還具有一個不可忽視的歷史背景，即吸取文革時代「大民主」的教訓，通過法律和司法追求國家治理的理性化。保護個體的人身與財產權利。上世紀八九十年代在法理學、訴訟法等領域展開的關於司法獨立的討論、三大訴訟法的制訂，

---

27. 這在美國19、20世紀的憲法學中尤其突出。

28. 施米特是個例外，他認為總統應成為憲法的守護者。參見〔德〕卡爾·施米特（Carl Schmitt），李君韜、蘇慧婕（譯）（2008）。《憲法的守護者》。北京：商務印書館。

29. 這樣的論斷受到一些批判法學論者的批評，如 Mark Tushnet (2010). *Why the Constitution Matters?* London: Yale University Press.

以及肖揚時代的司法職業化改革對於推進中國司法的規範建構和具體法治的進步起到了重要的推動作用。遺憾的是，無論是在司法獨立層面，還是在憲法司法化層面，改革時代的法治之路並非坦途，時有挫折與反覆。

就司法獨立論題而言，中國的司法獨立受制於集體性、地方性和有限性的局限。1982憲法和《法院組織法》規定了審判獨立，但其獨立主體是法院而非法官，即所謂的司法獨立是集體性質的，這與西方規範化的司法獨立機制具有重要的制度性分別。中國的法院是「人民法院」，其內部設置與運動方式與政府的其他部門具有高度的同構性，審判不過是被當作一種普通「業務」來對待，未必是一種西方人苦苦守護的「專門技藝」。因此，「復轉軍人進法院」就並不奇怪了。在集體性質的審判（司法）獨立機制中，法官個人須服從院領導、庭領導及審判委員會的多層指導（或領導），而法院作為集體也經常受到政治、行政系統的指令性指導或安排，比如法院參與地方拆遷。中國司法獨立的地方性指的是在中國的地方政治生態系統中，法院在人事和財政上受制於地方政府，因而在審判上也受到地方政府的實際控制，從而導致其具體裁判偏離法律規範的要求。中國司法獨立的有限性，指的是法律僅僅規定法院對行政機關、社會團體和個人獨立，並未規定對人大系統和黨的系統獨立。僅對行政獨立的司法，距離法學家們的理性顯然還比較遠。司法獨立更重要的方向是對政治系統獨立，僅以法律為依據行使審判權。法律上規定了法院相對於行政獨立，但實踐中由於司法地方性的存在，行政對司法的干預還很嚴重，而法律上未規定法院相對於人大系統和黨的系統地獨立，則實踐中其獨立性更加沒有保障。在制度實踐上，人大系統曾經長期通過「個案監督」干預司法，飽受批評，後經2006年的《監督法》予以廢止；黨的系統則通過政法委對法院實行「對口」指導（或領導）。中國司法獨立的制度安排與實踐狀況表明司法的制度特性（比如專門

性、獨立性、法官權威）並未在憲法與組織法上獲得充分的體現與保障，司法系統被設置成政治系統的延伸部分，作為「工具」性裝置而存在。於是，改革30年的法治理論研究中，司法獨立便成為法學家反覆申辯和意圖推進的主題。在司法系統內部，接受西式法學教育的法律精英，也試圖在既定體制之下推動審判獨立和司法職業化。肖揚時代相繼制訂的最高人民法院第一、第二個五年改革綱要，就是這一思路的集中體現。然而，基於兩點原因，司法職業化在2000之後逐漸遭遇體制性挫折：一是2000年之後的「憲法司法化」討論逐漸超越了司法的範圍，而觸及了政治體制改革的命題，導致政治系統的反彈，司法職業化明顯放緩；二是改革過程積累了大量的政治社會矛盾，群體性事件高發，單純推進司法職業化無法有效面對社會糾紛解決的新形勢，多元解決機制、調解等重新成為黨政者的制度選擇，司法經歷了一個「職業化」與「大眾化」的平衡過程。今天看來，司法系統的職業化之路儘管放緩，但並未中斷，司法解釋制度和案例指導制度牢固確立，並鞏固着中國司法的「審判獨立」，甚至出現了某些制度創新（如「行政審判白皮書」）；但司法的大眾化也在迅速發展並在司法解決糾紛中發揮着重要作用（如「陳燕萍經驗」）。[30]這樣一種平衡格局，倒也並非如某些法學家擔憂的那樣會造成「法治的大踏步倒退」。法治之所以不可能顯著倒退，主要理由在於改革30年形成的具體法治領域的「部門法自治」和司法系統自主性的「自主」生成。

憲法司法化則是改革時代根本法治領域更加令人矚目的法治現象。司法獨立未必能夠直接推導出憲法司法化，前者是一種古典法治現象，後者是古典法治面對現代民主挑戰的制度性回應的結果。改革30年裏關於司法獨立的基本研究，主要功能有二：一是進行司法文化

---

30. 「陳燕萍經驗」，參見田飛龍（2010）.〈權力倫理、司法功能與中國式的法官標準〉，
《人民法院報》2010年2月5日。

的啟蒙；二是推進具體法治。但憲法司法化顯然具有更加深刻的制度變革意義。最早明確提出「憲法司法化」主張的是北京大學法學院的王磊教授，其主要根據就是憲法的法律性。[31] 這只是憲法學者對憲法之司法適用的學理性探討。真正使「憲法司法化」成為學術界與社會層面熱議之主題的，是2001年的「齊玉苓案」。該案涉及一名山東考生齊玉苓，被以侵犯姓名權的方式侵犯了憲法上的受教育權的司法救濟問題。針對山東地方法院的司法請求，最高人民法院於2001年8月13日作出法釋〔2001〕25號《關於以侵犯姓名權的手段侵犯憲法保護的公民受教育的基本權利是否應承擔民事責任的批覆》，其要點是：「陳曉琪等以侵犯姓名權的手段，侵犯了齊玉苓依據憲法規定所享有的受教育的基本權利，並造成了具體的損害後果，應承擔相應的民事責任」。同日，最高法院民一庭庭長黃松有法官在《人民法院報》發表專題評論文章，明確支持憲法的司法化。[32] 儘管該案並非典型的司法審查案件，也未明顯涉及國家公權力的行使問題，但其所包含的學術價值與憲政意義是不可低估的。或許正因為該案作為憲法案件的非典型性（只是普通的民事侵權案件），最高法院才敢於搞「擦邊球」，劍走偏鋒，否則如果是涉及國務院法規或全國人大法律的違憲審查問題，它是絕對不敢越雷池一步的。但是，案件是否典型也許並不重要，重要的是最高法院救助這一司法批覆，在中國憲政框架中表明了自己的下述立場：憲法上的基本權利受司法保護，遇到侵害時法院應予以司法救濟；憲法條款可以作為法院審判的直接依據。許多人將該案與美國1803年的「馬伯里訴麥迪森案」相提並論，希望藉此開啟中國的「司法審查」時代。自「齊玉苓案」始，違憲審查研究和基本權利研究便成為中國憲法學最主要的學術主題，藉此產出

---

31. 王磊（2000）。《憲法的司法化》。北京：中國政法大學出版社。

32. 黃松有（2001）。〈憲法司法化及其意義〉，《人民法院報》2001年8月13日。

的論文、評論、專著和譯著汗牛充棟。然而，七年之後，最高法院又明確廢止了齊玉苓案的批覆，同時開展「人民司法」重建運動，標誌着肖揚時代的司法職業化和憲法司法化的理想訴求走入低谷。其實，在齊玉苓案的熱烈學術討論中，也有不少學者對「憲法司法化」持反對和疑議的態度，有人直接指出了憲法作為司法判斷依據和違憲審查依據的制度性差異。不過，憲法學界的多數學者還是對該案及其開啟的「憲法司法化」論題持熱烈支持和參與的態度。同一時期，以張千帆教授為代表的「海歸派」憲法學者，開始將美國「職業主義」憲法學知識體系相對系統地引入中國，[33] 更加強化了中國憲法學者對「憲法司法化」的理想追求。但是，許多論者可能遺忘了一個重要事實：1803年的美國有着判例法傳統，「馬伯里案」儘管沉寂數十年，但卻可以作為「先例」而具有法的效力，從而在普通法的意義上確立了司法審查權；2001年的中國承受的基本上是大陸法的傳統，判決不具有「先例」效力，如果缺乏憲法上的明確權力根據，最高法院不可能獲得穩定、持久、有效的違憲審查權。更重要的是，與司法獨立可大致局限於具體法治領域不同，憲法司法化已經深入了憲政體制內部並提出了憲法變革的「隱性」（司法系統內）或「顯性」（司法系統外）訴求。學者在推動「憲法司法化」的理論討論與制度實踐時，顯然絕對不會滿足於「齊玉苓案」的「司法判斷」層面，而是將其引向美國式或德國式的「違憲審查」層面。這樣一種憲法變革訴求所導向的是一種政體革命，在中國目前的憲政體制內很難獲得諒解與接受。由於中國憲法一直將人民代表大會作為根本政治制度，在其他轉型國家貌似「阻力最小」的司法審查改革方案，在中國可能恰恰是阻力最大的方案。由於憲法司法化無法獲得政治上的諒解與接受，儘管

---

33. 主要作品為張千帆（2000）。《西方憲政體系・上：美國憲法》。北京：中國政法大學出版社；張千帆（2001）。《西方憲政體系・下：歐洲憲法》。北京：中國政法大學出版社。

學界不斷呼籲和推動，但憲法層面的回應幾乎沒有，而最高法院更是在2008年明確廢止了涉及憲法司法化的「齊玉苓案」司法批覆，從而表明了中國政府對「憲法司法化」的明確政治立場，同時也提示我們，改良型的憲法改革需要別尋他途。

總體而言，中國司法在改革30年中確實獲得了重要的發展，在糾紛解決與社會治理層面初步確立了法治的基本架構，但還存在若干值得進一步探索的關鍵性問題。就司法獨立而言，中國的司法獨立具有集體性、地方性和有限性，司法獨立的品質不高，但通過肖揚時代的司法職業化建設與最高法院司法解釋、案例指導機制的成熟運作，其系統獨立性又有所增強，甚至在「行政審判白皮書」機制上顯示出了一定的司法能動性。就憲法司法化而言，由於其無法對抗中國憲法中的黨的領導原則與人大至上原則，難以獲得憲法體制的諒解與接受，故逐漸被邊緣化而喪失了引導中國憲法變革的可能性。不過，憲法司法化確實是成熟憲政國家的法治標誌，是司法憲政主義的核心，中國當下改革無法容納這一制度，並不意味着相關的學術研究沒有價值，更不意味着中國的遠期憲法改革不需要認真思考建立某種穩健而有效的違憲審查機制。就根本法治層面而言，如果憲法司法化暫時無法獲得政治考慮，是否還存在其他的模式或路徑呢？最近幾年在憲法學界興起的「政治憲政主義」，試圖回答這一問題，試圖通過對中國憲法中的政治內涵的實證分析與規範證成來彰顯更加完整、真實、富有實踐理性的「中國憲法」。關於「政治憲政主義」與「司法憲政主義」的關係，高全喜教授有個說法很是精闢，即「用政治憲政主義之手摘取司法憲政主義之果」。[34] 英國政治憲法學者則將二者界定為「共存而優先」的關係，政治憲政主義與司法憲政主義共存於英國憲法之

---

34. 高全喜（2009）。《從非常政治到日常政治——論現時代的政法及其他》。北京：中國法制出版社。3頁。

中，但政治憲政主義具有優先性，能夠更好地保障政治平等和「無支配」的共和主義自由。[35]

3. 政治憲政主義的興起：轉型法治的理性化

　　前面提及具有強烈規範主義品格的司法憲政主義在中國憲政改革的進程中逐漸成為學界的主流聲音，並借助「齊玉苓案」與最高法院之間形成了某種製造中國之「馬伯里案」的合謀性嘗試。這一嘗試過程在學術上成果豐碩，關於司法審查的比較研究一時蔚為大觀。不過，由於這一進路的立足點並非中國自身的憲法結構，而是一種理想意義上的憲法及其實施機制，故學術理想與體制現實之間存在一個無法簡單跳躍的「政體革命」之坎，強行跳躍有可能導致中國的漸進改良型的憲法改革被不自覺地重新引上一條激進革命之路。憲法學在總體上具有保守改良主義的品質，是通過法的理性和程式約制革命激情的規範技藝，因此，以純粹理想為依憑的激進革命並非憲法學的理性本質。在司法憲政主義的思想訴求受阻、司法改革基本上運作於具體法治層面時，部分憲法學者通過調用法德公法思想和英國憲法學資源，提出了「政治憲政主義」的主張，試圖為中國憲政轉型提供一種更具實踐理性的「政治憲法學」。這一進路的主要代表人物是陳端洪教授和高全喜教授。

　　2008年8月，北京大學的陳端洪教授發表〈論憲法作為國家的根本法與高級法〉一文，首次正式提出了「政治憲政主義」的主張。該

---

35. See Richard Bellamy (2007). *Political Constitutionalism: A Republican Defense of The Constitutionality of Democracy.* Cambridge: Cambridge University Press. 中文書評參見田飛龍：〈共存而優先的一種常態政治下的政治憲政主義──以貝拉米教授的《政治憲政主義》為中心展開〉，未刊稿。

篇論文是對中國1982年憲法的整體結構與精神的解釋，充滿了政治憲法的理性色彩，是憲法學界內部學術反思能力與建構能力的一個突出標誌。陳教授在這篇具有開創性意義的論文中嘗試提出了中國憲法的「五大根本法」並進行了基於論理的排序，概述了英國「政治憲法」的近期學術史，張揚了政治憲法與共和主義的思想性關聯，甚至最終提出了基於「主權者護憲」預設而生成的多層次違憲審查體系。有個觀點陳教授提得很大膽，就是由共產黨中央承擔違憲審查之責，這在中國當下所有的憲法學者的知識構圖中絕對是一個盲區。陳教授焦慮的是，如何在後現代「去主權化」和「去政治化」的語境壓力下，以憲政的方式建構理性的中國主權和政治。他有勇氣直面根本的時代疑難問題，並且進行了很艱苦的知識準備和理論論證。陳教授在學術思想上受到施米特政治法學的影響，但他的理論資源不限於此，還延伸至「早期現代」的法國啟蒙思想家那裏，主要是盧梭，還有西耶斯。陳教授對西耶斯的文本是下了功夫的，用劉蘇里的話說，這是在用「西耶斯」拯救「盧梭」，試圖在學理上勾連純粹的人民主權與實踐性的代表制民主。陳教授提出的中國「政治憲政主義」的制度要點是：黨內民主、議會民主、資訊公開和公眾參與。陳教授自2004年以來，即開始從主權理論和制憲權理論的線索進行知識準備，並漸次對中國憲法的結構性問題進行分析、診斷和建議，形成了《憲治與主權》（法律出版社，2007）和《制憲權與根本法》（中國法制出版社，2010）兩本理論專著。陳教授的問題意識根源於憲法學內部的反思，比如對2001年以來圍繞「齊玉苓案」而興起的「憲法司法化」學術潮流的冷靜反思、對中國憲法整體結構與精神被「規範」和「文本」在技術上橫加肢解的痛惜，以及他自身在知識儲備上重新以「主權」為抓手所獲得的不同於主流憲法學家的對憲法的政治性理解。

高全喜教授則更多地從思想史和歷史的雙重維度，「催生」所謂的政治憲法學的問題意識。首先是中國憲政階段的思想史定位。高教

授的一個經驗觀察和基本判斷是：中國始自鴉片戰爭的近現代過程的
基本歷史目標是「立國」（國家構建）和「新民」（理性公民），但
這個歷史性的建構目標一直未能完成，中國在思想史上仍然類似於
西方近代國家創制時期的狀況。為此，高教授提煉出了「早期現代」
（Early Modern）這個關鍵性的概念，他所謂的政治憲法學就是要從
類似於西方的「早期現代」的問題意識和理論結構中析出，因而是一
種時間化的憲制發生學，大致分辨為以下三條基本線索：「戰爭—
革命」、「財富—財產權」和「宗教—心靈」。其次是對中國憲政階
段的歷史定位。高教授指出，1840年以來中國的政治與文化精英對
於「立國之道」進行了持久而悲壯的探索，總體而言並不十分成功，
當代人要承繼此種歷史責任；就憲法學現象而言，中國近現代過程中
相繼出現了「第一共和」與「第二共和」；所謂「第一共和」指的是
1911年締造之「中華民國」，它甚至是亞洲第一個現代共和國，第
一共和最終導向了孫中山開啟的「政黨國家」；所謂的「第二共和」
指的是新中國，其憲法的終極困境也源於「政黨國家」問題；所謂的
兩岸統一問題，在根本上是憲法統一的問題，或者説是「第一共和」
與「第二共和」的制度性綜合的問題；對於這樣一個連綿不斷的中華
民族憲法統一的過程，依據單一文本（規範）的憲法解釋學和規範憲
法學根本無法承載，如果我們拘泥於單純的技術性準備，就可能罔顧
了中華民族的統一大業，也不可能清晰判斷出「共和建國」的時間屬
性與政治內涵。[36]

　　這裏需要對二位元元教授的問題意識略加簡要的總結和補充。現
在的憲法學者過多地關注共通的價值規範和法官的解釋技術，缺乏立

---

36. 參見高全喜、田飛龍（2011）。〈政治憲法的問題、定位與方法〉，《蘇州大學學報》（哲
　　學社會科學版）。3期。

憲者的深沉意識和整體關懷，面對中國豐富複雜的政治憲法內涵和變動不居的時代變化，以及共和建國的結構性問題，竟然由於學術視界的相對窄狹而將諸多「非中國」的問題「中國化」了，卻將「真實的中國」問題「非問題化」了。更準確地講，這是一種「去政治化」的政治，然而一個現代民族如果未經紮實有效的政治成熟過程的錘煉，在邏輯上一步跳躍到「法治的理想國」，其精神結構肯定會扭曲變形。很多缺乏反思和審慎意識的發展中國家就是如此。所以，我個人認為政治憲法學就是要挖掘中國真實憲法決策過程中的經驗、程式與規則，分離出其中的主導性原則和理性規則，將本民族現代政治實踐的成果理論化和制度化。其實，中國憲法文本本身也並非完全是「權利規範」，所謂的「本民族現代政治實踐的成果」更多體現於憲法的序言和總綱之中。因此，政治憲法學也存在強烈的規範意識，絕對不是有些憲法論者所誤解的那樣，以為政治憲法學是「憲法政治學」或「法社會學」。政治憲法學的內部問題意識，既產生於對中國憲法現實的痛惜與反思，也產生於憲法文本內部的政治規範及其與真實憲法決策過程的制度性聯繫。政治憲法學重視憲法的真實規則的發現，及其與憲法政治原則的關係。通過社會科學方法發現的憲法規則相當於「原料」，憲法文本中的「原則」相當於「轉換機」，政治憲法學的工作就是在搜索、確認並生產「憲法規範」，同時使得被憲法學者責之並避之的憲法政治原則獲得具體化，使得一國之憲法實施與變遷始終保持一種具有真實政治內涵的、重視事實發現與規範過濾的有機過程（constituting）。但是這裏的發現和解釋並不主要由法官承擔，並不只針對或過分拔高「權利規範」。我覺得如果憲法解釋學要保持自身的純正性，就必須大致局限於憲法的規則解釋；其解釋方法之開放性結構一旦進入憲法上政治原則與規範的處境之中，作為法解釋論立場的憲法解釋學就可能喪失其理論正當性，而作為其視角預設和應用情境的司法場域，也可能因為過度政治化而喪失憲法上的正當性。

從制度層面而言，政治憲政主義認為就轉型憲政的基本目標而言，憲政民主優於司法審查。我們認為在憲政轉型時期，通過民主政治過程的制度強化，來實現憲法上公民的參政權利優先於精英化的法治主義，且更能被憲政體制所容納。有些法律學者認為司法審查是「阻力最小」的方案，最為穩妥安全，這可能只是一種外國憲法學結論的簡單套用，並未對中國憲法體制進行細緻辨認和科學解釋。根據我們國家的憲政體制，採取以司法至上為前提的違憲審查，同時需要突破三個主要障礙：首先要改變我們的國體，即人民民主專政，其核心涉及對黨的領導的結構性變革；然後要改變政體，即人民代表大會制度，將「人大至上」這一憲法原則修改為「司法至上」，中國憲法中明確宣誓人民代表大會是最高權力機關，法院是由它產生、對它負責的法律機構，這一改變恐怕不易；再次是通過法院馴化「行政權」，改變「行政主導」的憲法慣例，貫穿中國歷史的「行政主導」既沒有被革命激進主義打斷，也沒有被改革以來的法治主義潮流所馴化，至今依然重任在肩，生機勃勃。如果不進行大幅度的憲法改革，司法審查的方案就是「阻力最大」的方案。而依託人大制度的「憲政民主」進路可能是更加合理的選擇。方案的選擇顯示了學者的規範主義焦慮，但他們實際上並沒有對於中國改革以來的政治進程議題優先性、憲政轉軌路徑可能性進行認真的評估，更多的是一種理想的理論推進，或者是知識的主義化，然後在文人式的道德熱情與道德煎熬之間徘徊。而憲政民主的進路，則是更多的從民主優先、民主程序理性展開角度來講，更加符合憲法學者的保守理性和憲法的妥協與實踐精神。這種憲政民主側重從民主的審議性和社會自治性角度切入，並對相關的民主訴求提供制度保障。這裏側重對民主品質和制度理性的觀察，而不是一種關於選舉民主的形式主義觀察。民主的審議性，意味着要着重以人大制度為核心展開民主建構，從代表性、公開性、辯論性和作為補充形式的公眾參與性等要素入手，提升中國人大系統的制

度化能力，使之能夠對人民的政治訴求保持敏感和吸納，能夠及時通過立法的審議過程整合利益，疏導衝突，通過法律的規範化生產和法律尊嚴的嚴格維護來確立自身的憲法性權威。對照現實，人大制度中的民主審議性非常欠缺，缺乏自覺意識和制度保障，因而需要認真對待。同時，我們要正視「行政主導」在中國憲政體制中的合理性及其馴化訴求，通過行政程式法規範行政過程，側重在政府資訊公開和公眾參與兩個維度加強制度建構，激勵公眾在程式內進行表達和維權，將行政過程作為中國政治民主的「分論壇」加以建設，面對現實處境延展政治民主的制度視野和功能區段。除了圍繞人大制度的體制內民主之外，社會自治民主也非常關鍵，甚至更加根本。國內學界對憲政的理解日益呈現出一種水果拼盤式的平面化思維，喜好以最完善的憲政樣本（如美國憲法）為對象進行描摹，但缺乏一種嚴謹的思想性品格。我對憲政的理解是結構主義的。我認為1789年法國的人權宣言對憲政的理解就是一種結構主義的理解——「凡分權未確立和權利未獲保障的社會，便沒有憲法」。「分權」來自於孟德斯鳩，代表國家權力內部的結構主義思維，康德更是為這種結構思維提供了形式邏輯的證明。「權利」來自洛克的自由主義政府理論，表示國家的有限性，國家與社會之間通過「權利」形式實現分權，「權利」不僅在消極意義上抵禦國家的侵犯，還在積極意義上構成社會自治的正當性基礎。我們後來談人權，更多的談違憲審查的技術，在我看來人權還具有國家與社會分權的重要意義，這一點對於自由，對於現代憲政更加關鍵。這剛好接上了中國改革第二期的社會建設。社會建設的本質應該是社會主體性的確立，而且標誌就是社會自治能力的成熟。但我們的社會建設更多地強調民生，更多地強調對於公平的分配性的解決，而缺乏對於社會主體性的肯認，這樣的社會建設在指導思想上顯然是存在結構性缺陷的。我們一方面在拼命地做以民生為重點的社會建設，另外一方面又投入巨大的經費（甚至超過國防經費）來維穩，反

政治憲法的中國之道

映出來我們建設的並不是一個社會，我們所強化的仍然是用各種方法維持穩定。因此，民生建設甚至可能淪為懷柔式的維穩術，而喪失對於「社會主體性」的自覺與堅持。這顯示出我們並沒有真正發揚社會主義民主的精神，沒有認識到社會應作為國家之下與政府相對的秩序系統，而真正的「穩定」在於社會在法律框架內自我運行的穩定。我們通過開放的民主審議和社會自治來推動民主的理性成熟和社會公共領域的充實發育，這樣可以最大可能地規避急速民主化帶來的秩序危機，實現和平穩定的憲政轉型。

政治憲政主義和政治憲法學的興起，是中國改革的重心移向政治社會領域之後的一種學術自覺。這一領域的研究儘管由於既往的學科細化與學科間阻隔而未能獲得充分有效的開展，但伴隨着這一學術自覺地深化，以及中國憲法領域改革議題的迫切壓力，這一新興進路的研究日益得到憲法學內部有識之士及部分政治學者的呼應，出現了「法政學人」和「法政思想」的學術生產新機制。[37] 我們認為，政治憲政主義的興起，標誌着中國轉型法治的理性化，適合作為更具競爭力的解釋框架與建構框架來打造。我們也注意到國內政治改革與法治政府建設領域的新動向，比如資訊公開和公眾參與成為法治政府的建設基點，強調公民的「知情權、參與權、表達權和監督權」，政治與立法領域日益開放並逐漸包容形式靈活多樣的民主參與，政府責任機制也在法治軌道上獲得了一定完善，黨內的民主與法治的改革力度也在逐步加大。這些基本上不屬於傳統的「司法憲政主義」的範疇，不屬於法學比較研究的對象，但確實中國「政治憲政主義」的有血有肉的實踐形式。當然，這些實踐還需要更加系統巨集觀的法政理論來總

---

37. 高全喜教授主編的《法政思想文叢》是一個典型代表。關於該文叢的法政思想旨趣的分析，參見田飛龍（2011）。〈中國法政事業與思想責任──「法政思想文叢」的時代抱負〉，《經濟觀察報‧書評增刊》。8月號。

結和指導，「政治憲政主義」無疑是一條有益的探索路徑。如何實施中國的憲法這一根本法治問題，在新的改革30年裏必須獲得某種規範化的制度解決，「政治憲政主義」正是為了回應這一根本問題。

三、具體法治：從私法優先到公法崛起

儘管改革30年間，中國法治在根本法治（憲政）層面進步有限，而且前景並不十分明朗，但在具體法治（即各部門法之治）領域卻成果豐碩，我稱之為「部門法自治」。改革之初的具體法治集中於刑法、民法這兩個基礎部門法領域。其中刑法屬於非典型公法（典型意義上的公法是指憲法和行政法），在改革初期的主要任務是迅速恢復社會基本秩序，為經濟發展提供穩定條件。而民法屬於典型私法，在改革初期的主要任務是為商品經濟的恢復發展提供制度保障。這兩個基礎部門法在改革的最初20年裏初步建立了相對穩健的社會秩序與市場秩序，成為具體法治領域的根本支點。隨着經濟社會領域秩序的恢復，政府與市場、政府與社會的關係開始出現各種弊端與問題，官民關係開始成為中國法治建設的焦點，行政法因此從1980年代後期逐步崛起，並在市場經濟與法治國家的雙重要求下不斷探索優良治理的制度機制，形成了改革時代「公法之治」的獨特風景。概括而言，「部門法自治」的基本特點如下：（1）形成了相對獨立的學術話語體系，並對國家的立法與司法產生直接的影響，部門法領域的立法和司法政策制訂逐漸成為學術界的「自留地」，公眾和其他部分人員很難有效介入；（2）在司法系統中有對應的司法組織，部門法學界通過法官培養、業務交流、專家意見等各種形式對具體司法政策及其裁判要領予以指導，形成寬泛的「學術—實務」共同體；（3）律師規模化發展並出現了「公益維權」的制度化和模式化，有效制約政府機構的「違法」動向；（4）缺乏與實證憲法的有效對話和溝通，其

正當性基礎在價值上依賴於超實證的「理想規範」，在制度上依賴於黨政領導層對部門法自治目標的政治確認。不過，對「部門法自治」現象應該辯證看待：一方面，這是改革時代具體法治的最為實際有效的成果，對於法治文化啟蒙、社會糾紛解決、治理機制探索起到了直接的支撐作用，需要得到鞏固和發展；另一方面，根本法治相對滯後導致了中國法治整體性塑造的某種結構性困境，而具有「自治」性質的部門法在更加複雜的社會衝突情景中也日漸難以自洽，從而必須在「自治」的前提下面向根本法治尋求更加寬厚的正當性基礎。

就改革時代具體法治的走向而言，基本的規律是：從「私法優先」走向「公法崛起」，公共治理與官民關係的法治化成為當下具體法治建設的重心。因部門法領域眾多，該部分重點選擇三個部門法領域加以介紹和評論。

1. 刑事法治的演進：從「程式自治」到民意參與

1979年，全國人大優先制訂推出了兩部關鍵性的刑事法律，即《刑法》和《刑事訴訟法》。據說優先制訂這兩部法律是為了審判「四人幫」的需要，因為文革時代沒有刑法典，原公安部的刑事規章又顯得位階太低，缺乏民主正當性基礎。從形式法治而言，這種為了追究既有「罪行」而趕制法律規範的行為，顯然違背了「法不所溯及既往」的法治原則。但是，由於「四人幫」的罪行具有明顯的反社會、反人民的性質，而1979年的刑事立法又具有制度轉型的深刻意義，這種審判就具有某種「政治決斷」和「自然法」的意味，其正當性不取決於形式法治的規範性，而取決於政治決斷的合格性。當然，1979年的立法者優先制訂刑法絕對不只是出於審判四人幫的權宜考慮，而是確立一種穩定社會秩序的根本方略，即刑事法治。當然，由「亂」而「治」是一個逐漸實現的過程，而「運動式治理」的思維也

沒有完全從刑事法治領域驅逐出去，所以整個80年代的刑事法治儘管有1979年兩部法律的程式性制約，但刑事追懲機關違背正當程式侵犯嫌疑人基本權利的現象還時有發生。這一時期刑法學研究的重心，已經逐步由「打擊犯罪」轉向「保障人權」，而「保障人權」的主導性機制就是訴諸「正當程式」，改革時代的刑事法治也逐步消褪其「專政刀把子」的原初形象，在刑法學界和整體法治輿論環境的推動下出現了「程式轉向」和「程式自治」。

1997年，在總結十餘年刑事法治經驗的基礎上，《刑法》和《刑事訴訟法》分別進行了大幅度的修改，「反革命罪」被取消，罪名體系和刑罰體系在「罪刑均衡」原則下獲得了較為完善的調整與梳理，刑事訴訟法強化了對犯罪嫌疑人的正當程式保護。此後，「罪刑法定」成為刑事實體法的第一原則，「程式正義」成為刑事程式法的第一原則，在學術界與實務界的協力互動之下，一種規則主義取向的、程式自治型的刑事法治初步形成。不過，這樣一種「部門法自治」的存在必然與政治系統和社會系統產生某種制度性張力。一方面，程式自治型刑事法治與「受害人正義」之間產生緊張。劉湧案、藥佳鑫案、李昌奎案等均屬此類，反覆提示着刑事法治所根植的政治社會背景及所謂的「程式自治」的有限性，司法如何回應社會正義觀、如何與「民主」、「民意」溝通成為中國刑事法治的新課題。在此方面，刑事法治共同體的回應並不十分成熟。另一方面，程式自治型法治可能遭遇到政治系統「運動式」和「工具式」治理的反彈，如何維護刑事法治的正義內核，也在考驗改革時代具體法治的制度生命力。這方面以重慶「打黑」中的李莊案為典型。慶幸的是，經過全國性的法學家和律師群體的「組織化」維權，李莊案最終以重慶方面主動撤訴告終。這既表明李莊案中的重慶司法行為侵害到了刑事法治的正義內核，從而違背了改革以來刑事法治發展的正確方向，同時也表明全國性的刑事法治共同體初步形成並具有角色自覺和組織化行動能力。

司法與民意的關係顯然是糾纏在中國「程式自治型」刑事法治肌體上的關鍵性關係，二者之間又因中國司法的不獨立性和司法腐敗而日益加劇。法學家習慣於將「民意」建構為一種非理性的意見存在，在關鍵性案件中強調法律的形式理性和專業特徵。然而，這樣一種職業主義的回答，並不能夠解決二者之間的緊張關係，「民意」也顯然並不必然是一種非理性的存在。就在2008年，中國的刑事司法領域相繼爆出了「許霆案」和「楊佳案」。前者在民意與法學家的集體努力下獲得輕刑處理，後者儘管也有類似的民意與法學家呼籲，但仍然被最高法院核准死刑。如果再聯繫幾年前著名的「劉湧案」，刑法學界與民意產生了嚴重的對立，而司法最終順應了民意。這些案件還有一個共同的特點，即都不純粹是一個司法案件，而是一個公共事件，有關「民意」、「良知」、「民主」、「法治」等時代熱詞相互糾纏膠着，攻守易形，各有斬獲——既非「法治」永固，也非「民意」常勝，這一幅幅時代畫面背後反映了怎樣的問題與邏輯？民意的良知邏輯與司法的法治邏輯之間到底存在怎樣的關係？這裏筆者試圖通過「民主」這一規範性仲介對二者進行勾連，以解析相互間關係的複雜流變。

現代國家的民主，其規範性主導模式為代議民主，中外皆然。在代議民主的理論邏輯下，自由平等的選民通過選票向議會輸送自己的利益代表並組成議會，由議會制訂法律作為國家生活的基本準則。現代民主的要義在於民主立法。所謂法治，一般理解為法院嚴格按照法律裁判，實現法律即實現正義。這裏顯然存在一種合法性的傳導機制，即「個人—議會—法院—個人」；在該傳導機制上，常規傳遞的即為法律本身。這是現代國家理想的民主法治圖景，也是中國法治現代化至今仍在遵奉的規範方向。法律本身即為民意，但卻是一種間接民意，這是由代議民主的間接性決定的。這種民意反映上的間接性，同時也埋下了個案性民意與法律本身的衝突。這實際上是兩種民意之

間的衝突——假定覆蓋全體人民的規範性民意（法律）與部分人民的個案性民意。只要代議民主仍然存在，這種衝突就是永恆的。西方為緩解這一衝突，從以下方面進行制度強化或彌補：選舉民主、議會協商民主、立法中的公眾參與及司法中的陪審團制度。中國的情形是：選舉民主還不成熟、議會協商民主因人大代表的素質與專職性問題而大打折扣、立法中的公眾參與機制還不夠通暢有效、司法素質與司法獨立性還難以得到保障，等等。這導致中國的法律生產線的三個基本不足：民主不足、參與不足及司法公正不足。在這種情況下，關於個案正義的問題便常常在體制之外採取社會運動的形式——群體性事件、信訪或者公民建議書（往往有大量學者參與推動）。實際上，個案正義中社會運動形式的普遍化，證明了中國民主與法治的脆弱性：整個社會彷彿處於一種「無制度」的狀態，每個個案問題都被實質性地理解為一個立法與政治問題，常規設置的法律程式被擱置一旁，而問題的最終解決也往往是直接借助高級政治權威而非法定機構與法律理性。「民意」頻頻出場，問題、地域和階層交錯重疊，法律假想的常規秩序晦暗不明，讓我們聯想起路盧梭的「主權者出場」的政治哲學寓意。中國憲法確定了人民主權原則，但其運用應限制於制憲與修憲，由憲法生成的日常法律秩序應分配給日常國家機構維護。「民意」或「主權者」被頻繁調用，是一國秩序危機的預兆。基於這樣的觀察，不管在個案中「民意」是否勝利，社會的秩序危險都被擴大而非縮小了。作為一個法治論者，筆者願意看到一個常態規範化的民主與法治場景，看到普通百姓依靠法律在具體國家部門中獲得正義，看到「民意」與法律更多的一致而非相反。當然，社會運動的頻發絕不是普通百姓的責任，而是體制與機制提供正義的能力貧困。法律與司法如果不能建立民眾對國家正義的信心，個案正義仍然需要以不可預測的政治化社會運動過程來解決，需要高級政治權威的頻繁出現，而代議民主與法院則同時被政治權威與民眾鄙視，那麼1997年確定

的「法治國家」目標就將面臨總體性失敗。這也提醒我們正確對待信
訪工作。信訪是一種非常特殊的制度，信訪量往往和法治化程度成反
比。轉型時期社會矛盾激化，信訪需求增加，但我們需要注意國家制
度建設的常規方向是議會民主和公正司法。我們國家的政治資源沒有
能力為每位信訪者提供最終正義，但哪怕萬分之一的正義希望都可以
激發更大規模、更長時間的信訪。這樣一種正義的供求結構只能作為
國家正義制度的一種補充與例外，不能取代常態民主與法治。當然，
我們知道現代政治都應該是民主政治，回應性倫理是現代政府的基本
倫理。但須注意的是，政府需要相對地中立化與技術化，不能輕易許
諾或有意刺激民眾通過社會運動解決相關問題的聯想與行動。面對複
雜的風險社會，我們需要基本的法律理性，需要看到「民意」的個案
性頻發暴露出的立法與司法問題，並着重在常態民主與法治的制度機
制上進行改善，而不是經常性地在社會運動中直接提供政治正義。法
律的理性在於將原本具有整體性和複雜性的社會政治問題，轉化為個
別性與簡明性的法律問題，通過由民主程序保障的法律來預設類型化
個案的權利義務關係，通過法官的專門技藝提供僅限於個案（因而
非政治化）的正義。這就大大降低了「民意」的出場率與社會運動的
風險概率。當然，世界上不存在完美的民主法治國，即使美國也會出
現「辛普森案」那樣的「民意」與「法治（法律）」的激烈對峙。一
定強度的對峙本身並不可怕，可怕的是一個國家沒有能力確定規則，
將對峙進行制度化與常態化的疏導，而是一切回歸政治，將對峙風險
擴大化。總之，個案性「民意」是「民主」的餘音，我們需要強化民
主以在法律中容納更多的正當民意；「司法」是「法治」的體現，是
對法律民主性的直接保障。面對中國當下「民意」頻發的社會衝突徵
兆，我們需要保持基本的法律理性，覺察到現有民主與法治的不足，

並立足於制度化的改善與制度能力的增強。為此，下列規範性的方向
需要堅持：（1）民主立法：強化選舉民主與議會協商民主，提高中
國代議民主的品質；（2）公開立法：將立法中的公眾參與制度化與
程式化，並建立對公眾意見的回饋機制，收集更多的「代議民主」餘
音；（3）複合式正當行政：面對中國「行政主導」的現實與世界範
圍內行政民主化的趨勢，拓展「依法行政」的內涵與機制，以形式合
法、理性與民主性的複合正當結構架構中國行政框架，將相當部分的
社會糾紛內在地解決於行政過程之中；（4）精細司法：面對中國立
法品質不高的實況，着力提高法官專業素質，宣導法官發展精細的法
律解釋技術，重視法律原則與規則的結合，以合理回應個案正義。

　　可見，「程式自治型」刑事法治在「公共事件類」刑事案件中遭
遇到的民意漩渦，其所折射的問題就不僅僅是形式法治本身的缺陷，
還牽涉到法律的憲政民主基礎問題，牽涉到「部門法自治」與「根本
法治」的深層溝通問題。我們既要樂觀地看待李莊案中全國性的刑事
法治共同體獲勝的法治意義，也要看到中國的刑事法治在面對具有
「民主願意」性質的社會民意時還不具有成熟的尊重、說理與溝通技
藝，傲慢鄙視民意和簡單順從民意都將導致刑事法治的價值虛空化。
這是一個新課題，是所有的「部門法自治」形態在與其所根植的政治
社會系統溝通時必然會遭遇的普遍性命題，也是中國法治經由「部門
法自治」向「根本法治」領域滲透和擴展進而生成中國法治之整體性
存在的過程中需要細緻打磨的關鍵環節。我們有理由相信，中國的刑
事法治在文化啟蒙、制度鍛造和職業共同體行動上已經具有了相當的
健全體質和政治社會適應力。和諧司法或重慶打黑是傳統司法經驗的
某種回潮，具有一定的政治基礎和治理技術上的合理性，但不可能根
本損傷或顛覆改革30年形成的「程式自治型」刑事法治。

2. 民法與私權：奠定市民社會的基礎

　　列寧曾説過，社會主義國家沒有私法。1949年2月，北平解放前後，中共中央發佈《關於廢除國民黨的六法全書與確定解放區的司法原則的指示》，[38] 正式廢除了民國法治的系統性成果──「六法全書」。蔣介石一個多月前念茲在茲的延續「法統」的問題已經被共產黨單方面解決了。據稱，該指示是留學蘇聯並研習過法律的王明同志起草的。民法，作為典型的私法，是市民社會的基本法，是羅馬法以降西方法律文明最為基礎和最具系統性的法律部門，而公法不過是伴隨現代主權國家的建構而逐步發展起來的，其中諸多基本概念與立法技術根源於民法。作為市民社會的基本法，民法標誌着相對獨立於政治國家的市民社會的存在，也標誌着市民社會自治的規範依據。社會主義國家為何沒有私法？新中國成立前夕為何要廢除包括民法典在內的「六法全書」？這是因為，在嚴格的社會主義教義中，社會的獨立性被取消而成為國家的一部分，國家通過計劃管理方式發展國民經濟，故具有自治性質的民法在社會主義社會既沒有調整對象，也與社會主義的激進改革目標相悖。在欠缺私法系統的前提下，所謂的公法也就喪失了「保護權利」的本質功能，而成為計劃管理法。在「計劃」掛帥的時代，「市場」自然是沒有市場的。

　　改革開放以來，中共領導層面臨計劃經濟和政治運動帶來的嚴峻局面，在通過刑事法治恢復社會基本秩序的同時，通過政治決斷將國家的總任務由「階級鬥爭」轉為「經濟建設」，進而通過公有制權能的分離與一般性競爭領域的放開，啟動了市場化的經濟改革。在1978至1992年之間，中國的經濟改革在「計劃」與「市場」之

---

38. 該《指示》全文參見《人民網》，http://cpc.people.com.cn/GB/64184/64186/66650/4491574.html

間出現過重大爭論和反覆，最終以「社會主義市場經濟體制」入憲
（1993）而告終。在這一轉型時期，民法的學術研究和制度建構關
係重大。這裏必須提及圍繞「民法通則」之制訂而展開的長達七年
之久的「經濟法」與「民法」之爭。1978年的十一屆三中全會標誌
着改革總決斷的作出，1979年則是改革時期基礎法制建構的關鍵一
年，其中兩部關鍵的刑事法律順利通過，但民事基本法如何制訂卻出
現了重大爭論。1979年8月7至8日，社科院法學所在北京召開民法與
經濟法問題學術座談會，就民法與經濟法的關係及民法典的制訂問題
展開熱烈討論。有學者主張單獨制訂民法典，全面調整商品關係，
也有學者主張經濟法是獨立法律部門，應制訂經濟法典，調整經濟關
係。[39] 經濟法是新興法律部門，是伴隨一戰後德國經濟管制而逐步發
展起來的，具有計劃性與管理性的特徵。改革之初還沒有完整的「市
場經濟」概念，當時的提法是「有計劃的商品經濟」，國家基於生產
力恢復的需要放開了部分商品經濟領域，但對若干重要的經濟領域仍
然保持着較強的計劃管理。中國的經濟法學者根據改革初期經濟領域
「計劃」與「商品經濟」並存的關係提出了經濟法調整對象的「縱橫
關係説」，認為應當制訂《經濟法綱要》而不是《民法通則》，從而
既調整縱向的經濟管理關係，又調整橫向的商品交換關係。[40] 民法學
界反對「縱橫包攬」的經濟立法，主張制訂獨立的民法通則，專門
調整橫向的商品交換關係，並將橫向關係作為經濟改革的前進方向。

---

39. 參見〈關於民法、經濟法的學術座談〉，載《法學研究》1979年第4期；蘇慶、李勇
　　（1979）。〈首都政法界座談民法、經濟法問題〉，《法學動態》。19期。

40. 參見王河（1981）。〈經濟立法體系與經濟法學〉，《社會科學》。1期；楊紫煊
　　（1981）。〈制定經濟法綱要是四化建設的需要〉，載西南政法學院經濟法教研室，《經濟
　　法論文選集》1981年9月，461頁。

這就是改革初期民法學界的「商品關係説」，以佟柔教授為代表。[41]
1986年，《民法通則》頒佈，經濟法大綱從此推出改革時代的立法
議程，管制需求通過經濟單行法來回應。《民法通則》第2條規定，
民法調整平等主體之間的人身和財產關係。這就正式切割了經濟領域
的「縱向關係」和「橫向關係」，為「民法」爭取了相對獨立的法律
地位和相對完整的內容體系，為更加規範的市場化改革提供了最為重
要的法律基礎。這部法律的制訂曾引起海外的高度關注與評價，認為
這在某種意義上構成了中國人的「私權憲章」，是新中國在政治和法
律上重新確認私權地位的奠基性立法。1986至1992年，儘管有價格
雙軌制改革和1989年政治運動的干擾，但《民法通則》所指示的市
場化改革和私權保護的方向依然明確。1993年，「社會主義市場經
濟體制」入憲。在《民法通則》與《憲法》新條款的基礎上，中國
的民事立法逐漸擺脱了政治系統的不當干擾，進入「專家立法」與
「精細司法」的階段，《合同法》（1999）、《物權法》（2007）
和《侵權責任法》（2009）相繼推出，民事審判方式改革和民法的
社會文化、職業共同體日見成效。至2009年《侵權責任法》頒佈，
中國民事法律的基本部類已經齊全，剩餘的工作至多就是民法典的彙
編。改革時代的中國法治經由民法的體系化而在某種程度上接續了民
國法治乃至於羅馬法的基本精神與制度體系，為中國的市場化改革、
私權保護、權利啟蒙和契約文化的生成奠定了堅實的基礎。

這樣，中國的民法體系也呈現出了「部門法自治」的形態。民法
的發展適應了改革總決斷——以「經濟建設」為中心——的要求，其
每一步的發展並非依賴於憲法基礎或市民社會的傳統基礎，而是依賴
於大致連續的政治決斷。試想，如果1989年之後改革的目標發生了

---

41. 對該理論的綜述，參見楊立新、孫沛成（2004）。〈佟柔民法調整對象理論淵源考〉，《法
學家》。6期。

逆轉，很難想像會出現今日成體系的民事法律。應該説，民法的長足發展及其自治形態是建立在「改革共識」基礎之上的。但是隨着經濟改革中後期「改革共識」的破裂，[42] 民法也面臨着如何應對憲法基礎、風險行政管制、公序良俗的問題。

　　首先是民法的憲法基礎問題。改革時代民法的正當性基礎，除了基於政治決斷的改革共識之外，就是理論界對民法基本價值的「自然法式」的論證。前已述及，中國的修憲是「增量式」的，對於憲法修改所帶來的規範體系的內部原則衝突與緊張，缺少修憲時的審慎和必要的憲法解釋機制來加以回應。民法的「專家立法」是在政治保護下進行的，其憲法基礎並不十分牢靠。民法的實證憲法基礎問題終於在2006年的「物權法草案」違憲爭議中爆發出來。這次爭議提出了中國憲法內部原則衝突的問題，即作為既定原則的基本經濟制度條款與作為改革新原則的市場經濟條款同處於實證憲法之內，爭議雙方均可以從該部憲法中尋找到直接的規範依據，但又都認為對方的憲法依據欠缺根本性與正當性。遺憾的是，這場爭論並沒有產生出重要的憲法解釋理論，最終的解決也是政治性質的。不過，這裏無法迴避民法的實證憲法基礎問題，而且對此基礎的論證不能僅僅限於文本層面可以尋找到一兩個條款，而必須在憲法體系解釋的層面發展出具有説服力的解釋理論。這實際上提出了作為部門法的民法如何有效整合入憲法秩序之中的問題，這是從具體法治躍遷到根本法治必須加以妥善解決的問題。這需要兩方面的努力：一是民法學界需要正視其實證憲法基礎問題，在政治決斷和自然法式論證之外尋求更加妥善的、具有包容性和可溝通性的理論方案；二是憲法學界要加強與民法學的互動交流，發展憲法解釋理論以應對憲法原則之衝突。

---

42. 關於改革共識破裂的理論分析，參見吳國光（2002）。〈改革的終結與歷史的接續〉，《二十一世紀》（香港）。6月號。

其次是民法如何應對風險行政管制的問題。在民法的理想世界中，政府愈小愈好。這種自由主義式的自治理想，在現代主權國家興起前的城市自治時代或近代自由資本主義的短暫時期或許可能，但在現代「行政國家」的管制時代顯然已經不夠現實。現代工業社會所帶來的高風險，是古典的羅馬法體系及近代的民法體系所無法想像和應對的。實際上，1804年《法國民法典》剛剛確立近代民法三原則（契約自由、所有權絕對和過錯責任）之後半個世紀，民法領域就不得不應對城市化和壟斷資本主義帶來的新的國家管制問題，契約正義、所有權限制和嚴格責任，被作為民法的修正性原則引入民法體系之中。20世紀的民法更是出現了社會化與公法化的趨勢。至此，民法體系外部，已不再是由贖買關係保障的城市自治權或由近代憲法與民法典保障的近乎絕對的市場自由，而是應對現代高風險而發展起來的國家管制體系。民法在改革之初曾經戰勝過主張管制的經濟法，但在今日食品安全事故、工礦事故、交通事故、勞資衝突等交叉風險網絡之中，經濟法或行政法的管制強化必然觸及民法體系的再調整。

再次是民法的自由倫理與公序良俗的衝突問題。契約自由和財產權是民法的核心倫理，改革時代建構的民法體系所大致保障的也就是這樣的核心倫理。然而，民法畢竟是根植於具體的政治社會系統之中的，其規範指向與本土的公序良俗之間可能存在嚴重的衝突。這種衝突在傳統的婚姻家庭法領域屢見不鮮。「瀘州二奶案」反映的是遺囑自由與公序良俗的衝突問題，其所演化出的具體司法問題在於：贈與「二奶」財產的遺囑，是否因為違背了夫妻忠誠的公序良俗義務而無效？該案中，「民意」的參與熱情高漲，這在民事司法領域並不多見。「空床費契約案」反映的是夫妻雙方的自由契約，可否解除雙方之間的忠誠義務及對子女的關愛責任。[43] 最近飽受爭議的《婚姻法》

---

43. 有關空床費契約的法律分析，參見田飛龍（2007）。〈契約觀念的誤用——對全國首例「空床費案」的理論解剖與實踐考察〉，《北大法律人》。49期，2007年5月15日。

司法解釋（三）終於推出，最高院法律精英們基於財產自由而進一步
削弱了夫妻共同財產制度，被指責基於「自由倫理」而犧牲家庭內的
公平與和諧，並可能損及社會穩定。[44] 還有包括同性戀問題、換妻問
題中的規範衝突也愈演愈烈。

　　總之，改革時代的民法伴隨着經濟市場化的進程而獲得了體系
化，與刑法一起構成了中國改革時代之經濟秩序與社會秩序的法制基
礎。不過，民法之長足發展所依賴的特定政治社會條件可能正在發
生變化，民法之價值體系對政治社會系統的滲透與作用也日漸顯露出
來，甚至出現了某種「民法帝國主義的虛幻」。[45] 作為改革產物的民
法之「部門法自治」形態，在改革之主題從經濟領域轉型政治社會領
域之後，暫時的自足性便告終結，民法必須面對如何立足於實證憲法
和社會倫理之中的問題。這是民法之「中國性」實質生成的新階段，
也是民法進入整體性的中國法律體系的重要環節。

3. 行政法治：行政主導與程式優先

　　與民法、刑法領域致力於建構市場秩序和社會秩序不同，公法
（主要是行政法）建構的目標是官民關係的法治化。中國的行政法治
在改革30年的發展與民法、刑法有所不同。民法、刑法作為社會基礎
性法律部門，始終是以「案件—訴訟」為中心的，法院在其中起着關
鍵性作用。行政法治早期的建構也是沿襲着法院或司法中心的思路，
通過《行政訴訟法》和若干行政實體單行法的制訂，以「行政訴訟」

---

44. 有關理論批評參見趙曉力（2011）。〈中國家庭資本主義化的號角〉，《文化縱橫》。2
　　期；強世功（2011）。〈司法能動下的中國家庭——從最高法院關於《婚姻法》的司法解釋
　　談起〉，《文化縱橫》。2期。

45. 參見苗連營、程雪陽（2008）。〈「民法帝國主義」的虛幻與憲法學的迷思——第三隻眼看
　　「根據憲法，制定本法」的爭論〉，《四川大學學報》（哲學社會科學版）。2期。

為中心推進行政法治。2000年之後,行政法學術界發生了某種學術轉向,由側重行政主體和行政行為的大陸行政法,轉向側重行政程式和司法審查的英美行政法。這種程式轉向在中國意味深遠:行政法治的重心開始從行政訴訟轉型行政過程本身。2004年國務院發佈《全面推進依法行政實施綱要》,作為對1999年「法治國家」入憲的一種具體化實施,但卻明顯呼應了學術界的行政程式轉向,同時也開啟了一個行政主導下的「法治政府」建設時代。該部分即擬對改革30年行政法治的發展軌跡作出總體上的描繪,展示出行政法治獨特的發展路徑及其規律。

嚴格而言,在毛時代也存在一些行政法規範,比如我們經常提及且依然有效的《人口條例》(1958)。只是那時的行政法規範單純服務於計劃管理的需要,屬於所謂的蘇聯東歐式的「管理法」,不具有改革時代行政法治所內含的「控權法」的面向。行政法制的系統發展根源於改革開放時代對政府理性管理的需求,其系統發展的邏輯蕭線索是行政法領域的「主體─行為─責任」。首先是行政組織法的發展,《地方各級人民代表大會和地方各級人民政府組織法》(1979,經過四次修訂)和《國務院組織法》(1982,至今未修訂),其中包含着對改革初期行政部門過多的概括性授權,這在當時的改革特定階段具有合理性,但在確立「法治國家」目標之後便顯得不合時宜了。行政組織法的主要功能是確立行政法律責任的歸屬,縱觀其30年來的發展,法治化水準相對滯後,主要表現如下:(1)主要的行政改革基本上通過政策文件進行,法制化受到忽視;(2)改革之初確立的「行政主導」體制沒有因應民主政治的發展而作出相應的制度化調整,行政組織自我膨脹現象嚴重;(3)政府體系內中央與地方關係沒有在政府職能與法制規範層面取得重要突破;(4)政府機構設置疊床架屋,無法有效回應高風險社會的管制需求;(5)改革儘管推動了「管理型」政府向「服務型」政府的轉

變，但尚未明確提出「有限型」政府的概念，社會自主治理在目前
的「社會建構」框架內也未獲得正式的認可，導致政府無法擺脫「全
能主義」的治理困局。因此，筆者認為中國行政組織法改革的關鍵，
在於三個方向上的政府職能轉變：強化人大系統對行政組織法治化的
議程介入和制度供給；在政府「條塊」關係上向地方分權，鼓勵地方
根據自身治理需要靈活開展行政組織改革；確立「有限型」政府概念
和社會建設中的「社會自治」目標，通過社會自主治理破解政府「全
能主義」困局。其次是行政訴訟法的發展。1989年的行政訴訟法在
法律上確立了「民告官」的制度框架，陳端洪教授認為具有憲法上的
思想解放意義，標誌着中國政治領域的精神結構由「壓制型結構」向
「對峙型結構」的轉變。不過，思想解放的意義，未必能夠在短期內
直接兌現為具體的制度成就。該法所確定的行政訴訟範圍過分狹窄，
僅限於救濟公民的人身權和財產權，而對於社會權利和政治自由權利
則不予救濟；其在精神主體的設定上仍將公民標示為「私性」存在，
只救濟其「私性」權利。後來儘管出現了司法實踐中對受教育權的行
政訴訟救濟，2008年的《政府資訊公開條例》更是確立了知情權的
行政可訴性，但總體而言，行政訴訟的憲政功能並未得到真正的制度
性釋放，法院系統在此領域顯示出比刑法、民法領域更大的司法節制
與保守性。直到2009年，浙江省高院的一份調研報告還指出，政府
資訊公開領域的資訊申請人在遭受拒絕時，因其人身權和財產權並未
受到實際侵害，故不能提起訴訟。[46] 此外，行政訴訟只能救濟具體行
政行為的侵害事件，不具有對抽象行政行為的審查權。因此，《行政
訴訟法》顯然已經不能夠適應公法領域權利救濟的需求，需要進行較
大幅度的修改。再次是以「行政行為法」為中心的行政單行實體法的

---

46. 浙江省高級人民法院課題組（2009）。〈政府資訊公開行政訴訟案件疑難問題研究〉，《行
　　政法學研究》。4期。

發展，主要用於實現具體行政管制領域的法治化，如《行政處罰法》
（1996）、《行政覆議法》（1999）、《行政許可法》（2004）和
《行政強制法》（2011）。這些行政單行實體法提供了可歸責的具
體行政行為類型，有些單行法還創設了非常新穎的公法制度，比如
1996年的《行政處罰法》首次引進了美國式的行政聽證制度。總體
而言，1979至2000之間的中國行政法的發展大體遵循的是歐陸行政
法的基本理路，強調行政組織的法定化和行政行為的可歸責性。自
1989年頒佈《行政訴訟法》以來，以「司法審查原則」為核心的中
國行政法學及中國行政訴訟法制日益成熟。隨後以《行政處罰法》、
《行政覆議法》和《行政許可法》等單行部門法為代表的行政行為法
體系，獲得強勢建構。行政行為類型化的發展，又進一步支撐了行政
訴訟裁判技術的完善。行政法總論部分以引自德國的「依法行政原
則」為核心，建構起一套嚴格的行政法治規範框架。建立在司法審查
和依法行政這兩大原則基礎之上的中國行政法的「形式法治論」初具
體系，得到國內行政法教科書、行政法學主要研究力量及學術組織的
肯認。

然而，這一「形式法治論」是以西方嚴格的憲法分權框架及消極
行政權預設為前提的，此論在普及行政法一般理論並初步支撐中國行
政法制度的基礎性建構方面功勳卓著，但卻與世界範圍內公共行政的
開放性與民主性的趨勢及中國自身的憲法結構漸顯隔膜，日益難以合
理解釋並引導中國行政體制改革的實踐進程。2000以來，中國的行
政法治發生了某些關鍵性的轉折。首先是行政法學術界的「程式轉
向」，行政程式法開始成為學術研究和制度推動的重點。這一進路具
有英美行政法的特色。行政程式法也一度被列入全國人大的立法規
劃，但由於部門阻力、地方情況差異及立法調研準備不足等各方面的
原因，一再擱淺。然而，儘管全國人大層面的行政程式立法擱淺，但
國務院系統在「法治政府」規劃中卻在強勢推動行政程式的建構，地

方政府層面也有積極的回應。2004年國務院發佈《全面推進依法行政實施綱要》，其中涉及「科學行政」、「民主行政」的問題。《綱要》提出了行政決策機制的邏輯結構，這是一種融合法性、科學性與民主性於一體的決策邏輯結構，具體構成為「公眾參與、專家論證和政府決定」，分別支撐決策所需要的「民主」、「科學」、「依法」的基本要求。這是對行政決策機制原理的精闢表達。但是如何具體落實這些機制原理呢？《綱要》提出以行政程式為中心的制度化思路：首先是對程式公開性的要求，即「決策事項、依據和結果」要公開；其次是對於重大行政決策，要建立專家論證、公眾參與和合法性審查等一系列的程式機制，以最大限度保障行政決策的合法性、科學性與民主性。《綱要》進一步提出了決策後的機制安排，即決策跟蹤回饋和責任追究制度，初步形成了行政系統內部的「三分制」（決策、執行、監督相對分離與相互制衡），具有重要的理論價值和實踐意義。2008年，國務院發佈《關於加強市縣政府依法行政的決定》，在《綱要》的框架結構之下，就重大行政決策所涉及的六項關鍵性制度提出了相對具體的規範和要求，這六項關鍵性制度為：重大行政決策聽取意見制度、聽證制度、合法性審查制度、集體決定制度、實施後評價制度，以及責任追究制度。同年，國務院《政府資訊公開條例》正式實施，中央文件中提出的四權「知情權、參與權、表達權和監督權」之「知情權」獲得了法制保障。同年，中國地方第一部行政程式規章《湖南省行政程式規定》頒佈實施，以「資訊公開」和「公眾參與」為制度支點，全面改良和優化行政程式框架。2011年，《山東省行政程式規定》頒佈。我們認為，隨着地方性行政程式立法與實踐的展開，中國的行政法治將迎來一個「開放」和「參與」的新時代。

　　與行政程式法治新實踐相對應的，是行政法理論的創新，即所謂「新行政法」的有關討論。「新行政法」以王錫鋅教授2007年出版的專著《公眾參與和行政過程》（中國民主法制出版社，2007）為

代表。該書一改以往討論行政法治的傳統進路,從行政程式(公共行政過程)的開放性和民主性的角度出發,提出了現代行政法治的「公眾參與模式」作為「新行政法」的核心。作者認為行政法在本質上是一種關於行政活動合法性的解釋框架,必須面對真實的行政與生活世界。作者提出的「公眾參與模式」是一個整合性的行政法治框架,其既包含了傳統行政法治訴求的議會法律控制和司法審查,同時又增加建構了以行政程式(行政過程)為中心的民主性制度體系,且以後者為核心與特色。相對於傳統的「形式法治論」,「新行政法」實現了一系列的創新與突破:(1)在行政法的核心價值上增加了「民主」,並與「法治」並舉;(2)在行政法的制度結構上,以行政過程為中心建構了一系列的行政公開與行政參與制度;(3)在行政法的制度功能上,不僅尋求行政法個案決定的合法化,而且尋求包括行政立法、行政決策、行政執行和行政司法在內的整體行政權的合法化,同時為不同利益距離上的公眾提供民主討論和表達的正式制度平台,將行政法治過程建構為有限但有效的「民主分論壇」以化解現代行政的「民主赤字」難題;(4)在行政法的主體圖式上,淡化「行政主體—行政相對人」的區分,以「程式參與人」的新概念統合行政活動中的不同主體角色,在一定意義上通過行政程式法的包容性建構實現了行政過程中社會公眾的內在化,為合作行政和公民參與奠定了一種「主體間性」的倫理基礎;(5)強化行政法的「程式思維」,引導立法與司法權力在行政監督上的「程式轉向」,建構一種適合現代行政權適度自主性的權力間法律關係;(6)理性識別並結構化處理了中國政治系統關於行政決策科學化的要求,將「專家、大眾與政府」納入了一個理性化的、面向具體行政目標與任務的、進行適當的知識與權力分工的決策體系之中,有利於探索一種不僅適合於中國,同時也適合於世界的現代行政決策理想圖景。當然,這還只是一個初步的以行政程式法為核心的重構框架,如何做好與現有行政法制度的銜接,如何設計並

推動政府資訊公開與行政民主參與的科學而理性的制度體系與實踐，如何將行政決策中的其他本土要素（比如黨委、人大、政協等）進行規範轉化，如何合理地配合中國政治民主與司法審查的發展進程，如何有效利用互聯網平台促進公開和參與等等，都是該路徑需要細緻打磨處理的結構性問題。在一定意義上，作為王錫鋅教授同事的沈巋教授所提出的「開放反思的形式法治論」中的「開放」與「反思」的訴求，與「新行政法」的核心旨趣之間也漸顯呼應關係。「海納百川，有容乃大」，任何真切關注中國行政法治進程的學者，都不可能對中國大地上生動活潑的行政法治實踐無動於衷，也不可能對世界行政法最新發展所體現出來的制度理性視而不見，「新行政法」正是開放的時代心胸的學術體現。近年來湖南省圍繞「行政程式」展開的省域法治建設，在很大程度上已經在探索和試驗「新行政法」的若干制度要點。對此，我們有理由保持進一步的關注與期待。

行政法領域的「新行政法」理論探討，確實構成了對傳統的「形式法治論」所立基的「依法行政原則」和「司法審查原則」的有力挑戰，通過將「民主」接納入現代行政過程和司法過程，共同提出了行政法治的「民主化」命題，這就提供了中國行政法治「包容性增長」的可能性。在筆者看來，此論具有更加宏觀的理論與制度意義，要者有二。首先是行政法的「共和化」取向。開放參與的行政法思想來自於共和主義的理論傳統，來自於共和主義關於公民德性與責任的規範性論述。二位作者在進行基礎性的理論論證時所援引的盧梭、密爾、哈貝馬斯及20世紀60年代以來的其他協商民主理論家的政治理論，在本質上屬於共和主義的理論脈絡。行政法「共和化」取向，將意味着行政法基本過程的民主化建構，並通過這一建構實現公民的德性培養和能力提升。其次是「再分權」的結構化思想。傳統分權局限於公共領域的「三權分立」，並通過憲法對這一分權框架的嚴格守護，在國家與社會的分權主題上則通過公共領域/私人領域的區分來完成。

公民參與政治的制度通道被局限於選舉，整個國家政治通過精英化的代表機制展開。而「再分權」突破了這一經典理解，主要體現在兩個方面：一是內部分權上承認分權結構的實際變化，並提供基於程式合理性的規範性辯護；二是在國家與社會分權上突破與公共領域／私人領域的簡單對應，在行政權／司法權領域重新思考國家與社會的合作可能性及其制度機制。這樣的行政法治探索儘管面對的是行政法的內部問題，但日益具有憲法上的價值與意義。

行政法給人的傳統印象是技術性很強、部門眾多、難以法典化、與憲法領域存在距離等。但「程式優先」的新行政法，卻面向憲法上的公民參政權條款，大大拓展了民主參與的制度空間。行政過程的民主參與是對行政權之「民主赤字」的制度化彌補，是通過模擬複製議會民主過程的某些要素，而將行政過程建構為民主主論壇（議會）之下的一個「分論壇」。這有點「行政吸納政治」的味道。在轉型政治階段，行政權往往承擔着更多的治理任務，而民主政治還不成熟，還難以為其提供相對充分的權力合法性基礎，從而形成了所謂的「民主赤字」，而依託行政程式法治的「行政民主」正是為了彌補這一「赤字」。當然，行政民主畢竟是一種補充性的民主形式。如果欠缺議會民主的有力監督，這種行政民主很可能在行政主導的格局下遭到異化，中國近年來屢次出現的「聽證會」的公共信任危機就是一種預兆。這充分説明，法治進步是一個系統工程，局部領域的制度創新如果長期得不到關聯領域的制度進步的支持，就可能因「獨木難支」而挫敗。這也同時提示我們，無論是以訴訟為中心的行政法「部門自治」，還是行政主導下的「程式自治」，都需要與根本法治（憲政）進行制度性溝通並得到後者的有力支撐。因此，新行政法這種「行政吸納政治」式的程式優先方案是「治標」，具有階段性的合理性，也確實能夠促進某些關鍵性公法制度的生成（比如資訊公開制度、民主參與制度等），但遠期來看，公法之進步必須實現「政治的歸政

治」，且所回歸的應該是一種根本法治（憲政）下的規範政治。不過，我們也必須承認，行政法治領域是充滿活力與富有希望的領域，其諸多的制度改革實際上具有明顯的憲政意義，我們應當以開放的心胸面對這一「公法」領域，樂觀其成，樂助其成。

07

CHAPTER
第七章

憲法序言：
中國憲法的「高級法背景」

　　憲法序言在現代憲法教義學體系中曾一度「名不見經傳」，因為在強烈的司法化場景預設下，教義學有着明顯的「規則」偏好，對富有民族「個性」、原則性、政治性與歷史性的序言常常感到避之唯恐不及。在八二憲法制訂之後，對於長達近2,000字的序言，國內學界曾產生效力爭議。[1]這一爭議至今未能獲得圓滿的理論解決，比如國內政治憲法學的代表人物陳端洪教授代表作〈論憲法作為國家的根本法與高級法〉中，關於「五大根本法」的概括主要以序言為依據，但遭到規範憲法學的強烈質疑。[2]近來亦有憲法學者從比較法角度，對該問題展開系統梳理與解釋。[3]實際上，即使是美國憲法也有序言，儘管極其簡短，但意義深遠，比如阿克曼教授就以序言中的「我們人民」（We the People）為核心概念重構了美國憲法史，提出了著名的「二元民主論」。[4]

　　憲法是眾法之法，不同於高度技術化並呈現出高度自治形態的部門法，其承載着特定民族的文化價值、政法傳統與制度偏好，這些內容並非能夠完全以「規則」形式歸併入「國家機構條款」和「公民權利條款」，而是作為一種「背景規範」或「原則規範」存在。毋寧

---

1. 較有代表性的討論，參見浦增元（1982）。〈憲草序言的基本特點〉，《政治與法律叢刊》。1期；董璠輿（1987）。〈關於憲法序言及其法律效力〉，《政法論壇》。1期。

2. 參見陳端洪（2008）。〈論憲法作為國家的根本法與高級法〉，《中外法學》。4期；有關規範憲法學的質疑，參見林來梵（2010）。〈交鋒在規範法學的死地〉，《法學家茶座》。2期。

3. 參見張千帆（2013）。〈憲法序言及其效力爭議〉，《炎黃春秋》。6期。

4. 參見〔美〕阿克曼（Bruce Arnold Ackerman），汪慶華（譯）（2013）。《我們人民：奠基》。北京：中國政法大學出版社。

説，憲法序言是特定民族的「高級法背景」，[5] 經由這些背景規範，我們才能夠閱讀出憲法的整體性與神聖性，才能夠對於憲法生命原理及其演進機制有着內在的理解。

這裏有必要對「高級法」（higher law）這一概念作出必要的解釋與澄清，以便展開全文的論述。這一概念主要來源於英美憲政史，與歐陸公法傳統中凱爾森的「規範等級理論」[6] 形似而神異，後者是規範實證主義法學的邏輯結果。所謂高級法，顧名思義，就是比一般法律更高的「法」，也就是 "higher than……" 的內涵。那麼，在英美憲政史中，哪些「法」敢於自稱「高級」（higher）呢？這需要借助英國的自然權利理論和普通法傳統來加以解釋。一般而言，在成文憲法與實證主義興起之前的法律世界，英國人推崇兩種形式的高級法律淵源：一是自然法與自然權利傳統下的「自然正義」（natural justice）；二是訴諸「不可追憶之習慣」的古代憲法觀念，[7] 也就是普通法。自然法是規範抽象的，屬於人類對法律理性的信仰層面。普通法至少在形式上與邏輯上是經驗的和實證的，但卻不可指明具體的誕生年月和立法者，而是世代（generations）實踐智慧以習慣形式累積完善的結果，既是遙不可及，不可更易，超越具體立法者意志與時代局限的，又是與時俱進，通過法官判例以及立法者（國王與議會）

---

5. 對這一概念的引入和展開，參見〔美〕考文（Edward S. Corwin），強世功（譯）（1996）。《美國憲法的「高級法」背景》。北京：三聯書店。

6. 參見〔奧〕凱爾森（Hans Kelsen），沈宗靈（譯）（1996）。《法與國家的一般理論》。北京：中國大百科全書出版社。

7. 關於普通法心智的古代憲法淵源，波考克教授有非常精彩的思想史考辨和分析。參見〔美〕波考克（John G. A. Pocock），翟小波（譯）（2014）。《古代憲法與封建法》。南京：譯林出版社。

政治憲法的中國之道

以確認形式不斷損益完善的。[8] 柯克奠定了英國的普通法至上傳統，核心論據即在於普通法是多代人習慣積累的產物，而立法不過是一代人的意志與智慧，因此普通法高於立法，對立法構成限制和審查，可以宣佈後者違憲無效。不過，1688年的光榮革命確立的「議會主權」原則又對柯克傳統構成了嚴格的政治憲法限定，由此形成英國憲政史上長期存在的「政治憲法」（political constitution）與「法律憲法」（legal constitution）、[9] 亦即議會主權與普通法的二元對峙格局，至今未能完全消解。這是英國憲政的特色所在。[10] 英美憲政思想推崇「自然權利」與「理性」，將之作為超越實證法（國王之法或議會之法）的更高的法律。這就構成了「高級法」觀念的歷史來源與思想基礎。主要以英國觀念和法制為基礎的「高級法」概念，在不成文憲法背景下實際上充當了一種以自然正義觀念和普通法習慣複雜組合而成的「憲法」。對該憲法的解釋與修正成為國王、議會和法院權力鬥爭的重心，這典型地體現在17世紀初英國大法官柯克反對國王審判的經典理由之中——「技藝理性」。美國承續英國憲政基本思想與制度，但卻引入了成文憲法，對英國式的「高級法」予以改造，使得英國法中的「普通的」（common）、「根本的」（fundamental）、「高

---

8. 在普通法傳統中，普通法律師群體曾經堅定捍衛自身對法律的解釋權，而且解釋對象即為「不可追憶的習慣」，同時嚴厲批評和戒備國王與議會的立法創制行為；在理論上將後者嚴約約束於對既有普通法的「確認」，而不是創制新法，如果創制的新法違反普通法，屬於無效行為。麥基文教授曾對英國法中的「確認性法案」與「引介性法案」的區分史進行過思想史考察。參見Charles H. McIlwain (1958). *The American Revolution: A Constitutional Interpretation*. Ithaca, N. Y.: Cornell University Press. pp. 64–70.

9. 關於英國「政治憲法」的基本觀念，參見〔英〕格里菲思（John Griffith），田飛龍（譯）（2014）。〈論政治憲法〉，載《朝陽法律評論》第9輯。杭州：浙江人民出版社；對政治憲法的最新評估與反思，參見〔英〕亞當•湯姆金斯（Adam Tomkins），田飛龍（譯）（2014）。〈政治憲法留下了什麼？〉，《北京航空航太大學學報》（社會科學版）。3期。

10. 關於英國議會主權對普通法觀念的突破與限定，參見田飛龍（2014）。〈英國議會主權的思想史演變〉，《環球法律評論》。3期。

級的」（higher）、「古代的」（ancient）等複雜交互的憲制性概念均匯流入「人民主權」與「制憲權」的整合性邏輯之中，[11] 標誌着一種「憲政古今」的思想與體制轉換。[12] 不過，美國憲法並未因此完全脫離這些被立法者（制憲者）整合的背景性因素，美國憲法序言依然保留着某種自然法與普通法觀念混雜的痕跡，而其法律解釋與實踐更是受到英國法制傳統的體系化影響。美國立憲的主要成就在於政體改良，這幾乎是聯邦黨人關心的唯一主題，[13] 而關於基本權利體系及其保護方式，則與英國模式差異不大。因此，美國憲法仍然存在着嚴格的「高級法」背景，只是這一背景的實證化程度大大超越其母國英國罷了。

回到憲法序言。西方憲法序言的簡短設置有着特定的背景：一是近代早期的經典憲法不包含複雜的社會任務和國家法權安排，呈現出簡潔的「權力—權利」匹配結構，無須序言贅述；二是西方憲法有着「基督教背景」，預設了必要的宗教與政治價值前提，無須序言載明。然而，對於淡化宗教背景且接受複雜化之社會主義憲法體系的中國而言，序言承載着遠超具體規則並對具體規則之解釋與實踐產生支配和塑造的重大功能，既是規範敘事，也是歷史敘事。這一特定的立憲背景與文本結構，以「高級法」視角予以解釋和分析，或可推進事物認知與理論發展。而國內政治憲法學在核心思想

---

11. 這些法律觀念之間的複雜關係，可參考〔美〕波考克（John G. A. Pocock），翟小波（譯）（2014）。《古代憲法與封建法》。南京：譯林出版社；亦可參考J. W. Gough (1961). *Fundamental Law in English Constitutional History.* Oxford: Oxford University Press.

12. 對「憲政古今」的思想源流考察，參見〔美〕麥基文（Charles Howard McIlwain），翟小波（譯）（2004）。《憲政古今》。貴陽：貴州人民出版社。

13. 參見〔美〕漢密爾頓、傑伊、麥迪森（Hamilton, Jay, Madison），程逢如等（譯）（1980）。《聯邦黨人文集》。北京：商務印書館。尤其漢密爾頓撰寫的第一篇。

上恰恰側重對憲法的「根本法與高級法」理解。[14] 本文即擬從政治憲法學的理論視角，對中國憲法序言予以分析和解釋，以貢獻於對中國憲法的整體性理解。

一、序言之於憲法：背景性和規範性

近代成文憲法的內容一般由兩部分組成：國家機構條款和公民權利條款。在近代憲法早期，各國之理論研究與制度實踐的重點是如何通過憲法建立代議制政府，國家機構條款地位十分重要；後期隨着司法審查的普遍開展，公民權利條款成為憲法理論與實踐的重點，以「基本權利」為體、「司法審查」為用的憲法學範式逐漸佔據主導，形成了所謂的「司法憲政主義」。[15] 對近代憲法之結構體系產生拓展性影響的是社會主義，主要體現在兩個方面：一是歐洲社會民主黨傳統下社會權利（第二代人權）的憲法化，出現了具有政策內涵的「社會法治國」條款，比如魏瑪憲法和德國基本法；二是社會主義國家更具差異性的政治建構與權利實踐，出現了具有規範效力的憲法序言和總綱，比如蘇聯憲法和中國1954年憲法。對於憲法中的「基本國策」或「總綱」，傳統憲法學一般認為是僅具政治顯示性質的條款，

---

14. 參見陳端洪（2008）。〈論憲法作為國家的根本法與高級法〉，《中外法學》。4期；另可參見田飛龍（2013）。〈中國憲法學脈絡中的政治憲法學〉，《學海》。2期。

15. 國內也有憲法學者基於類似的知識背景，提出中國憲法學在改革時代同樣出現了此類範式轉換，參見張千帆（2005）。〈從「人民主權」到「人權」——中國憲法學研究模式的變遷〉，《政法論壇》。2期。

但中國台灣地區的憲法學近期在理論上有所變化。[16] 對於憲法序言，傳統憲法學一般不承認其憲法規範效力。通過比較研究，我們會發現，具有「歷史」和「規範」雙重性質的憲法序言，[17] 通常會出現在社會主義國家的憲法文本之中，而在資本主義國家的憲法文本中或者沒有，或者僅僅是一兩句話。為何社會主義國家的憲法文本需要「序言」和「總綱」來承載其規範內容呢？這是因為相對於資本主義國家的憲法，社會主義憲法中需要處理「法定執政黨」的問題，需要對其思想基礎、歷史實踐、政治原則和政策綱領予以說明和規定，但又不適宜直接歸併入常規的國家機構條款或公民權利條款之中。社會主義憲法對近代憲法經典結構的實質性拓展並非「文字遊戲」，而是一種更加複雜的政治現代性結構在借助成文憲法形式予以表達時遭遇到了體例和結構上的某種困難。這種困難是實質性的。儘管通過「拉長」憲法序言和獨闢「總綱」一章可以在形式上滿足「法定執政黨」之合法化的需求，但如何在理論上解釋和建構共處於同一憲法文本之中的「法定執政黨」與「人民」之法權關係，則成為社會主義國家憲法理論與制度實踐上的普遍性難題。

在接受西方憲法學規範訓練的學者看來，中國憲法序言只是「歷史敘述」而不具有規範效力，中國憲法「總綱」也必須經過「挑三揀

---

16. 這是傳統憲法學的通論，以法官視角和司法尺度作為憲法規範之「規範性」的唯一準據。不過，這一通論隨着憲法結構和任務伴隨時代變遷也發生了重要的變化，例如中國台灣地區的憲法學就開始明確承認「基本國策」（相當於「總綱」）的憲法規範地位及其拘束力，並簡要討論了「基本國策」對「基本權利」的限制與補充功能，且據稱是根據德國憲法學的相應變化（社會法治國條款）而產生的憲法理論上的「跟進」。參見林明昕（2011）。〈論「基本權利」與「基本國策」間之關係〉，載《兩岸四地公法發展新課題研討會論文集》（清華大學法學院，2011年10月29及30日）。325–333頁。

17. 憲法序言的「歷史文化」屬性較易理解，近來的儒家憲政論者也多借由這一路徑展開，但並未充分挖掘序言的憲法規範內涵。參見姚中秋：〈從革命到文明：八二憲法序言歷史文化條款之大義〉，未刊稿。關於對憲法序言之「規範性」的初步分析，參見田飛龍（2014）。〈憲法序言的規範敘事〉，《蘇州大學學報》（哲學社會科學版）。1期。

四」才能夠承認其中部分條款的效力。實際上，這完全是一種外部視角的解釋，是不徹底的文本主義。中國憲法文本中的某些關鍵性政治憲法概念，比如「黨的領導」、「人民民主專政」，如果不結合社會主義憲法理論傳統來解釋，就根本無法理解，只能一概予以簡單否認，或者只作簡單化的意識形態理解——這種理論態度在中國憲法實踐上並無顯著益處。關於憲法序言的效力，實際上即使在西方主流國家也開始予以理論和實踐上的承認了，比如阿克曼教授就通過對美國憲法序言中的「我們人民」（we the people）的歷史解釋與理論建構，提出了一種與憲法「職業主義敍事」相競爭的憲法「整全主義敍事」；[18] 法國憲法理論界以及憲法委員會則通過「憲法團」理論，賦予了法國憲法序言及其指涉對象的憲法規範效力。[19]

二、中國憲法序言：一種政治憲法學的理解

回到中國憲法文本的「序言」本身。筆者認為中國憲法序言是中國憲法整體結構的有機組成部分，是理解中國憲法根本精神和解釋中國憲法具體條款的重要依據，屬於「背景性條款」。這裏的「背景性」具有雙重含義：一是序言提供了理解中國憲法的基本歷史背景；二是序言提供了理解中國憲法的基本理論背景。在此意義上，筆者借用美國憲法學

---

18. 漢語憲法學界對阿克曼政治憲法思想較為清晰的解讀，參見汪慶華（2005）。〈憲法與人民——布魯斯·阿克曼的二元主義憲政理論〉，《政法論壇》。6期；田雷（2010）。〈重新理解美國憲法——阿克曼憲法理論的用途與誤用〉，《北大法律評論》。北京：北京大學出版社，11卷2輯；田飛龍（2014）。〈政治正當程式——阿克曼的政治憲法理論及其啟示〉，《學海》。1期。

19. 對法國憲法之「憲法團」理論的相對細緻的考察，參見李曉兵（2008）。《法國第五共和憲法與憲法委員會》。北京：智慧財產權出版社。88–119頁。

家考文教授關於「高級法背景」的説法，[20] 將中國憲法序言定位於中國憲法的「高級法背景」。申言之，中國憲法序言不僅是中國憲法的「高級法背景」本身，而且是理解中國憲法之「高級法背景」的最適當的入口。下面即對中國憲法序言進行簡要的分析與解釋。

中國八二憲法序言約一千八百多字，共13個自然段，裏面包含了豐富的歷史要素和根本法原則。從結構和內容上來看，中國憲法序言具有如下特點：

1. 歷史性

中國憲法序言第1至6自然段是關於作為現代中國的「中華人民共和國」的歷史基礎的敍事。這不是一種簡單的歷史敍事，而是包含着進步史觀和富強邏輯 的中華民族的現代性「史詩」，[21] 是一種合法性的證成模式。第1自然段通過中國歷史的悠久性來證成其文明性，通過對中國傳統文化的革命性的解釋為革命建國的正當性奠定傳統基礎。第2自然段從1840年切入，簡要概括了中國文明的現代遭遇，即「半殖民地、半封建」，並正式提出了中國近現代革命的歷史主體「中國人民」和根本目標「國家獨立、民族解放和民主自由」。第1及第2自然段通過對中國文化傳統的解釋與中國近現代革命的界定，表明中國憲法承載的是長時段的文明生命和革命傳統，尤其是第2自然段正式提出了革命與憲法的唯一正當主體──「中國人民」──具

---

20. 參見〔美〕考文（Edward S. Corwin），強世功（譯）（1996）。《美國憲法的「高級法」背景》。北京：三聯書店。

21. 關於中國憲法中的進步史觀與富強邏輯的理論分析，參見陳端洪（2004）。〈革命、進步與憲法〉，《法學研究》。6期；陳端洪（2008）。〈論憲法作為國家的根本法與高級法〉，《中外法學》。4期。

有十分重要的現代政治和憲法意義，構成了中國憲法的「本體」。第3至5自然段是對20世紀上半葉的民主革命史的敍述，以兩個現代政黨（國共兩黨）和兩個現代共和國（中華民國和中華人民共和國）為主線。第3自然段提出20世紀中國發生了「翻天覆地」的變化。「天」與「地」是中國古典政治哲學中的關鍵性概念，是「王命」合法性的論證系統。由第2自然段提及的「中國人民」來「翻天覆地」，表明了政治秩序的結構性變遷，具體而言，是從君主制走向民主制變遷，是一種制憲權意義上的人民革命。在此偉大變革過程中，國共兩黨成為中國人民進行政治組織與革命鬥爭的歷史實踐仲介。第4自然段對孫中山為代表的國民革命進行了歷史性的肯定，將其作為中國人民走向民主共和的重要歷史實踐。根據黨史的一般理解，中華民國代表的是一種「舊民主主義」，屬於資產階級共和國的範疇，但在反帝反封建的主權和民主意義上是進步的，因而是革命的。不過，舊民主主義革命具有妥協性和不徹底性，並且遭遇到了重要挫折。在此背景下，第5自然段用較長之篇幅，申明了中國共產黨領導的新民主主義革命對舊民主主義革命的繼承性和發展性，其憲法成果就是建立了有別於中華民國的中華人民共和國，也就是本憲法試圖守護的「新中國」。至1949年新中國成立，革命在某種意義上已經終結。1949年之後的改造、運動等儘管在寬泛的意義上也可以歸入「革命」範疇，但卻明顯區別於1949年之前的暴力革命，而具有國家內部建設的性質。第6自然段從政治、經濟、國防、民生和社會事業各方面總結了社會主義建設的成就。

中國憲法序言中的歷史敍事有着嚴格的歷史時間邏輯。從理論上講，革命的本質邏輯是「斷裂」和「創新」，但中國憲法序言的歷史敍事卻有着雙重意味：一方面以「革命傳統」和革命實踐來確認革命行為的正當性，似乎是在強化「斷裂」邏輯；另一方面又通過「中國人民」來承載和貫穿整個革命史，通過對「國家獨立、民族解放和

民主自由」的目標共識來弱化「斷裂」邏輯。中國憲法序言的歷史敍事儘管籠罩在濃鬱的革命斷裂邏輯之中，但由於革命的根本正當性來自於革命主體和革命目標的連續性，因此這一敍事模式就具有了統合歷史與傳統的功能，不僅將共和國而且將革命共同建立在一種文明與民主的基礎之上。應該說，這樣一種歷史敍事在革命斷裂邏輯之下，「悄悄」地完成了憲法上「通古今之變」的任務，將中國憲法牢牢拴在古代文明與現代民主的根基之上。而作為具體革命組織形式的國共兩黨，則只有在肯認上述「文明」與「民主」的雙重使命之後才可能具有政治上的合法性。當然，薪火相傳的國共兩黨革命只是大體完成了憲法序言第2段所確立目標的「國家獨立、民族解放」，但對於「民主自由」還需要後革命時代的憲政予以落實。同時，對於憲政問題，國共兩黨都曾提出了重要的憲法實踐理論，如孫中山的「憲政三階段論」[22]，以及毛澤東的「民主憲政論」，[23] 這些指導性理論都具有明確的歷史時間邏輯，都高度重視憲政轉型的實踐理性，也都在各自的革命與組織經驗中確認了「政黨訓政」和「人民民主」的轉型機制。正是中國主要政治精英的憲政轉型理論中的歷史時間邏輯，助推了中國憲法中的「政治憲法結構」的體制化及其轉型困境。[24]

2. 原則性

中國憲法序言的原則性是其重要的效力根據。以往對憲法序言效力的質疑大體根據其歷史敍事的面向，但序言中的根本原則的效力卻

---

22. 關於孫中山憲政階段論的憲法學解釋，參見田飛龍（2013）。〈孫中山的憲政階段論與舊政協的憲法意義〉。《原道》，19輯。上海：華東師範大學出版社。

23. 關於毛澤東的民主憲政論及其建國思路，參見陳端洪（2012）。〈第三種形式的共和國人民制憲權〉。《原道》，18輯。上海：華東師範大學出版社。

24. 關於中國憲法中「政治憲法結構」的理論分析，參見田飛龍（2012）。〈八二憲法中的政治憲法結構〉，《讀書》。12期。

是難以否認的。中國憲法序言中的根本原則主要體現在第7自然段。憲法序言第1至6自然段是對革命與建設的歷史敍事,第7自然段則是對前述整體敍事的經驗總結。關於具體的根本原則,通常認為是「四項基本原則」,即堅持黨的領導、堅持馬列主義、堅持人民民主專政和堅持社會主義道路。對作為憲法根本原則的「四項基本原則」不能夠孤立地理解,需要放在憲法序言所提供的完整歷史語境中予以理解和解釋。憲法序言第2自然段關於革命主體和革命目標的總結可以作為解釋「四項基本原則」的歷史框架。同時,對「四項基本原則」的憲法解釋還需要結合在憲法序言中緊鄰這些原則的「任務條款」。

首先,一般認為「四項基本原則」的首要原則是「黨的領導」,但對這一原則的理解和解釋必須與「人民主權」進行連接。主要理由在於:一是這一原則的完整表述是「中國各族人民將繼續在中國共產黨領導下」,主語是「中國各族人民」,黨的領導之「領導」在本質上是一種特殊的代表制,必須經過與人民主權的制度化關聯才能夠具有權威性和憲法效力;二是憲法序言第2自然段提出了輻射整個中國近現代史和憲政轉型過程的主體原則和目標結構,根據序言的體系邏輯,國共兩黨的具體革命行為均是這一主體原則和目標結構約束下的實踐行為。因此,「四項基本原則」儘管是對革命與建設經驗的總結,但其在憲法上的具體解釋及其效力,卻需要重新回到完整的中國革命歷史脈絡之中,即訴諸「高級法背景」。

其次,「四項基本原則」通過憲法序言第7自然段之「任務條款」獲得了基本的解釋和具體化。「四項基本原則」提供了中國人民實現憲法序言第2自然段之「民主自由」的政治體制保障,但在制度上如何具體展開呢?第7自然段的「任務條款」進行了相對明確化,即「不斷完善社會主義的各項制度,發展社會主義民主,健全社會主義法制,自力更生,艱苦奮鬥,逐步實現工業、農業、國防和科學技術的現代化,把中國建設成為高度文明、高度民主的社會主義國

家」。這是八二憲法的表述，1993年憲法修正案將最終的建國目標確定為「富強、民主、文明」。其中的「文明」和「民主」的要求就來自於憲法序言第1、2自然段的歷史敘事。

3. 政策性

中國憲法序言的政策性主要體現在第8至12自然段。第8自然段宣告剝削階級已經消滅，這是革命的成果，但階級鬥爭還將在一定範圍內長期存在，主要理由在於：（1）內部敵人：需要進行反復辟的鬥爭；（2）外部敵人：國際層面，需要進行反壓迫的鬥爭。第9自然段涉及國家統一的問題，主要是台灣問題，使用了兩個「神聖」，分別修飾「領土」和「職責」。第10自然段是關於統一戰線和政協制度的規定。第11自然段是關於民族政策的規定。第12自然段是關於外交政策的規定。

這些政策性條款在敘述格式上沿襲了前述第1至6自然段與第7自然段之間的基本格式，即「歷史—原則—任務」。

4. 效力性

憲法序言的效力如何認知？或者憲法序言到底有什麼用？這需要從第13自然段（總結段）來解釋。憲法序言第13自然段第一句非常關鍵，即「本憲法以法律的形式確認了中國各族人民奮鬥的成果，規定了國家的根本制度和根本任務，是國家的根本法，具有最高的法律效力」。這句話確立了「憲法至上」的原則，也說明了憲法「法律化」的邏輯過程，即「確認」和「規定」。如何「確認」呢？憲法序言中的歷史敘事就是確認過程。如何「規定」呢？憲法序言中的原

則、政策以及憲法正文中的具體內容就是「規定」。誰是憲法的守護者呢？第7自然段規定「全國各族人民、一切國家機關和武裝力量、各政黨和各社會團體、各企業事業組織」都負有「保證憲法實施的職責」，這表明中國憲法將自身識別為一項「政治事業」而非職業化的「法律事業」。所謂「保證憲法實施」也不是簡單被動地遵守憲法，而是通過代表制和參與民主制使憲法運轉起來。

關於憲法序言的效力或作用，具體而言可以分解如下：

首先，憲法序言中的歷史敘事可以作為解釋憲法序言中的原則、政策以及憲法正文中的制度、權利的「高級法背景」，這是一種歷史化的背景框架，並非簡單的事實性宣誓，通過「中國人民」這一主體仲介而具有了強烈的規範品格。

其次，憲法序言中的原則和政策具有很強的制度性，是直接有效的憲法規範，儘管諸多內容不適合「司法化」，但並非不可制度化，因而不可輕易否認其效力。這些原則和政策中的政治憲法內容非常豐富，大體需要通過「政治憲法結構」（雙重代表制＋非代表制的參與民主制）而非法院而獲得具體的制度承載。

再次，中國的修憲過程和憲法序言的某些特定內容，從實質上證明了憲法序言是中國憲法的有機組成部分。比如迄今為止的四次修憲有三次涉及序言的重要修改（1993、1999、2004年），如果憲法序言沒有效力，為何需要修改呢？顯然，憲法序言和憲法正文是有機統一的整體，對正文的重要修改不可能不觸及憲法序言的具體內容。此外，中國憲法序言中規定了某些在正文中缺乏有效關聯的制度，比如政協制度。

最後，憲法序言中的諸多條款與憲法正文具有直接對應關係，可以構成憲法正文條款解釋的依據，對正文條款具有解釋上的限制和內涵上的補充功能。

三、經史互濟：憲法序言的解釋學價值

如果忽略中國憲法序言，我們對中國憲法某些重要條款的解釋就會發生根本性的困難。比如憲法總綱第一條規定了國體原則，即「人民民主專政」。這個概念是社會主義國家理論中的核心概念，無法由法院進行司法化並作出任何有意義的解釋，也無法援用通常的憲法解釋方法進行理解，而只能從兩個獨特的維度予以理解和解釋：一是社會主義國家理論的維度，這是憲法解釋中政治理論的運用；二是作為中國憲法之「高級法背景」的憲法序言，這是一種歷史解釋的維度。只有從這一哲學與歷史相交織的「交融」性視域，才能夠正確理解和解釋這一國體條款，確保相關解釋既不是簡單順從社會主義國家理論而根本削弱該條款的民主價值，也不能簡單援用西方憲法解釋理論作「理想規範」而非文本意義上的解釋。當然，對於中國憲法中的基本權利條款，憲法解釋實踐上似乎認為可以自成一體，且諸多憲法學者未加反思地將基本權利條款作為中國憲法的「核心規範」。國內規範憲法學者基本持守這一立場。[25] 在此學術預設之下，以基本權利為體、違憲審查為用的「司法憲政主義」，便成為「齊玉苓案」以來憲法學者競相籲求的理想圖景。這些規範理論的引入是比較憲法學的重要成果，但卻在很大程度上了遮蔽或置換了中國憲法真正的「高級法背景」。本文對憲法序言的簡單類型化和重新解釋，就是為了突顯作為理解中國憲法整體精神之關鍵的「高級法背景」，就是為了證明憲法序言不僅是憲法正文條款的解釋依據，而且直接規定了若干重要的

---

25. 代表性論著參見林來梵（2001）。《從憲法規範到規範憲法：規範憲法學的一種前言》。北京：法律出版社；對這一規範立場的理論批評，參見高全喜、田飛龍（2011）。〈政治憲法學的問題、定位與方法〉，《蘇州大學學報》（哲學社會科學版）。3期。

憲法原則、制度和政策。而憲法上基本權利的保護或實現，在中國的
體制框架中並非主要依託法院進行，而是受到「政治憲法結構」的嚴
格約束。

　　其實，中國憲法序言的敍事格式並非純粹來源於社會主義憲法的
特定傳統，也得到中國文化傳統本身的支援。中國文化在演變過程中
直接從原始的祖先崇拜過渡到理性化的「巫史」傳統，[26] 史官和正史
在中國的王朝合法性敍事中佔據非常關鍵的地位，甚至受到某種體制
性的獨立保障，例如司馬遷的歷史編撰。「六經皆史」，在某種意義
上亮出了中國文化傳統在政治合法性證明模式上的偏好。

　　比較而言，西方憲法序言也並不簡單。儘管西方在現代憲法原
則上通常接受政教分離，但憲法序言中一般仍然會重申「上帝」或
「主」的護佑。憲法需要神聖性的根基，需要援引某種「經典」或
「史詩」作為合法性的最終寄託。其實，作為「神聖憲法」的《聖
經》本身也是「亦經亦史」、「經史合一」的敍事格式。[27] 潘恩曾經
從實證史學的角度，來證偽《聖經》中的歷史敍事，但《聖經》本身
是以「經」為主線的，故其批評並不能切中要害。[28] 西方現代憲法因
此較易接受「規範主義」。中國的合法性敍事則高度依賴「歷史」，
其政治的神聖性根基也大體落實於「歷史」之中。這樣，我們就在社
會主義國家理論的視角之外，「交融」進了更具中國文化特質的認知
視角，也就更加容易理解中國憲法序言融合事實與規範的敍事格式，

---

26. 李澤厚認為中國文明有兩大徵候特別重要，一是以血緣宗法家族為紐帶的氏族體制，一是理
　　性化了的巫史傳統，兩者緊密相連，結成一體，並長久以各種形態延續至今。參見李澤厚
　　（2008）。《新版中國古代思想史論》。天津：天津社會科學院出版社。「補篇」之〈説巫
　　史傳統（1999）〉以及〈「説巫史傳統」補〉兩篇。

27. 參見田飛龍。「重譯後記」〈公民潘恩的權利哲學與科學神學〉。載〔美〕潘恩（Thomas
　　Paine），田飛龍、徐維（譯）（2011）。《理性時代》。北京：中國法制出版社。

28. 同上。

並對於如何理解中國憲法的整體性、如何解釋中國憲法的具體條款，
並發展出真正的中國憲法解釋理論，具有一定的啟發意義。

四、何以高級？憲法序言的根本法屬性

實際上，在英美憲政史中，高級法與根本法的觀念具有內在的相
互支援的邏輯效果，是對特定政治共同體所遵奉之政治信條的不同側
面的強調與表達。當強調憲法某些內容的重要性時，「根本法」觀念
佔優，但是當強調憲法某些內容的優越性時，「高級法」觀念佔優。
不過，一方面，憲法內容的重要性與優越性不可分離，另一方面這裏
的根本法與高級法都不是形式意義上的，而是本質意義上的，是對特
定政治共同體之「絕對憲法」（absolute constitution）的肯定與表達。
「絕對憲法」概念來自施米特政治法學體系，區分為兩個層面：第
一，存在意義上的絕對憲法，就是政治共同體本身，我在故我在，自
我證成；第二，規範意義上的絕對憲法，指的就是根本法。[29] 其理論
核心在於陳述：憲法的本質在於對政治體存在類型與方式的總決斷，
而憲法制度必須以高度的敏感性與行動效能來維護這一總決斷。正是
在此意義上，他認為作為領袖的總統護憲優越於法官護憲。[30] 施米特
深受霍布斯和盧梭主權理論的影響，以歐陸公法的特有視角與表達形
式對根本法概念進行了高度的抽象化，但其核心要素與英美憲政史中
的根本法／高級法是共通的。

---

29. 參見〔德〕卡爾·施米特（Carl Schmitt），劉鋒（譯）（2005）。第一章〈絕對的憲法概念〉，《憲法學說》。上海：上海人民出版社。

30. 參見〔德〕卡爾·施米特（Carl Schmitt），李君韜、蘇慧婕（譯）（2008）。《憲法的守護者》。北京：商務印書館；對施米特政治憲法思想的較為系統的闡述，參見田飛龍（2014）。〈施米特對魏瑪憲制的反思及其政治憲法理論的建構〉，《南京大學法律評論》。北京：法律出版社。春季卷。

　　中國憲法序言何以成為根本法/高級法？就在於這個序言包含了具有高級性質的的「根本法」。這裏的高級性具有兩層內涵：一是憲法整體高於其他法律規範形式，高於法律法規，這是形式意義上的，已由憲法和立法法予以明確化，也是凱爾森「規範等級理論」的邏輯結果；二是憲法序言包含的「根本法」高於普通的憲法條文，這既可以在英美憲政史的「自然法/普通法」意義上理解，也可以在施米特的「憲法/憲法律」意義上理解。那麼，憲法序言到底包含了哪些高級的「根本法」呢？在八二憲法起草過程中，鄧小平對「四項基本原則」的政治肯定與決斷，具有奠定該憲法之根本法的意義。「四項基本原則」已包含了中國憲法序言中「根本法」內涵的主要方面，但尚未充分理論化和體系化。在學術規範化的意義上，國內政治憲法學主要代表陳端洪教授在2008年的經典論文中提出了「五大根本法」論，是對憲法序言之根本法屬性的合理化與層次化表述：（1）中國人民在中國共產黨領導下；（2）社會主義；（3）民主集中制；（4）現代化建設；（5）基本權利。[31] 其中，前四項根本法可以在憲法序言中直接找到，但基本權利卻隱而不彰，不過：一方面，序言第2段的中國人民革命奮鬥目標中包含「民主自由」；另一方面，改革以來的歷次憲法修正案以及具體的基本權利實踐，已經使人權與基本權利具有了根本法的構成性意義，因此第五根本法也當成立。不過，這裏的「五大根本法」仍然可以進一步地層次化：第一、二、三根本法屬於政治意識形態與權力組織形式，可統稱為「政治憲法結構」，確立的是國家的正統政治哲學與憲法權力體制，屬於「國體/政體」範疇；第四根本法屬於經濟目標，其正當性同時落實於教義上的馬克思主義政治經濟學和實踐上的績效合法性；第五根本法則屬於憲法變

---

31. 參見陳端洪（2008）。〈論憲法作為國家的根本法與高級法〉，《中外法學》。4期。

遷的新成果，同時也是憲法自由觀的新進步，但其對政治結構的塑造與制約價值極大，可通過司法審查和政治參與漸次體現。

五、結語：中國憲法走不出的背景

值得注意的是，中國憲法序言中的根本法，從其立憲精神與內在構成來看，具有強烈的「政治憲法」精神取向，規定並塑造着經濟建設與基本權利保護的節奏、次序與重要性。因此，中國憲法序言表徵的「高級法背景」就不同於柯克傳統下的權利至上與司法至上，而類似於1688年光榮革命傳統下的英國「政治憲法」（議會主權）、1787年費城制憲傳統下的聯邦黨人政體論以及施米特所表述的歐陸公法傳統下的「絕對憲法」。這表明，不同民族，甚至同一民族的不同階段，對高級法與根本法的觀念理解與政治運用都是存在差異的。不過，高級法／根本法所包含的權威性、至上性、規範性與秩序理性，則是內在統一的。

無論是官方正統的「四項基本原則」論，還是學術意義上的「五大根本法」論，都是對中國憲法序言之「高級法背景」的描述、刻劃與提煉，以彰顯中國憲法飽滿而實在的「政治憲法」精神，彰顯中國憲法內含的對政治體存在類型與方式的總決斷。對此「政治憲法結構」的輕忽或漠視，長期造成中國憲法科學的裹足不前和中國憲政轉型的舉步維艱，是為中國憲法心智之不足。

主流的憲法解釋學與規範憲法學較為忽視中國憲法序言，其核心學術方法與工具來自於比較憲法學的一般結論，其制度導向無一例外地指向一種規範的「司法憲政主義」。這一取向在知識、學理甚至政治啟蒙的意義上頗具價值，但在對中國憲政體制的精神分析與結構解釋意義上則乏善可陳。當中國憲法學界為2001年的「齊玉苓案」司

法批覆鼓與呼,而司法體制內的高層領導亦有意模仿1803年的美國馬歇爾革命以確立中國的司法審查權的時候,他們所遭遇的正是嚴格記載於序言並活躍於中國公共政治生活的「政治憲法結構」,所遭遇的是一種不同於西方憲政體制、甚至遙遠的柯克傳統的「高級法/根本法」觀念與結構,故其失敗並不意外。尤其是在成文憲法邏輯下,什麼是高級的,什麼是根本的,既要考察本民族的政法傳統與政治習慣,又要考察特定立憲過程的政治決斷與選擇。如果不深入中國自身的政法傳統與憲法文本結構來解析中國憲法的「高級法背景」,而是帶着西方憲法學的有色眼鏡和厚重的異域背景來診斷與分析中國憲法與憲政,很可能造成理論與實踐的雙重尷尬與挫折。

而政治憲法學認為,[32] 在憲法科學意義上嚴格重構中國憲法的「高級法背景」,是理解中國憲法與憲政的前提和基礎,而其切入點恰恰在於對中國憲法序言的背景性與整體性閱讀和解釋。本文既是政治憲法學之序言研究的初步嘗試,也是重構中國憲法之「高級法背景」的方法演示。學術言說的價值,在很大程度上即取決於對認知對象的內在理解水準。基於特定的立憲傳統、文本結構與政治習慣,中國憲法序言作為一個整體,已成為理解中國憲法與憲政「走不出的背景」。既然如此,任何以單一學術方法取消「背景」或淡化「背景」的嘗試,都是自縛手足,無濟於事,倒不如反身面對,嚴肅閱讀,為中國憲法學術與憲政進步提供真正的科學解釋與規範支點。

---

32. 這一學術進路的興起與國內部分憲法學者對「司法憲政主義」的積極反思有着內在聯繫。參見高全喜、田飛龍(2011)。〈政治憲法學的問題、定位與方法〉,《蘇州大學學報》(哲學社會科學版)。3期。

CHAPTER

第八章

國家治理現代化：政改中間模式

政治憲法的中國之道

一、引言：2014，新改革元年

2014年堪稱中國的新改革元年。十八屆三中全會給出了這一新改革的系統規劃，官方與民間圍繞新改革展開了各種話語、策略與行動上的互動博弈。在十八屆四中全會中，「依法治國」入憲（1999）15年來首次被確定為中央全會主題，進一步突顯本輪改革的「治理現代化」之法治思維與法治方式。從宏觀層面來看，以權威與秩序為取向的「政治集權」和以自由和創造力為取向的「行政分權」並行不悖，儘管遭遇各種猜測和質疑，這種奇特的施政組合悄悄積聚着結構性變革的權威前提和自由氛圍。就政治本體而言，秩序原則是古典的，自由原則是現代的，而不應用自由原理的管制秩序模式則成為各種現代性衝突的體制根源。正是在政治意識形態上存在古今之別，才會出現中國當下「維穩」與「維權」的雙峰對峙。這一對峙恰恰是體制不適應症及其轉型需求的強烈表徵。

新改革無疑是有局限的，因為其背景和總體框架仍然是一種欠缺自由和現代性的管制類型，從而出現各種話語、政策與行動的反覆，但其前景和潛力又是巨大的，不僅因為改革過程和法治進步已經容納了具有某種規範指向性的新價值組合，而且政治的本質正在於人心，在於代際創新。這一新舊更替的時代特徵決定了新改革的新意可能性。在新改革的諸多規劃中，體現高度政治智慧與制度創新性的概念正是「治理現代化」，其文件表述為「推進國家治理體系和治理能力的現代化」。

當然，對於「治理現代化」的總體理解，保守者可能視為維穩秩序的技術優化，對政治本體的原則與精神沒有觸動，但具有頂層設計

思維的改革者很可能從中讀出了某種具有現代性質的政治結構理性，看到了其內含的「準政改」雛形。由於這是一場改良型的改革，而非絕然斷裂的革命，這種不同理解及其實踐效果在不同管道已經發酵，展示出一個改革與保守拉鋸、自由與秩序博弈的「光怪陸離」的中國，但看任何一個面向都不足以窺清方向。

儘管「治理」（governance）不同於「統治」（rule），不是政治結構的本體性反思與重構。但此輪改革如欲為未來政改作好鋪墊，就不能僅僅聚焦於民生政策和管理技術層面，而應適度擴展至精神與制度的結構性層面，通過政治理念的學習／塑造與制度技術的模仿／創新，來呈現一種「結構理性」。

如果不能在結構意義上實現治理理念與制度的現代化，則「治理現代化」的最終成果，就只能局限於警察技術的現代化，不僅不能有效管理和化解社會政治風險，甚至可能產生「維穩」與「維權」在理念與行動上進一步的暴力對抗與力量崇拜，無法有效凝聚轉型期政改所必要的底線共識與理性氛圍。因此，我們需要對「治理現代化」有一個準確的理念與制度定位：首先，它不是憲制意義（constitutional）上的結構性改革，而是側重於治理架構與技術的規範化和技術化，因而屬於一種中間模式的預備性政改方案；其次，側重「治理」層面的現代化，可為更深刻的憲制改革（政改）提供理念與制度的必要基礎和準備；再次，治理現代化在行政權管道內的「簡政放權」，具有積極的法治和進步意義。本文即擬對治理現代化的現狀、人心基礎、結構理性及行政放權諸層面展開討論，以希澄清觀念，凝聚目標共識，穩健有序推進這一「第五個現代化」的實踐進程。

二、治理現狀與對治策略

就像和諧社會的提出是針對社會不和諧一樣，治理現代化的提出針對的也是日益失範的治理現狀。無須遠求，我們只以近期若干事件

即可管中窺豹。以2014年春季觀察為限，以下事件較具典型性：第一，廣東茂名PX事件，表明中國公共行政決策尚未擺脫績效主義和管制主義模式，對公眾知情權、參與權及環境權益關注缺乏制度性敏感和回應策略，也表明諸如2007年廈門PX事件中的「參與式治理」模式創新只是曇花一現，不具有普遍可模仿的制度創新意義；第二，廣東茂名腐敗窩案，表明中國地方權力體系原有設計中的制衡功能完全失效，公共權力私有化、商品化氾濫，「虎蠅聯盟」已無法通過「懲治首要、其餘不論」的反腐常規來對治；第三，廣東東莞罷工事件，表明中國勞資關係及勞動權保護在執法層面依然沒有進步，績效主義誘導的「資方本位」成為地方執政者的「對策」倫理；第四，浙江蒼南城管事件，表明城市管理沒有走出「暴力執法」困境，警察權外掛的「城管」機製成為官民對抗的激烈引爆點；第五，警察權濫用與法律程式不公製造出「死磕派律師」群體，法律共同體分裂加劇，社會精英博弈升級，政府公權力面臨更高規格的「理由」挑戰。

　　這裏的話語和行動對抗，既在權力精英與普通群眾之間展開，也在權力精英與社會精英之間展開，這大大增加了治理複雜性和難度。因為前者之爭尚可歸入「人民內部矛盾」，定性為「利益」問題，通過警察權常規行使和「人民幣」的出場各個擊破，後者之爭則事涉法律解釋與政治理解，屬於「原則」問題，暴力和金錢的出場無異於火上澆油。值得關注的是，上述事件中多起事件發生於改革的前沿廣東，那裏經濟開放與觀念開放幾乎同步，舊有治理模式改革力度有限，而治理現代化需求更為強勁，這已暗示廣東改革如不能在「治理現代化」層面尋求結構性突破，其改革成果很難穩定保有，更別談公平分享了。

　　這裏展示的是中國最新的治理圖景，儘管只是局部影像，但足以說明「治理現代化」的提出與實施非常及時和必要。「治理現代化」針對的正是舊有的對治策略，這些策略可以不完全列舉如下：第一，

常規警察權的高配，比如近期多地加強了警察的常規裝備水準，尤其是持槍巡邏的普遍開展；第二，泛警察體系的維持與強化，比如城管的不斷擴編，以及基於「群眾路線」傳統對基層協警力量的寬泛編組，淨網行動中的「媽媽評審團」可為例證；第三，資訊監測、遮罩與不對稱策略，即通過資訊的全程管控實現風險管理，但這受到新媒體傳播技術的挑戰；第四，斬首策略，即通過對群體性事件中的維權人士與群眾代表的超常規警察權行使，來有效嚇阻參與者的行為模仿；第五，人民幣策略，這屬於「軟硬兼施」中的「軟」機制，通過超常規的秘密補償分化對抗力量，獲取守法承諾，但這一策略既不公平，也不鞏固，容易誘發無休無止的討價還價，並且使法律和正義成為個別交易的犧牲品。

我必須說明，這些治理策略並非中國特色，也非首創，而是轉型國家警察權行使的常規面向。這些對治策略背後是一種現代性匱乏的傳統倫理型與警察國家型治理哲學，一方面訴諸無法實證化與實踐化的抽象政治倫理，另一方面又依賴高度權威化和實用化的行動準則。如果傳統政治倫理，無論是「民本」思想，還是「為人民服務」精神，依然內在於公權力體系且有效約束官員行為的話，治理尚可圈可點。但如果這種倫理已經嚴重削弱，公權力日益傲慢且迷信強制力量，則「權威化」和「實用化」就會成為權力的二重奏，政治的倫理性以更快的速度蛻化，執法暴力以更快的速度登場。這些變化是逐步演變的，並非某個人或集團刻意求之，而是中國進入改革轉型深水區必然遭遇的困境。這正構成了「治理現代化」的嚴酷處境。警察權是一種裸露的暴力，過度使用會造成國家道德「赤字」，是一種政治透支。

經此治理現狀描述與對治策略分析，我們便很容易理解為什麼這些年維穩經費高企不下，但社會衝突卻愈演愈烈。就治理體系和治理能力總體而言，一方面「腐敗窩案」式的內在潰敗，嚴重消蝕了公權力體系的道德正當性與執政能力；另一方面治理模式上的保守與僵

化，導致其在話語和行動上的疲軟無力，使得執法的合法性外殼日益破碎，警察權單純的暴力本質日益裸露並失去制約。

三、人心政治的現代化

對中國全部的文化與政治焦慮幾乎都來自於對上述「治理現狀與策略」的共同體驗和反思，對此事實的簡單否定或迴避是沒有意義的。「治理現代化」因此主要不是政治高層的孤立決斷，而是社情民意長期凝聚傳遞在國家政治上的結晶。

單純依賴警察權的維穩模式，是對政治本質與治理智慧的嚴重偏離。這一偏離造成的治理景觀就是「維穩」與「維權」的雙峰對峙，是政治「群眾路線」與群眾「法律路線」的雙峰對峙。在衝突場景中，官方要求群眾「講政治」、「顧大局」，大量使用維穩模式所依賴的話語和策略，而群眾則要求官方「講法律」、「顧尊嚴」，大量使用維權模式所依賴的話語和策略。按照中國政治文化的傳統設定，官員有「牧民」之責，負有教化任務，但當代治理實踐中，往往出現維權公眾對官員的逆向普法和反教育。在實際發生的官民對話中，雙方似乎處於不同的世界觀和語法體系之下，操持着不同的治理理念和話語規範，這嚴重削弱了對話的理性效果和共識預期。總體來看，當代中國的政治與文化多元化，已經決定了官民溝通不再可能回到傳統的政法話語體系，而是必須奠基於具有社會契約隱喻的人心政治和結構理性之上。

人心政治，自古而然。政治作為超個體現象，來源於個體的安全性原則及該策略基礎上對服從理由與類型的長期探索。社會契約儘管不能完全實證，但卻是理性政治的思想實驗和哲學方法，不僅對於國

家來源的正當性具有較強的解釋力，而且對於這一正當性的再生產機制與修補技術也有深度啟發。協商民主根植的商談倫理，本質上正是社會契約的「再契約化」過程。有此邏輯，人類才可依據有序的民主法治軌道完成制度變遷，而不必一次次重複「革命—制憲—革命」的「繼續革命」宿命。

中國古人對於人心政治和變法倫理有着頗為深刻的認知，但其與現代政治的民主原理尚有較大的規範性距離。在《尚書·五子之歌》中，孔子提出了「民惟邦本，本固邦寧」。這被視為中國「民本」思想的經典表達，更被某些學者試圖改造為「中國民權哲學」。然而這樣一種政治哲學，始終是從統治者角度出發的，思考的是統治者根據何種倫理原則治理國家的問題，其中「民」成為統治者的唯一政治對象，而「本固」成為統治者追求的唯一政治目標。由「民本」開出「民生」在邏輯上順理成章，但開出「民權」與「民主」則有相當之難度；原因在於這裏的「民」是中國古典意義上的「民」，只是作為統治者治理對象和「天命」的測試系統而被動存在，無論在個體還是整體意義上，並不具有政治的主體性，也不具有反思和締造新政治秩序的能力與可能性。在王朝更替與農民起義中，儘管也有「民」的集體身影，但中國古典政治的「超穩定結構」壓抑了政治秩序創新的可能性，「民」也只是作為「身體」而非「心靈」的力量進入了王朝變遷史。一旦權力變更完成，他們在新秩序下又重新被「非政治化」。而歷代王朝的「固本」之術，其要點正在於以儒家倫理散播「名分」等級秩序，以仁政實踐回收「人心士氣」；但「民」一直作為靜態、被動的客體存在，在政治史上只是「自在」，尚未「自覺」，更難「自為」。

對比西方，儘管也有基督教政治的「蒙昧化」過程，但無論是古希臘羅馬源頭，還是近現代實踐，都有着從理念到制度創新的自治與民主傳統。對權力的懷疑和制約，成為西方思想家長期艱苦探索的政

治主題。無論是古希臘城邦的直接民主，還是近現代的代議民主，西方人的治理理念初始配置是以「經驗理性」為內核的，是以超越「家倫理」的城邦/公共倫理為前提的。儘管這一超越及其制度創新有着濃重的「成人中心主義」色彩，但終究造成了個體人格在道德上的完備建構及其公共政治上的契約實踐，同時也充分煥發了作為「中領域文明」的國家創造性及其能力成長，對西方進入世界歷史居功至偉。在這裏，「民」已不再是靜態、被動的客體，而是動態、主動的主體，是制度創新的參與者和實踐者。五四開啟的「德先生」傳統，從其譯名「德」來看依然帶有濃重的東方色彩。儘管民主也需要依賴共和主義的公民美德，但這既不同於東方式的倫理規範，也包含超出了東方範疇的「個體理性」內涵。

因此，所謂的政治古今之變，在西方便表現為從直接民主到代議民主的演進，以及致力於民主理性化的憲政結構設計；而在東方則表現為「民」從靜態到動態、從被動到主動、從自在到自為的理念與制度變遷。這就是「人心政治」的現代化，在西方構成一種「更化」，而在中國則嚴格屬於一種「政治革命」，但其完成方式未必是「革命政治」的重複，而可以是「轉型政治」的改良。

四、結構理性的層次化

大一統的意識形態是中國古典政治文明的核心思想創造，對於維繫文明和政治的統一性至關重要。但任何意識形態都有其機會成本，大一統的成本在於無法在深層理性上接受分權制衡與民主對抗，對政治多元主義心懷戒懼。儘管中國古典傳統在現代百年的革命與改革中遭到嚴重揚棄，但大一統意識深深扎根於矢志現代化的中國數代政治文化精英的潛意識之中。

　　其實現代政治並不嚴格反對大一統，而是達成大一統的價值基礎與操作方法必須是現代的。政治的最高藝術是實現「人民與我為一」，這不僅是現代政治哲學奠基者霍布斯的「利維坦」理想，實際上也根植在西方啟蒙思想家和憲政實踐派的思想深處。孟德斯鳩概括出了「三權分立」的政治科學結論。盧梭將這一理想精緻化為「人民的自我立法」，實現一種「主權者：政府＝政府：臣民」的政治平衡法。聯邦黨人通過大國代議政體的創制，解決了邦聯聯邦化的難題，為現代美國神話進行了制度奠基。

　　這裏的根本點在於一種現代結構理性的生成，在於「一」與「多」、「合」與「分」的辯證理性的證立。聯邦黨人的核心焦慮及《聯邦黨人文集》的唯一主題，在於「人類社會是否能夠通過深思熟慮和自由選擇來建立一個良好的政府，還是他們永遠註定要靠機遇和強力來決定他們的政治組織」。聯邦黨人在這裏「深思熟慮」的並不是抽象的人民主權及希臘式的直接民主範例，因為這些已成為他們的遺產和經驗，而是面對「大國共和」的當代問題如何進行「結構」創新，如何將既有的思想與制度遺產靈活運用於新美國的立憲創制之中。他們最終創制了一個「三權分立」的現代國家，但其真正的奧秘不在於「分權」，而在於結構性的「制衡」。「分」不影響「合」，因為主權「在民」；「制衡」亦不過分影響效率，而是通過機構間正式競爭使「公共理性」獲勝。對「三權分立」最精緻的哲學論證是康德給出的，他在《法的形而上學原理》中指出，國家理性決策需要權力的分解，立法權提供的是國家判斷的大前提（立法規範），行政權提供的是國家判斷的小前提（行政事實），司法權提供的國家判斷的結論（司法判決）。這種結構創新意識在孫中山那裏也曾出現過，其「五權憲法」在實踐理性意義上是對中國憲制秩序的重大創新，但在邏輯上並不可能超越「三權」。

　　實際上，「三權分立」並非可以直接套用的制度模式，西方也有發達國家沒有嚴格遵循美國模式。這是一種現代政治的結構原理。將民主的「人心」放置於這樣一個「結構」之中，是西方思想家對政治權力清醒的理性意識，因為「多數人暴政」甚至比「少數人暴政」更可怕，後者尚有傳統和美德制約，前者則幾乎毫無制約，一經與魅力型領袖結合，就會成為民粹主義和極權主義的社會基礎。因此，「結構理性」的核心關注在於「馴化民主」，其難度不亞於曼斯費爾德（Harvey Mansfield）所謂的「馴化君主」。這也是為什麼只有「立憲民主」才是優質民主的原因。這些常識的申明，其目的在於提示「治理現代化」應有的結構理性。當然，這種結構理性在中國需要從「原理」走向「實踐」，需要借助此輪「治理現代化」改革生成為一種中國形態。

　　這樣看來，中國場域下的治理現代化，就不可能僅僅是管理技術的現代化，而是包含着三個層次的結構現代化：精神結構、制度結構和技術結構。這很容易理解，沒有「道」（精神）的制約和規範，「術」（技術）必然迷失和失範，中國的治理困境來源於此；而如果沒有「術」的具體配置和妥善實施，「道」必被虛置和邊緣化，只能發出抽象的道德化批評。「制度」偏於「術」，但又不完全等同於「術」，是連接「道」與「術」的實踐仲介與轉換樞紐。本文主旨在於申明「治理現代化」的結構「理性」，這裏不對具體的結構細節及實踐路徑進行探討，而簡要提出這一結構的大致構成。

　　首先，精神結構是立國根本，相當於「道統」。韋伯（Max Weber）所謂的「合法性類型」之傳統型、克里斯瑪型及法理型，正是就道統立論的，指涉政治統治的宏觀架構。韋伯陳述的是理想類型，而非實踐樣本。中國治理的精神結構，在古代表現為儒家道統，在新中國前30年表現為激進社會主義傳統，在後30年表現為中國特色社會主義傳統。當代政治統治的精神結構焦慮最為深重，違法性指

責並不能結構性紓解政治認同上的精神對抗與分裂。無論是馬克思主義中國化，還是中國夢與儒家文化復興，抑或自由主義與中國傳統的和解，立意都在於探求新的精神結構。治理意義上的精神結構探求，不再可能完全通過官方機制完成。從文化和文明傳承創新的高度，必須承認只有精神自由才能生成厚重適格的精神結構。甘陽提出「通三統」及「儒家」＋「社會主義」兩大關鍵字，其進取方向值得肯定和重視。精神結構生成的理想前景，取決於我們是否能夠以理性平和的態度面對已內化入中國精神的若干主要傳統，摒除精神「潔癖」，現實而高遠地思慮民族精神構成。

其次，制度結構是頂層設計問題，屬於「政統」。頂層設計是嚴格的憲法設計，屬於立憲學層次。然而，當代中國語境中的頂層設計存在一個「制度未用盡」的問題。中國的憲法與法律體系存在嚴重的「表達」與「實踐」的背離，權力結構的功能承諾未有效釋放，權利承諾無法成為公權力的義務和敬畏。所以當代中國的制度結構問題核心不在於沒有結構，而在於結構沒有實效，制度未被窮盡。另一層面，制度結構也存在嚴格的設計與改革問題，比如黨內決策結構、人大議事結構、司法審判結構等。治理現代化，在制度結構層面應遵循民主法治原理，實現「守法」和「變法」的平衡，一方面通過機制和技術創新啟動既有制度空間，用盡法律庫存，另一方面對體制性問題展開嚴肅探討和改革設計，使中國政體中的「立法」、「行政」和「司法」實現充分的制度自覺和功能釋放。比如，《立法法》中載明的法規違憲/違法審查制度，就基本上沒有程式化和實效化，更未經由這一制度的反覆實踐建立行政對立法負責的法律化、程式化機制。

再次，技術結構是具體支撐，屬於「治術」。以維穩的警察權模式對治具有一定群體性和政治社會內涵的公共事件，容易進一步隔離政治的「人心」邏輯，加劇社會衝突。因此，就行政權層面，應積極探索治理技術的現代化。關於這一層面的現代經驗，國際治理機構和

發展援助組織，曾提出一個簡明的「公開—參與—問責」的技術框架。中國行政領域這些年的政府資訊公開和公眾參與屬於這一範疇。2007年廈門PX模式屬於對這一治理技術框架的成功運用。為此，行政權層面的「法治政府建設」適宜以資訊公開、公眾參與和行政問責為核心支點，推展一種「參與式行政」的治理理念和制度體系，完善相關的制度機制和技術配置，以行政創新部分吸納當代中國的政治參與需求，並最終反哺於中國真正的政治民主化進程。

五、簡政放權的法治邏輯

習李組合開啟全面深化改革新格局以來，在國家治理思想與制度設計上出現了頗多亮點。就權力收放而言，習站立政治高層統籌全域，為推行更艱巨改革而呈現「政治集權」之勢，跨部門的「小組政治」即為明證；李則基於行政本位，重申依法行政基本原理，力推簡政放權，呈現出「行政分權」取向。由此形成中國改革總體格局中政治集權與行政分權相結合的權力調整邏輯，旨在為全面深化改革提供更穩靠的秩序基礎和更自由的競爭環境。簡政放權是國家治理體系和治理能力現代化的重要理念支撐和制度取向。本文關注的是「行政分權」脈絡下的簡政放權邏輯，尤其注重從法治視角加以分析和評斷。

在黨史脈絡中，「簡政放權」的傳統可以追溯到抗日根據地時期的「李鼎銘建議」。1938年底抗戰進入相持階段後，日偽主力開始針對共產黨抗日根據地展開嚴酷封鎖和掃蕩，國民黨頑固派的封鎖與摩擦也不斷加劇，然而陝甘寧邊區的軍隊、機關和附屬機構在革命動員與抗日高潮之下冗員日增，事務繁雜，財政壓力過重。在此背景下，李鼎銘等民主人士在陝甘寧邊區二屆一次參議會上，提出有關財政問題的提案，建議「政府應徹底計劃經濟，實行精兵簡政主義，避

免入不敷出、經濟紊亂之現象」，遂被中央研究採納。「精兵簡政」由此成為根據地時期延安革命精神的重要內容。不過，「精兵簡政」在這裏主要是應對根據地財政壓力而採取的臨時管制措施，還不具有現代治理意義。

時過境遷，李克強總理提出的「簡政放權」，則處於不同的政治與文化環境之中。除了在精神氣質和傳統上與根據地時期的「精兵簡政」有所勾連之外，這一新治理原則的主要理論基礎完全是現代的。李總理圍繞「簡政放權」提出了一系列典型論述：第一，管放結合論，即政府要將該管的管好，該放的放掉；第二，自由法治論，即法治政府以保障和促進自由和創造力為前提和預設，奉行「法無授權不可為，法無禁止即自由」；第三，改革分享論，即改革開放是以增進每一個人的福利為目標的，「簡政放權」是公平分享改革成果的制度推動力。這「三論」是對現代治理藝術的精闢概括，是對行政權法治化和民主化改造的理念闡釋與路徑指引，是推進十八屆三中全會確立之「治理現代化」總體目標的頂層性設計之一。

李總理的理念闡釋，與其法學教育和研究背景密切相關，也與其經濟學背景密切相關。李總理在知識背景上具有典型的英國法治理論素養，其來源在於：第一，北大法律系求學期間受留學英國的中國著名公法學家龔祥瑞教授（拉斯基和詹寧斯的學生，1996年去世）的指導和培養，對英國公法傳統下的自由與秩序理念深有領會；第二，翻譯出版過丹寧勳爵（Lord Denning）的《法律的正當程式》，「正當程式」是英國法治的核心原則，1215年的《自由大憲章》即以此為主要法治目標。李總理後續的經濟學博士經歷，以及對中國經濟轉型的研究，對其清晰梳理政府與市場的關係至關重要。

在「簡政放權」三論中，最具有法治理念色彩的是「自由法治論」。這是現代法治的常識性認知，然而要將這一認知正式表達為政府的施政與改革理念，中國卻走過了漫長而曲折的探索歷程。

政治憲法的中國之道

「法無授權不可為」是對政府的法治要求，規範內涵在於：政府權力必須獲得法律授權，否則違法無效。這是「依法行政」的最基本內涵。由於改革開放高度依賴「行政主導」，中國行政決策長期以來在程式規範性和依據合法性上都存在各種問題，由此引發對行政權的各種理念性與制度性批評。此次李總理追根溯源，重申「法無授權不可為」，這實際上相當於一次非常成功的「行政解釋」，其法律含義是：政府機關以往享有的各種缺乏明確法律授權的政策性權力就此作罷，政府決策或行政立法自此必須注意嚴格尋求合法性依據，如欠缺相應依據，應通過訴諸人大立法或單行授權的方式解決，不能「先斬後奏」或「斬而不奏」。這裏實際上涉及到人大立法權與行政權的界限問題。確定這一界限的主要法律依據是《憲法》、《立法法》及《國務院組織法》，其中《立法法》第8條法律保留原則及其項下條款，應成為政府行政的底線。近些年國內公共事件中對政府違法的主要批評依據，正在於此。如果涉及的不是有無授權的問題，而是授權不清或存在規範爭議，則《立法法》提供的規範衝突解決機制，也是政府依法行政的重要依據。只有充分學習、啟動並謹守這些授權規範，行政權才能夠真正做到「法無授權不可為」。而一旦嚴格依法行政，按照法律要求「減肥」，則政府權力自然會「瘦」掉一大圈，效率將會提升一大步。

與對政府守法義務之嚴格要求不同的是，對於私人主體則採行「法無禁止即自由」。這是市場經濟與法治國家理念與實踐深入人心之後的時代共識，經由李總理的解釋性表述，而成為中國政府關於自由與秩序關係的最新判定。這一自由原則是私法的基本原則，也可獲得公法理論的證成；因為憲法宣佈國家的一切權力來自人民，則人民是真正的主權主體，其通過國家法律表達的公共意志成為拘束政府和民眾的共同規範，而未被法律禁止的行為則仍然處於人民的「始源性自由」之中，後者是一種自然、正當而具有目的性地位的自由。也就

是説，人民始終保有未經法律納入國家範疇的自由與權利，其實踐場域就是家庭、市場與社會這些非國家範疇。

正是基於這些理念性的「授權／禁止」、「秩序／自由」的二分法與辯證性，與「簡政放權」直接相關的「管放結合論」才具有了理論上的正當性。儘管理念未必如今日這般清晰，1980年以來圍繞政府與市場、政府與社會關係的一系列改革其實都是在測試「管」與「放」的合理邊界。然而由於那個時期的管放實踐缺乏明晰的理念基礎與相對健全的法治保障，總是出現「一放就亂，一收就死」的循環，由此導致改革的政策與法律環境的高度不穩定性，引發了多種社會矛盾和治理困境。此輪政府改革，經由李總理的理念澄清，以及中國特色社會主義法律體系的規範保障，相信其成效與進展大為可期。

其實，即使在西方法治國家，「管」與「放」的問題也依然是一個糾纏着政府治理正當性與效率性的中樞問題。儘管自由法治早就在理念上確立，但從抽象理念到具體制度，西方也至少探索了一兩個世紀。西方的「小政府、大社會」只是自由放任主義的理想預設，是19世紀啟蒙樂觀主義的產物。20世紀以來，西方國家的治理是以「福利國家」為主要問題預設的，是在自由法治核心地位基礎上如何合理吸納並定位政府宏觀調控和社會服務的問題，這在某種意義上既是西方內部資本主義吸納轉化社會主義合理批評因素的過程，也是西方走向全面的政治成熟與社會成熟的過程。就當代中國而言，則是經由父愛主義的古典模式、國家主義的集權模式，逐步轉型為社會主義的自由法治模式的過程；目前的改革重點是在維持穩定秩序與基本經濟增長的前提下，如何更加明確有序地釋放市場與社會之自由與創造力的問題。西方的改革，是在自由法治基礎上重新強化國家理性與能力；中國的改革，則是在國家威權基礎上適度有序開放出自由法治空間，重構政府與市場、政府與社會的法理關係。

　　從比較意義上，李總理的「簡政放權」三論在理念表述與制度預期上，可以和歐盟的「輔助原則」（principle of subsidiarity）相對照。這一原則在西方具有深遠的古希臘哲學（亞里斯多德〔Aristotle〕）背景和基督教教義根源。苗靜的《輔助原則研究》（2013）對此有詳備的思想史考察，筆者不再贅述。筆者這裏只引用來自1931年教皇比約十一世（Pope Pius XI）《四十年通論》中的經典闡述：

　　　　作為最高權威的國家，應當把一些不太重要的事情交由次級團體去處理；否則，它的力量就會被極大的分散。遵循這一原則，國家將獲得更大的自由、更強的力量、更有效率地去履行真正屬於它，並只有它能完成的職能，從而根據環境要求和事態需要，對各類重大事務進行指揮、監督、激勵或限制。因此，當權者應當明白，愈是遵循輔助原則，保持各種輔助性組織之間的層級秩序，就愈是可以增強社會的權威和效率，從而促進國家更加幸福和繁榮。

　　這是天主教教皇面對當時的法西斯極權主義而提出的捍衞西方自由與自治的治理哲學，二戰後幾乎被德國基本法及歐盟治理實踐完全吸納，如今更是成為歐盟及其成員國治理哲學的核心原則。龔祥瑞教授1930年代末留學英法，對此原則的理念基礎與制度預期應已了然於胸。今日，中央政策話語裏的諸多提法，其實與輔助原則在原理上是相通的，比如「抓大放小搞活」、「有所為，有所不為」等。將「簡政放權」放置於歐洲治理哲學中的「輔助原則」框架之下，我們或可進一步探求並認知李總理三論中包含的無比精妙的現代治理思想淵源。

　　從治理理念回到中國法制環境，我們可以發現，與李總理的理念闡發及改革設計密切相關的一部法律，早在2004年前後就已推出──《行政許可法》。單純的法律文本本身並無特別意義，文本的

意義必須聯繫具體的語境才能完整閱讀和呈現。十年來，《行政許可法》在中國行政審批制度改革和市場/社會自由推進方面儘管發揮了重要作用，但其推動整個政府理念轉型與治理體系變遷的價值與功能並未充分釋放。這部法律中最能體現李總理「簡政放權」三論的是第13條，該條針對第12條的行政許可（管）設定了解禁（放）條件：（一）公民、法人或者其他組織能夠自主決定的；（二）市場競爭機制能夠有效調節的；（三）行業組織或者仲介機構能夠自律管理的；（四）行政機關採用事後監督等其他行政管理方式能夠解決的。觀諸李總理近期推行的各種「簡政放權」舉措，實際上是在以高於法律文本的治理理念，正確解釋並昇華了法律的自由法治意義，並回歸到依循法律原則和規範推行改革的理性軌道。這提醒我們重新思考理念與制度的關係：制度容易模仿，理念扎根與實際發力往往相對滯後，但制度的最終落實還得依賴公權力與社會在治理理念上的真正共識。可以說，《行政許可法》的實效化正是從李總理的「簡政放權」三論開始的。

處於「行政分權」脈絡下的此輪「簡政放權」改革，不再以改革初期的功利主義邏輯為出發點，而是奠立於穩靠的、由改革開發本身釋放並鞏固下來的自由法治理念和中國特色社會主義法律體系的基礎上，因而可以構成中國依法行政與法治政府建設的一個新時代。這是一個以自由、法治和創造力，實質支撐中國夢及每一個中國人的成功夢的時代。李總理的「簡政放權」三論（管放結合論、自由法治論和改革分享論）具有紮實的現代法治邏輯基礎和現代治理制度預期，是全面深化改革在行政權層面最權威的治理哲學。

總之，作為更深刻改革的理念與制度準備，「治理現代化」屬於中觀層次，側重制度、政策與技術的局部調整，但其調整過程必然涉及對宏觀政治理念與制度結構理性的更新與重構。結構理性之維，內含於「治理現代化」的設計與進展之中，為此需要推動「治理現代

政治憲法的中國之道

化」向宏觀層次尋求理念更新，向微觀層次尋求技術優化，於中觀層次實現制度重構。經由這樣的結構理性之調控，「治理現代化」對於中國的「善治」提升、社會衝突化解及遠期政改，將具有不可磨滅的階段性地位與貢獻。

CHAPTER

第九章

09

黨內立法法與依法治黨的制度建構

政治憲法的中國之道

一、問題的提出：黨的法治轉型

　　法治轉型理論一般以國家為中心，[1] 甚至以法院為中心，[2] 但在中國語境下，甚至在歷史上的社會主義傳統的國家中，執政黨的法治轉型不僅是首要的政黨治理問題，也是首要的國家治理問題。政黨轉型難題一直是社會主義國家治理的制度要害，煎熬着相應國家的諸多政治與文化精英。[3] 黨政關係法治化與黨的法治轉型，也一直是中國憲法科學的最根本問題，[4] 不僅因為「中國人民在中國共產黨領導下」是中國憲法的第一根本法，[5] 更因為這一領導機製作為實際起作

---

1. 比如著名政治學家亨廷頓教授的轉型研究，參見〔美〕亨廷頓（Samuel P. Huntington），劉軍寧（譯）（1998）。《第三波——20世紀後期民主化浪潮》。上海：三聯書店。

2. 比如國內有代表性的憲法學家將轉型研究化約為違憲審查模式的比較與選擇問題，具有嚴格的法律（legal）取向，相對忽視了轉型所具有的「政治」（political）內涵。參見張千帆、包萬超、王衞明（2012）。《司法審查制度比較研究》。南京：譯林出版社。

3. 關於其他社會主義國家內部性質的轉型焦慮與思考，近期較有分量的研究，參見項佐濤（2012）。《米洛萬・吉拉斯的政治思想演變研究》。北京：中央編譯出版社。

4. 就中國憲法科學的學術形態而言，「司法」範式下的比較憲法學和基於「理想規範」的超實證主義憲法學，不能成為中國憲法科學的實在基礎。有關學術批評參見高全喜、田飛龍（2011）。〈政治憲法學的問題、定位與方法〉，《蘇州大學學報》（哲學社會科學版）。3期；田飛龍（2013）。〈中國憲法學脈絡中的政治憲法學〉，《學海》。2期。

5. 參見陳端洪（2008）。〈論憲法作為國家的根本法與高級法〉，《中外法學》。4期。

用的執政權，已經形成了中國黨政體系運行的豐富的制度網絡。[6] 然而，這些經由「黨的領導」原則衍生而成的權力現象和制度現象，並未獲得法治原理的有效核對和法治規範的有效制約，導致「法治中國」呈現出不完整、不成熟、甚至不自主的面向。2011年，全國人大系統宣佈中國特色社會主義法律體系已經形成，然而這一體系中的龐大法律條目，基本不涉及黨的執政權的組織與運行規範，而只是關於常規憲定機構及公民基本權利的調控規範，因而在「政治憲法」（political constitution）的意義上是不夠完整的。[7] 一個面向1982憲法的完備的法治中國，應能夠運用法治原理和法治規範核對總和制約一切公權力，任何遺漏或忽視都可能成為這一法治系統工程的「潰堤蟻穴」。

在法治國家的初步經驗和社會運動的壓力作用之下，黨的法治轉型問題及其思路逐步在黨內獲得正式回應與表達。2013年1月，習近平總書記在中紀委全體會議上明確提出，要加強對權力運行的制約和監督，把權力關進制度的籠子裏，形成不敢腐的懲戒機制、不能腐的防範機制、不易腐的保障機制。2013年5月，中共中央通過了兩部具

6. 有學者從「不成文憲法」的角度，探討這些為規範主義法學所忽視的制度現象。參見強世功（2009）。〈中國憲法中的不成文憲法——理解中國憲法的新視角〉，《開放時代》。12期；強世功（2012）。〈中國憲政模式？——巴克爾關於中國憲政研究述評〉，《中外法學》。5期。強世功的中國憲法研究進路及相關結論，引起了左翼學術力量的積極呼應，最新的討論主要在強世功和美國學者白軻之間展開。參見〔美〕白軻（Larry Catá Backer）（2014）。〈創建發展一套健全的中國憲政理論——強世功有關中國憲政形式主義與合法性問題的論述〉，《開放時代》。2期；強世功（2014）。〈如何探索中國的憲政道路？——對白軻教授的回應〉，《開放時代》。2期。

7. 「政治憲法」對應於「法律憲法」（legal constitution），是英國議會主權傳統下的憲法學概念，也是英國憲制的最重要特徵。關於這一傳統的分析與總結，參見〔英〕白芝浩（Walter Bagehot），夏彥才（譯）（2010）。《英國憲法》。北京：商務印書館；近期的集中討論參見《德國法雜誌》2013年第12期的專號，尤其是湯姆金斯教授的學術總結，see Adam Tomkins (2013). "What's Left of the Political Constitution?" *German Law Journal*, 14(12): 2275–2292.

有「黨內立法法」之稱的重要條例：《中國共產黨黨內法規制定條例》和《中國共產黨黨內法規和規範性文件備案規定》。這兩部條例分別從「立法」和「審查」的角度對黨內規範體系予以法治化編碼，在原理與制度設計上對2000年的《立法法》多有取法。2013年11月底，《中央黨內法規制定工作五年規劃綱要（2013至2017年）》發佈，黨內立法有正式走上規範化、程式化、制度化之勢，作為法治國家重要組成部分的「依法治黨」，開始從理念與原則層面進入系統化的制度實踐層面。這兩部條例明確標舉黨內立法「與憲法法律相一致」，在規範意義上確立了憲法法律在治國理政中的權威性與至上性。儘管「依法治黨」之實際成效及與國法體系的繁複整合還有待觀察與評估，但是將黨的權力全面納入法治原理與法治規範的理性軌道，其取向無疑是進步的、值得期待的。[8]

　　將黨的權力納入「法治思維與法治方式」之中，通過規範的黨內立法而不是既往的「政策」、「口號」方式來治黨和治國，這是中共執政思維與治理文化的重大變遷，是黨「模範」遵守憲法與法律的積極表現。一個有着長期豐富執政經驗的大黨，為什麼在此刻提出要打造制度之籠，把權力關進制度的籠子裏呢？這僅僅是服務於反腐敗的短期需求，還是有着更為宏大的執政黨法治轉型的意義？我們需要從政黨類型與功能的區分上，來說明這個問題的必要性。

　　現代政治都是政黨政治，都需要通過政黨作為制度仲介來組織國家權力，來推動國家的立法。但是政黨在組織國家方面，存在結構功能上的差異。從現代政治歷史來看，根據政黨在組織國家方面的具體

---

8. 參見田飛龍（2013）。〈黨內立法法：依法治黨的標誌性舉措〉，《新產經》。11期。

角色和作用強度，大體可以分為兩類。[9] 一類是議會型政黨，以西方國家的政黨類型為代表，主要功能是組織選舉和在議會內進行黨團競爭。這類政黨在職能上相對簡單，不屬於國家組織，所以黨內制度建設的需求也比較低。另一類政黨屬於國家型政黨，[10] 在社會主義國家比較常見。社會主義國家的執政黨，不僅負有領導該國人民進行民主和社會主義革命的任務，還負有革命成功之後領導政治決策和推進國家社會建構的任務。這樣的組織和職能與國家職能又具有較高的對應性，這就要求這種類型的政黨在制度建設上追求體系化，以及與法治體系的對應性，其制度建設需求較為突出。

中國共產黨屬於第二種類型政黨。中國共產黨領導新民主主義革命和社會主義革命順利建立國家之後，需要轉入法治國家的建設階段。[11] 在此過程中，黨提出了從革命黨向執政黨的轉變。這個轉變過程就是要通過法治型政黨的建設，來配合、推動、引領法治中國的建設，使黨成為中國法治建設的「領頭羊」。[12]

黨的建設和國家的建設，從法的角度來講，都要依賴內在和諧一致的制度體系。那麼我們就來考察一下我們的國法體系和黨法體系的

---

9. 政黨的比較研究與類型學在20世紀大部分時間裏一度興盛，但隨着冷戰的結束和意識形態與世界體系的結構性演變，與自由民主相匹配的西方選舉式政黨，似乎成了唯一正當的政黨類型，多黨制也因此成了民主的核心指標。但政治史上的事實並非如此簡單，現實政治亦展現出政黨類型多元的結構性特徵。關於中國的政黨制度，其結構特徵與功能組合顯然就區別於西方主流模式。一個官方的解釋框架，參見國務院新聞辦（2007）。《中國的政黨制度》；從政協角度對中國式多黨制的學術研究，參見高全喜、田飛龍（2013）。〈協商與代表：政協的憲法角色及其變遷〉，《華東政法大學學報》。5期。

10. 關於該種類型政黨與國家關係對八二憲法的制約作用，參見任劍濤（2012）。〈國家形態與憲法解釋〉，《戰略與管理》。合編本3/4期。

11. 這一轉變被高全喜教授稱為「革命的反革命」，參見高全喜（2012）。〈論革命的法理學〉，《北京大學研究生學志》。1期。

12. 從「牧羊人」到「領頭羊」的轉變，是黨融入法治中國體系的關鍵，憲法學者陳端洪教授曾以一則極其精彩的政治寓言來指陳這一角色變遷的憲制意義。參見陳端洪（2007）。〈序二：牧羊人與羊群〉，《憲治與主權》。北京：法律出版社。

規範建設情況。從國法體系來看，改革開放以來，我們已經逐步形成了以《憲法》為根本法，以《立法法》為基本的立法規範、由240部左右的法律構成的中國特色社會主義法律體系。[13] 這個法律體系的建設，既有移植西方先進法律的成果，也有我們本土的國家治理、法律立法的基本經驗。從文本體系上來講，已經基本完備。但是黨法體系，從規範建設情況來看，根據2011年法律出版社出版的《中國共產黨黨內常用法規新編》及北京大學姜明安教授的綜合統計，目前共有332件黨內法規和規範性文件。[14] 與國法體系的層次化、系統化、規範化相比，黨法體系的制度化與程式化建設相對滯後。這使依法治黨的進程相對滯後於依法治國。

從依法治黨的原則要求來看，依法治黨是依法治國制度脈絡中的一部分。1999年《憲法修正案》明確提出「依法治國」的要求。如何在中國語境下理解依法治國的完整內涵？我們從兩方面來看。一是從規範依據上來看，「依法治國」重在「依憲治國」，[15] 重在政黨與國家權力機關在憲法的範圍內活動。這強調了在依法治國當中憲法的根本重要性。二是從治理對象上來看，「依法治國」重在「依法治黨」，[16] 因為黨通過領導國家，推動了法律體系的建立，憲法確立了黨的領導在國家治理中的核心地位。那麼黨如何領導國家也存在法制化、依法領導、依法建設的問題，所以依法治黨原則是依法治國原則的一個延伸性的原則。

---

13. 參見吳邦國：〈中國特色社會主義法律體系已經形成〉，《中國新聞網》，http://www.chinanews.com/gn/2011/03-10/2895965.shtml

14. 參見姜明安（2012）。〈論中國共產黨黨內法規的性質與作用〉，《北京大學學報》（哲學社會科學版）。3期。

15. 參見張恆山（2013）。〈依法治國首先是依憲治國〉，《學習時報》2013年12月2日。

16. 參見俞可平（2013）。〈依法治國必先依法治黨〉，《學習時報》2010年3月18日。

　　從實證法角度來看，我們現在並存着兩個規範體系：國法與黨法。這一關係一直影響着中國實際的法治進程。早在改革開放之初，1978年，鄧小平同志即在中央工作會議中提出，國要有國法，黨要有黨規黨法，黨章是最根本的黨規黨法，沒有黨規黨法，國法就很難保障。鄧小平同志精闢地闡述了國法與黨法之間的關係，尤其是一個規範的黨法體系對於國法體系的制度保障意義。

　　依法治黨原則，我們從正面來看，它的基本內涵可以大致界定如下：中國共產黨行使執政權的一切行為，要以憲法和法律為依據，這是依法的內涵；同時遵循與憲法和法律相一致的黨內法規制度體系的規範性要求，使各級黨組織及其工作人員按照「有法可依，有法必依，執法必嚴，違法必究」的法制體系運作原理來加強和改進黨的領導力。這一原則就是要使黨行使公共權力的一切行為，納入法規範的軌道。黨組織與黨員處於雙重交疊的規範系統之中：既包括國法體系中的憲法和法律，因為中國共產黨在憲法上要求以憲法和法律為活動範圍；同時共產黨還要在自己的黨內法規制度體系內活動。這種雙重交疊的規範系統，就構成了黨的執政權行使的規範框架。

　　為什麼黨的組織及黨員要同時遵守國法和黨法，並且尤其要側重加強黨內的法制建設呢？因為中國「黨管幹部」的原則決定了各級公權力的承擔者同時具有雙重身份：既是黨員，又是公民，而任何級別的黨組織，也是受憲法保護的合法組織。這樣一來，黨組織和各級黨員身份的雙重性，就決定了行為依據的雙重性。這時就有可能造成規範衝突的現象。規範衝突指的是法律體系之內，有不同主體所制訂的規範，在適用於同一對象身上時，可能存在一定的衝突性的要求。在這裏面要區別規範的等級與效力的差異。大體而言，黨員與黨組織承受着雙重義務規範：第一重義務規範由憲法與法律構成，是黨員和黨組織第一性義務的來源，也就是說黨員與黨組織要優先遵守憲法和法律的規定，作為基礎性的義務平台；然後在此基礎上，基於黨內先進

性建設的要求，以及黨模範踐行依法治國的要求，由黨法確定更高義務標準，這就構成了黨員與黨組織必須遵守的第二重義務。

這裏面可能存在一定的規範衝突，從而牽涉到規範的違憲、違法審查。如何對這種規範衝突進行備案審查，以及如何建立黨法與國法審查的聯動銜接機制？這是黨內治理法治化的重要課題。規範衝突解決的根本目的，就在於確保黨員及黨組織的公權行為在憲法和法律範圍內運行。

黨內立法法所要傾力打造的黨內法規制度體系的法治意義，大體可以總結為四個方面：

第一，進一步明確治黨方略上的「依法治黨」原則，正面回應了打造黨內「制度之籠」的實踐要求，具有與國法體系中提出的「依法治國」原則同等重要的法治意義。也就是說，依法治黨和依法治國原則加起來，才是更完整的社會主義法治國家的內涵。

第二，確立了黨在「憲法與法律範圍內活動」的具體法治措施，即與憲法和法律不一致的黨內法規制度，須由黨內審查程式予以撤銷或廢止。

第三，理順了黨內立法權規範化行使的程式、方式、表現形式，為建立有機統一、規範協調的黨內法規制度體系提供了框架性指引。

第四，建立健全了黨內法規制度備案審查程式及與國法的衝突解決規則，有利於中國特色社會主義法律體系的最終完備。

當然，「依法治黨」只是改革開放以來「依法治國」實踐發展到一定程度的產物，並不是黨內治理的既定原則，甚至在歷史經驗中出現過黨權與法治的嚴重張力。[17] 由於黨在憲法體制和改革事業中的

---

17. 關於「黨國」法治轉型的法制史經驗考察與分析，參見高全喜、張偉、田飛龍（2012）。《現代中國的法治之路》。北京：社會科學文獻出版社。

核心地位，「依法治黨」必然會遭遇更艱難複雜的權力處境和制度困境，其統籌協調與制度設計之任務將更加繁複，更具挑戰性。[18]因此，我們必須從理論上充分澄清「依法治黨」的法治定位，考察黨內法規制度體系的歷史演變與基本經驗，解析兩部新條例所架構的黨內立法科學體系，以適應這一全新的法治中國發展階段。這些便構成了本文的寫作主旨。

二、黨內法規制度體系：歷史與概念

儘管依法治黨原則在黨的治理史上並不突出，但黨內立法卻是從建黨之日即長期開展的組織活動，而黨內法規制度體系的某些框架與傳統，亦由這一過程所奠立。[19]因此，為更加準確地理解黨內立法法與依法治黨原則之重要意義，需要簡要考察黨內法規制度體

---

18. 這種挑戰一直存在，有時甚至是意識形態領域的嚴重干擾和反覆，比如2013年以來的「反憲政」潮流就是一種代表，是對法治國家原則與執政黨法治轉型取向的反動。參見楊曉青（2013）。〈憲政與人民民主制度之比較研究〉，《紅旗文稿》。10期；鄭志學（2013）。〈認清「憲政」的本質〉，《黨建》。6期；《環球時報》社評：〈「憲政」是兜圈子否定發展之路〉，《環球時報》2013年5月22日。實際上早在2004年就曾出現過類似的思想反動，參見王一程、陳紅太（2004）。〈關於不可採用「憲政」提法的意見和理由〉，《理論研究動態》。11期。筆者對「反憲政」潮流的思想性評論，參見田飛龍：〈反憲政的誤識與中國憲法科學的進取〉，《共識網》，http://www.21ccom.net/articles/sxwh/fzqy/2013/0626/86404.html

19. 革命成功的一個主要經驗是加強紀律性，而紀律本身內含較高強度的規範性。只是這樣一種規範在總體上是一種義務本位的保密型鬥爭規範，同時是一種權利本位的公開型合作規範；正是由於規範類型與品性的差異，才使得執政黨法治轉型成為必要。此種紀律規範也曾深刻影響過國民黨的組織形態，對其國民革命的成功有所助益。參見王奇生（2003）。《黨員、黨權與黨爭：1924–1949年中國國民黨的組織形態》。上海：上海書店出版社。

政治憲法的中國之道

系的歷史形成過程和概念內涵的演變過程。這顯然也構成了黨史的重要組成部分。[20]

　　作為一個大型的現代政黨，中國共產黨在1921年成立之初就背負着反帝反封建的偉大歷史任務，在完成這一基本革命歷史任務的前提下，建立新中國之後，又要領導社會主義現代化建設和改革開放的偉大事業。在這樣一個艱難而宏大的歷史任務框架之下，如果沒有堅強的組織和堅強的制度基礎，很難想像能夠取得成功。[21]

　　黨的革命和建設的歷史也充分表明，不斷地建立適合其任務的黨內法規制度體系，是保證其領導中國人民不斷奮鬥取得成果的重要保障。

1.　早期的黨內立法

　　我們從黨建立之初來看，早期的黨內立法已經開始注意制度層面的立法經驗的積累。比如在1921年，一大黨綱《中國共產黨綱領》

---

20. 黨史的正統敘事模式，從來都是意識形態史和政治鬥爭史，而相對缺乏對黨的規範治理面向的評估、反思與檢討，在法治轉型的背景下，正統敘事的歷史價值和實踐價值都可能遭到削弱。參見中共中央黨史研究室（2011）。《中國共產黨歷史》（第一卷，1921–1949；第二卷，1949–1978）。北京：中央黨史出版社。

21. 如何解釋中國崛起的「中國經驗」，構成了一個世界性的社會科學難題，因為中國五味雜陳，太不「規範」了。然而，撇開意識形態的簡單評斷，沒有「規範法治」，不等於沒有「制度理性」。從「制度理性」角度經驗性地挖掘中國模式之理論合理性的學術作品，近二十年來不斷呈現，儘管價值立場存在爭議，但社會科學層面的學術努力不容忽視。這方面較有代表性的研究成果，主要來自經濟學領域的林毅夫、姚洋及政治學領域的鄭永年、社會學領域的渠敬東等人。具體參見林毅夫等（1999）。《中國的奇跡：發展戰略與經濟改革》。上海：上海人民出版社；姚洋（2009）。〈中性政府：對轉型期中國經濟成功的一個解釋〉，《經濟評論》。3期；鄭永年，邱道隆（譯）（2013）。《中國的「行為聯邦制」——中央•地方關係的變革與動力》。北京：東方出版社；渠敬東（2012）。〈項目制：一種新的國家治理體制〉，《中國社會科學》。5期。這些社會科學領域圍繞「中國經驗」的解釋理論，其實都間接觸及了「黨的領導」理性化的問題，但並未在嚴格的法學視角下予以審視和建構。

確立了黨的基本性質和奮鬥目標。而後來不斷修正的黨綱、黨綱之下所建立的黨章，以及相應的黨內規範制度，都是對黨的屬性和基本目標的具體化。二大黨章對一大黨綱的相應條款進行了相應的具體化。1923年制訂了《中國共產黨中央執行委員會組織法》，1931年制訂了《中央巡視條例》。總體上，延安時期之前的黨內立法側重於組織建設及綱領完善。

由於當時黨的路線及鬥爭處於初步階段，所以制度的體系化也處於初步階段。「黨內法規」概念的正式提出是在1938年，由毛澤東同志在〈中國共產黨在民族戰爭中的地位〉一文中提出。毛澤東同志提出「為使黨內關係走上正軌，除了上述四項最重要的紀律外，還須制訂一種較詳細的黨內法規，以統一各級領導機關的行動」。[22]1938年，共產黨已經參加了抗日民族統一戰線，成為統一戰線的重要領導性政黨。這時，毛澤東同志提出要制訂詳細的黨內法規的要求，已經表明黨從早期單純的綱領完善和組織建設，逐漸深入到行為規範的領域。毛澤東同志已經注意到了紀律之外黨法的重要性，注意到黨內缺乏一部較為詳細的法規對於黨的革命和建設有可能造成消極影響。一部較詳細的黨內法規，顯然指的是黨綱和黨章之外關於黨組織和黨員如何活動、行為如何規範、責任如何追究、具有法規內涵性質的規則體系。

1945年，劉少奇同志在〈論黨〉一文中，進一步對「黨內法規」這一概念進行了內涵上的完善，提出：「黨章、黨內法規，不僅是要規定黨的基本原則，而且要根據這些原則規定黨的組織之實際行動的方法，規定黨的組織形式與黨的內部生活的規則。」這就進一步確立了「黨內法規」的主要任務是依據「原則」來規定黨組織的具體活動方法、組織形式和內部規則，使抽象原則具體化，使黨的領導權

---

22. 引自毛澤東（1964）。《毛澤東選集》。北京：人民出版社。494頁。

有「法」可依，排除領導意志的專斷。劉少奇同志初步提出了在黨章之下建立一個體系化的黨內法規制度體系的要求。

新中國建立之後，即1949年到1976年之間，黨內法規建設進入了新的階段。這一時期，通過國家層面的立憲和立法，黨內的法規建設也有所推進，比如，制訂了《中共中央關於建立農村工作部的決定》（1952）、《連隊政治工作的四個條例》（1961）、《中國共產黨國營工業企業基層組織工作條例試行草案》（1963），還有發動文革的「五‧一六通知」《中國共產黨中央委員會通知》（1966）。

由於處於繼續革命運動的特殊時期，這些規範與這個時期的國法體系的整體建設，缺乏體系化和規範性，制度建設的成果缺乏定向的經驗性積累，而黨法的建設也與國法之間缺乏協調性。這種狀況可以大致總結如下：

第一，在這一時期，以戰爭與階級鬥爭文化規範為指導，沒有明確的法治意識和法學知識儲備。法學教育和法律人才的培養體系，不斷遭到運動的衝擊，在客觀上妨礙了國法和黨法規範建設的進程。

第二，黨法規範的政治性、綱領性特別突出，但是規範性不足。

第三，時效性很強，通常是規定具體鬥爭或者運動的任務，難以長期普遍適用，缺乏作為法規範的普遍性品質。

第四，缺乏與「國法」的協調意識，沒有確立黨在「憲法與法律範圍內活動」的法治原則。

第五，制訂程式、檔案名稱與形式隨意性強，規範效力及其等級秩序體系不夠穩定，執行效果取決於具體領導人的政治意志。比如，有的時候，一個並不非常正式的通知，它的效力就有可能高於黨內法規乃至於黨章。這種相對比較紊亂的文件及規範等級秩序，也妨礙了黨法體系化的進程。

第六，總體上未能兌現毛澤東、劉少奇等第一代領導人關於「黨內法規」的法治化期待。[23]

2. 改革開放以來的黨內立法

建國最初30年的法治紊亂狀況，在改革開放以來獲得了很大的改變。改革開放以來，黨內法規制度體系建設總體的表現是：與國法體系協調並進，伴隨着中國特色社會主義法律體系的完善而不斷進行自身的完善。我們下面簡要考察一下改革開放時期黨內法規制度體系的建設過程。

八二憲法奠定了「依法治國」的憲法基礎。儘管八二憲法沒有明確規定要建設社會主義法治國家——這一要求是在1999年以憲法修正案形式寫入的——但卻明確要求一切國家機關，包括政黨要在憲法法律範圍內活動。由於憲法是國家的根本法，這已經將依法治國的規範內涵予以清晰化表述，只是需要進一步在形式上確認而已。同時，八二憲法的序言部分將「四項基本原則」規定進去，這成為銜接黨法與國法的憲法依據。因為四項基本原則規定了黨的領導作為中國憲法的基本原則，也為黨在憲法與法律範圍內活動提供了憲法原則的指引。這一時期黨內法規建設集中於領導體制的調整，以及黨內立法權的規範化，制訂了一系列作為新時期黨組織規範建設的基礎性法則：1980年的《關於黨內政治生活的若干準則》。這一準則的制訂，顯然是對文革時期相對紊亂的黨內政治生活的反思，同時也順應

---

23. 當然，這種規範性期待的落空也與毛、劉兩人的政治鬥爭直接相關。參見田飛龍，〈中國換屆政治中的元首制問題及其反思〉，《共識網》，http://www.21ccom.net/articles/zgyj/fzyj/article_2012112671799.html

了社會主義法制的要求。1990年制訂了一部非常重要的《中國共產黨黨內法規制定程式暫行條例》，也是2013年剛剛推出的《黨內法規制定條例》的前身，對黨內立法行為進行了基本的規範。2002年制訂了《領導幹部選拔任用工作條例》，這是對黨管幹部原則的法制化落實。2004年制訂了《中國共產黨黨員權利保障條例》，這也是一部非常重要的條例，將黨員在黨組織內的權利予以具體化，為黨內治理的民主化鋪墊制度基礎。同時，黨還進行了黨內法規的清理與規範化的工作。我們知道，無論是建章立制，還是對既有規範的系統化清理，其實都是規範體系建設的必要工作。這種工作尤其表現在近兩年的力度特別大，在2012年開始對黨內法規進行系統性清理，然後「立改廢」並舉，該立的立，該改的改，該廢的廢。「立改廢」是有標準的，標準最核心的是黨內法規制度體系與憲法法律相一致，從而與已經初步建成的中國特色社會主義法律體系相配合。2013年8月，黨內法規清理工作完成。清理的結果是黨內法規制度體系中的規範近四成被廢止或者失效：在1978年以來制訂的黨內法規和規範性文件當中，廢止或失效的部分300件，繼續有效467件，有待修改42件。[24]

改革以來黨的主要領導人對於黨內法規建設明確的法治化定位，是黨內法規制度體系不斷完善的重要政治保障。改革開放總設計師鄧小平在1978年就明確提出，沒有黨規黨法，國法就很難保障。因此為了很好地保證國法的實施，就必需要完善黨法。完善黨法的法制要求就是使得黨法要與憲法法律相一致，從而能夠在制度上保障黨組織和黨員幹部都在憲法法律範圍內活動。江澤民同志在2001年提出，各級黨組織和每個黨員都要嚴格按照黨章和黨內法規行事，嚴格遵守黨的紀律。胡錦濤同志在2011年提出，加強以黨章為核心的黨內法規制

---

24. 參見〈中共首次集中清理黨內法規，近四成被廢止或宣佈失效〉，《新華網》，http://news.xinhuanet.com/2013-08/28/c_117133662.htm

度體系建設。這時已經明確提出來了，進行制度的體系化建設是以黨章為核心的。這個表述成為2013年立法法及其所追求的黨內法治的基本目標，即要建立一套以黨章為核心的黨內法規制度體系，使之與中國特色社會主義法律體系相配合。2013年1月，習近平同志提出要把權力關進制度的籠子裏，這個籠子是什麼樣呢？就是胡錦濤同志所講的，以黨章為核心的、與憲法法律相一致的黨內法規制度體系。

改革開放以來，四個領導集體的主要負責人，對於黨內法規制度體系的法制化建設明確而連續的定位，使得黨內法規體系化的進程相對順利地向前推進。

我們來大致總結一下改革開放以來黨內法規建設的基本經驗。

第一，通過憲法明確了「黨法」與「國法」的協調性，明確了黨在「憲法和法律範圍內活動」，而這一明確的黨內法規建設的憲法意識，在改革之前的黨的建設中是不夠明確的。

第二，歷屆主要領導人對於黨內法規建設的法治取向具有認識上的一致性和實踐上的連續性，這也是黨內法規體系得以完善的重要政治保障。

第三，「黨內法治」與「國家法治」面向共用性法治議題（如權力公開、反腐敗、經濟規制、社會保障等）相互引導與塑造，形成理性互動關係；比如，黨內立法與國家立法都要追求權力的公開性，[25]黨務公開，政府資訊公開，都面臨着反腐敗的嚴峻任務，都需要對國家的經濟社會進行規制，都需要思考社會保障、民生民權等一系列的改革結構性問題。

---

25. 在改革以來的權力公開性建構中，黨內黨外相互促進。參見田飛龍（2013）。〈中國政府權力公開性的法律建構：歷史、類型與制度創新〉，載杜鋼建、趙香如主編，《法治湖南與區域治理研究》。北京：世界圖書出版公司。11卷。

之所以它們具有共用性，是因為社會主義國家的執政黨是一種國家型政黨，職能上與國傢俱有較高的對應性，所以會表現為立法議題上的共用性。在這一共用過程中，會形成黨內民主法治與國家民主法治的理性互動關係：有時是黨內民主法治帶動國家民主法治，但有的時候是反過來的，這取決於在不同系統裏面所進行的制度試驗、具體制度效果及規範化的實際進程。

第四，明確提出了黨內法規制度體系建設的法治化要求，使之與中國特色社會主義法律體系（國法體系）實現體系間協調與匹配，推動中國現代法律體系的最終完備。因為黨法與國法不協調，就不能保證黨在憲法法律範圍內活動。

第五，黨內法規制度體系建設成績斐然，但相對於國法體系有所滯後，成為中國法治體系完善的實踐重點之一。我們正是在改革開放以來相對良好的法治建設環境當中，來重新思考黨內法規制度體系的完善命題的。[26]

3. 黨內法規制度體系的規範性定義

黨內法規制度體系是黨內法治的原概念或基礎概念，我們試着提供一個規範性的定義，以便涵括黨內立法規範的各種現象。

黨內法規制度體系，是指由中國共產黨各級組織制訂或認可的、以黨的紀律約束力保障實施的、與憲法和法律相一致的內在統一協調的各類規範的總體。從大類來看，黨內法規制度體系包括兩大部分，黨內法規和黨內制度。

---

26. 可以比較文革時代，國法不存，黨法亦不可能存，因為就治理規律而言，在解消了階級鬥爭和革命的嚴峻任務之後，追求客觀理性的規範治理就是必由之路。改革以來，黨法的繁榮與國法先行，以及整個國家轉向常態治理的精神氣質密切相關。

　　黨內法規就是指2013年推出的《中國共產黨黨內法規制定條例》所包含的一系列的黨內規範形式。黨內制度指的是黨內法規之外的、由各級黨組織所制訂的黨內規範性文件，既包括《中國共產黨黨內法規和規範性文件備案規定》所界定的「規範性文件」，也包括其他較低層次黨組織制訂的各種規範性文件，名稱通常為「決議、決定、通知、意見等」。

　　黨內法規的地位相當於國家法律體系中的「法律」地位，而黨內制度相當於國家法律體系當中「法律」之外的其它各種規範表現形式。黨內法規和黨內制度共同組成黨內法規制度的體系。而2013年推出的黨內立法法，就是對黨內法規的制訂及黨內法規與規範性文件的備案審查作出系統規定的兩部文件。

三、黨內立法權規範化：新條例釋義

　　下面我們集中對2013年推出的《中國共產黨黨內法規制定條例》的要義進行解析，以便使得黨員及領導幹部能夠對黨內法規制度體系化的工作、規範環境的制度要求有框架性的認知。

　　我們來看2013年的《中國共產黨黨內法規制定條例》總體上的定位，大致包含五個方面：

　　第一，是對1990年條例的替代。表明它不是一部全新的條例，是在總結、反思1990年條例的基礎上加以完善的結果，很多的制度條文是在1990年條例相關條款的基礎上進行的完善。它表明我們在改革開放以來，黨內立法的進程是具有延續性的，同時又不斷地在積累經驗的基礎上加以優化。

　　第二，這部條例要統一調整黨章之外的黨內法規的制訂、修改和廢止，黨章的修改依據黨章自身的規定。也就是說除了黨章及我們前

面講的屬於黨內制度的規範性文件之外，其他所有的黨內法規都歸這一部條例來管。

第三，作為「黨內立法法」，實際上是比照國法體系當中2000年所制訂的《中華人民共和國立法法》來架構的。國家層面的立法法的立法經驗與實踐經驗，其實對2013年黨內立法法是有影響的。這也進一步印證了我們國家層面的法治建設對黨內法治建設起到了互動、拉動的作用。

第四，黨內法規包括黨章和非黨章的專門法規，建構的是黨內狹義的規則體系，相當於「國法體系」中狹義的法律（全國人大及其常委會制訂的法律）。

第五，黨內法規在效力上低於憲法和法律，在制訂程式和備案審查程式中均須同時進行合憲性審查與合法性審查。這一定位的規範依據，是憲法上規定的黨要在憲法法律範圍內活動，黨內法規既然規定的是黨組織怎麼活動，這些法規的條文就必須保證是在憲法和法律範圍內，因而在效力上低於憲法和法律。在制訂程式和備案審查程式當中，要同時進行合憲性審查和合法性審查，因為既然要保證黨內法規既要符合法律又要符合憲法，就必須同時對黨內法規進行合憲性審查與合法性審查。這點要求，在我們下面要講的黨內法規與規範性文件的備案規定當中有更加的明確規定。

1. 黨內法規的立法定義及規範等級體系

黨內法規指的是哪一類制度呢？這顯然有着特定的內涵邊界，不是什麼樣的黨內文件都能進入黨內法規體系的。黨內法規特指「黨的中央組織以及中央紀律檢查委員會、中央各部門和省、自治區、直轄市黨委制訂的規範黨組織的工作、活動和黨員行為的黨內規章制度的

總稱」。這是新條例第二條的規定。這一條實際上確立了黨內法規的兩類制訂主體：一類是黨的中央組織，另一類是中紀委、中央各部門及省級黨委。

黨內法規原則上調整黨內的事務，包括黨組織的工作活動和黨員行為。因而黨內法規，最基本的功能就是作為黨的自身建設的主要規範依據。同時，我們不能把黨內法規簡單地理解為只調整黨組織與黨員的權利義務，因為黨組織在中國的法律體系當中具有特殊的地位，黨的領導是作為四項基本原則明確寫入憲法的，它的執政權具有憲法的基礎，享有在其工作與活動當中對國家事務的領導權。黨內法規必然涉及對國家事務的領導和支配。所以黨內法規也在憲法法律範圍內，對國家事務進行了調整。

黨內法規對內、對外進行雙重調整，既作為黨組織自身活動的依據，同時也作為黨領導國家的依據，構成了黨組織和黨員義務的雙重來源。就是我們前面講的雙重交疊的規範系統。黨組織與黨員幹部既要遵守國法又要遵守黨法，尤其是要保證黨法與國法的一致性。而這種一致性的保證，正是通過黨內立法法的相關程式實現。

新條例克服了之前黨內法規制度體系建設當中的檔案名稱不一、規範形式隨意性大、規範等級不清的缺陷，明確規定了黨內法規的規範等級體系，依據規範制訂的主體及規範形式確立了七種規範形式，表現為四層結構。首先，黨內法規體系最頂層的是黨章，黨章作為黨的根本章程，相當於國法體系中的憲法，是黨的法規體系的根本規定。黨章規範的內容是與黨的建設、黨的任務具有根本重要關聯的。其次是黨章之下的準則。準則相對於黨章具有一定的具體化特徵，但是相對於下面講的條例和規則，又是處於基本法律的位置，規範的內容為全黨的政治生活、組織生活和全體黨員的行為。比如，我們上文講到的在鄧小平時期，1980年所制訂的《關於全黨政治生活的準則》，就在黨章之下處於最重要的法規地位。再次是條例，這不是對

黨的組織和行為進行全面規範，而是對某一重要領域、某一重要關係
進行規範，屬於更加具體化、專門化針對某一方面的工作領域或者事
務的規定。最後是規則、規定、辦法、細則，它們是黨內生活的具體
規定，規範內容為黨的某一方面重要工作或者重要事項。

我們看到從黨章居首，然後是準則，然後是條例，然後是規則、
規定、辦法、細則；七種規範形式、四層結構就構成了黨內相對嚴密
的法規體系。

2. 黨內立法權分配

新條例對黨內立法權進行了分配，相對明晰了立法權責。黨內立
法權分配基本上是按兩個層次進行的，分為黨的中央組織的立法權和
中紀委、中央各部門及省級黨委的立法權。

哪些是黨的中央組織？這個是由黨章規定的。「黨的中央組織」
根據黨章規定，包括黨的全國代表大會、黨的中央委員會、中央政治
局及中央政治局常務委員會。「中央各部門」指黨中央正式設立的職
能工作部門，如中組部、中宣部等。黨內立法權的分配實行權力相對
集中的模式，其中黨章和準則更多的是由黨的中央組織來制訂，而中
紀委、中央各部門及省級黨委制訂的規範，通常只能以規定、規則、
辦法、細則來命名。這表明較低層級的立法權是相對要具體化，要細
化的，其主要任務是落實黨的中央組織通過黨章和準則及條例所確立
的關於黨的政治生活全面性的規範和框架性的具體規範。

值得指出的是黨內立法中的「義務本位」邏輯。[27] 這裏涉及與國
法體系規範邏輯上的差異。我們知道現代法律體系包括中國法律體

---

27. 義務本位具有很強的西方古典淵源，根植於一種共同體本位的政治法律精神之中，柏拉圖在其
    名著《理想國》中曾以此邏輯論證了護衛者的城邦本位幸福觀。參見〔希〕柏拉圖（Plato），
    郭斌和、張竹明（譯）（1986）。《理想國》。北京：商務印書館，132–134頁。

系，主要的建構邏輯是權利本位，是通過對基本權利的保護作為出發點，來建立法律體系，以限制國家權力，保障公民權利。我們講打造「制度之籠」，也是這個含義。但是在黨法體系之中，黨員與公民還是有相對差異的。公民讓國家對他負有義務，要保障他的自由，要保障他的生存、自由與發展。但是黨員是人民當中所特定化出來的，經過政治考察跟選拔以後所確認的，我們可以稱之為積極公民。對於他們來講，優先考慮的不是他們個人的權益，優先考慮的是他們參與黨組織之後如何為人民服務。因此對於黨員來講，對於黨內制度體系來講，義務是突出的，義務是作為本位的。也正因為如此，黨內法規制度體系的建設，跟國法制度體系建設會有所差異。國法體系側重權利保障，黨法體系側重對黨員的約束與黨員的積極責任。

有些制度就適宜在黨內先行先試。比如，官員財產公開的制度。下面我還會專門講到，這正是黨內立法的優勢，因為它是義務本位的，它可以對黨員提出超出法律的要求。當然這種超出法律的要求通常不能突破憲法上基本權利的邊界，但是又可以為了這種特定事業的目的而在黨內先行開展。因為黨員有先進性、表率性，所以制度可以在他們身上進行先行先試。

3. 黨內立法基本原則

新條例確立了黨內立法的八大基本原則。按照這八個方面基本原則來衡量、規範，黨內立法基本上能夠保障與憲法、法律相一致，從而確保黨組織在憲法法律範圍內活動。

第一個基本原則就是一切從實際出發。這實際上是對我們立法工作方法的要求。我們不是為了體系化而體系化，而是要需求導向，有的放矢，要使得法規的建設與黨的具體任務相匹配，不是人為地去製造所謂大規模、名目繁多的立法。只是追求這數量的話，我們認為會偏離法治建設的軌道。

　　第二個基本原則就是黨內立法要有一個明確的根本法意識。那麼什麼是黨內立法的根本法呢？從黨內法規體系來講，就是黨章。因此黨內法規的制訂，必須以黨章為依據。

　　第三個基本原則是憲法法律至上的原則。因為全部黨的立法，最終的目的是保障黨組織和黨員幹部在憲法法律範圍內活動。所以黨內立法要幫助黨組織跟黨員幹部，在規範的軌道上與憲法和法律相一致。

　　第四個基本原則是執政正當性原則。這又包含三個子原則：科學執政、民主執政、依法執政。這三個子原則是對正當性內涵的完備闡述，要求我們的立法既要具有民主的程式，反映各方面的意見，同時又要依照既定的法律程式和許可權展開，還要具有科學理性的內涵，側重對立法的專業性和專家知識的尊重和吸納。[28]

　　第五個基本原則是黨的建設法治化原則。具體包括制度化、規範化和程式化三個子原則。制度化的要求是說，黨的建設涉及到各種權力的行使，要有法可依，要首先想到運用法治思維與法治方式，為各種建設任務、各種建設行為提供制度保障。規範化要求就是對制度的品質提出要求，要使得行為具有規範品質，與既有規範保持一致性。同時要落實程式化的要求，要求黨的建設按照法定的步驟、程式、方式，有序地展開。通過程式本身來管理權力行使的風險，來充實權力行使的理性，來張揚權力行使的客觀權威。

　　第六就是民主集中制原則。民主集中制原則是我們黨，也是我們國家的組織活動的基本原則，實際上是公共生活的辯證法原則，就是

---

28. 這一正當性內涵的拓展與行政法領域行政合法性的反思性成果，具有一定的結構對稱性，這進一步印證了當代合法性規範內涵的實質性變遷。參見王錫鋅（2009）。〈行政正當性需求的回歸——中國新行政法概念的提出、邏輯與制度框架〉，《清華法學》。2期。

在充分發揮民主的基礎上實現集中，是一種辯證式的執政。[29]

第七就是法制統一原則。法律如果相互打架、到處衝突，每個部門都制訂自己的法律，不去處理衝突是不行的。所以黨的立法特別重視法制統一，不僅在黨內法規制訂當中要求各級黨組織層層審查所要制訂的新法是否符合憲法法律，是否符合上位的黨內法規，而且還進行了事後的把關，就在備案的過程中，進行事後的審查。如果審查發現有違背上位黨內法規、違背憲法法律的情況，是可以進行撤銷或者改變的。黨內立法法，是非常重要的把關性的程式，它在總體上保障黨內全部立法能夠與憲法法律相一致，從而確保法制統一。而法律的權威、規範的權威、形式化的權威，就是要法制本身內在自恰，協調統一。

第八是簡明實用原則。我認為簡明實用的原則與上文我們所講的一切從實際出發的原則是相互關聯的。指的是黨內立法，不是為了體系化而體系化，不是用形式主義去推動黨來立法，而是嚴格根據黨的任務、黨的目標和要求去分門別類地建章立制。同時立法本身還需要具有簡明實用、便於操作的特點，避免冗長繁瑣。因為法最終是要使用的，法是否進入黨員或者人民的內心，是否能夠進一步增強執政的合法性和權威性，就在於法是否方便實用，法是否合格兌現了所承諾的目標與規範。

---

29. 完整的民主實際上是政治多元論和政治一元論的辯證綜合，偏於「一元」則近乎專制，偏於「多元」則近乎無政府狀態。這種民主邏輯的內在疑難亦曾深深困擾過盧梭，導致其在《社會契約論》中專門設定了「公意/眾意」來疏解此種張力，但似乎並不成功。「人民民主專政」亦是對這一張力的結構性表達，其實踐取向更偏於「一」，引致頗多詬病，然其所指示之民主生活的內在難題依然存在。有關理論文獻可參考〔法〕盧梭（Jean-Jacques Rousseau），何兆武（譯）（1980）。《社會契約論》（修訂2版）。北京：商務印書館；〔法〕盧梭（Jean-Jacques Rousseau），蕭公權、周林剛（譯）（2012）。《政治多元論》。北京：中國法制出版社。

4. 黨內立法程式和立法後程式

新條例畢竟是規範黨內法規制訂工作的，對黨內立法程式進行了更加詳細的規定。新條例規定黨內立法程式，大概包括三個環節：先是立法的規劃環節；其次是起草；最後是審批和發佈。在規劃環節，要解決我們在一定時間裏面要立什麼法的問題，也就是要確立什麼樣的立法議題的問題，又可以區分為宏觀的五年規劃和中微觀的年度計劃。立法規劃制度的建立，就使得我們的黨內法規制度體系的建設，能夠按照科學有序的步驟展開。起草階段，是非常重要的一個階段。起草的過程是否合理，草案的品質如何，將直接決定黨內法規的規範品質。起草階段完成之後，就是由起草機關來提交制訂機關進行審批和發佈，經過審批、審查，並且進行一定的修改合格之後，進行正式的發佈，發佈即具有黨內法規的效力。這是一部黨內法規如何生產的三個階段。

黨內立法法不僅僅規範一部法律如何生產，還規範法律的實施及備案審查。因此，這部新條例同時規定了兩個很重要的立法後的程式：一是對法規的適用和解釋作出原則性的規定；二是對法規備案和清理評估作出規定。

總體來看，新條例所規定的黨內立法程式和立法後的程式與國家立法法的規定，具有相似性，共同遵循現代立法科學的基本規律。另外，新條例保證了立法程式和立法後程式的協調，從而能夠保證黨內法規體系的內在一致性。

重點來看一下黨內法規的起草階段。起草階段的程式和草案品質，將直接決定法規的規範品質。在起草階段的立法工作方法上，大概有三個要素是非常關鍵的。

第一個要素是專家論證。黨內立法要遵循科學立法的要求，科學立法的要求很多時候就體現為專家知識。第十六條規定，在必要的時

候，就是在起草階段，關於立法的調查研究，可以吸收相關的專家學者參加或者委託專門的機構開展。這在我們國家立法當中也是經常使用的，就是所謂專家諮詢論證制度或者委託起草制度。第十九條還規定，草案徵求意見的時候，應當注意聽取黨代表大會和有關專家學者的意見，就是説專家論證已經被新條例確定為黨內法規起草必經的一個階段。它能夠保證法規的專業性、科學性，這也是所謂科學執政的一個重要體現。第二個要素是公眾參與，既包括黨員的參與，也包括普通群眾（公民）的參與。

新條例在第十六條、十九條分別規定，調研階段要充分了解黨組織和黨員的意見。因為黨內法規畢竟有一個很重要的功能，就是要規範黨組織和黨員的基本行為，這就直接涉及到黨組織和黨員的切身利益。所以要聽取他們的意見，必要時，草案在全黨範圍內徵求意見。公眾參與不限於黨員，群眾也有權參與。因為我們執政黨的建章立制的行為，會對國家的政治生活包括法律體系產生重要的影響，所以它也直接影響了群眾的利益。新條例在第十九條規定，與群眾利益密切相關的黨內法規的草案，應當充分聽取群眾的意見。以上是專家論證和公眾參與，這在我們國家的人大立法、行政立法當中已經普遍運用。這次新條例又把它明確作為黨內立法的程式性要求提出來，可見我們在黨內立法法的制訂過程中注意吸收了國家法治建設的基本經驗。第三個要素就是部門協調。在制訂一部黨內法規時，可能涉及到好幾個部門的職能範圍。如果不進行充分協調，在執行階段可能會遇到各種各樣的障礙。所以在新條例的第十七條規定，起草機構要與條例相關的部門進行充分協商，盡量取得一致的意見。如果不能取得一致的意見，要給出理由説明為什麼。

徵求意見的對象，既包括徵求專家的意見，也包括徵求公眾的意見，甚至包括徵求條例所關涉的部門意見。在制度操作上大概有四種形式。第一種就是書面形式，通過所謂函件的形式，由被徵求方在指

定時間裏回饋書面意見。第二種是現場開會的形式，主要是座談會，更多地吸收各部門及黨員、普通群眾參加，以便了解這部法規所關涉到的社會各個階層、各個方面的利益訴求。第三種是論證會，主要針對的是專家，邀請有關專家學者，就黨內法規的技術性問題或者黨重大的原則性問題，進行專業性的討論，定向吸收專家的意見。第四種是網上徵詢的形式，無論從成本的角度來講，還是從擴大公眾參與的範圍角度來講，為了兼聽則明，有時候書面形式、座談會、論證會都有一定的定向性，可能無法保證參與意見的代表性，網絡平台恰好可以提供彌補方案。網上徵詢意見，可能克服前面三種定向徵求意見的相對局限性，進一步拓展黨內法規起草階段徵求意見的途徑、代表性，是對徵求意見民主效果的加強。

意見是徵求了，怎麼處理這些意見呢？如何使得這些意見在黨內法規的立法當中發揮直接的影響或者效用，其實也是徵求意見程式是否能夠長久吸引公眾、專家和部門參與，並且建立一種民主立法的習慣的重要方面。

對於專家論證、公眾參與、部門協商產生的意見，新條例如何處理呢？就是要求起草機構在草案的制訂說明中，要載明徵求意見的情況和協商的情況。也就是把起草階段的專家意見、公眾意見、部門意見加以分類整理，然後提供給法規的審批機關，由後者對這些意見進行處理、決定，然後對草案進行修改和調整。

因此，根據新條例的規定，徵求意見情況和協商情況，是草案送審稿的必要組成部分。如果缺乏這些組成部分，從立法法的法治要求來講是不合法的。在這裏面我們看到黨內立法的論證、參與、協商的法律效力機制保障仍然是不夠充分的。按目前來看，新條例在徵求意見的處理上、效力保障機制上，更多遵循內部工作的程式習慣，缺乏理由說明，缺乏對意見的參與方的回應性、公開性。這是需要在以後的條例修改或者實際的工作當中來加以改進的。這裏，我試圖提出一

個地方性的樣本，供以後黨內制訂各級規範進行參考或者以後新條例進行修改時，可以加上這一條。2008年的《湖南省行政程式規定》對於徵求意見效力保障機制的設計，我認為是比較合理的：要求對於專家意見和公眾意見吸納來了之後，制訂機關有責任對這些意見進行完整的分類處理，同時對於採納不採納的情況，進行理由說明並及時公開。這就建立了明確的說明理由制度，要求在正式文本公佈之後，同時公佈對意見的處理情況，說明為什麼採納，為什麼不採納，這就推進了立法的公開性和回應性。

經過多方參與的科學民主的起草程式之後，一部法規就走到了審議批准的程式。經過這個程式，一個法規就呱呱墜地了。審議批准的程式也非常地重要，因為起草機關畢竟不能代替有權制訂黨內法規的職權機關。

草案的審核要點是什麼呢？要點是要同時進行合法性與合理性的審查。新條例要求草案的審核要從六個方面着手。第一個方面，因為我們制訂的是黨內法規，首先要審查的是法規與黨章是否一致，與黨的理論、方針、政策是否相抵觸。如果與黨章不一致，肯定是通不過審查關的，只能退回去重做。第二個就是是否與憲法法律相一致。我們知道所有的黨內立法，都是為了幫助黨組織跟黨員幹部在憲法法律範圍內活動。所以與憲法法律不一致的也要退回去重做。第三就是與上位黨內法規是否相一致。指的是什麼呢？上位黨內法規指的是黨章以外，以準則、條例的形式所表現的效力位階相對較高的黨內法規。上文我們說制訂較低位階的黨內法規時，不僅要審查與黨章、憲法、法律的一致性，還要審查與準則、條例的一致性。如果不能跟準則、條例一致的，也必須退回去重做，因為這違反了法制統一原則。第四就是是否與其它黨內法規相衝突，這指的是新制訂的一部黨內法規，是否能夠與之前的法規進行銜接。這是新法與舊法之間的規範協調的問題。第五就是是否與有關部門

和單位之間進行協商。這個也是對前面起草階段的要求，相關機關要看你是不是按照新條例的要求經過了徵求意見的合格程式。第六，是否符合制訂許可權和程式，有沒有越權。

審議批准的審查要點，基本反映了新條例對於新的黨內法規制訂的各個規範要素的提煉與歸類。但是這裏面仍然有一點不足。就是在起草階段，我們強調草案既要徵求專家意見，又要徵求公眾意見，同時要進行部門協商。但是在審議批准程式當中，對專家意見、公眾意見怎樣進行回饋和處理，沒有明確提及。只要求審查草案是不是與有關部門和單位協商過了，沒有要求審查草案是否也完整反映了專家論證的意見和公眾參與的意見。這使得審議批准程式與起草程式，在要點對應上出現了一定的錯位，省略掉了對徵求意見當中的專家意見與公眾意見的審核要求。這其實不利於黨內立法朝着科學化、民主化方向的推進。我們在以後的新條例的修改及黨內直接立法過程當中要注意這一點。一定要注意審議批准程式要與起草階段所進行的工作進行要點性對應，不僅要考察協商意見，還要考察在起草階段所反映的公眾意見及專家的意見，這樣才能保證黨內立法真正滿足科學、民主的要求。

5. 黨內法規效力等級體系

新條例規範了黨內法規效力的等級體系，之前我們也有所提及。這是一個四層體系，第一層是黨章，第二層是中央黨內法規。中央黨內法規，也就是新條例所規範的黨的中央組織所制訂的法規，包含六種規範形式。嚴格來講，黨章也屬於中央黨內法規，但是新條例所指的主要是黨章之外以其他六種規範形式表現出來的中央黨內法規。它分為三個內部效力層次。黨的中央組織，可以同時選擇六種規範形式

來分門別類制訂規則。首先，準則僅次於黨章，也是中央黨內法規。它是對黨的政治生活的全面規定。其次是條例，條例是對黨的重要生活某一方面的完整規定。再次是細則性、落實性的規定，是規定、規則、辦法、細則四種形式，屬於內部第三效力層次。

這樣我們也可以看，即使是由同一主體所制訂的黨內法規，實際上也存在效力差別。如果它選擇了以「準則」這個名稱來命名某一部法規，我們就認為它的效力位階級要高於它以「條例」和「規則」所命名的法規。

黨內法規提出的第三層級，就是由中紀委與中央各部門所制訂的法規。這只能選擇四種形式，就是說它不能叫黨章，也不能叫準則，也不能叫條例，只能叫規則、規定、辦法和細則，這四種規範形式是同位元法規。

第四級就是省級黨委法規。省級黨委法規也不能叫黨章、準則、條例，只能叫規則、規定、辦法、細則，也是同位法規。

這四級之間在總體效力是遞減的。黨章最高，中央黨內法規其次，當然中央黨內法規有內部效力差異。第三級是中紀委、中央各部門法規，第四級是省級黨委法規。這是一個層次分明的體系。

6. 黨內法規的效力衝突規則

新條例規定了黨內法規的效力體系之後，必需要解決效力衝突的規則問題。這也是2000年國家層面的立法法的立法重點。如果沒有能力建立相對明晰的衝突規則和衝突解決機制，立法打架的現象將嚴重損及立法的權威。

新條例簡要規定了黨內法規的效力衝突規則。第一條規則就是同位元法規衝突怎麼處理？特別法優於一般法，然後新法用於舊法，這

是法理學的基本共識。第二就是對於中紀委和中央各部門法規的衝突要提請處理，原則是由中央機構來進行處理。第三實際上就是監督規則，就是更高一級的黨組織對下一級黨組織的黨內法規制訂行為的監督，它確立的是撤銷規則，就是中央可以責令改正或者撤銷觸碰紅線的法規。中央可以撤銷中紀委、中央各部門及省級黨委的法規。那麼哪些情況就是觸碰了紅線呢？第一種情況就是與黨章及黨的方針政策相抵觸的，這是要被撤銷的；第二就是與憲法法律不一致的，也是要被撤銷掉的；第三是與中央黨內法規相抵觸的，也要撤銷。這三種情形，中央可以基於監督權，撤銷掉下級黨組織所制訂的黨內法規。撤銷規則適用在哪裏呢？適用在備案審查程式當中。本文第四部分會對備案程式進行專門解析。

　　新條例同時規定了黨內法規的解釋規則，原則上由各個法規所指定的機關負責進行解釋。圍繞解釋權的條款，通常會規定在一部黨內法規附則部分的最後一兩條，説明本法規由什麼機關負責解釋，通常是有制訂機關進行解釋。新條例認為法規指定的機關，就是法規的法定解釋機關，而法規解釋與法規具有同等效力。這在法理學體系中很容易理解，就是有權機關作出的法律解釋與它所解釋的法律具有同等效力。但是這個同等效力必需要進行正確的理解。它不是指一個法規的解釋是與法規本身並駕齊驅的，而是法規的解釋必須在符合法規本身的原則和制度的前提下，才作為法規規範體系的一部分而被納入，從而使得法規解釋與法規本身具有一體性。如果法規解釋違反了法規本身的基本原則和制度，那麼這個解釋是無效的，它解釋的內容就不能夠併入法規本身而成為同一效力平台上的規範，所以這裏面存在法規解釋的最大射程問題。因此不是想怎麼解釋就怎麼解釋，必須是在法規本身的規範射程之內，超出這個範圍，解釋是無效的。

　　綜上，解釋了黨內法規的生產流程體系，按照這個體系，可以生產出大量的黨內法規。那麼我們如何保證它們之間效力的一致性？僅

僅依靠黨內立法程式中的審核、審查、參與機制，可能還是不充分的。總有漏網之魚，總有不合理的規定會存在於法規之中，那麼我們必需要對它進行延伸的監控和審查。這就涉及到了黨內立法的備案審查問題。

四、黨內法治：備案審查制度的優化

2013年推出的《中國共產黨黨內法規和規範性文件備案規定》就是對黨內法規效力的一致性進行追蹤性的備案、審查的一部重要的法規，是對黨內法規體系的重要完善。

法律不僅要立，還有改和廢的問題。「立改廢」是法律體系自我融貫於完善的連續性過程。我們上文講新條例，「立」只是其中的一個環節，立出來之後，要不要改，要不要廢，怎麼改，怎麼廢，就要依賴於備案審查的程式。

新條例確實是黨內立法法的基本法，但還存在兩個有待補充的制度間隙。一個就是前面的條例只有原則性的規定，沒有細節性的制度，因此需要細節性的制度予以補充落實。第二就是新條例僅僅關注「法規」，對於屬於黨內制度的規範性文件沒有納入調控的範圍。這兩個制度的間隙，由《中國共產黨黨內法規和規範性文件的備案規定》進行了無縫的補充，從而對推進黨內法治具有積極的意義。

1. 備案審查程式的適用範圍

我們需要注意備案程式所適用的範圍。這個《備案規定》不適用於中央黨章及中央黨內法規及其規範性的文件，其適用範圍是相對較

窄的，不是對所有的黨內法規得備案審查。它也不適用於省級黨委以下的黨組織的規範性文件。就是說，它上不適用於黨章、中央黨內法規及其規範性文件，下不適用於省級黨委以下的規範性文件。它只適用於中紀委、中央各部門及省級黨委的黨內法規和規範性文件。它是對一部分黨內法規和規範性文件的要求。

但是，它同時也要求，比如省級黨委以下的黨組織的規範性文件，由各省級黨委所建立相應的備案審查制度來加以管控。就是說中央就不管你這一層了，但是你要按照中央立法法及備案的規定要求，建立相應的配套制度。這實際上把備案審查的權力下放給省級黨委了，由後者按照中央立法法的要求相應地建章立制，以實現本省範圍、省委管轄範圍內的黨內相應規範文件的合憲、合法與合規。黨章、中央黨內法規及其規範性文件的效力層級屬於第一、第二層，相對更高，其備案審查程式比較特殊，因此我們可以認為這次備案規定沒有把它納入範圍之內。但是以後如何對它進行備案、審查，還有待制度的進一步完善。

這裏面我們還要對「規範性文件」作一個界定：所謂規範性文件，指的是《黨內法規制定條例》所講的那些法規之外的、各級黨組織在履行職責過程中所形成的、具有普遍約束力、可以反覆適用的決議、決定、意見、通知等等。注意一下，在名稱上有利於進行區別，規範性文件只能叫決議、決定、意見、通知，而不能叫準則、條例、規則、規定、細則等由新條例所明確化的專門的正式名稱。

2. 備案審查的要點

備案審查的要點，總體上來看，在合法性審查部分與我們之前所講的草案審核的標準是相同的。就是說備案的時候也要再看一

遍：黨內新的法規是否與黨章一致，是否與憲法法律一致，是否與上位法規一致，是否與同位法規沒有衝突，是否遵循了法定的制訂程式和許可權。

但是在合理性審查部分有所區別，要求備案審查機關對黨內法規是否明顯不當作出審查。顯然，制訂程式中的審核標準，要低於事後的備案審查階段的標準。為什麼會低於這種標準？我們可以這樣解釋：備案審查主要是由中央的審查機關對低一級的黨內法規的監督權或者監督程式，因為有上下級的監督程式，所以審查要求更高、更全面，或者更加具有一定的裁量性質；而對於同一機關的內部所進行的草案的審核，合理性的整體要求可以相對低一些。正因為有監督性質，所以備案審查階段對合理性審查的要求也非常高。如果明顯不當，即使滿足了上面所講的符合黨章、憲法、法律，上位法等一系列合法性要求，仍然可能被退回去進行修改或者撤銷掉。

3. 備案審查的法律效力

對於備案審查程式，是有明確的法律效力規定的。對於符合條件的黨內法規，要予以備案並且納入文件目錄，進行公佈。黨中央週期性地公佈黨內法規和規範性文件的目錄，通過備案審查之後公佈出來，就產生了正式的法律效力。在審查過程當中，總有過不了網的魚，總有達不到標準的。不符合條件的怎麼辦呢？審查機關可以建議制訂機關自行糾正；逾期不糾正，由中央辦公廳提出糾正或者撤銷的建議，報經中央決定，一旦中央決定下來，就可以直接撤掉。前面談到，中央可以對踩了三條紅線的法規——違反黨章、違反憲法法律及違反中央黨內法規的——進行改正或者撤銷。中央的決定，可以直接撤銷有關法規，撤銷之後的黨內法規，自然就不可能繼續有效。

4. 黨法與國法備案審查的銜接聯動機制

在備案審查制度的規定裏面，很醒目的或者很具有亮點性的，是規定黨法與國法備案審查的銜接聯動機制。

本來屬於黨內法規和規範性文件的備案審查，為什麼要建立與國法之間的聯動機制呢？這是由中國憲政體制的特殊安排決定的。

第一，從實踐上來看，根據中國的黨政活動習慣，常有黨政聯合發文的現象。比如中共中央辦公廳、國務院辦公廳關於某某事項的規定或者決定。這就會造成部分黨內法規和規範性文件，同時具有黨法和國法的雙重性質，需要一種聯動機制予以備案審查。關於聯合發文的法規和規範性文件，既是黨內備案審查程式的對象，同時也是《立法法》備案審查程式的對象。這時建立一種聯動銜接的審查機制，就有利於更好地對規範內容本身進行審查，作出合理的處置。

第二，這反映了法制統一的要求。因為在中國的憲法體制之下，黨法和國法都屬於中國現代法律體系的組成部分。國法體系已經建立了以《立法法》為框架的備案審查制度，而黨法體系在黨內立法法調整之下，也將日益完備。如何確保黨法與憲法法律相一致呢？如果僅僅是由黨內進行審查，還是不夠的。這就必需要建立統一、規範的違憲違法審查制度，才能夠在更宏觀的層面，在黨法與國法協調組成的更大的法規範體系之內，保證法制的統一。

第三，聯動機制的最終目標，為建立覆蓋黨法和國法的統一的違憲違法審查制度體系。這個體系建立之後，將能夠保證在中國實現基本的法治目標，即所有的國家公權力都納入了法規範的軌道，所有規範公權力的法規範都納入了審查制度的軌道；這就使得憲法、法律及黨章所載明的中國社會主義法治理念的基本要求能夠在具體的法規範當中得到落實。與此理念所抵觸的一些法規範，無論是在國家法層

面，還是在黨法層面，都會通過統一的審查制度、審查程式予以清理和排斥。

這種統一違憲違法審查制度體系，具有預警識別的機制。它就像防火牆一樣，隨時把違背社會主義法治理念的規範——無論藏身何處——及時識別並清理掉。這將有利於建立全覆蓋的、完備性的中國特色社會主義法律體系。

總之，審查備案制度如何發揮實效？如何建立與國家法備案審查之間的銜接聯動機制，是2013年的兩部黨內立法法制訂之後，在執行實施過程當中要探索完善的一個重點。

五、總結：新原則與新空間

1. 黨內立法法的新原則

黨內立法法體現了以下十個方面的新原則。這些新原則是嚴格的法律原則，是執政黨法治轉型的法律成果，也是社會主義法治理念的實在化。這些原則多數來自國法體系中的既有原則，但也有部分專屬於黨內法治的原則，比如「黨員義務本位原則」。這些法律原則既是黨內法規制度建設的立法性的指導原則，也是中國共產黨在新時期深化科學執政的規範倫理。循此法治軌道，執政黨的規範轉型並具有了更為充分的制度理性基礎。值得說明的是，這些原則本身尚不存在嚴格邏輯上的分類一致性，帶有執政黨政策判斷的顯著痕跡，筆者在此處主要根據新條例的規定，並結合「重要性」標準進行初步的學理歸納。這裏的歸納具有理論上的反思與重構特徵，與註釋法學意義上的原則識別與解釋（比如本文第三部分對條例原則的直接註解）不同。

相關原則之間既存在縱向的規範分層關係，也存在橫向的互補與適度交叉關係。隨着執政黨依循立法法模式推進法治轉型，黨內法規制度體系的更系統化、更富邏輯性的「法律原則體系」或可清晰呈現。本文的工作，即為此一目標提供某種理論上的預判和建議。

這些新原則大體可以區分為兩個層次：一是基本原則；二是具體原則。

第一層次的基本原則包含但不限於：

第一，依法治黨原則。依法治黨原則是依法治國原則的延伸性原則，是為了落實憲法上所承諾的黨組織「在憲法法律範圍內活動」的總體性要求，從而使得黨的所有公權力行為納入法治軌道。所以依法治黨原則，直接表明了執政黨建設的總體規範取向。

第二，憲法法律至上原則，這實際上是對黨內立法法的終極目的的規定。黨內所有的立法，最終要匯流入憲法法律的體系當中，要能夠與社會主義法律體系相匹配、理性互動，推動法治中國的建設。[30]

第三，黨員義務本位兼顧權利原則。我們知道黨員與公民的差別，就在於他們是先進性公民，因而對國家的法制進步或者制度的實驗或者為人民服務中的一些特殊的職責分配，具備優先的承受性。但義務本位並不意味着只有義務沒有權利，對任何法體系而言，它都追求義務和權利相一致，只是在實踐上的重心選擇有所差異。義務本位只是說要從義務作為一個邏輯出發點，來建構適用到義主體務身上的法規體系。而我們知道，2004年黨中央專門制訂了《黨員權利保障條例》，這表明只有在有效保障黨員權利，尤其是政治參與權利的過程當中，黨員才能夠更好地發揮參政議政的作用，才能模範地遵守憲法和法律確定的義務。

---

30. 黨內立法法主動要求實現「與憲法法律相一致」，可以視為對曾經提出並飽受爭議的「三個至上」提法的一種正式的官方解釋方案，其結果是突顯了憲法法律的至上性。

第二層次的具體原則包含但不限於：

第一，規範效力一致性原則，這包含兩個子原則：黨法體系化原則；黨法與國法協調性原則。黨法體系化原則，更多的是黨法內部自身建設的要求，要分門別類地對不同的主體所制訂的不同的規範文件進行明確的許可權規定和規範清理，使得黨內法規能夠自成體系，使得黨內所有的組織和黨員幹部能夠在黨法意義上納入黨的治理的規範框架之內。黨法與國法協調性原則，我們知道黨本身並不是自給自足的組織，黨只有在領導中國人民建設現代化事業，黨只有在配合國家進行建設社會主義現代化國家過程當中，才能夠取得自身的合法性，取得自身的法規建設的正當性。所以黨法建設一定要堅持與國法相協調的原則，要特別重視黨法的立改廢過程當中，與憲法法律一致性的審查和保障。

第二，科學立法原則。因為現代立法具有高度的專門性與專業性，需要專家支援。這在新條例當中就反映為更多地要對科學規律進行把握，對專家意見進行吸納轉化。

第三，民主立法原則。民主立法原則就是要開門立法，要透明立法。立法過程當中，不僅要對各個部門開放，還要對普通黨員開放，還要對群眾開放，以使得黨內法規建設，在議程早期就具有更加充分的黨內及民意基礎。具有更強的黨內及民意基礎的好處就在於：第一，最大程度的回應性，並且吸納整合了社會各階層的利益和意見，使得法規本身的民主性、公共性品質大大提升；第二，可以大大減少法規在推行過程當中的阻力，增強實際操作性。

第四，規則衝突的程式化原則。發生不同位元階的規範效力衝突時，黨內立法法建立了程式化的衝突解決機制。儘管這個機制還有待完善，但是已經搭建了符合法治原理的基本制度框架。

第五，立法與備案審查並重的複合審查原則。既注重在立法過程之中實現法治的理念與開展合法性審查，同時也注重在事後進行備案

審查,以建立更加長程的、更加完備的法規體系,並確定了協調國法與黨法的統一違憲違法審查機制的探索方向。

第六,法規的簡明實用原則。不是形式地對待黨內法規的建設要求,而是堅持群眾路線,堅持法規簡明實用、可操作的原則。制訂的法必須是實實在在有用的法,必須是能夠實現制度承諾,必須是能夠加強和改善黨的領導,必須是能夠有利於法治建設,有利於為人民服務及改善老百姓的民生權利。

2. 黨內法規制度體系有待進展的空間

黨內法規制度體系還有一些有待進展的空間,既包含制度上或者程式上有待完善的要點,同時也包含黨內立法議題性的重點選擇。有了進展的空間、程式的完善、制度的完善及優先性議題的先行先試,依法治黨原則及黨內立法法,才能把這種制度的權威、制度的效力充分展現於全黨和全國人民面前,才能兌現法治中國的莊重承諾。

在我看來,以下六個方面是黨內法規制度體系建設有待進展的空間。

第一就是專家論證的制度程式及其效力保障機制。在新條例裏面,關於專家論證,主要還是作為內部工作程式進行規定,開放性與回應性都還不夠充分。比如對專家意見,並沒有要求在草案的審核批准階段進行要點性的審查,以及對審查之後是否進行採納進行理由公開。

第二就是對於公眾,這裏面有兩個層次,一個是黨員,二是群眾。對於公眾參與的制度程式及其效力保障機制,也不夠完善。具有更強的內部性,而缺乏公開性和回應性。

第三就是立法資訊公開的全面性機制。我們發現新條例,從議題化,就是立法的規劃和計劃階段,以及草案化形成階段,立法資訊公

開的力度和要求並不是很明確，或者説並不是很有效，這也是值得考慮的重要方面。

第四就是黨法與國法備案審查的聯動機制。目前這個聯動機制，只是在《黨內法規與規範性文件的備案規定》中有一個原則性的規定，聯動機制如何建立，如何獲得審查實踐經驗和社會認同，尚不明朗。通過制度實踐，產生足夠的聯動審查個案，以及在聯動機制和審查個案的基礎上推進統一的違憲違法審查制度的建立，將國家立法法與黨內立法法進行程式對接，應當成為下一階段黨內法規體系要推進的重點方向。

第五就是黨員權利保障機制。黨員權利保障機制的主要含義，不是如何去關心黨員的個人生活，去關心孤寡的或者説老年的黨員。這裏面的權利保障機制，應側重政治層面或者民主層面，就是如何制度性地保障黨員參與黨內法規制訂的權利和程式。這也是提升黨內法規制度體系的民主性、科學性的重要方面。

第六就是黨內立法的簡明實用。黨內立法要一切從實際出發，要簡明實用，要能解決問題，能改善黨的領導，這就要求在某些關鍵性制度領域先行先試。這些關鍵性領域，也許在國家層面推行阻力特別大，但在黨內，由於具有組織上和權威上的優勢，可以先行先試。這裏試舉數例：

1. 黨員幹部財產公開。我們知道這是反腐敗的一個終極性的殺手鐧。官員財產公開在國家層面有一些地方性的實驗，比如新疆的阿勒泰、廣東等地，但是在全國性制度層面推行財產申報和公開的立法，還是有很大的阻力。黨內是義務本位的，黨員幹部能不能通過黨內法規，首先公開自己的財產，首先承擔這種義務？在黨內立法上先行先試，為官員提供示範，值得優先考慮。

2.　黨內重大決策程式是否要建章立制。我們知道我們國家的政
治法律生活當中，包括立什麼法，其實包括憲法修改，黨內
的決策是非常關鍵的，所以黨內的重大決策對於國家的政治
法律生活，對於老百姓的權利利益，具有直接的影響。重大
決策程式，本身能否作為黨內立法的議題，比如制訂黨內重
大決策程式條例，規範黨內重大決策行為？這是非常值得考
慮的。因為在行政決策領域，各地已經在公開決策、民主決
策的要求之下，紛紛建立了重大行政決策程式規定或者程式
辦法，比如上文講到的《湖南省行政程式規定》就專門規定
了關重大行政決策程式。[31] 那麼黨內重大決策程式是否也要
法治化，也是黨內法規制度建設的一個重點。

3.　對於黨員或者公民個人的提案程式，以及提請審查程式的規
定尚付諸闕如，是個遺憾。我們知道目前的黨內法規主要是
由部門來提案，黨員不能聯名提案。提請審查的程式也沒有
開放，目前主要還是通過制訂機關備案、上級審查、機關
自我審查進行的，甚至也沒有出現像2000年《立法法》裏
面規定的公民建議審查程式，即公民個人可以提請全國人常
委會對違法違憲的法規進行審查。《立法法》規定之後，確
實是出現了審查的要求和申請實踐，比如2003年孫志剛案
中，公民提請對收容遣送條例進行審查，2009年唐福珍案
中提出了對城市房屋拆遷條例的審查。這都是因為2000年
的《立法法》裏面有規定，公民個人可以對可能涉及違法或
者違憲的法規提起審查。儘管全國人大常委會迴避了這些申
請並轉由國務院自行審查，但這一程式的成文化依然具有法

---

31. 關於行政決策程式的法學分析，參見田飛龍（2011）。〈行政決策程式的法治定位及其合理
化需求〉，《江蘇警官學院學報》。3期。

治意義，並成為未來可能撬動違憲審查常態化之門的制度基
礎。我們在黨內法規制度體系裏面也要借鑒此類制度，要為
黨員或者公民個人，或者聯名進行立法提案，或者說進行事
後的針對法規的提請審查，開一個制度的口子。開一個口子
會使得黨內法規接地氣，使得黨員或者公民個人與黨組織、
與立法及法規體系建立正式的制度互動關係。而這種制度互
動關係，對於總體上增強黨內法規制度體系的民主性、公共
性或者豐富黨內立法的議題來源，增強黨內立法本身對於民
生或者權利的回應性，都是具有非常強的制度功效的。[32] 而
這種制度推進，也是黨內立法在一切在實際出發、簡明實用
原則的要求之下，要重點考慮加以突破的方面。

總體而言，「打造制度之籠」的政治決斷，實際上全面吹響了建
立以黨章為核心的黨內法規體系的制度化建設的號角。我們需要一
個制度之籠，來把黨的各種權力關進去，使得它在規範化的軌道上
運行。在這個號角要求之下，我認為從目前所推出的兩部立法法的
初衷、立法過程及立法意圖來看，也是為了打造制度之籠，使得黨內
制度體系化，使得黨法體系與國法體系之間相協調。我們非常真誠地
期待，在總書記的要求及兩部黨內立法法的具體制度性的規定之下，
中國的黨內法規制度建設，依法治黨的進程的展開，能夠獲得大的提
升，能夠最終貢獻於黨法和國法之間的法治協調，能夠貢獻於法治中
國更加完備的體系建構。

---

32. 公開是一種被普遍分享但仍顯隱密的現代合法性再生產機制，中國的有關權力機構已在悄悄
運用。參見田飛龍（2013）。〈司法公開：一場新的法律革命〉，《民主與法制時報》2013
年8月5日。

下篇 對話與期許

CHAPTER
第十章

10

政治憲法學的問題、定位與方法

政治憲法的中國之道

　　本篇為作者與上海交通大學凱原法學院高全喜教授的對談，對話
內容聚焦中國政治憲法學產生的問題意識、理論進路與學術方法，與
憲法學主流之間形成有效對話關係，進而呈現政治憲法學的中國性、
時代性、改良性與理論抱負。（田飛龍，以下簡稱「田」；高全喜，
以下簡稱「高」。）

一、政治憲法學的提出與正名

田：高老師，您好，很高興受您之邀過來就「政治憲法學」的有
　　關問題進行一場訪談式的對話。其實今天最佳的對話場景，
　　應該是在您和陳端洪老師之間展開，我只是「政治憲法學」
　　的一個學生，自接觸並大致接受這一憲法學路徑以來處於不
　　斷的學習和反思的狀態之中，未敢自詡為一個合格的「對話
　　者」。今天，我仍然是來學習的，如果有一點自己的認識的
　　話，也應該算作是一種彙報。

高：端洪因為另有要事暫時不能參與討論，但我相信我們彼此之
　　間的學術共識及他本人對於政治憲法學發展的責任，應該會
　　得到延續。我因為是從政治哲學和思想史的背景切入憲法學
　　的，對政治憲法學的認同與關懷也主要以我的原初的學術背
　　景為根據，因此相對身處憲法學內部的端洪來說，所受之誤
　　解或形式上的學科話語排斥可能更大一些。但這沒有關係，
　　我關心的不是形式上的「學科」出身或是否被某個學科的既

有話語接納的問題，而是問題本身的真實性和理論解釋的真實競爭力。如果大家都面向「真實的問題」本身，都有一種基於知識而非所謂的學科建制之興趣的話，我想誤解的程度可能降低一些，而與外部之對話也可能更有成效。

田：這是您多次參與「政治憲法學」相關對話及演講的真切感受吧。我本人之前做過中國憲法學流派的研究，「政治憲法學」是學術流派化的重要體現，我覺得是個好現象，也是一個重要的憲法學術起點，儘管尚不可能期待學界的完全接納或認真對待。您剛才提到「真實的問題」，這對於政治憲法學的定位特別重要。國內憲法學在改革開放之後，伴隨形式法學話語的強勢擴展和法學家群體的更新換代，特別是21世紀初以來，一種根源於德日的規範主義憲法學（包括規範憲法學和憲法解釋學）和根源於美國的、以簡化的現代憲法原理和美國憲法判例史為根據的「判例憲法學」日漸興起並佔據主導，二者都具有超實證的「價值規範主義」的傾向，通過基本權利的價值證成和違憲審查的「沙盤推演」，逐漸構築起與中國的憲法體制及政治現實相對峙的「憲法理想國」。學界的這樣一種思想與方法的轉型具有積極的價值，但也可能造成與中國憲法體制及真實的憲法決策過程的脫節。因此，我覺得「真實的問題」應該是中國「政治憲法學」興起的直接動因。具體而言，您覺得中國政治憲法學根據的是怎樣的「真實的問題」？其問題意識是如何產生的呢？

高：政治憲法學作為一個憲法學術概念，正式提出的標誌是端洪在2008年《中外法學》上發表的那篇文章，即〈論憲法作為國家的根本法與高級法〉。端洪的問題意識可能主要來自於憲法學內部，比如對2001年以來圍繞「齊玉苓案」而興起的「憲法司法化」學術潮流的冷靜反思、對中國憲法整體結構

與精神被「規範」和「文本」在技術上橫加肢解的痛惜，以及他自身在知識儲備上重新以「主權」為抓手所獲得的不同於主流憲法學家的對憲法的政治性理解。那篇論文是對中國1982年憲法的整體結構與精神的解釋，充滿了政治憲法的理性色彩，我覺得是憲法學界內部學術反思能力與建構能力的一個突出標誌。端洪在那篇具有開創性意義的論文中，嘗試提出了中國憲法的「五大根本法」並進行了基於論理的排序，概述了英國「政治憲法」的近期學術史，張揚了政治憲法與共和主義的思想性關聯，甚至最終提出了基於「主權者護憲」預設而生成的多層次違憲審查體系。有個觀點，端洪提得很大膽，就是由共產黨中央承擔違憲審查之責，這在中國當下所有的憲法學者的知識構圖中，絕對是一個盲區。端洪焦慮的是如何在後現代「去主權化」和「去政治化」的語境壓力下，以憲政的方式建構理性的中國主權和政治。他有勇氣直面根本的時代疑難問題，並且進行了很艱苦的知識準備和理論論證。端洪在學術思想上受到施米特政治法學的影響，但他的理論資源不限於此，還延伸至「早期現代」的法國啟蒙思想家那裏，主要是盧梭，還有西耶斯。端洪對西耶斯的文本是下了功夫的，用蘇里的話説，端洪是在用「西耶斯」拯救「盧梭」，試圖在學理上勾連純粹的人民主權與實踐性的代表制民主。不過，端洪的主要理論資源大體上屬於歐陸理性主義，我本人則是親「英美」的，這可能是我們之間存在一定理論差異的根源。儘管我與端洪在具體的「根本法」內容及所調用的理論資源上存在差異，但對他的基本價值立場和學術關懷則是同情乃至於贊同的。

田：您對政治憲法學的初始學術狀態及對陳老師的學術理解與評價相當中肯，我基本同意。君子和而不同，同而有異，本是常理常情。我也確實覺得您和陳老師之間存在一些重要的學

術思想上的差異的，這些差異已經體現在具體的研究實踐當中了。那麼您本人的問題意識如何呢？

高：是的。相對於端洪的憲法學內部視角，我本人更多地從思想史和歷史的雙重維度，「催生」所謂的政治憲法學的問題意識。我個人的一個經驗觀察和基本判斷是：中國始自鴉片戰爭的近現代過程的基本歷史目標是「立國」（國家構建）和「新民」（理性公民）。但這個歷史性的建構目標一直未能完成，中國在思想史上仍然類似於西方近代國家創制時期的狀況。為此，我提煉出了「早期現代」（Early Modern）這個關鍵性的概念。我所謂的政治憲法學就是要從類似於西方的「早期現代」的問題意識和理論結構中析出，因而是一種時間化的憲制發生學。2008年底，我針對端洪的那篇文章專門撰寫了〈政治憲政主義和司法憲政主義〉一文，並在「北航法學沙龍」做過主題報告。青年學者周林剛在評議中點到了我的政治憲法學關懷中的「時間邏輯」，很到位。關於「早期現代」這個思想史概念的具體背景與意涵，我在《讀書》上有專門的文章。很自然的，我是從思想史來關懷「政治憲法學的」。對應於「早期現代」，我提出了作為「政治憲法學」的「憲制發生學」概念，意指發生學意義上的「政治憲法學」。在這一「憲制發生學」的具體構成上，我認為有三條線索是關鍵性的，即「戰爭—革命」、「財富—財產權」和「宗教—心靈」，前兩條線索我都有長篇論文並作過多次演講，最後一條線索還在思考之中。

有人可能認為這些問題不是憲法學的問題，或者即使構成憲法學的問題，也需要首先轉譯為特定的權利問題，然後探討如何通過司法制度加以保障。批評者所秉持的，主要是一種憲制成熟之後的日常憲法學的「庸常」的眼光。我所謂的

「發生學」對應的，是憲制創生的特定時期，屬於「非常政治」向「日常政治」的過渡階段。我希望中國憲法學能夠在「技術性準備」的同時，拓寬思想的界域，真正深入理解一種「立憲者」而非「法官」的憲法學及其複雜性。我在對上述三條線索進行思想史考察的過程中，大致辨析出了英美的經驗主義路線、法德的理性主義路線，以及俄國的激進主義路線。激進主義的路線在整個20世紀通過國共兩黨政治文化精英的發揚，對中國之文化與政治產生的「三千年未有之影響」。儘管這種古今劇變有着基於「救亡圖存」之生存理由的強大歷史合理性，但革命成功之後的常態化回歸，卻成為中國憲政的「死結」。為此，我基於對「革命」與「憲法」關係的理論反思，提出了「革命的反革命」的憲制命題與「反革命的法理學」。當然，這種「反革命」絕對不是革命陣營之外的「復辟」或「顛覆」，而是革命者自身通過「理性」克制革命激情，通過「寬容」修復文化裂痕，通過「憲法」建構法治國家，從而達到革命成果的鞏固化、制度化和良性轉化。

我個人是比較推崇英美經驗的，這一點和端洪存在很大差別，他似乎更傾向法德式的大陸理性主義進路。對應於這樣的思想史考察，我組織編譯了六卷的《現代國家立國法政文獻》，涵蓋世界近現代史上主要大國（英美法德日俄），洋洋兩三百萬字，即將正式出版，裏面有長時段的、內涵極其豐富的思想文獻和制度資料，相信對於我所在意的政治憲法學的思想史進路，會是一種很好的資料性的基礎。總之，我覺得中國的現代化最為關鍵的是「立國」，而如何「立國」很難被簡化為「權力限制」和「權利保護」這樣的現代憲法學口令及其技術要領，而是如何建構「權力」的問題。政治

憲法學並非不關注權利問題,而是認為「立國」在政治上更加關鍵,同時也構成最終的權利保護的有效前提。

我的問題意識,還直接來自於對中國近現代史具體經驗的特定觀察與體驗。我覺得1840年以來中國的政治與文化精英,對於「立國之道」進行了持久而悲壯的探索,總體而言並不十分成功,我們要承繼此種歷史責任。就憲法學現象而言,中國近現代過程中相繼出現了「第一共和」與「第二共和」。所謂「第一共和」指的是1911年締造之「中華民國」,它甚至是亞洲第一個現代共和國。今年是辛亥革命100周年,我的紀念方式比較特別,就是圍繞《清帝遜位詔書》而非《臨時約法》展開了政治憲法學的闡釋,認為二者之合力才是第一共和的真實歷史基礎。這與國共兩黨的革命史觀、甚至自由主義史觀,都存在很大的差異。然而,「流血」最少的辛亥革命最終只是一場失敗的「光榮革命」,未能成就出、並順利守護來自於上述兩個主要憲法性文件的保守立憲主義的光榮成果——「共和立憲政體」。第一共和最終導向了孫中山開啟的「政黨國家」。同時期的共產黨儘管與國民黨存在政治競爭關係,但在建黨原則上也受到了蘇俄的共同、甚至更加深刻的影響。「政黨國家」是適應於特殊歷史時期的革命激進主義的產物,如何向現代民主憲政和平轉型,成為革命勝利之後最大的憲法問題。所謂的「第二共和」指的是新中國,其憲法的終極困境也源於「政黨國家」問題。從現狀來看,兩岸的「一中各表」,只是在抽象的政治契約意義上確定了國家統一的根本倫理,但並未生成為具體的憲法事實。《反分裂國家法》是對「一中」原則的法制強化,但也並未達到憲法性的高度。所謂的兩岸統一問題,在根本上是憲法統一的問題,或者說是「第一共和」與「第

二共和」的制度性綜合的問題。對於這樣一個連綿不斷的中華民族憲法統一的過程，我覺得依據單一文本（規範）的憲法解釋學和規範憲法學根本無法承載。如果我們拘泥於單純的技術性準備，就可能罔顧了中華民族的統一大業，也不可能清晰判斷出「共和建國」的時間屬性與政治內涵。

田：對您的問題意識，我還想作些補充。現在的憲法學者過多地關注共通的價值規範和法官的解釋技術，缺乏立憲者的深沉意識和整體關懷，而對中國豐富複雜的政治憲法內涵和變動不居的時代變化，以及共和建國的結構性問題，竟然由於學術視界的相對窄狹而將諸多「非中國」的問題「中國化」了，卻將「真實的中國」問題「非問題化」了。更準確地講，這是一種「去政治化」的政治。然而，一個現代民族如果未經扎實有效的政治成熟過程的錘煉，在邏輯上一步跳躍到「法治的理想國」，其精神結構肯定會扭曲變形。很多缺乏反思和審慎意識的發展中國家就是如此。所以，我個人認為政治憲法學，就是要挖掘中國真實憲法決策過程中的經驗、程式與規則，分離出其中的主導性原則和理性規則，將本民族現代政治實踐的成果理論化和制度化。其實，中國憲法文本本身，也並非完全是「權利規範」；所謂的「本民族現代政治實踐的成果」，更多體現於憲法的序言和總綱之中。因此，政治憲法學也存在強烈的規範意識，絕對不是有些憲法論者所誤解的那樣，以為政治憲法學是「憲法政治學」或「法社會學」。政治憲法學的內部問題意識，既產生於對中國憲法現實的痛惜與反思，也產生於憲法文本內部的政治規範及其與真實憲法決策過程的制度性聯繫。

二、憲法學術生態及其辨析

高：你剛才提到對「政治憲法學」的學術性誤解，比如被當成
　　「憲法政治學」或「法社會學」。具體是怎樣的情況？

田：這涉及到中國憲法學的內部生態問題，我也許可以為您作些
　　線索性的介紹。今年的《法學研究》第2期刊發了山東大學
　　法學院副教授李忠夏的一篇論文，題目是〈中國憲法學方法
　　論反思〉（以下簡稱「李文」）。其中將政治憲法學定性為
　　「法社會學」並予以最為集中的學術批評，而對於「規範憲
　　法學」則僅指出其基於特定價值的超實證性，網開多面，對
　　於自身之所謂憲法詮釋學（解釋學）的立場則愛護有加，甚
　　至將部分的「政治憲法學」內容塞進了解釋學的開放性結構
　　之中，比如該文對憲法原則之解釋的有關論述就是如此。該
　　文代表了以人民大學法學院的韓大元教授為主的憲法解釋學
　　的立場，儘管存在不少理論性的誤解和論述上的粗放痕跡，
　　但確實為國內憲法學方法論之比較或檢討，提供了一個學術
　　上可辯駁的框架。「憲法政治學」的誤解則來自於我近期參
　　加的一場關於憲法學方法論的學術沙龍，諸多的解釋學立場
　　的憲法學者認為政治憲法學沒有具體明確的研究對象和研究
　　方法，法學屬性淡薄，因而更合適被稱為「憲法政治學」。
　　這種將「政治憲法學」邊緣化或乾脆開除「學籍」的做法，
　　確實存在可商榷之處。

高：憲法政治學？這不太對吧。雖然端洪多次申言政治憲法學需
　　要借助政治學乃至於社會學的方法，但並不止步於在一般社
　　會科學意義上的現象／事實描述，也不是簡單地從事實推出規
　　範。我們最終的理論目標也是規範性的。

田：批評者就是這樣批評的。李文在方法上主要借助了「事實—價值」二分的哲學方法，並分別批評政治憲法學過分關注「事實」，而「規範憲法學」則過分關注「規範」甚至是「超實證」的規範。我們主張的「政治憲法學」被和朱蘇力、強世功所代表的「憲法社會學」一鍋煮了，都被標籤化為只關注事實描述和因果關係解釋的「法社會學」，都是試圖以「事實」直接證成「規範」的一種理論僭越。而李文所主張的憲法詮釋（解釋）學，則通過規範與事實之間的「目光流轉」，實現二者之個案化的「融合」。

高：這裏似乎涉及到社會科學方法與法學方法的差異性。社會科學方法主要用於「發現事實」，在此意義上是「科學」的。政治憲法學認為中國憲法學之科學化的第一步，就是應該完成對完整而真實的「中國憲法」的描述。端洪在政府管理學院的演講中也明確過這一點。但是，政治憲法學與「憲法政治學」或「憲法社會學」肯定是不同的，後者僅僅是政治憲法學努力的第一步。什麼是政治憲法學的第二步呢？就是對「真實的憲法」的規範證成。第二步可能涉及到法學方法的運用，但可能不同於個案化的司法性質的法學方法，而是一種「立憲者」的方法。

田：對，如何證成是個大問題，也是政治憲法學最終與一般社會科學相區分的關鍵所在，或者是政治憲法學仍然屬於「憲法學」的理論根據所在。這個過程可能需要通過中國憲法文本中的政治規範、尤其是政治原則，來連接和導入。我們不是「存在即合理」的「社會科學帝國主義」，而是帶有根本法學關懷的「社會科學方法」的借用者。李文為了確證自身的憲法詮釋（解釋）學立場，似乎將憲法解釋學本身泛化了。李文界定的憲法解釋學，區分為規則解釋和原則解釋，其中

規則解釋運用傳統的解釋規則來進行，這似乎並無疑義。關鍵是李文對「原則解釋」的界定，其聲稱「最能決定憲法原則之本質的是原則衝突的情形，只有在衝突的情況下，一項原則的生存意義才得以顯現。而鑒於衝突情形的複雜性，這種解釋必須對實踐中的各種情形進行全面考量，對各種原則所代表的價值、背後所隱藏的目的、利益加以分析，仍然難以作出價值上的衡的，必須引入相應的理論作為前提」。儘管作者竭力維護憲法解釋學立場的純正性，但這裏對「原則解釋」的方法論描述及其實際可能的理論工作過程，卻與我們主張的「政治憲法學」頗為類似。「一項原則的生存意義」更，是不自覺地體現出「政治憲法學」的面向。這很容易讓我們想起陳老師2008年那篇文章裏對「五大根本法」的原則性提煉與排序，李文的「原則解釋」的觀點，恰好證明了政治憲法學的理論正當性。人大法學院的張翔副教授在多個場合提到憲法解釋學的開放性，這種開放性在李文的「原則解釋」觀點中得到了印證。這到底是憲法解釋學的「僭越」還是政治憲法學的「僭越」？是前者「擴張」的理由，還是後者「存在」的理由？

我以為，這裏正是對政治憲法學之規範性理解的要害所在。政治憲法學重視憲法的真實規則的發現及其與憲法政治原則的關係。通過社會科學方法發現的憲法規則相當於「原料」，憲法文本中的「原則」相當於「轉換機」，政治憲法學的工作就是在搜索、確認並生產「憲法規範」，同時使得被憲法學者責之並避之的憲法政治原則獲得具體化，使得一國之憲法實施與變遷始終保持一種具有真實政治內涵的、重視事實發現與規範過濾的有機過程（constituting）。但是這裏的發現和解釋，並不主要由法官承擔，並不只針對或過分拔高「權利規範」。我覺得如果憲法解釋學要保持自身的純正

性，就必須大致局限於憲法的規則解釋，其解釋方法之開放性結構一旦進入憲法上政治原則與規範的處境之中，作為法解釋論立場的憲法解釋學，就可能喪失其理論正當性，而作為其視角預設和應用情境的司法場域也可能因為過度政治化而喪失憲法上的正當性。

高：如此而言，似乎所謂的「政治憲法學」、「規範憲法學」和「憲法解釋學」，都在適應現實挑戰的過程中在「積極修正」各自原初的理論純粹性。比如「政治憲法學」也有規範訴求，「規範憲法學」也不是價值中立和純粹實證主義的，而「憲法解釋學」甚至通過「解釋」的過度擴張，而部分消解了自身的「純粹法學屬性」和「文本形式主義」。大家都試圖關懷和包容中國憲法本身的豐富內涵，只是具體的視角、方法原型、話語成熟度和理論解釋力各有差異罷了。既然不同的路數都在面對共同的處境、問題與趨勢進行着自我調整，甚至出現了交叉與「竄犯」的現象，就說明這些路數之間在邏輯上具備對話、合作乃至與共謀性分工的可能性。關於你對憲法解釋學的這一番解剖，似乎說到了不同的憲法解釋學。狹義的憲法解釋學就是規則解釋，方法是傳統的，但較少爭議，也很成熟。林來梵版的「規範憲法學」則有比照「理想規範」提升「文本規範」之「理想性」的「意圖倫理」。政治憲法學顯然也承擔着某種具有獨特性的解釋任務。這裏似乎存在一種立法者和法官的視角與任務分工。

田：是的，嚴格而言，一切人文社會科學都是以理解與解釋為中心的，只是對象和具體解釋方法存在差異而已。從憲法制度本身及其作為「眾法之法」的獨特屬性來說，不僅法官需要解釋學，立法者更需要解釋學。我這幾天在思慮一個問題，即政治憲法學與解釋學到底是何種關係。我大致認為現在存在三種憲法上的解釋學立場：第一種是以規則解釋為中

心的狹義憲法解釋學，這應該是一種法解釋論意義上的經典
化的解釋學，這種進路在中國由於缺乏案例支撐和技術上的
精細錘煉，尚不成熟；第二種是以權利規範為預設核心規範
的價值論的憲法解釋學，即「規範憲法學」，以林來梵教授
為代表，其號稱是「人格主義」，我起初誤解為「社會民主
主義」，現在看來還是「自由主義」；第三種是以真實憲法
規則和原則解釋為中心的立法論的憲法解釋學，即「政治憲
法學」。李文的缺憾在於未能進一步細緻分辨政治憲法學的
「規範」意圖和重點。

高：你這樣的一種學術圖景的重構，倒是可以在一定程度上清理
並緩和之前多場對話中造成的誤解與緊張。當主流的憲法學
申言「解釋就是一切」時，它可能是在哲學上主張一種基於
方法之無限開放性的「文本／規範帝國主義」。但這也存在一
種自我消解的危險，就是在開放擴展的過程中逐步喪失法學
家或法官最初自我標榜的立場或確定性，成為對其他領域的
有意／無意的「入侵者」。不過，也正是這種「解釋學」帶領
下的法學擴張，帶來了與「政治憲法學」的交鋒或磨合，使
之觸碰到了一個非純粹的、多元共存的、適度納入政治視角
以便恢復憲法學之完整面目的憲法學世界。我倒覺得這種不
期然的「相遇」，有助於確定彼此的有效性限度，甚至產生
在總體上有利於中國憲法學之思想性提升與解釋力釋放的某
種共謀性分工。

田：您的這一願望很好。通過上述對話，我漸然感覺，貌似劍拔弩
張的「政治憲法學／規範憲法學／憲法解釋學」之關係，似乎
存在一種和解與合作的可能性。我個人認為將政治憲法學界定
為不同於狹義憲法解釋學的一種立法論的憲法解釋學，存在
明顯的理論正當性。首先，中國的憲法解釋體制是立法解釋模
式，以法官視角和司法情境為預設的狹義憲法解釋學，只能提

供有限的知識上的支援；而發展一種立法者視角的、重視政治
憲法內涵及其經由憲法政治原則之規範生成的立法論的解釋
學，似乎更具有知識供給上的合理性。當然，隨着中國憲政體
制的變遷及憲法解釋權的分權化安排，狹義憲法解釋學的技術
性準備，顯然也是大有用武之地的。其次，中國憲法中豐富的
政治憲法內涵，缺乏認真的對待和有效的規整，規範憲法學的
「價值」偏見和狹義憲法解釋學的「司法」視角，導致其難以
承擔此類研究任務，政治憲法學可以彌補這一不足。再次，與
高老師您的研究更相關，即關注「立國之道」和「立憲技藝」
的政治憲法學研究，更加切合中國政治統一和邊疆治理的複雜
理論需求，在這一路徑上，保守自由主義的秋風，也可部分納
入我們的理論脈絡之中。

高：是的。秋風近年來以張君勱為中心的立國之道的研究，揭示
了民國憲政的諸多被遮蔽的內涵。這些內涵的發掘和運用對
於面向祖國統一大業的第一共和與第二共和的偉大綜合，具
有積極的價值和意義。我個人所從事的尺度更大的近代立
國思想史的開拓和「大國崛起」法政經驗的資料編撰，就
是為了支撐此種政治憲法學研究之需的。實際上，如果我
們將現代中國之生成視為第一共和與第二共和結伴而行的歷
史旅行，則近代立憲史上的諸多資源就絕不僅僅是一種「歷
史」，而確確實實是一種「現實」，是富有生命的、纏繞而
行的、因未加有效綜合而不可能單方面完成的多元存在。

三、重返政治與矯正政治

田：那麼面對這樣的不那樣「規範」的歷史困窘或契機，憲法學
研究力量之一部轉入「政治憲法學」之研究、心懷但暫時懸

隔「權利規範」、面對整體的憲法，重視其原則、其過程，通過社會科學的方法和最終的法學上的規範證成，以及為此工作所作的比較考察和思想性積澱，這一系列工作之開展似乎就顯得更加合理了。

高：是的。不過很多人質疑「政治憲法學」，可能是基於兩點誤解或隔膜，一是學科化的話語阻隔與解釋力局限，二是對「政治」本身的不健全的理解。

我在〈我們需要怎樣的政治經濟學〉一文中曾考察過「政治經濟學」（political economy）這個學科的發展演變：在我所謂的「早期現代」，政治經濟學比較興盛，從政治的視角探討經濟問題蔚為風尚；進入19世紀以來，隨着自由主義的勝利和實證主義方法的運用，一種側重微觀經濟行為解釋的「經濟學」誕生並成為主流，儘管同時出現了一種馬克思（Karl Marx）式的階級論的「政治經濟學」，這一時期西方主要國家的憲法制度日漸鞏固；20世紀30年代的大蕭條又催生了凱恩斯（John Maynard Keynes）的國家干預式的「政治經濟學」和側重經濟運行之制度解釋的「制度經濟學」。今日中國的「規範經濟學」無法有效解釋中國30年的經濟成就，與中國的「規範憲法學」或「憲法解釋學」，無法有效解釋中國的政治經驗，其學科化原因與局限是類似的。從政治憲法學之演變來看，類似的學科史線索也可以大致勾勒出來，比如「早期現代」的政治科學（political science）並非今天的行為科學意義上的政治科學，而側重政治理論（political theory）與政治法學（political jurisprudence）的面向。你最近推薦給我的洛克林的《公法的基礎》（Foundations of Public Law），其導言部分對英國公法理論史的梳理正好印證了我的判斷。19世紀，政治憲法學伴隨法學實證主義而日益成為一種純粹規範主義的憲法學。20世紀的施米特在一定意義上恢復了某種「政治法學」的傳統，當然，英

國的「政治憲法」的學術線索一直都沒有斷——端洪在2008年的那篇論文裏專門作過簡要的學術梳理——這可能跟它的獨特的不成文憲法傳統有關。

田：您的這一番關於學科化與學術史的考證和勾勒很有價值。現在的主流憲法學在方法上就日益走入一種窄狹的學科化軌道，只能解釋部分的中國憲法現象，無法完整透視並解釋中國憲法中生動的政治內涵及其規則理性。在此意義上，1980年代以來有關「法學幼稚」的論斷，以及鄧正來教授基於「現代化範式」與「全球化運動」的中國法學方法批判，就具有顯然的針對性和真切性。前不久社科院的支振鋒博士在人大法學院所做的〈中國法學困境之反思〉的長篇報告，則代表了70後青年法律人對同一學術意識的承繼和開拓。而晚近以來關於法學交叉學科研究的逐步興起，也印證了此種局限之真切存在。不過，您如何界定「政治憲法學」之所謂「政治」呢？這可是該路徑的一個關鍵概念啊。

高：對問題的理解與觀察有時確實是「旁觀者清」，政治憲法學在一定意義上也可歸入對「法學幼稚」的連續性學術反思的脈絡之中，儘管「幼稚」之具體指向和意涵可能會因時而異。我所謂的政治憲法學的「政治」，概念來自於我關於非常政治／日常政治的二分法。施米特的政治法學試圖在政治的例外狀態（非常政治）中，尋找政治的本質與憲法的絕對性。在我看來這是個誤區，也是「決斷主義」憲法學淪為「政治存在主義」，而非「政治憲政主義」的命門所在。施米特基於此一路徑，區分出來絕對憲法／相對憲法及憲法／憲法律，這一學術上的區分對端洪影響大一些。有不少人誤解端洪，以為他是施米特的信徒，是要把非常政治日常化，是要絕對打破憲政的常態性。我跟端洪有很深的交流，他並

不拒絕憲政的日常化，但他始終在提示我們，制憲權的正當行使是日常憲政得以實現的樞紐和關鍵，因而構成了憲法學的知識界碑。憲法學家多拘泥於文本／規範而推崇日常政治，本能地害怕、拒絕或迴避處理非常政治的問題，或過分簡單地對待非常政治向日常政治的憲制轉化問題，如將「違憲審查」作為萬能鑰匙。我的「政治」觀顯然不是施米特式的，但他所提供的關於非常政治的憲法學理，對我們更加完整地理解憲法的歷史時間並應對憲法之根本危機，還是具有重要價值的。我將憲政國家理解為有機的生命體，其生老病死有着特定的規律，這種規律未必完全是普適的，也有民族性的成分。我的「政治」概念在政治憲法學的語境中涵蓋了非常政治時間和日常政治時間，是一種時間化、因而是歷史化的政治觀。我覺得施米特的獨特貢獻，在於突顯了被自由主義憲法學遮蔽的「國家」主題，點出了作為憲法正當性前提的政治意志，並要求憲法學不得遺忘這一整體意志，也不可斷然放棄對該整體意志的守護之責。但他沒有想到非常政治只是政治生活的一個具有特定功能的片斷，而不是生活常態；他忽視了非常政治向日常政治的憲制轉化的問題才是根本問題。

田：陳老師在2008年那篇開山之作後，集中力量展開了對「制憲權」的研究。應該說，制憲權處理的仍然是非常政治的問題。您在多次演講中也反覆申明政治憲法學處理憲制的生死問題。從這一點看，政治憲法學之用武之地似乎局限於「非常政治」。可是我一直有一個疑惑，即這種二分法是否確實具有精確的描述功能？日常政治中有無政治憲法學的需求和空間？比如用這種二分法來說明「革命」可以，但用來指認「改革」時期政治社會的基本性質就會發生困難。您怎麼看？

高：這種二分法只是韋伯意義上的理想類型，並不可能與現實
的政治社會的性質完全對應或吻合。就像羅文斯登（Karl
Loewenstein）的「憲政」三分法一樣，所謂的「名義憲法」、
「語義憲法」和「規範憲法」，也只能是一種相對化的理想
類型，如果強行指認或對應，反而會得出許多偏離現實的不
準確的結論，甚至落入意識形態簡單對立的窠臼。可以這樣
來看，以制憲權為中心的非常政治時期的政治憲法學，肯定
屬於政治憲法學的範圍，甚至是相對其它憲法學分支的一個
獨特的範圍。但日常政治中也存在政治憲法學的需求，尤其
是已經完成制憲的轉型憲法國家。所謂的「轉型憲法學」不
應只是非常政治與日常政治之間的兩極跳躍，而應在學術上
作為一個相對獨立的對象加以處理。我覺得在這個特定的政
治時間裏，非常政治已經因為制憲的完成而結束，但憲法上
的常態建制又尚未成為一種生活事實，故屬於一種「轉型時
間」。這種「轉型憲法學」，適合於放在「政治憲法學」的
軌道與框架內進行學術上的建構。

田：對，其實英美的政治憲法學傳統大體上是一種常態政治下的
政治憲法學框架。我就專門梳理過英國政治憲法學者貝拉米
的《政治憲政主義》，那就是日常政治版的。美國有「人
民憲政論」的四駕馬車——我本人也有幸剛剛完成其中的
圖什內特（Mark Tushnet）教授的《分裂的法院》一書的翻
譯——他們中儘管存在個別的激進主張，比如克萊默（George
Clymer）的「人民憲政主義」，但總體上遵循了憲法秩序的
理性程式，只是堅持認為將更多的憲法判斷交由法院進行不
具有憲法上的正當性，民主分支、社會公眾和政治過程應恢
復生機並自覺擔當起憲法的守護者。在英美國家，所謂的政
治憲政主義和司法憲政主義的對峙，根據貝拉米的看法，是
可以互補共存的，二者分別主張的民主正當性和法治理性都

是憲法的根本價值，甚至「民主正當性」在現代政治理論框架內具有更優先的價值地位。所以，我認為「政治憲法學」的需求是遍佈於全部的政治歷史時間的：在制憲時刻提供憲法正當性之根本理據，在轉型時期提供「有序」的民主動力與制度支撐，在日常憲政下提供可與司法系統相競爭與抗衡的、飽滿而理性的民主過程與程式框架。

高：二分法是為了便利政治認知而標定的「兩極」，但從時間的連續性來看，政治憲法學得以連續的根本原因，在於憲法之政治內涵的連續性。完全的「去政治化」是法治主義和理性主義的樂觀而虛妄的企圖，不可能而且也從未出現。即使是作為「規範憲法」之榜樣的美國，其憲法學與憲政圖景也不可能只有一種「職業主義」的面向（阿克曼概括），而憲政根本價值之維持與演進所需要的，可能恰恰是具有政治憲法學性質的「整全主義」面向（阿克曼概括）。

田：不過，在「政治」概念中引入時間性，可能會削弱政治憲法學的規範主義品格，這也是規範主義憲法學死死守護的東西，當然也是據以攻擊的主要武器。

高：規範主義憲法學作為人類憲政文明的成果，其技術成就、對權利保護的積極效果及在有限的歷史時間裏作為「冒名立法者」的改革進步功能，我們絕對不能忽視。而且這一整套的話語和技術，也確實是憲法學家的看家護院的本領，是真正的、狹義的「法學」內涵，但這不意味着「兩耳不聞窗外事，一心唯讀聖賢書（法典）」。我總是認為，政治憲法學是在為他們那一套規範主義憲法學的實踐運用，打造必要的政治前提，試圖用學術的方法消解施米特所謂的「一個民族的正當意志」與「一個封閉的合法性體系」之間的「不可消解」的對立。

田：希望我們的苦衷能夠被他們理解。但即使不理解，我們似乎
也有獨立的理由來加以堅守。有些憲法論者主張一種「方法
政治」，即認為解釋就是憲法學的獨門方法，通過自主而封
閉的範疇與方法的操練來對抗或阻卻「政治現實」，進而體
驗一種「方法」中的知識快樂及與現實政治「割袍斷義」的
道德滿足。可是這種拉班德式的國家法實證主義實在不是很
高明，基爾克（Otto von Gierke）就專門作過批評，認為這種
方法將視野收縮到非政治和非歷史的「法」之上，將造成法
律概念的空洞化，為隱蔽的決斷主義打開方便之門。當然，
中國當下的規範憲法學看到了這種危機或歷史教訓，也認為
拉班德乃至凱爾森式的純粹規範實證主義太過僵化，於是主
張以「權利規範」作為規範憲法之價值核心，這就是上述所
謂的價值論的憲法解釋學。基於這一路徑，憲法之規範體系
便具有了面向政治的「防護網」，任何政治之實體價值或意
識形態便只有經過此一防護網的檢驗，才能進入憲法規範內
部並獲得證成。可是這種「價值核心」的設定可能具有任意
性，甚至是對實證憲法結構與立憲者意圖的誤解。這種誤解
無疑會對憲法實踐之有效展開造成負面影響。作為規範憲法
學之盟友的狹義憲法解釋學，對這一修正同樣持保留態度。
比如上述李忠夏的論文中，就明確批評了「規範憲法學」自
設核心規範的超實證性。所謂「超實證性」就是「超文字
性」，這突顯了二者的規範性差異。還有一個生動的例子，
比如林來梵教授將中國憲法中的尊嚴條款解釋為類似德國基
本法那樣的「基礎條款」，而狹義憲法解釋學則以更加忠實
於文本的態度將之標定為「獨立條款」。當然，二者的分歧
遠小於共識，且都對於政治憲法學持積極防禦態勢。

四、政治憲法學的學術接受性

高：上面我們對於政治憲法學的問題、定位與方法進行了較為詳
　　細的討論，我覺得對於政治憲法學的學術建構是一種有益的
　　推進。你在青年憲法學人裏交往比較多，也有在地方掛職和
　　講座的經歷，能否談談青年人對政治憲法學的接受性問題。

田：政治憲法學在當下中國的興起也就是三年多的時間。這裏有
　　個歷史時間擠壓的問題。改革開放以來的憲法學，逐步擺脫
　　了毛時代的階級論式的憲法學範式，開始建構自身的憲法教
　　義學，尤其是憲法解釋學獲得了較大的發展。這種規範主義
　　的憲法學剛剛立足且尚未獲取具體的憲政成就，一種似乎不
　　應在此刻出現的「政治憲法學」重新進入憲法學的學術體系
　　之中，多少有些「攪局」之嫌。特別是在憲法學家整體為了
　　2008年「齊玉苓案批覆」被廢止而痛心疾首時，陳老師的那
　　篇反「憲法司法化」的政治憲法學論文的出現，無疑造成了
　　一種「雪上加霜」的效果──借用林老師曾經評價1996年前
　　後的「良性違憲」論的話，就是「吹皺了中國憲法學的一江
　　春水」。所以，一般的憲法學者會本能地將「政治憲法學」
　　與已經式微的階級論法學聯繫起來，作出了許多情緒化的批
　　評、聯想，乃至於誤構。但政治憲法學的學術價值，最終還
　　是獲得了法學家的認可，首先是願意對話本身就是一種承
　　認，其次是陳老師的那本《憲治與主權》在2010年榮獲了錢
　　端升法學成果獎一等獎，這很不容易。前面的諸多闡釋，已
　　經能夠基本撇清我們的政治憲法學與所謂的階級論法學的規
　　範性差異，這裏不多展開。

說到青年學生的接受性，這可能與中國的法學教育有關。法學本科教育中，重頭戲是民法和刑法，這些相對自足的部門法提供的是嚴格的規範主義法學教育，訓練的目標是培養「法官」和「律師」。部分學生最終會基於各種原因選擇憲法學專業，而國內的憲法教科書或者流於中學時代的「政治教科書」的枯燥，或者仿效國外憲法教科書的規範主義寫法或判例式的職業主義寫法，訓練的目標不自覺地被設定為「憲法律師」而非「憲法思想家」。所以青年學生裏對政治憲法學的接受，自然有着種種困難。但據我個人有限的交往和了解，具有研究生以上法學教育經歷的部分青年人，由於具有一定的公法理論閱讀經驗和自主反思能力，而能夠對政治憲法學的價值和意義有較為到位的認識。還有一些學校的憲法學導師，開始建議學生選擇政治憲法學下的具體專題作為論文題目。

政治憲法學剛剛起步，目前還主要是基礎性理論研究，典範的制度性研究還比較缺乏，法學教育中的體現還基本沒有。但這是一個漸進發展的過程。隨着政治憲法學學術影響力和競爭力的進一步增強，以及公法學教育中政治理論分量的加重，甚至包括公法讀書會這種知識傳播形式的發展與規模化，政治憲法學還是可以具有一定前景的。

高：你剛才提到政治憲法學的典範性的制度研究還很缺乏，我同意你這個判斷。我本身的專業並不是憲法學，因此具體的制度性研究目前還難以展開。不過，我也在嘗試進入這一層面。比如最近我關於《清帝遜位詔書》的研究，就是開展政治憲法學之制度性研究的一次嘗試，不過我綜合運用了思想史、規範分析和歷史分析的方法。在我看來，有很多制度性的課題值得作為政治憲法學的研究對象，比如我剛剛完成的

關於第一共和之憲法基礎的《清帝遜位詔書》的研究，此外還可以考慮的是第一共和大陸時期的舊政協決議案的問題、第二共和的《共同綱領》問題，甚至還可以包括革命根據地時期的主要制度問題，等等。端洪曾經從「第三種共和國的人民制憲權」的角度對《共同綱領》進行了研究。我個人也認為《共同綱領》在當時是一部充滿共和憲法精神的憲法文件，可惜未能在它的基礎上生成一個規範的現代共和國。

田：政治憲法學目前確實是處於鞏固問題意識、尋找與整合理論資源，以及在「對話」甚至「挑戰」中完成初步學術建構的過程之中，但其學術旨趣確實是制度性的，致力於發現中國憲法的真實規則，並通過中國憲法的政治原則加以嚴格的規範證成。我們目前對於政,治憲法學的學術性理解還不是特別的確定與成熟，還需要引進一些新的理論資源。在這方面，陳老師和翟小波主持的那一套《憲政古今》譯叢已經在精選若干本當代政治憲法學的理論專著，並聯繫翻譯事宜了。政治憲法學的問題，並不是只有中國才會遭遇到的問題。在西方，它可能是一個規範憲政體系的補充性問題，但對於廣大發展中的憲政轉型國家，卻可能構成一個無法直接繞過的「政治憲法」階段。羅馬不是一日建成的，憲政中國也一樣。

高：是的，比如有些問題，也只有發展中國家才可能是共用的，而發達國家卻已經較為成功地解決了。比如發展中國家必須在憲法學上認真處理如下概念：「主權」、「人民」、「公民」、「制憲權」、「政黨」、「代表制」等政治憲法概念，並結合自身的政治經驗與自主決斷進行選擇、構造與調整，這顯然是政治憲法學的任務。簡單移植西方成熟憲政模式卻忽略了本國人民的經驗與智慧，這多少有些歷史的盲目。

政治憲法的中國之道

田：您説到的這些政治憲法概念，中國都面臨着甚至顯得更加棘手。比如代表制問題，陳老師就認為中國主權結構的根本困難在於「雙重代表制」（真理取向的黨的代表制和程式取向的民主代表制），這一根本疑難的解決，依賴的絕對不是學者自身的「決斷」或「偏好選擇」，也不是簡單的社會運動能夠加以消解的，其在憲法上的實現必須訴諸政治憲法學的理性框架。政治憲法學的最終關懷，首先在於解決中國自身的根本政治問題。我們需要為之提供理性、可選擇性和富於競爭力的知識方案。這一前景還有賴於您和陳老師的前沿引領，以及我們這些青年人的「驚人的」勤奮與投入，因為既然選擇的是一條只叫做「前方」的未名之路，就得事先做好孤獨前行的心理準備。不過，「正道」最終是「不孤」的。

高：今天談了很多，這應該可以算作「對話」，我也受到了不少的啟發或激發。政治憲法學「為何」及「何為」，顯然難以通過這樣的兩三個小時的對話予以完整而全面的澄清。而且有些課題也還處於嘗試和探索階段。你們青年人要多做些工作，精力旺盛，時間充足，是不可替代的優勢。我個人對於政治憲法學的知識興趣和價值認同不會改變。我覺得討論這些問題本身，或者中國還有人在討論這些問題本身，就是我們民族的一種理性精神的體現。

田：套用劉蘇里與陳老師對話的結語，我今天所做的也主要是一種「發現思想」的工作。我的許多闡釋或評論，大多建立在對您及不在場的陳老師的既有理論作品的閱讀和思考的基礎之上，自己本人限於學力，對政治憲法學很難說有着獨到的理解，更遑論體系化的思考了。不過，這幾年自己也確實算是勤奮而努力。如果不是最初基於純粹的知識興趣和根本的憲政理想，或許不會如此的勤奮，更不會大量涉獵政治思想

的原著並從中汲取營養，因為法學院的學生一般還不需要這樣進行知識面的拓寬。不過，樂趣與意義也在其中，多了一種理論資源和理論視角，可能看山就不是山了，不過總體感覺還是在趕路，沒有一個確定的終點。不過內心中也不十分孤獨，我還是相信知識本身帶來的力量和快樂。非常感謝您邀請我與您展開這樣一場在輩分和知識上並不對稱的「對話」，這一過程中我努力激發自己的思考能力，甚至某些環節已有達致極限之感。

高：希望這篇訪談對於政治憲法學的相關問題、定位與方法能夠起到一個較好的解釋作用，但也只是一種解釋，既未必「圓滿」，更不奢望能夠「服人」，但至少希望獲得尊重和認真對待。最後，就讓這篇訪談成為三年多以來政治憲法學自身的一個小結，同時也是一個新的起點吧。[1]

---

1. 本篇對話緣起於《蘇州大學學報》（哲學社會科學版）的專題約稿，係國內政治憲法學代表性學者高全喜教授和作者首次就政治憲法學的有關學術性質與方法問題展開深入對話，時間為2011年5月5日。

CHAPTER
第十一章

辛亥革命與現代中國

政治憲法的中國之道

　　本篇為作者與高全喜教授的對談，對話聚焦辛亥革命百年紀念中
出現的以高全喜《立憲時刻》為代表的保守改良主義史觀，兼有對官
方的革命史觀與民間的自由史觀各自的評判與勘定，顯示了當代自由
知識分子對共和歷史的重新理解，表現出一種適度尊重歷史與傳統、
秉持理性與包容精神、遵循現代共和原理的憲政框架。（田飛龍，以
下簡稱「田」；高全喜，以下簡稱「高」。）

一、共和元年的遜位與立憲

田：高老師，您好，很高興再次受邀與您討論「百年共和」的問
　　題。這個問題一直煎熬着中國百年來最傑出的政治與文化精
　　英，他們前赴後繼，其勇氣、毅力、智慧與犧牲，可歌可
　　泣。今年尤其特殊，「百年辛亥」與「百年共和」並舉，成
　　為各種政治力量與歷史敍述邏輯競相介入並展開角逐的最重
　　要的主題。我注意到您今年選擇《清帝遜位詔書》進行了專
　　題研究，使用了您總結而成的「政治憲法學」的方法，鈎玄
　　提要，發正史所未發，亦有力匡正了民間史觀的某些局限，
　　從保守改良主義的立憲視角對「走向共和」之起點步驟，進
　　行了頗有力度的重構，更發展出了一種評估中國百年來共和
　　走向的保守主義框架。您的專題研究成果已經結集成《立憲
　　時刻：論〈清帝遜位〉詔書》在廣西師範大學出版社出版，
　　而且在暑期檔上了萬聖書園的排行榜。我注意到您這本書的
　　封面設計比較考究，以黃色為底色，似喻共和起步時的傳統

背景，更暗含這可能是「走不出」的背景，因而需要持守一種尊重歷史與傳統的保守主義立場，尋求漸進改良與有序轉化；封面上的正標題有點古色古香的古體字的痕跡，以舊文字與舊文體書寫「共和」決斷之新內涵，確實構成了一種時代的轉折；副標題卻是現代簡化字的形式，進一步鞏固了這一轉折的現實韻味。無論從形式還是內容，甚至是出版社的這種頗為考究的封面設計來看，我都很喜歡這本書。我想首先問問您，百年共和有諸多的事件與問題，您是如何選擇這一專題作為主要研究對象的呢？

高：之前我們對談過「政治憲法學」的問題與方法，其中我就提到了自己要逐步將學術研究的重點轉向中國近代法政制度層面。當然，在理論資源上還必須依賴既往的思想史框架。為何選擇《清帝遜位詔書》呢？我覺得它在精神氣質上代表了一種保守改良主義的理性，在憲法作用上促成了中華民國的主權保有、領土完整和原則更新，這樣「光榮」的憲法性文件及其背後深蘊的精神遺產，卻長期遭到貶抑，這不公平，也會削弱我們思慮未來改革頂層框架的思想力量。我的書稿中有一個題記，頗能表明我的心曲，即「我要為它唱一曲輓歌，作為辛亥百年的別一種紀念」。

概言之，辛亥革命一百年來，國共兩黨的正統史觀基本上都是處於革命話語之中來敘述這一段歷史。我們進到這段歷史真實的過程當中，就會發現在中國古今轉型重大變革時期，實際上還有一種接續傳統的力量在促進這樣的轉型中發揮了重要的作用，一種改良主義立憲建國道路。而我們國共兩黨的革命史觀對這一時代的論述和理論研究中，在我看來都缺乏一種非常歷史的、公平的對待，缺乏這樣一種改良的歷史觀。我寫這本書，就是想回到歷史真實的深處，探討古代中

政治憲法的中國之道

國如何向現代中國轉型，探討現代中國的構建問題。中華民國作為中國千年歷史中的第一個共和國，也是亞洲第一個共和國，它在建國過程中，到底有哪幾種力量來共同合作，相互在矛盾張力中達到一種妥協合作，共同建立了這樣一個現代中國？

在我看來，這幾個過程中是以《清帝遜位詔書》為代表的。清室在晚期的改良主義的傳統，並沒有徹底地脫離歷史進程，變成被掃進歷史垃圾堆的東西，它是以和平遜位元元的方式，參與到現代中國的構建過程中的。所以我這本小冊子也是有點別求新聲，大家都遺忘的、在我看來富有歷史內涵、具有現代意義、對當前還有一定提示意義的主題，我給它一個重新的追溯和論證，基於這樣的想法寫了這樣一本小冊子。

田：剛才您介紹了這本書創作的來龍去脈，從您的敍述當中，我發現包含了一種歷史觀的反思，即國共兩黨借助革命話語和暴力締造的共和國，在根基上面需要某種反思和加固，我們必須從歷史當中，從中國人民政治生命的經驗當中尋求資源或者是尋求曾經的一種啟示。《清帝遜位詔書》這裏所表現的改良主義的路線和精神，有可能為我們的改革或者現實改良提供很多啟示。我想問一下高老師，《清帝遜位詔書》也不是空穴來風，支撐這個路線的晚清的政治團體及他們在辛亥革命之前所作的政治努力，您怎樣評價呢？其憲法價值到底如何呢？

高：首先我這本小冊子定名為《立憲時刻》，這是憲法學的概念。所謂立憲時刻，就是一個國家的構建是基於什麼樣的規則和法律建立起來的。尤其是對於中國來說，我們從一個古典的王朝政治到一個現代政治，到一個現代國家的轉型，而這個轉型

中，到底是如何構建這樣的第一個從未有過的共和國，我們依據什麼構建這個共和國，這是立憲時刻的中心問題。

一般來說，一個傳統的中國王朝政治，建立一個所謂新的王朝，大不了打天下，槍桿子打天下，武裝起義暴動，改朝換代。這樣循環下去，依然是一家一姓之王朝，我們看中國歷史，千年中國歷史，可能換了多少個朝代，但是國家和這個社會的結構，它的基本政治結構並沒有發生變化。只不過一家一姓變了，張家變成了李家的、王家的。但是辛亥革命所導致的現代中國的變化跟過去相比，就是全然不同的，某種意義上來說，是一個嶄新的變化，是從一家一姓之王朝變成了一個現代的人民共和國，也就是中華民國。中華民國可以說是第一共和國，我們到1949年，中華人民共和國可以說是近現代以來的第二個共和國。總體來說，我們經歷了這樣一個古今之變，它是從王朝政治到現代共和國的轉變，依據的是什麼呢？

這裏面我為什麼剛才強調轉變過程中，在立憲時刻，我們看到了有革命、暴力、槍桿子。但是我們要記住，槍桿子只能夠打天下，但是不能改變這個天下的本質，不能建立起一個共和國，建立一個中華民國，它只是一種工具，不是目的。

田：革命和建國是兩個任務？

高：從王朝政治到現代共和國的構建過程中，一方面我們看到了，有革命，有暴力。這個有它的必然性，這是一種革命主義的、激進的路徑，這個路徑也有它的正當性和合理性。但是我們也應該看到，在這個過程中與它平行的。還有另外一條和平改良主義的路徑，而這個路徑，從戊戌變法，尤其是清帝的預備立憲、憲法大綱、十九信條直至《清帝遜位詔

書》，它是和激進的革命道路這樣的路徑相對沖的一種改良主義路徑。這個改良主義路徑也是風風雨雨，在我看來《清帝遜位詔書》的意義，就是完成和提升了這樣一個從假改良和假君主立憲，到真正轉型為新共和國的和平主義的路徑。

從這個意義上來說，我把它視為和《臨時約法》相並行的、具有憲法性質的一部憲法性文件。什麼意思呢？我們看到槍桿子打天下，固然發揮了工具性作用，但是打下的天下之所以具有正當性，是需要一套理的，要講理的，這個理就是建立共和國的憲法。而這個憲法、這個理在哪裏呢？在天意，在民心，民心主要體現的就是一種契約，一種集體意志的凝聚。

《清帝遜位元詔書》的具體內容，是把一個傳統的王朝政治，一家一姓的滿清王朝，和平轉讓給一個人民的共和國。這樣一種禪讓制的轉讓，把天下轉給人民，用我們的話來說，轉給人民主權的、人民當家作主的共和國，這樣的變革不是具有憲法性意義嗎？辛亥革命與百年共和的歷程意味着兩條路徑，一條是暴力革命主義路徑，體現為革命黨最早的種族革命；另外一條就是清朝的，尤其是以立憲派，或者擁護君主立憲的這一批人士或者官員，甚至包含一些王族成員共同推進的改良主義的路線。這兩個路線，是我的書裏論述的從辛亥革命到現代共和國的兩條路徑。

打通這兩條路徑的，就是《清帝遜位詔書》。它隱含的是什麼問題呢？憲法出場，革命退場，等於是通過憲法安頓革命。在這個過程中，我覺得《清帝遜位詔書》所隱含的多層含義、建國與新民，以及中華五族共和的構建這些問題，基本上完成了結構性轉型。在這個轉型中，我們以前對歷史的敍述，大部分偏重於革命主義、激進主義的路徑，而忽視了改良主義的、尤其是通過遜位的和平轉讓的這樣一種建國路

徑。改良、禪讓也是一種革命，不同於暴力革命的改良意義上的革命。這個意義上，革命建國是對的，但是這個革命要放大它的含義，包含着暴力革命，同時也包含着改良主義的和平的變革，都是針對舊制度，針對王朝變革的革命。

在這個意義上談革命，實際上我們可以說辛亥革命不只是簡單的一種武昌首義形式，武昌首義只是一個導火索；引發出來的是把兩個傳統，一個是革命的傳統，一個是改良的傳統，通過辛亥革命的導火索，把它推進，在《臨時約法》和《清帝遜位詔書》這兩個憲法性文件當中，完成了中華民國的構建。這就基本上大致形成了這樣一個所謂現代中國構建的第一個階段，初始階段。當然我不是說這個階段就是完全美好的階段，就是這個共和國構建了優良的國體了。但是我們剛開始相比法國的大革命、英國的革命來說，中國的辛亥革命前前後後這一段時間，綜合變革，多種力量的平衡、妥協、鬥爭所形成的中華民國的構建，某種意義上並不遜色，所以我才把它視作是中國版的「光榮革命」。當然中國版的「光榮革命」，在後來十年真正的制憲過程中，由於多種原因是失敗的。但是不能因為它的失敗，就完全否認了這樣一個「光榮革命」曾經存在特殊的階段所具有的特殊的、甚至是具有着非常令我們惋惜的正面的價值和意義。在這一點上，我們以前的歷史觀是有點忽視它們了，甚至有點沒有正視歷史背後的東西。中華民族在構建現代國家過程中應該給予重視和發揚的東西被忽視了。

田：您剛才圍繞這樣一個立憲時刻、辛亥革命和《清帝遜位詔書》，給我們匡正了您所認為更合理的歷史觀，提示我們重新去理解革命。如果我們把1911年的辛亥革命理解成全體中國人參與的、從帝制走向共和的偉大歷史過程，就會發現

參與這樣一個歷史過程的，並不僅僅是革命軍和革命黨，還包括立憲黨、立憲派，以及立憲派最初所支援、最後融入共和洪流的部分統治精英。辛亥革命中之所以沒有真正天下大亂，原因就在於各個地方團體，尤其是江南地區的立憲黨，他們主動起來承擔社會責任，承擔地方的治理責任，協商共和建國。立憲黨在其中穩定秩序並推進共和建國的功績，也是我們應該理性看待的層面。我們發現這樣的時刻充滿了各種歷史的合力。高老師您這樣一本書就是要提示我們回望歷史的時候，透過血色迷霧，穿透歷史迷霧，看到推動歷史進步真正的動力、結構、真正的主體，從而從中獲得關於歷史進步的更為科學的解釋框架。

這裏面我就會發現，在革命黨內部也曾經面對、並且試圖回應過革命之後的「反革命」問題。這裏的反革命指的是革命主體，通過憲法，通過法度，通過民主程序來守護革命成果，不是顛覆與復辟意義上的真正的反革命。這樣的主動式的反革命，我發現在兩個層面上展開了，一個層面就是話語和意識形態層面，從革命之前的「驅逐韃虜」，排除性的種族革命，到「五族共和」的憲法革命，被驅逐的「韃虜」（滿族）重新被包括進來。這樣一種意識形態的轉變，是否跟這樣一個《清帝遜位詔書》之間有某種聯繫或者是直接受其影響呢？因為《清帝遜位詔書》說要把完整的政權（五族），建成為一個共和政體。另外一點是制度實踐層面的，我注意到南北和談、順利建國之後，出現了國民黨內部力量對原來的同盟會的議會化改造，試圖改造成議會政黨。這樣的努力試圖守護《清帝遜位詔書》和《臨時約法》共同所展現出來的中華民國的憲法法統，試圖在這樣的參議院和中華民國議會民主程序當中，來模範性地展示共和國代議制民主是怎樣展開的。這樣的主要來自國民黨內部意識形態層面和

憲法實施層面的努力，是走向共和的更加堅實的步驟。不幸的是這樣的努力都失敗了，您覺得這裏面原因何在呢？

二、民國實驗與立憲派身影

高：真正有活力的憲法，是基於現實的政治力量及這個政治力量背後的道義支撐所構建的。我們看到辛亥革命前後中國當時的情況，大方面來說有三股政治力量，一股力量是南方革命黨人的力量，一股就是士紳、立憲派，以及清王朝當中有新觀念的、致力於改良的官吏，甚至包括一些大臣改良派力量。隨着歷史的演變，袁世凱後來從中延伸出北洋派勢力，這是第二股力量。還有第三股力量，就是清王室本身的力量，有時候是現實的軍事力量、政治力量，但是更主要的還是一個法統的力量，是一個正統性符號。

對於清朝來說，是一個帝國。帝國不單純只是一個本土關內的中國，還包含着一個邊疆，內外蒙古、新疆、西藏；廣大的領域，清帝國採取多種治理方式。這三股力量在辛亥革命前後，它是有一番力量的張力、衝突，背後又有理念、價值的衝突和鬥爭，但是也有妥協與合作。現實過程是這三種力量共同的鬥爭、妥協矛盾的產物，才產生了中華民國，並不是以帝國的解體崩潰的方式建國的。考察歷代的帝國，無論是歐洲的帝國，還是歐亞之間的奧斯曼帝國，基本上都是一個解體方式、分崩離析的方式演變的。唯有中華帝國，滿清帝國，是把完整的帝國轉化為民國，包括法統、它的人民、它的地域。而這又不單純只是內陸的漢族及關內的中國，它是指漢滿蒙回藏，關外整個帝國都屬於中國人民，疆域屬於中華民國的疆域，這樣轉讓

給中華民國。這樣的過程中，沒有這三種力量的相互鬥爭和妥協，沒有支撐鬥爭和妥協的道義和價值，就是法統和道統的話，如何安頓？如果單純的按照革命黨人的種族革命，最後很可能只是在漢族地域形成一個小中華，廣大的邊疆，廣大的內外蒙古、新疆西藏；我們看到當時的國際形勢，各種列強對這些地方虎視眈眈，很快就會解體。恰恰是由於清帝的遜位，止住了解體的趨勢，才把一個完整的傳統的帝國移交給共和國，一個立憲共和國體。

在這個過程中我們就要考慮，這三種力量的關係中，我們不能只看到國民黨人內部激進化的、孫文為代表的革命黨這一極，還要看到革命黨內部宋教仁為代表的議會制這一面，同時還要看到袁世凱為代表的北洋勢力在這個轉型過程中所起到的重要的作用，同時我們還要看到清帝遜位本身所代表的清王室在面臨社會變革之際所採取的一種屈辱而又光榮的遜位元元的方式，把這樣一個帝國完整的移交給了共和國。這諸種情況要求我們，應該以一種相對客觀的態度來還原歷史，尋找歷史背後的價值及道義的方式，並給予真誠的對待，而不是只是說就是革命黨，尤其是革命黨激進的革命派的建國方式。

從這個角度就可以看到，（在這裏面首先我把袁世凱參與立憲的力量稱之為「袁世凱條款」）袁世凱條款，清帝遜位中所說的袁世凱全權組織未來立憲共和國體這樣一個定位，對袁世凱這股北洋勢力及袁世凱本人是雙重意義。第一方面有一種授權，他擔當起當時社會轉型中組建一個共和國、甚至不排除他當這個共和國的大總統的權利，但是對他也有限制，必須建立共和國，而不是一家一姓之王朝，不能稱帝。像袁世凱，在轉型過程中貢獻很大。不能從動機論、權謀論

來談袁世凱怎麼怎麼搞陰謀詭計。我們看客觀效果，南北議和之後，一方面和南方議和，一方面和清王室利誘矇騙，無論怎麼說完成了這個過程。這個客觀效果是具有重大意義的，因為歷史轉型在他的主導下實現的，完成的。他的完成對他本身來說又是一種枷鎖，他必須構建的是一個共和國，他後來的稱帝就是亂臣賊子，違背了約法，還有《清帝遜位詔書》，自我違背了這個界定，他就是亂臣賊子。當時反抗袁世凱稱帝，是具有法統的道義性和正當性的。

我們再看到革命不徹底，保留了這個王室。有人認為，這一群孤兒寡母在袁世凱的威逼利誘之下，把權力就讓了，即使不讓權，革命也會把他們一掃而光，他們的遜位沒有什麼價值，這是一種非常片面的看法。他完全可以被你殺頭，袁世凱要是把他殺頭了，這個革命就崩潰了，導致其將反革命進行到底，堅持他清帝的衣缽進行到底，這導致的結果是帝國的崩潰。我們就會看到這一帝國的崩潰，看到中國就四分五裂了，只不過革命黨保持了南方政權，然後袁世凱割據北方，內外蒙，新疆、西藏歸英國的，歸日本的等等，就不是後來的那種主權完整的結果。為什麼我們看到一個沒有解體的中華帝國轉讓給了中華民國呢？在這裏面不是革命黨人的功勞，而是清帝通過《清帝遜位詔書》移轉了最高統治權，把它作為法統上的權力和平地移交給了共和國，這個共和國因此有一個接續中國傳統的法統，以及治理整個前滿清帝國的地域和人民的正當性。這個正當性使得在這個過程中，滿清皇室和革命黨共同重新構建了一個新的現代中國和新的現代中國人民。

在這裏面真正起作用的，思考比較成熟的是以張謇為代表的立憲派。這個立憲派具有中庸折中的，但又是非常積極性

的、建設性的意義，他能夠處在一個中間位置，能夠協調革命黨和保皇黨的對壘，把他們提升到更高的境界。以張謇為代表的立憲派，可以說與時俱進，具有雄才大略，可以說是具有建國者真正的立憲意識。只不過支撐立憲派的中堅力量不足夠深厚，革命黨中的激進派某種意義上來說佔了上風。袁世凱雖然參與了共和國的構建，畢竟他的見識胸懷還是不行的，他有稱帝的野心，革命黨又有將革命進行到底的激情，立憲派又沒有足夠的社會力量；正好再加上一些偶然的因素，致使真正的中華民國憲法，不是約法，也不是《清帝遜位詔書》，而是未來要構建的、通過議會要構建的真正中華民國憲法，就一直在十年之中反反覆覆，一直沒有建成。

辛亥革命前，開局是不錯的，十年的制憲過程曲曲折折是失敗的，導致的結果是這十年多的共和時期，建國制憲一直沒有建立起一個真正的具有生命力的憲法。所謂憲法必須是來自所有社會力量的真實妥協的產物，而不是虛假相互欺騙的產物。

田：關於辛亥革命之後制憲的十年過程，我讀您的這本書深有感慨。《臨時約法》當時是在南北和談過程當中，由南方革命黨單方制訂的，為了限制袁世凱專門把總統制改成內閣制，後來袁世凱要求自己制訂自己的約法。實際上他們分別作為一派要求把自己的意見輸入憲法當中，都是正當的參與立憲的訴求。不過，我們發現從《清帝遜位詔書》、《臨時約法》，到袁世凱約法，始終尋找不到一種機制，或者妥協的精神，或者妥協的程式，或者由於您剛才所講的張謇所代表的立憲黨人實力還不夠雄厚，結果就是無法組織一個包容所有政治力量的制憲平台與過程。每次制憲，都是您剛才結構分析裏面某一派的單方面制憲。因為是單方面制憲的結果，

袁世凱沒有參與《臨時約法》的討論和制訂，使得所生成的文字憲法、文本的憲法無法獲得中國政治社會結構的支援，最後不得不通過革命、鎮壓革命來反覆，使得民國的制憲一直沒有完成。

高：孫中山為代表的暴力護法、軍事護法，也開了另外一個不好的先例。本來議會制憲，發生分歧，展開議會鬥爭，重新開機新的程式，還是在憲法之內。動不動就軍事護法顯然不妥。

田：護法的形式、二次革命的形式是否必要，是否具有正當性，史學界也有爭論：我們要的是法內護法，還是法外護法？如果是法外護法，重啟革命進程，對法的價值、法本身的原則也是一種違反。牽扯到剛才談過的，宋教仁走的議會道路，國民黨如果能模範地作為約法下的議會政黨，包容性地允許其他政黨通過憲法途徑的選舉，通過立法審議來表達自己的不同意志，就能把卡在立憲上面的爭端及法外護法之類的激進因素排除出去。可惜在1910年代，我們沒有看到這樣一種法律真正被人所尊重並生成包容各種社會政治力量的憲制框架。當憲法的「紙」包不住革命的「烈火」時，不與現實相妥協、不斷回溯本原性的理想主義的革命精神，就會被重新激發出來。這裏面重要的不再是對實力的理性評估和對憲法的忠誠守護，而是以「憲法締造者」的名義重新出發，高揚革命的原則性和嚴酷性。孫袁衝突開啟了中國政治團體間的「鬥爭」範式，百年以來無法被真正超越。毛在1949年的〈七律·人民解放軍佔領南京〉中的那兩句「宜將剩勇追窮寇，不可沽名學霸王」重申了「革命」的徹底性與純粹性，排斥了憲法的妥協與包容的理性。

高： 所以，《清帝遜位詔書》開了個好局，剩下的政治遊戲由漢
族人自己來玩，但一直沒有玩好。「鬥爭」範式確實深刻塑
造了20世紀政治精英的建國思維。對此，國共兩黨的本質性
差異不大，而遵奉憲法之妥協與包容理性的，似乎就只有源
自晚清立憲派、續為國共時期作為「協力廠商力量」的民主
黨派。後者有點錢，有點地位，但沒有嚴密的政治組織和獨
立的軍事力量，他們追求的是民主憲政，他們希望並且只能
生活在理性的代議制民主框架之下。

這裏面總結到這一點，我不太同意張朋園先生的看法。他在
《立憲派與辛亥革命》這本書當中給予立憲派比較高的評
價，這也是比較有成就的一本著作。他其中一個觀點我不
太同意，他認為辛亥革命之所以沒有成功，現代法治共和國
之所以沒有建立起來，是由於革命不徹底，資產階級不成
熟，沒有將立憲派有點妥協、有點反動、有點阻礙革命的這
種不徹底性克服掉；立憲派將其他因素摻合進來了，革命打
了折，最後的辛亥革命所導致的建國不成功。我恰恰不同意
這個觀點在什麼地方呢？我的觀點恰恰相反，我也認為辛亥
革命時多種力量鬥爭、妥協所構建的共和國，在剛開始的時
候確實有一種好的氣象，為什麼十年沒有建立起一個優良的
共和國呢，恰恰因為立憲派不徹底，資產階級不夠成熟，力
量不夠大。我也承認是這個，但是這個問題在於，我恰恰認
為應當推進的方向不是它將革命進行到底就徹底了。恰恰相
反，它的真正的徹底性和真正的成熟性是它的力量真正的足
夠大，是它能夠有效抵禦住革命激進主義的浪潮。它沒有抵
禦住一輪一輪的革命激進主義，用你剛才的話說，法外護法
這樣一些舉動。不成熟的期待方向，不在於要把這些舉動、
這些行動徹底化，恰恰是要把它抵禦住，不徹底不在於未能

將革命進行到底，恰恰是在於它沒有能力將革命阻擋住。在這一點上，我是完全不贊同他的觀點的。

田：這裏您講到他的觀點，他代表正統史觀。1911年，作為資產階級一部分的革命黨還不成熟，因此它的革命很多方面是不徹底的，甚至拿大總統的位置來換速定共和的效果，因為它沒有能力在北方地區掀起一場同樣的革命。立憲派（含袁世凱集團）和革命黨都有不徹底性，雙方都沒有完全壓制和消滅對方的實力甚至想法。這裏我們就發現，剛才您向我們展示當時國民黨人力量也不足，如果當時真的兩派都將革命進行到底，就屬於漢族內部精英團體之間的內耗，血流成河，就有可能使得主體民族（漢族）沒有能力恢復主權，中國分裂的前景可能就會成為一種現實。而在當時帝國環伺蠶食中國的前提下，徹底革命之後再回過頭來完成中華民國的完整建構，在世界歷史上會成為不可能的訴求，這裏面的歷史功罪又由誰來評說呢？此外，革命為什麼不徹底？是因為每一方都沒有足夠壓制對方的實力，立憲派本身不可能組織武裝，不可能用暴力的方式佔據一方。革命黨，雖然發動了大概十次武裝起義，非常英勇，非常理想主義，但是孫文接受的革命思維是受英美影響很深的，是政治革命，不讓農民參與的，不搞底層動員的，不可能動員起有力的政治社會力量參與大革命的進程。因此，辛亥革命在孫中山的意識裏面，也是局限於政治革命的小革命、政體革命，不是後來發生的社會革命，所以沒有足夠的力量兌現為政治軍事的超規模組織。

再看北方，袁世凱的集團，軍事上有相對的優勢。但是在道義上面，他也必須承受這樣一種共和，要麼參與共和，要麼做清王朝最後的守護者，跟它一同被推入歷史的垃圾堆。袁世凱是很聰明的人，他想體現自己的主導角色，把自己跟立

憲派的政治聯繫，還有自己半新半舊的政治理念輸入到民國的血液當中，只不過在新舊血液混合當中產生了某些排斥效應。我們發現在這裏面，革命的不徹底，有力量動員機制的原因，還有革命幅度即局限於中上層的政治革命的原因，同時也有當時幾派衝撞、衝突的時候不可能產生主導性力量的原因。如果將革命進行到底，各方都沒有信心。甚至有些人也可能估量到了，如果血拼到底，兩敗俱傷，對於整個中華帝國能不能完整順利地轉為中華民國，可能是一個挑戰，世界歷史有可能不允許你分裂之後再整合起來。這樣的力量，相對均衡和理性克制的格局，也是各方能夠接受《清帝遜位詔書》之和平安排的政治社會基礎。

所以《清帝遜位詔書》最大的貢獻，因為您剛才只是從文本或者形式意義上講，《清帝遜位詔書》是王制改良的體現；實際上背後可以發現，還有一面，立憲黨和袁世凱企圖保全整個國族、整個中華的願望；還有您要注意到，革命黨人也節制了，作出了讓步。我的思考當中，1911年這個關鍵點上，在《臨時約法》和《清帝遜位詔書》同時作為中華民國憲法這樣一個法統根基的意義上，我發現有兩個人的行為，我們都要進行歷史的肯定評價。一個就是北方清王朝帝制的遜位，另外是南方臨時大總統的退位，一遜一退共同使得《清帝遜位詔書》所設想的、所決斷的、由袁世凱組織這樣一個國民政府建構共和政體的理想，至少是能在憲法原則意義上，或者是在政治事實意義上，成為一種可能，儘管這個民國還有很多方面需要清理，還千瘡百孔。一個遜位，一個退位，使革命的力量和清朝帝位和平匯入袁世凱所承載的、具有妥協性質的新的政體之中。

三、國民黨改制與大革命發生

高：可惜好景不長啊。畢竟作為一個國家，之所以建立起來，健康的發展起來，構建出來，它是需要一部完整的正式的憲法的。《臨時約法》和《清帝遜位詔書》，本來是可以為一個真正的中華民國憲法奠定基礎條件的。事實上我們看到，在這前後有了這樣的文本，尤其是社會的、現實的事實情況也出現過契機。只是後來，可以說是這十來年的制憲過程一直都不順利，到底為什麼？這裏面很複雜，總的來說，這種不順利，導致社會和人民承受了苦難。

到了1924年之後，中國的社會結構進入了另外一個階段，所謂國民革命和大革命的時代，國民黨叫國民革命，共產黨叫做大革命，但是它在實質意義上就是黨國的出現，國民黨的黨國，共產黨開始也要參與。兩黨各自建立了自己的組織體系和建國路線，但卻沒有一部憲法能夠將這兩種新興的政治力量收攏其中。蘇聯作為外在指導者與裁決人的角色最終失效，這是導致國共分家、大革命失敗的重要原因。從辛亥革命到1924年前後，那時候所謂正常的民主共和國，人民共和國，它的主體已經轉變了，轉變為由一個黨來領導人民、領導社會建立一個共和國。而且這個黨，又是通過軍事割據和北伐這樣的方式來建立新的國家的。這樣我們就看到，從我們的感覺，我們錯過了之前比較好的歷史階段。

到了1924年，國民黨一大的時候，國共兩黨遵循的完全是列寧主義的這樣一套現代國家的構建理論及它的實踐了。我們原先所傳承的，中國傳統法統上相對來說一個和平的轉型，以及英美那樣的憲制國家前景，如此的一個歷史的實踐過程就被中斷了，中國完全進入了另外一個軌道。

田：按您的想法，辛亥、1911年、1924年，歷史只給了中國13
年，發生了很多大事，二次革命、護法、五四運動這些大
事。起初至少在孫中山一派內部，部分的革命同志還曾有意
把原來的革命組織改造成議會政黨。但是1920年代，國共兩
黨分別完成建黨大業並推動大革命的時候，議會政黨在建黨
思路裏面已經完全被排除出去了，所建的絕對不是議會式的
競爭性政黨，而是通過政黨的形式來完成這個傳統國家在現
代政治上的初步組織化過程；由政黨吸納群眾中的先進分
子，通過政黨來建軍，通過政黨形成自己嚴密的政治組織的
形式，讓一部分人快速地打造為在紀律上、觀念文化上和戰
鬥力上適合國家需要的生力軍，由這一部分人帶領群眾，進
行一場大革命。大革命之所以大，就在於已經不再局限於不
動員基層的政體革命的範圍了，而是包含着對社會的全面的
理想化改造，建設嶄新的社會。我們看國共兩黨的實踐當
中，都有很多這方面的表現。

高：所以這裏面從辛亥百年看，有兩個國民黨，一個是1924年之
前的國民黨，另一個是1924年之後的國民黨。我們談辛亥革
命的時候，主要談的是第一個時期的國民黨，而這個國民黨
中，它的革命激進主義是有限度的。到了第二個國民黨時
期，完全是一個黨治國家了，走的是激進主義，實際上就是
另外一種模式了。

田：第一個時期的國民黨，亦即立憲時期的國民黨，受英國和美
國的影響，企圖改造成議會政黨，革命是有限的。後來是
受蘇俄道路的影響，這也使得國共合作成為可能，並且兩
黨都在蘇俄的支持之下進行大革命，於是，議會政黨的道路
被淹沒了。實際上孫中山在這個轉型過程中發現，按照美國
模式，通過有限革命建設議會政黨，嘗試過，甚至袁世凱也

一度把憲政大家梁啟超請回來組建與國民黨相抗衡的第二大黨。結果還是出了宋教仁案，孫中山覺得很苦惱，議會政治搞不成了，革命理想岌岌可危。當時黃興他們還希望通過法律途徑解決，上海地方檢察廳還給國務總理趙秉均發了正式的傳訊令，確實是「憲政」了一把。但法律程式最後卡在了趙秉均的離奇死亡面前，由此，革命黨對袁的信任終於降到了冰點。在這樣的情況下，孫在1914年二次革命的時候，建立了中華革命黨。沒有證據表明孫中山在1914年就受到很深厚的社會主義的影響。1914年的中華革命黨，包括他跟黃興之間的爭議，涉及黨員個人有沒有自由及黨員要不要效忠領袖的問題。當時建黨的某些原則和做法，已經具有了國民黨一大所建立之大革命政黨的痕跡或者是趨勢。實際上國民黨的建黨，從1914年中華革命黨開始是一個轉折。您剛才講的，第二個國民黨的開始，我覺得並不是從1924年列寧主義幫它組裝好之後開始的，而是從1914年孫中山的某種反思與實踐中就已經開始了，只不過列寧主義將他的某些早期探索系統化了。

高：共產黨又何嘗不是脫胎換骨過？起初它也沒有自己的武裝，也主要局限於上層知識分子，主要經費也是外來的。後來的組織嚴密化與軍事化，乃至於指導思想上的民族化轉向，並非完全出於最初的設想。這是歷史弄人之處。

我們看到所謂國共兩黨的歷史，從共產黨對於這段歷史的總結，以及它的指導方針來說，只是比國民黨更加激進，更加具有黨治國家的色彩。從國共兩黨的革命史觀來看辛亥革命，看前十年這樣的過程，基本上就把清帝遜位、袁世凱和立憲派都歸於一個否定的、有待批判的、革命不徹底的對象了。這實際上重新構造了一段辛亥革命史，它要強調在這個

過程中南京政府的主導作用。後來孫中山去世之後,把孫中山神化,建中山陵,大搞意識形態,搞一套新的國民黨的敘事邏輯。事實上辛亥革命的過程當中,北京的清帝、北洋軍閥,和南京、武漢國民黨的博弈當中,是沒有中心的,真正法理上的中心是在北京。第二個國民黨的敘事,基本上全在南京,放在神化的孫中山身上。

田:這樣看來,國共兩黨真有「兄」、「弟」的家族相似性。中國20世紀初的政治思潮發生「黨國化」轉向,這裏面也有袁世凱本身造成的負面影響,他後來稱帝直接違背了共和的原則。儘管袁世凱為此付出了慘重的政治生命代價,但付出代價的還不止於其一人。由於北洋政權的合法性根基於您所講的《清帝遜位詔書》——我覺得還包括孫中山的「退位」通電——其合法性樞紐在於袁,而袁的稱帝行為又是明確的首犯行為,殃及後來以各種方式分享權力的北洋領導群體。袁之後的孫中山系統,就再也沒有在合法性上明確承認過北洋政府。1917年,北洋重要領導成員張勳推動的復辟運動,更加劇了革命黨的反感,北洋的合法性又降一等。從「護法」到「北伐」,北洋政權儘管內鬥不已,但其最根本的危機在於一直處於革命黨的合法性質疑之中。北洋內部再也沒有人能夠像袁世凱那樣取得革命黨歷史性的承認了—儘管該種承認也是有保留和暫時性的,但卻有可能為共和憲政提供轉瞬即逝的良機。

然而,歷史不能這樣假設:袁世凱順着他的約法好好做他的大總統,按照民主的程式產生第二任、第三任總統,不排除孫中山在袁世凱做完之後再選上,成就美國聯邦黨人與反聯邦黨人式的民主政治佳話。

高:我們不能苛求歷史上有十全十美的人。我們研究歷史的時

候，不能只是單純地探討歷史的現實發生了什麼，我們作為一個研究者，應該探討歷史背後所存在的那種道義、價值，它給現代人哪些啟發的東西。為什麼我要重新梳理這個一直被人遺忘的這個篇章，以及它背後連帶的這些東西呢？我覺得是企圖從中找出一些對我們現代中國處在一個轉型社會中，這樣的轉型中，對我們有哪些啟示意義。無論是左的還是右的，激進主義對真正建立一個優良的政體，建立一個好的國家體制，到底有哪些正面的意義和哪些負面的意義。因為一個國家的構建，不是單憑着一種激情和浪漫的理想，甚至美好的願望，就能實現的。某種意義上來說，用我的話來說，是激情、理性和天意三者的產物。所以歷史不排除有天意，很多歷史中的偶然性確實導致歷史發生了重大的變化。但是你又不能承認歷史完全是偶然的，沒有章法，沒有一些理可循。歷史是要講理的，所謂的民心、民情、天理這些在歷史中也應該展現，歷史不是自然世界，是由人做出來的，人是有理性的，是有生命的，活生生的。

我們處在中國這樣一個幾千年歷史的文明之中，我們還處在一個現代的轉型中。這個轉型在我看來，從第一個共和國，要是說起來，第一個共和國，辛亥革命前後的中華民國，到第二個，中間有一個插曲，國民黨的黨國，到1949年的新中國，甚至到我們改革開放以後的中國，這四個中國近百年的歷史，這裏面要探討歷史背後支撐着這樣一個文明和這樣一個國家的真正因素。這裏面的人民為什麼沒有崩潰，是什麼東西把他們凝聚在一起了？而且我們可以看到，我們並沒有建立起美好的、優良的政治制度和法律制度，有什麼東西阻礙了這樣追求良善制度的進程？從這些角度來看這些問題的時候，辛亥革命前後的那些東西是富有意義的，是富有價值的，尤其是制憲中的革命與妥協。用我的話來說，革命與革

命的反革命，什麼是革命的反革命呢？就是參與革命的人，他們又共同完成了通過憲法來把革命終結的任務，變成一個優良的社會，這個優良的社會或者法制化的社會，是不需要革命的。但是建設新國家這個過程，某種意義上來說，是需要革命的。所以我們又處在這樣一個辯證過程之中，如何處理好這樣一對難題，一對悖論式的關係，這就是最大的政治智慧和憲法智慧。

但是我們從另一個角度來看，民國時期，辛亥革命第一個民國時期的一些政治領袖，軍事領袖，確實是在這方面，我們要把它放到一個世界歷史的尺度來說，它和英國「光榮革命」的輝格黨，與美國的聯邦黨人相比，他們就缺乏一種大的智慧，以及現代立國的精神。

從另外一個角度來說，我們看當時的人民，各種各樣的社會階層、階級，社會的民眾，是不是就那麼成熟呢？假如那麼成熟的話，就不可能被這種革命、暴力所煽動起來。我們看到，之所以產生大革命，之所以產生五四文化運動，固然跟一些政黨的社會動員有關，也跟經濟上的壓迫有關。但是如果社會能夠緩慢開化、理性進步的話，革命是不可能發生的。而且那個時間段裏面，特別是一戰前後，中國的經濟處在歷史中非常好的時期，當時可能國家不是很強大，但是民間並沒有到非常急迫的時候。

田：立憲黨人雖然在政治領域被邊緣化了，但是在經濟和民族產業領域一直保持着發展。前已談到，他們這些人有點錢，有點地位，但沒有槍，在革命黨與北洋之間，和平合作時大有空間，大打出手時只能邊緣化。

高：回到中國當代的命題來說，建立一個現代國家，到底是建立一個強大的現代國家，還是建立一個優良的現代國家，是不

一樣的。一個現代國家，首先是應該藏富於民的，首先是對外有主權、對內要講人權的現代國家。但是我們不能夠建立一個對外非常強大，內部的人民非常貧困，等於把民間的財富榨取掉的這麼一個國家，對外似乎很講主權，對內又不講法治，這樣的國家就不是優良的國家。為什麼會產生這種情況呢？就跟我們剛開始時候，現代中國的立憲、立法，就沒有一個很好的基礎有關。我剛才說了，《臨時約法》和《清帝遜位詔書》只是為現代中國展開了一個好的前奏，但是真正立國安邦，是需要一部有生命力的憲法的，這部憲法一直沒有真正制訂出來。

百年中國的共和史，憲法雖然點綴其間，但革命和鬥爭是更主要的色彩。真正的憲法應該是理性和包容的，如果刻意排除某些重要的政治力量來「強行」制憲，結果很可能「有憲法而無憲政」。比如國民黨的1946年憲法，從文本角度看很好，張君勱等人也煞費苦心，但卻沒有能力將已經具有相當規模之力量的共產黨包容在內，故真正的憲政根本無法展開，最後只能在解放戰爭中通過《動員戡亂時期臨時條款》這樣的戰時憲法條款來加以凍結——如何解凍則是另外一個故事了。毛時代的憲法，起初的《共同綱領》具有共和色彩，具有理性和妥協的形式上的特徵，但後來不斷激進化的社會主義憲法則難以為社會提供一個包容性的制度框架；所謂「運動」就是對憲法邊界之外的異己力量的清理。改革時代的憲法及其歷次修正，倒是表現出了理性和包容的一面，新的憲法原則（比如法治原則、人權原則、私有財產保護原則）被接納，新生的政治社會力量（比如民營企業）被憲法包容。但也不盡然，或者力度還不夠，機制還不順暢，比如「農民工」問題在結構意義上一直在挑戰現有憲法的概念體系和包容能力，推動着憲法進行某些重要的結構性變革。看

來中國的真正的憲法，很難被一步到位地構造出來，需要通過漸進改良的方式不斷地添加和整合。我覺得中央近來提出的「包容性增長」的概念挺有意思，但其內涵不應局限於經濟社會層面，需要在憲法層面予以挖掘。

總之，改革成就的憲法思想前提是，當政者果斷決定整個國家進入「常態政治」的軌道（從階級鬥爭到經濟建設，後續轉向社會建設），這一轉軌行為是中國共和憲政的新起點。

田：是啊，改革的根本精神與《清帝遜位詔書》所根植的改良主義傳統，似有共通之處。改革時代的憲法通過及時回應與吸納新的時代精神與力量載體，大體保持了政治社會的基本秩序和發展進步，這是所謂中國奇跡的制度原理。

再回到一百年前。《清帝遜位詔書》是以退的方式給民國立憲以一個基礎，包括維持邊疆的完整。《臨時約法》相當於南方革命黨人作為部分政治力量亮出自己的牌。後來南北和談只是就清帝遜位達成若干條款，但是就民國的正式憲法而言，從來就沒有一個機制或程式真正使得兩方坐下來心平氣和地在法內制憲、護憲，在法內完善約法，推進約法成為正式的中華民國憲法。所以複數的建國者在立憲方面是有欠缺的。今天中國特別強大，作為現代中國體量的部分，物質性的部分，已經很有規模，政治組織上也有一定的完善，但是在對內人權跟法度上面，還需要進一步的改革。我認為就立憲時刻而言，實際上在中國就不是只有一個立憲時刻，它這個時刻不是一個單數，而是一個複數，表明了中國人的立憲是一個連續追求的歷史過程，而非「一蹴而就」的單一事件。一正一反的《清帝遜位詔書》和《臨時約法》所襯托出來的中華民國，您講的第二種類型的國民黨建立的中華民國、新中國毛時代的、鄧時代的，有四種類型，四種時刻，一起指向的實際上就是辛亥百年中國人

共同的事業，即走向共和。而且我發現，走向共和是天命的流轉趨勢，不可阻擋。

因為您看1911年出現了共和憲法，1916年和1917年分別由袁世凱稱帝和張勳復辟，分別都失敗了。從社會階級分析來看，底層並沒有被大規模地動員進入辛亥革命的過程，但是走向共和，不回到君主，不回到帝制的信念或者時代的潮流已經被確定了。以後誰試圖逆轉這樣一個共和的潮流，都是不可能的。所可能的，只是在共和的歷史趨勢和歷史長河裏面，各方能以什麼力量與方式參與這個過程。

四、黨國體制、訓政難題與人民成長

高：所以我這個書最後的結尾談到天命流轉的時候，談到人民主權是現代中國的新天命。但是人民主權怎麼理解，到底何為中國人民，人民是不是必然要為黨所代表、被領導，還是具體的活生生的每一個個人的人格，個人人格如何組成一個共同的群體，通過什麼制度產生人民同意的憲法國家，這是一百年前的問題，也是我們當代的問題。所以我就感覺，從大的天命來說，中國的辛亥革命到現代中國百年間的轉變，完成了一個從傳統王朝帝制的帝國轉變為一個現代的共和國的歷史進程。但是在這個共和國中，從主權在君到主權在民（人民），這個人民如何落實，如何坐實這個人民，而不是那個被供奉的虛假的人民、被永久性代表的人民，這裏面是我們當今中國社會轉變過程中最核心的工作。這個人民如何真正的、活生生的在這個國家的建設中被建構出來，很關鍵。所謂憲政轉型，就應該是人民通過制度被有機地建構出來的過程。在歷史時刻出場的人民，不應是作為革命的簡單

工具，而是作為改制的意志主體與實踐主體，在自身理性範圍內自主實現共和國之建構與守護責任。

田：就是說，通過制度展現出來，有序地進行政治參與，這個「序」，應該是人民自己的理性，人民自己的「法」，而不是統治者強加的「國家理性」或「法」。其實我發現，在孫中山的思考當中——雖然您不斷地說孫中山是激進主義的代表——實際上他作為國民黨與共和國的主要奠基人面對中國的實際問題的思考，很多方面還是對我們是有啟示的。比如說他講中國走向憲政有三個階段，軍政、訓政與憲政，有一定的合理性，當政者最終必需要兌現憲政理想。人民如何被建構出來，人民如何成為制度化的有效存在，這其實是對領導革命的「先進群體」的巨大考驗。從「先進性」到「公民性」，這是革命黨轉變成執政黨的過程中必須完成的憲法建構任務。因為「先進性」是一個區別性的概念，適應的是革命時期的特殊需要，而「公民性」則是一個包容性的概念，適應的是改革時期政治常態化、法治化的需要。人民的主體性需要通過憲法上的「公民性」來顯現。

高：我把孫中山視為革命激進主義的代表，指的是他的精神是處在當時的變革時期，他代表着那種企圖要打破一個舊制度與新世界的路線，這是他的革命性。當然，孫中山我一直認為是偉大的建國者，確實他提供了這個路線圖，這是很重要的。我覺得這個排序不僅具有時間上實踐意義，也具有「手段—目的」的價值意義，很顯然，「軍政」和「訓政」是「憲政」的手段，而「憲政」構成了國民黨領導下的一切軍事與政治行為的根本目的。

田：這個價值層面的關係很關鍵，這個路線圖甚至成了我們憲法學裏講的中華民國憲法的根本法，後來就算蔣介石，我們

說他專制獨裁，但他也始終沒敢把憲政排除出去。相比之下，憲政在共產黨的政治教義系統中的規範地位就要弱得多了，因為馬克思主義在根本上是一種後國家的批判性社會哲學，國家在其教義內部並不具有政治上的完結性，而僅僅在作為共產主義之初級階段的社會主義階段具有組織生產、社會管理並維持階級專政地位的工具性價值，其規範目標是為共產主義作好物質基礎和道德基礎的準備。改革邏輯中能夠容納憲政邏輯，其教義樞紐是社會主義初級階段的長期化理論——這相當於建立了一種中國特色的共產主義遠期化理論。而根據政治經驗，超出「一代人」的遠期理想對於現實政治的規範約束力就會減弱到相當的程度，這就使得改革邏輯中能夠相容外部空間上由資本主義主導的全球化邏輯，以及內部空間上由現代民族國家理論支撐的憲政邏輯。我們當下就處於這樣一個經由非常智慧的教義解釋所帶來的和平、包容、理性、且可承受憲政的戰略機遇期。當然，也許只是機遇而已，歷史上，中國走向共和的機遇在1911年、1946年甚至1949年都曾出現過，然而，終歸曇花一現。

高：孫中山也在理論上製造過憲政的「戰略機遇期」，就是訓政向憲政轉化的路線圖問題，但他一直沒有很好地解決人民和國民黨的關係，或者說他只是某種意義上來說，解決了由國民黨來領導這三個階段的問題。但是要害問題在於人民如何和國民黨發生關係，比如說軍政，訓政，憲政，這裏面人民發揮什麼作用，人民是被黨訓政，到了憲政的時候，國民黨如何退出，人民如何治理呢？

對此結構性困局，端洪曾提出「雙重代表制」的概念，即在中國的實證憲法結構中，共產黨通過真理教義並經歷史確認實現對人民的政治「代表」，而全國人大則通過憲法和週期

性選擇實現對人民的法律「代表」。端洪進一步認為,將這一「雙重代表制」整合為內在和諧的主權代表制結構,是中國憲法的最根本問題。我大體同意他的判斷,但他也只是提出了對中國憲法結構的一種更為準確與精緻化的描述,卻並沒有給出所謂的「和諧之道」的具體框架。其實,所謂的改革的頂層設計,如果這個頂層是真正的「頂層」的話,針對的也應該就是這個問題。

田:這是一個疑難,這太要害了,蘇聯和東歐社會主義國家都沒能夠和平理性地通過這個坎。從軍政到訓政是容易的,是從革命軍到革命黨,再到法定化的執政黨,權力中心相對穩定與可控。從訓政到憲政很難。通過歷史而非選舉程式建構起來的執政權,如何轉換成一種民主的或者人民主權意義上的憲政體制,或者說在先進政黨訓導下的人民何時以什麼方式畢業,這個很關鍵,真正挑戰與刺激着中國當代的政治與思想精英。我們已經喪失了在第三波民主化浪潮中「集體轉型」的契機,而那些「集體轉型」國家的現實狀況,更加劇了我們對「簡單轉型」或「模範轉型」的憂慮甚至恐懼。這樣,我們似乎就只能獨立自主地探索經驗,開闢道路──外部是沒有經驗的,也沒有成熟的理論,共產國際沒有了,西方憲政體系又只能提供有限的知識和制度經驗。

實際上,面對如此疑難的結構性課題,中央似乎也一直在尋找更合理的思路,有些分類性範疇是很好的憲法學問題,比如民主領域的「黨內民主、人民民主」,憲政領域的「黨的領導、人民當家作主和依法治國相結合」,行政領域的「公眾參與、專家論證、政府決策」,司法領域的「黨的事業至上、人民利益至上、憲法法律至上」乃至於當下社會建設領域的「黨委領導、政府負責、社會協同、公眾參與」的合作

式治理模式。然而，這些分類性範疇都只是相關領域之基本
要素的抽象關係或抽象功能的描述，缺乏核心的理論範疇與
融貫的理論框架，系統化的制度成果極其有限，甚至在基本
定位上也還存在某些根本的缺陷。比如社會建設指導思想
中，「社會」本身的角色只是一種「協同」，而負責的主體
是「政府」，這顯然既不符合改革開放以來政府與社會關係
的發展邏輯與既有成果，也不符合社會建設突顯「社會主體
性」的根本原理。

概言之，這些分類性範疇只是一種方針或口號，不僅沒有結晶
成真正科學的理論，而且也不足以在思想的高度和實踐的維度
反映並推進「正在發生」的社會自身的某些進步，甚至可能由
於政策設計或操作不當而抵消或抑制了社會自身的理性與智
慧。我們發現所有這些分類性範疇的設計都具有同樣的邏輯思
維：一是黨的領導優先，且具有絕對性；二是政府權力全面覆
蓋；三是合唱團模式，只有功能性分工，沒有主體性建設；四
是缺乏政治社會建設中的系統分化理性，政治邏輯貫穿一切的
國家公權力領域和社會領域。這樣的頂層設計邏輯，顯然難以
產生真正科學的理論和真正合理的改革方案。

如果真正上升到憲法思想層面，則首先需要接受政治社會設
計原理中的「系統分化」原則，使政治有限化，突出專門領
域的核心原則及其制度重點，否則只能是「合唱團」模式，
在結構上永遠走不出「全能主義」困局，也不可能形成真正
的「科學領導」。系統分化原則決定了有限政治原則，有限
政治原則又需要專門領域的核心原則予以支撐。所以，我覺
得轉型設計必須在此原理之下集中精力於以下若干關鍵性維
度：（1）黨政關係中的「民主」原則，涉及民主責任制與並
軌問責的問題；（2）政府系統中的「法治」原則，涉及司法

的專職化與權利救濟的問題，也包括中央與地方關係的法治化問題；（3）政府與社會關係上的「自治」原則，涉及社會自治與公民社會主體性建構的問題；（4）國家（包含黨和政府）與公民關係中的「共和」原則，涉及民主選舉、公民參與和資訊透明問題。只有允許專門領域的核心原則獲得制度支撐並得到公民的呼應，整體協調的共和國框架才可望在憲法層面真正呈現出來。而這樣的「分而合之」的複數的「獨唱」，才可能構成共和國「合唱」的自然之聲，所謂道家的「不齊之齊」，道法自然，錯落有致，渾然天成。「強齊之」的全能主義和維穩模式，不僅在政治上不正當，在治理技藝上不科學，而且在統治經濟學上也「不經濟」，其根源在於缺乏理性基礎。

高：你這一套敍事倒大體勾勒出了中國憲政的張力結構，如何論辯與設計，估計要大大地「折騰」一番了。你剛才講到中國轉型之特殊性，尤其是外部經驗的局限性，我大體同意。我一直覺得，外部的普適原理還是成立的，但不能夠直接轉化為行動方案，小國家或許可以，我們這樣的大國和目前在這樣的世界格局中的處境不允許。所謂經驗問題，我覺得中國百年的共和歷史中有太多被扭曲、遮蔽同時又富有價值的東西，我們不要遺忘我們的歷史財富。我覺得中國的自由主義需要「政治成熟」，最近秋風的一篇名為〈中國自由主義二十年來的頹勢〉的長文是一個不錯的總結。我的看法是，自由主義的內核是合理的，但如何面對中國的歷史大轉型，如何承受中華民族的文明命運，則無論在理論上還是在政治上都還不成熟，甚至是明顯幼稚的——具體理由，秋風已經給出了說明。所以，這些年來我和端洪、秋風等一批自由主義者，有意識地推動着自由主義的某種轉向，目前的核心工作是在理論上彌補自由主義在國家建構層面的缺失，下一步

可能就是為自由主義提供保守主義框架和傳統文化上的「理由」，在學理層面上通過回溯中國的歷史與傳統，來為自由主義賦予文明的根基。文明不僅僅是形式理性和現代性，自由主義也不能僅僅具有這樣一種單一而單薄的面向。只有包容歷史與傳統的自由主義，才能夠最終在中國扎根，成為中國人歷史生命的有機成分。

至於所謂民主轉型的弔詭與困難，世界上的後發國家、英美，甚至一些地方，都以各種方式解決了。相對比較成功地解決了這個問題的，最近我們可以說是現在的韓國，甚至我們的台灣地區。看上去理論上是一個難題，理論上很對立性的東西，但是現實之手，可以很神奇的，悄悄的一動，就把理論的難題消解了，因為事實已經發生了。我們看到這些地方，他們是完成了這樣的過程，這個過程中也沒有殺人如麻，血流成河，都是和平的方式完成了這樣的過程。從這個角度來說，我覺得是中國百年變革的中心議題，是如何從一個帝國、王權、專制的王朝政治轉向一個現代的、人民的民主共和國，在這裏面，我覺得我們應該是充滿着期待的，甚至某種意義上來說，還是應該有希望的，抱着某種樂觀的態度。因為我覺得有時候，現實之手是很神奇的，比理論更加地能夠確定歷史的方向。所以歌德（Johann Wolfgang von Goethe）有一句話，叫做「理論是灰色的，生命之樹常青」。

田：好的，我們一起樂觀期待。剛剛交流當中，您給我們呈現了辛亥百年如此豐富的思想流變和歷史流變的規律，似乎讓我們看到了真實的歷史、有啟發的歷史。今天我們站在改革開放30年的新起點上，中國有雄厚的物質基礎，社會和市場都相對規模化地發展起來了，我們再來談這一時刻，我們發現通過不斷的漸進式、改良式的方式，實際上不是一錘定音，

而是通過不斷地實踐、改良，回應問題，把共和的原則不斷地在制度上和實踐上作實。這樣一個世紀的走向共和的實踐過程，似乎更加符合歷史的理性，因為這樣一個現代城邦不是一天建成的。關於這本書具體的內容，或者說它裏面對立憲時刻的具體闡述和論辯，尤其是理論上深入的展開和啟發，我相信讀者會通過閱讀，通過思考，得到進一步的深化和推進。而這種重新認識歷史，借助紀念辛亥百年的特殊時刻，我們認真地再把這一百年的歷史，重新以當代人的、相對平和、穩重、寬厚的眼光和心態去包容，去理解，我們就可能覓尋到另外一個新的出發點，接續着百年共和的使命，去打造一個更加完善的共和國。[1]

---

1. 本篇對話緣起於網易讀書頻道「辛亥客廳」專題視頻訪談，後經文字整理發表於《南方論叢》，係高全喜教授與田飛龍博士就前者新著《立憲時刻——論〈清帝遜位詔書〉》展開的學術對談與延伸討論，時間為2011年8月19日。

CHAPTER
第十二章

協商與代表：政協的憲法角色

政治憲法的中國之道

　　本篇為作者與高全喜教授的對談，對話聚焦百年立憲史中的政協傳統，從晚清立憲派到民國民主政團，再到新舊政協，梳理出中國的中產精英和知識分子以儒家君子情懷和開明的西學資源投身於立憲建國大業的歷史脈絡，突顯其作為中間力量和第三條道路而節制黨國，厲行憲政，促成和平轉型，其歷史功勳和未來的憲制演化潛力不可低估。（田飛龍，以下簡稱「田」；高全喜，以下簡稱「高」。）

田：高教授，您好，很高興應您之約繼續就百年中國的憲政轉型主題展開進一步的討論。我注意到最近兩三年您在學術研究的重心上有一定的調整，即從側重早期現代宏觀思想背景梳理的政治思想史層面，轉換到側重百年中國憲政轉型的政治憲法學層面。這一學術調整的效果是顯著的。2011年，您推出了《立憲時刻：論〈清帝遜位詔書〉》一書，[1] 享譽海內外。2012年，您又就八二憲法主題連續發表對話或論文。[2] 在我看來，您對中國憲法史與憲政轉型問題的研究可謂獨闢蹊徑，既非以材料為中心的傳統史學模式，亦非局限於條文注釋和案例類比的憲法教義學模式，而是一種融合歷史與哲學路徑的政治憲法學模式。這一次，您決定選擇「政協」這一主題，有何特別的思考呢？

---

1. 參見高全喜（2011）。《立憲時刻：論〈清帝遜位詔書〉》。桂林：廣西師範大學出版社。
2. 有關對話參見高全喜、田飛龍（2012）。〈八二憲法與現代中國憲政的演進〉，《二十一世紀》（香港）。6月號；有關論文參見高全喜（2012）。〈革命、改革與憲制：八二憲法及其演進邏輯〉，《中外法學》。5期；高全喜（2012）。〈政治憲法學視野中的八二憲法〉，《清華法學》。6期。

高：剛才你提到我的學術調整，概括得較為準確。《立憲時刻》
出版之後，引起學界和社會較大的反響，不少學術朋友跟我
說，那本書無論是方法論還是思想路線都有創新和綜合提升
的表現。這些年來我一直有一種很深的憂慮，即現有的關於
百年中國憲政的史學研究和法學研究各說各話，有的只是關
注某個歷史細節或制度條文的考辨，缺乏深沉的歷史哲學視
野和長時段的演化史觀。我去年對八二憲法的研究也大體延
續了《立憲時刻》的基本風格。

至於政協話題，我在《立憲時刻》中已隱約觸及，因為在那
一次的「中國版光榮革命」中，立憲派的政治協商功能已經
顯露。政協更精彩的表現是在1945年和1949年，其以「協商
制憲」的模式，分別締造了國民黨的1947年民國憲法和共產
黨的1949年共同綱領，在憲法意義上為今日海峽兩岸的政治
格局奠定了法統基礎。然而，政協在輝煌之後卻歸於沉寂，
在大陸逐漸被改造為「多黨合作與政治協商制度」的一部
分，政治功能被大大弱化和限定；在台灣則於國民黨赴台之
後消聲匿跡，在島內戒嚴政治和族群政治中並無突出表現。
政協及其背後的立憲派建國路線，是中國立憲史上的一道極
其亮麗但並非主流的風景線；和居於主流的、由國共兩黨分
別擔綱的「黨治國家」建國路線，形成長期的歷史與價值角
力，並構成後者結構轉型的重要推動力。我們今天的憲法史
研究大多在國共兩黨各自的法統內展開，對於政協的歷史功
績、憲法角色與未來政治定位關注不足，挖掘不夠。未來中
國，無論是兩岸政治統一，還是大陸自身的政治轉型，政協
的基本經驗都不容忽視，不可或缺。這是我決定從事這一主
題研究的基本背景。

田：我很贊同您的基本方法與思路。我記得姚中秋教授曾專門撰
文梳理過現代中國的「保守憲政主義」思想與政治傳統，[3] 對
晚清至民國數波立憲潮中的思想精英及其政治文化背景進行
了概括，其中不少具體觀點與思路與您相近。我也曾將您在
《立憲時刻》中展示出的新的歷史方法論概括為「保守改良
主義」，定位為一種具有自由內核、保守取向和大歷史意識
的立場。[4] 在我看來，政協是可以納入「保守憲政主義」或
「保守改良主義」的思想脈絡中予以重新闡釋和挖掘的。

高：是的。我看重政協還有一個緣由，因為它是一種超「黨治國
家」的歷史現象與政治存在，與20世紀大革命中的國共兩黨
均保持着相當的政治距離，其中流淌着具有普適性的自由共
和主義精神血液。為了更好地理解政協的來龍去脈及其憲法
角色，我們還是得從100年前說起，從中國現代史上的第一個
共和國及其立憲時刻說起。

田：好的，我們就從那一次「失敗的光榮革命」說起。

一、協商建國的早期傳統

高：辛亥革命本身並不能說是失敗的，甚至其開局非常良好，以
極低的代價建立了中國，而且也是亞洲第一個現代共和國。
言其「失敗」，是因為它所宣揚的自由共和價值與政治美德
沒有鞏固與存續下來，而是逐漸被軍閥政治和黨治國家所衝

---

3. 參見姚中秋（2011）。〈論現代中國的保守──憲政主義思想與政治傳統〉，載《洪範評
論》，13輯。北京：三聯書店。
4. 參見田飛龍（2011）。〈保守改良主義與百年共和〉，《戰略與管理》。合編本3/4期。

破。辛亥革命開局良好的重要原因就在於立憲派的協商建國努力。我們知道，在武昌首義、舉國動盪之際，立憲派在革命黨、清廷及北洋軍閥諸派勢力的夾縫間積極奔走，最終促成了清帝遜位和革命派總統退位，使得中國由大清帝國全身進入中華民國的歷史新紀元。當時革命派與北京政府的「南北和談」，立憲派起到了一種「早期政協」的作用，他們和後來的政協力量一樣，有錢有位，但無權無槍，憑藉的是對社會秩序的責任感、對傳統文化與西方新價值的相容並取，以及訴諸理性與妥協的政治精神，與各種政治強力溝通對話。他們是一群眼界開闊、胸懷天下同時又理性開明的「君子」與「士紳」。[5]

田：這一群人在武昌首義之後，為保全中國作出了積極努力。一方面，他們利用地方性影響積極承擔起革命之後地方秩序的維護責任，確保江南地區的基本穩定。另一方面，他們對革命派與清廷及北洋軍閥同時展開說理與對話，使「五族共和」成為現實。著名的《清帝遜位詔書》就是立憲派領袖張謇起草的。[6] 如果說《臨時約法》從革命者的共和主義理想角度勾畫了中華民國的憲制藍圖的話，《清帝遜位詔書》則為這一藍圖的展開提供了完整的疆域、國族和政治前提。

高：這是一種「一退一進」式的光榮革命，清帝全身而退，民國全身而進。識大體，知進退，這表明當時的中國政治精英還具有某種節制美德與妥協精神。立憲派的「早期政協」工作也很出色，他們成功地消磨了清廷的保守傾向和革命黨的激

---

5. 關於這些精英與治理秩序的關係，參見姚中秋（2010）。〈君子或紳士中心的秩序〉，《讀書》。12期。

6. 具體參見高全喜、田飛龍（2011）。〈辛亥革命與現代中國〉，《南方論叢》。4期。

進傾向，完成了民國奠基之初的歷史綜合。然而好景不長，
1913年的「宋教仁案」徹底顛覆了民國憲政常態化的理想。

田：宋案是中國議會政治的重大挫折。本來，在宋教仁的努力
下，國民黨一度朝着標準的議會政黨轉型，同時還倒逼袁世
凱組黨參與憲法程式內的政治競爭。這一政黨化的進程，還
將立憲派中的諸多力量、包括維新派的梁啟超等納入其中，
初步顯示出《臨時約法》的憲法實效和立憲派在協商制憲之
後力主議會政治的歷史成果。

高：從憲政原理上講，議會政治依賴於多元主義，是現代政治力
量整合與互動的理性化的系統架構。宋案的發生無情中斷了
經由立憲派「早期政協」工作所締造的共和憲政進程。宋案
之後，國民黨內黃興等人主張法律解決，上海地方司法機關
積極介入，發出了對國務總理趙秉鈞的傳訊命令，但孫中山
堅持武力解決，發動二次革命，失敗後在日本組建中華革命
黨。政治強力一旦刀兵相見，立憲派及政協機制就自然靠邊
站了，因為主導邏輯又回到了後來毛澤東所概括的「槍桿子
裏出政權」。

田：中華革命黨可不是什麼議會政黨，同時也區別於之前的同盟
會及國民黨，其建黨原則中已經包含了後來的「黨治國家」
的某些要素，比如效忠領袖原則。

高：顯然，宋案對孫中山刺激很大，二次革命的急速失敗進一步
強化了這一刺激，於是他要求重回革命理想主義與激進主義
的建國軌道，建立更具紀律性和戰鬥力的政黨。但事與願
違，孫中山的建黨事業並未顯示出太大的成效，直到後來借
助列寧主義和共產黨的政治援助而完成國民黨的改組與改造
之後，才轟轟烈烈起來。1920年代的政治景觀與1910年代大
為不同：1921年，共產黨成立，西方政治現代性中的激進主

義，經由蘇俄影響培育而在中國扎根；1924年國民黨完成改組，確立「黨治」原則和「訓政」方針，而同期的「黃埔精神」則成為一種嚴酷的「軍政」精神。傳統的立憲派繼續靠邊站，中國的政治協商與合作開始在國共兩大政黨之間展開，他們的共同目標是反帝反封建。

田：這實際上標誌着民國政治進入了「大革命時代」。立憲派的早期政協及議會政治努力宣告失敗，但他們並未徹底放棄對中國政治與社會的影響：經濟領域，他們利用一戰中列強紛爭留下的裂隙，加速推進民族工商業的發展，為中國奠定更堅實的現代化基礎，並培育出與這些經濟基礎相適應的時代價值和社會階層；文化上，他們在逐步興起的學院體制內著書立說，與激進取向的新文化運動形成必要的張力平衡；政治上，他們傾向於有保留地與國民黨政府合作，推動其盡快完成向憲政的過渡。

高：在這一點上我們也確實需要注意國共兩黨的差異。孫中山畢竟長期在歐美社會生活，領導過辛亥革命的反專制主義鬥爭，所以不可能完全接受列寧主義。我記得王奇生教授的書中就提到過孫的政治思想格局是「三民主義為體，俄共組織為用」，[7]列寧主義只是用來服務於「軍政」和「訓政」時期的階段性政治目標，而最終還是要被摒棄，所走向的是體現三民主義的「憲政」。共產黨人與孫中山不同，他們對列寧主義的接受則比較系統化、相對完備和忠誠。列寧主義的核心教義中並不存在明確的「憲政」目標，因為它的國家不過是一個「專政國家」，其服膺的目標是最終的共產主義。

---

7. 參見王奇生（2003）。《黨員、黨權與黨爭：1924–1949年中國國民黨的組織形態》。上海：上海書店出版社，11頁。

政治憲法的中國之道

田：所以，國共兩黨的大革命合作並不能持久，甚至「軍政」階段都還沒有走完。1927年的「四一二」政變宣告了國共兩黨第一次合作的結束，隨之展開的是國共的十年內戰和國民政府的「黃金十年」。1931年，國民黨制訂了《訓政時期約法》，從法律上結束軍政，進入訓政，但內憂外患不斷，軍政在事實上不可能結束。同年，共產黨在江西瑞金制訂《中華蘇維埃共和國憲法大綱》，建立中華蘇維埃共和國。「一國兩制」提前到來。

高：這實際上確定了後來的舊政協（1945年政協）憲法任務的兩個基本層面：一是推動國民黨內部從「訓政」主動走向「憲政」；二是通過政治協商促成國共第二次合作，建立憲政基礎上的民主聯合政府。所以，在1930年代以來國民黨的「攘外」與「安內」的政治變奏之中，新的立憲派就又開始了積極的政治努力，他們為上述兩大協商制憲任務而積極奔走。立憲派們這一次似乎在政治上更加成熟，多管齊下，多頭並進：一是有立場地推動並參與國民黨在抗戰之前的憲法起草工作，影響國民黨法統內的憲政轉型；二是與共產黨人進行政治接觸，協調聯合抗戰及戰後建國問題，比如1938年梁漱溟與毛澤東的徹夜對談，以及1945年黃炎培與毛澤東的窯洞對話；三是自主建黨，通過政黨化的組織活動擴大政治與社會影響力。

田：他們的這些努力還是很有成效的。毛澤東在1940年代有比較集中的關於新民主主義憲政的論述，中共七大上更是提出了聯合政府理論。[8] 這裏固然存在着共產黨自身的革命階段論構

---

8. 毛澤東（1964）。〈新民主主義論〉、〈新民主主義的憲政〉、〈論聯合政府〉，《毛澤東選集》。北京：人民出版社。

想及統戰策略的考慮，但也與立憲派日益彰顯的立憲主張之影響不無關係。

高：隨着抗戰的勝利，協商建國問題開始提上正式的政治議程。抗戰以血與火的考驗與凝聚，初步完成了中華民族共同意識的塑造，使得中華民族在政治上成熟起來，為1945年的協商制憲提供了政治基礎。在抗戰提供的客觀條件及立憲派表達的立憲主張之下，無論是國民黨法統內的「訓政」到「憲政」的轉型，還是共產黨法統內的「專政」，都不可能再按照各自預定的節奏、路線和方案展開，而必須開創一種新的建國路線。這種新的建國路線就是1945年舊政協的路線。新的立憲派繼承了1910年代早期立憲派的政治協商經驗與傳統，獲得了進一步的政治發展與成熟，成為戰後一股不容忽視的政治力量。中國立憲史進入了再一次的「協商制憲時刻」。可惜的是，這又是一次「失敗的光榮革命」，但這一次失敗卻有着不同凡響的影響和遺產。

二、1945年舊政協的理想與失敗

田：其實嚴格按照孫中山的《建國大綱》和1931年的《訓政時期約法》，民國由「訓政」向「憲政」的過渡，採取的並不是精英取向的「政治協商」模式，而是民眾取向的「地方自治」模式，以全國半數的地方自治達標作為實行憲政、還政於民的基本前提。當然，這一過程是可以在各種「理由」之下不斷被延期的，具體節奏由國民黨一黨裁決。這一過渡模式是一種嚴格的體制內轉型模式，排斥外部政治精英與力量的實質性參與。

高：儘管如此，由於國民黨的政治基礎本身就是多元化的，內部派
系林立，立憲派社會人士與自由知識分子還是可以尋覓到適當
的參政空間。實際上，關於「協商制憲」的問題，在抗戰中後
期就已經在醞釀了。民主立憲，和平建國，可以說是大勢所
趨，是真正的「民意」。在政治上日益成熟和組織化的立憲派
對此心領神會，積極奔走。在此直接而強烈的「民意」之下，
民族利益和憲政前途壓倒了政黨私利和階級利益。

在抗戰後期，國共兩黨相繼發表了回應這一「民意」的政治
聲明。國民黨方面在最初立場上依然堅持1936年的《五五憲
草》框架。1943年9月，國民黨五屆十一中全會決議通過《關
於實施憲政之決議案》，規定在戰爭結束後一年內恢復召開
制憲國大。1943年11月，國防最高委員會成立憲政實施協進
會，研究《五五憲草》和制憲問題。以民盟為代表的立憲派
不滿足於此，提出了自身的立憲主張。1945年8月15日，日本
宣佈投降，中國民主同盟發表〈在抗戰中的緊急呼籲〉，提
出「民主統一、和平建國」主張。共產黨的主張與立憲派形
成合力。1945年8月25日，中國共產黨發表《關於目前時局的
宣言》，提出「和平、民主、團結」主張，要求召開國是會
議，商討抗戰後各項重大問題，制訂民主施政綱領，結束訓
政，成立舉國一致之國民政府，籌備國民大會代表的自由普
選。

田：面對民盟等立憲派及作為實力派的共產黨的政治協力，國民
黨很難再堅持原議，不得不逐漸敞開政治胸懷，放鬆政治立
場，容納體制外政治力量的實質性參與。應該說，舊政協得
以成為國民黨制憲的優先與前置程式，來自於一次決定性的
政治決斷，這一決斷確定性地開啟了戰後的制憲過程。

高：對，應該從政治決斷的憲法意義上，來看待1945年10月10日
國共雙方在重慶簽署《政府與中共代表會談紀要》（雙十協
定）。這個協定認同結束訓政實施憲政，並由國民政府召開
政治協商會議，討論和平建國方案及召開國民大會等問題。
雙十協定以國共兩黨的聯合名義發佈，這是當時中國最有
實力的兩大主要政黨的聯合意志，是對「民主立憲，和平建
國」這一根本「民意」的政治確認與表達。在國共聯合作出
關於立憲的政治決斷之後，舊政協正式開始籌備運作，其主
要目標是協調各方具體立場，起草憲法修改原則草案。儘管
新的制憲過程是以尊重國民黨領導權、參與修改《五五憲
草》的形式展開的，但立憲派的主張和共產黨的立場具有新
的構成性意義，對原有草案形成結構性與實質性修改。後來
的1947年憲法內容本身，充分證明了舊政協制憲工作的實質
成效。

雙十協定確實構成了中國戰後國家重建的政治決斷基礎，某
種意義上可以視為第二次國共合作的繼續。除了民盟等立憲
派基於自由民主理想的憲政主張之外，我注意到共產黨人在
這一重大問題上也進行了積極的理論探索和立場調整，即不
再固守嚴酷的階級鬥爭理論，而發展出一種「新民主主義」
理論，在戰後政治立場上就體現為中共七大報告中的「聯合
政府」理論。實際上，在1946年的舊政協代表構成上，已經
體現了這樣一種「聯合政府」原則：共38名代表，國民黨8
席，共產黨7席，民盟9席，無黨派9席，中國青年黨5席。這
樣一種高度均衡化的政治代表性，在中國立憲史上恐怕是極
其罕見的。聯合政府理論是個好點子，我覺得有點「混合政
體」的味道。

田：是的，處於執政黨地位的國民黨也不過只有8席，國共兩黨
代表總和不超過一半。難怪舊政協決議最終能夠充分體現民
主憲政的基本原則與精神呢。聯合政府確實具有混合政體的
印痕。我覺得共產黨提出這一理論不是偶然的，是自身政治
實踐、理論反思與策略設計的綜合結果，其依據大體包括：
（1）革命階段論的實踐理性運用；（2）抗日根據地政治實
踐中的「三三制」經驗；（3）與國民黨的合作歷史及對孫中
山民主主義法統的追溯；（4）對立憲派及全國民意的合理解
讀與回應；（5）對自身實力及其政治地位的正確評估。

高：從嚴格的教義立場來看，國共兩黨在列寧主義影響之下，都
希望追求一種簡潔而嚴酷的政治一元主義。蔣介石就曾將
「黨治國家」原則解釋為「一個主義，一個政黨，一個領
袖」。對於共產黨而言，其內部左傾力量儘管反蔣，但在原
則立場上也必然接近上述「一統天下」的解釋。但是抗戰改
變了這一切，每一階層都以其實際行動與犧牲作出了巨大貢
獻，開始了實質性的政治自覺和政治參與。舊政協就是在這
樣一種政治多元主義的氛圍中發揮歷史作用的。

政協代表構成上的實質多元化，保證了政協決議的憲政屬
性。1946年1月25日，政協通過《憲草修改原則》十二條（即
政協決議）。在此基礎上，舊政協委託立憲派領袖張君勱擔
任憲法起草人，使得政協決議與立憲派主張，更好地結合進
了更為正式的憲法草案之中，而不再受到《五五憲草》的嚴
格限制。1946年1月31日，政協通過《和平建國綱領》，並決
議於1946年5月5日召開制憲國大。國民政府成立憲草審議委
員會對《憲草修改原則》進行審查，由政協秘書長雷震負責
整理憲法條文。制憲形勢一度大好。

田：可是好景不長，國民黨很快就對政協決議突破《五五憲草》

的趨勢進行了反彈和遏制。1946年3月，國民黨召開六屆二中全會，明確指出政協決議破壞《五五憲草》基本原理，要求制憲必須以國民黨的《建國大綱》作為最基本的依據。同期，蔣介石於國民參政會第二次會議上宣佈，政協會議不是制憲會議，只有國民大會有此職權。這裏就出現了一個理論性的問題：舊政協在憲法上到底是什麼？

高：如果制憲會議指的是有權直接通過憲法的特別代表會議，那麼舊政協確實不是制憲會議。我們可以聯繫一下美國的費城制憲，如果有人主張費城會議不是制憲會議，也沒有大錯，因為原來的《邦聯條例》並未授予此次會議以制憲權力。但人們習慣上也稱美國的費城會議為制憲會議，儘管它所具有的權力不過是一種制憲建議權。在此意義上，舊政協也可以被寬泛地稱為制憲會議，但其權力類似於費城的制憲建議權，本身並不具有制憲權。後來的1949年的新政協則具有完備的制憲權。

應該指出，國民黨的反彈可以視為對舊政協工作性質的一次質疑：這到底是一次以國民黨《建國大綱》和約法體制為前提的、針對國民黨版的《五五憲草》的一次修憲行為，還是突破國民黨法統而直接訴諸人民主權的一次制憲行為？國民黨與蔣介石的理解自然是前者，而民盟等立憲派與共產黨的理解自然是後者。這裏暴露出了國民黨與體制外政治力量之間的實質性分歧，這一分歧最終導致了共產黨的退出與舊政協的失敗。

田：其實國共兩黨在政治協商中的真誠度都不及立憲派，雙方在政治協商的同時都在加緊軍事準備，而且局部摩擦不斷，政治信任從未實質性確立。與舊政協工作同步展開的是軍事整頓與統編問題，我記得這也是美國特使馬歇爾的調停重點。

這裏出現了一個困擾國共兩黨的死結:「政治民主化」與「軍隊國家化」的優先性問題。共產黨主張「政治民主化」優先,這樣可以獲得政治安全保障。國民黨則主張「軍隊國家化」優先,這樣有利於國家統一。雙十協定和政協決議都未能圓滿解決這一問題。

高:關於作為政協決議的《憲草修改原則》,共產黨在國民黨壓力之下曾有妥協意見,但很快收回妥協,堅持原議。國民黨方面則成立了專門的憲草審議委員會,積極介入後續制憲工作,並於1946年4月19日完成了作為新憲法底本的《政協憲草》,但共產黨不予承認。1946年6月26日,國民黨軍隊大舉進攻共產黨中原解放區,解放戰爭正式拉開帷幕。舊政協在結構意義上面臨解體,但國民黨主持的制憲工作,依然延續舊政協名義並繼續推進。1946年11月15日,國民政府在南京召開制憲國大,共產黨沒有參加。1946年12月25日,制憲國大在《政協憲草》基礎上通過《中華民國憲法》,宣佈1947年1月1日公佈,同年12月25日實施,正式結束訓政。這部憲法成為中華民國第一部正式憲法,主要起草人張君勱因此而享有「中華民國憲法之父」美譽。

田:尷尬的是,這部憲法從誕生之初就是先天不足的。作為中國主要政治力量之一的共產黨未能走完制憲全程,立憲派也面臨着分裂,在國共兩黨之間各自站隊,新憲法的政治統合作用大大削弱。由於嚴酷的內戰環境,國民黨需要的不是一部常態憲法,而是一部戰時憲法,但又不能在制訂之初即予廢止。所以,這部憲法在實施之後最先動用的條款就是總統的緊急狀態權力,這多少有些反諷。1948年5月10日,《動員戡亂時期臨時條款》頒佈,憲法主要條款被凍結,國民黨戒嚴體制形成。新憲法被束之高閣,國民黨重回「軍政」階段,

孫中山的三階段論開始從頭演繹，直到台灣地區在1980年代完成政治民主轉型。在大陸，則舊政協的某些理想在新政協中獲得了實現，但並不完全，也沒有持久。

高：不過，我覺得舊政協還是有着積極的歷史貢獻和憲法價值的。這部新憲法在形式意義上終結了國民黨的「訓政」階段，兌現了孫中山的憲政承諾，彰顯了辛亥革命內蘊的自由民主價值，成為國民黨所領導的現代立國與「六法全書」體系化的一個高潮。儘管蔣介石領導的國民黨政府在新憲法通過之後依然保持較濃厚的專制色彩，但該部憲法在整體上確立了理想主義的基本框架與標準，同時也成為台灣地區民主運動的法律基礎。如果沒有這一部憲法作為理想標杆，台灣地區的民主轉型是無法想像的。更重要的是，儘管共產黨在後續制憲中退出，但它的早期努力及立憲派貫穿始終的憲政主張，最終還是在國民黨主導的制憲成果中獲得了較大程度的體現。

從歷史時段來看，舊政協是國共第二次合作的尾聲。這一政治經驗對共產黨本身也極富啟發。為了匯流入戰後國家重建的主流之中，共產黨本身也進行了嚴酷的理論反思與構造，其新民主主義論和聯合政府論與民主憲政之間存在着較強的親和性。1949年的新政協、作為建國臨時憲法的共同綱領及鄧小平時代的體制改革，都從這一基本經驗中，繼承並發揚了有益的思想與制度要素。今天還屢有黨內外人士主張回到新民主主義路線，其背景顯然與立憲派推動的舊政協模式無法進行有效的切割。所以，舊政協是20世紀中國憲政運動的重要制度創造，它不僅是1947年憲法的「助產士」，而且直接影響到新中國的制憲與建國模式，並逐步轉型為新中國的一項重要的憲政制度。

前已述及，國民黨抗戰之後的憲政轉型，並不是嚴格按照建國大綱和訓政約法的步驟與標準展開的，而是建立在抗戰之後的全新的政治基礎之上，即黨派協商模式。儘管國民黨最終排斥了共產黨和民盟對制憲過程的參與，但後兩者對於1947年憲法的實體內容具有歷史性的貢獻。而且，經過舊政協時期的政治合作，共產黨與民主黨派在基本政治原則與合作方式上，已經具有共識基礎和基本經驗。這也是1949年的新政協順利召開和新中國順利制憲建國的重要歷史基礎。在某種意義上，1946年的舊政協，就是國民黨從「訓政」轉型為「憲政」的制度仲介。

田：所以，對於舊政協的成敗需要辯證地看，需要後人予以嚴肅而正確地認識、評價與創造性運用，因為作為其失敗的制度性後果，兩岸統一還未尋找到合理的理論與制度模式。

高：我覺得1945、1946年的舊政協和1949年的新政協是有歷史連續性的，但也有着重要的斷裂，尤其是在制憲背景與制度功能上存在重要差別。新政協後來在大陸體制內的演化與變遷，也不是立憲派最初能夠預料到的。因此我們還是需要進一步談談1949年的新政協及其變遷的問題。

三、1949年新政協的制憲與轉型

田：共產黨儘管在後期退出了舊政協和國民大會，但有一個重要的成果，即獲得了民盟等立憲派的政治同情，積累了與這些政治力量協商進退的政治經驗。在1948年三大戰役格局初定的背景下，共產黨已經將召開新政協、建立新中國的任務提上了議事日程。1949年2月，共產黨發佈解放區通令，廢除

「六法全書」，確立了解放區司法原則，為新中國的成立預留了憲法空間。[9]

高：共產黨在舊政協中的政治表現，以及解放戰爭中民意的一邊倒，使得舊政協中的諸多立憲派人士對之寄予厚望，比如張瀾、黃炎培等人。蔣介石曾聲稱政協不是制憲會議，共產黨則將新政協明確定位為制憲會議，具有制憲權力，代表全中國人民的政治意志。在1949年新中國建國的政治敘事中，政協達到了其政治生命的巔峰：（1）作為制憲會議直接行使制憲權；（2）作為新中國第一部憲法的共同綱領全稱為《中國人民政治協商會議共同綱領》，政協的組織綱領直接作為國家的憲法綱領；（3）在行憲意義上，在全國人民代表大會選舉產生之前，代行全國人民代表大會職權，成為憲法上的最高國家權力機關。

田：從代表性上來看，相比1945年的舊政協，新政協無論在代表數量還是在政治覆蓋面上，似乎都要更為廣泛。第一屆政協於1949年9月21日正式成立，代表來自46個單位，總數為662人（含候補代表77人，特邀代表75人），分為五個界別：政黨代表、區域代表、軍隊代表、團體代表和特邀代表。當然，這些代表不包括國民黨法統內的、反對共產黨的政治派別與力量。此外，由於解放戰爭還在進行之中，不可能組織真正意義上的代表普選，而只能由各界別在分配的代表名額範圍內自主推薦。這一程式上的瑕疵，並不能減損新政協的政治代表性和正當性。

---

9. 關於這一新舊法更替的憲政轉折意義，參見高全喜、張偉、田飛龍（2012）。《現代中國的法治之路》。北京：社會科學文獻出版社，131–162頁。

政治憲法的中國之道

高：確實如此，新政協在1949年的功能已經不限於1945年的「政
治協商」，而是直接作為中國人民的代表行使制憲權了。而
共同綱領本身，也主要體現了1945年舊政協框架內立憲派與
共產黨的主要政治理想。共產黨人以「各革命階級的聯合專
政」這樣一種列寧主義式的政治術語，表達了新民主主義和
聯合政府論的政治精髓，而立憲派也大體認同這個共和國的
組織原理。我記得陳端洪教授專門研究過1949年共同綱領制
訂中的制憲權問題，稱之為「第三種形式的共和國的人民制
憲權」。[10] 無論如何，我感覺新政協的制憲是共產黨政治成熟
的表現，相比於五四憲法及其後的憲政規劃，具有獨到的高
明之處。

何謂成熟呢？新民主主義本身只是過渡安排，在黨的政治規
劃中分量不大，但就是在這分量不大、過程短暫的制度實踐
中，充分體現了共產黨政治治理的成熟性、豐富性、開放性
與包容性。五四憲法之後，政治上日益激進化，對國家社
會的性質認知與治理安排不夠成熟，合法性根基弱化，依靠
虛幻的理想和力量投入，建立了比共同綱領更純粹和更理想
化的體制，但其執政的合法性基礎和具體的治理績效卻在退
步。改革以來，中共決策層一直在試圖恢復共同綱領的合理
要素，建立常態化的法治社會，但至今沒有完成。新政協是
共產黨的重要政治遺產，但無論是在政治實踐還是在理論研
究中，朝野各界對其一直重視不夠。

田：這並不奇怪。在共產黨的教義體系內，新民主主義只具有過
渡性質，聯合政府也只能是一種暫時性安排，在條件成熟時

---

10. 參見陳端洪（2010）。〈第三種形式的共和國人民制憲權——論1949年《共同綱領》作為新
中國建國憲法的正當性〉，《制憲權與根本法》。北京：中國法制出版社。

自然要向社會主義過渡。1950年代的歷史就印證了這一政治路線圖。此外，從共產黨人的立場來看，無論是新政協還是舊政協，都有着統一戰線的功能。新政協在「協商」與「代表」之間有着複雜的定位。

我同意您的「成熟説」。無論滄海桑田，1949年的共產黨人和立憲派還是成功地通過制憲建立了新中國，其基本經驗在於：（1）將統一戰線轉變成建國方案，是毛澤東的創造，構成第三種形式的人民共和國（陳端洪語）；（2）共同綱領反映了當時的社會基礎、力量構成和民心所向，符合民主共和立憲的基本原理，將資產階級共和國和無產階級共和國的合理因素進行了實踐性綜合，尋找到了一種本土化的普遍方案，為後發國家建立共和國提供了重要經驗；（3）對現代中國之共和、協商、代表相綜合的建國傳統進行了深化，為人民主權的制度化進行制度性準備（代行人大職權）；（4）共同綱領序言體現了黨所認同的新民主主義建國理念，在制度安排上體現了政黨平等的民主原則；（5）新中國第一屆政府構成體現了政黨平等和政治制衡，是對對當時社會結構的一種合理反映。

高：正是由於共同綱領的創造性表現及其政治效果，1949年之後的共產黨人在一段時期內甚至都不願意重啟制憲過程。不過，兩個因素導致五四憲法的制訂在時間上被大大提前：一是朝鮮戰爭促使共產黨加速國內政治整合，共同綱領所根植的政治與社會多元化格局日益被打破；二是冷戰體系的影響，史太林（Joseph Stalin）催促中國共產黨加緊模仿蘇聯1936年憲法制訂出一部社會主義性質的憲法，徹底解決社會主義政黨統治合法性的問題，並為中國的「一邊倒」政策進行法律上的背書。中共最終接受了這一建議，1953年通過了

《選舉法》，啟動代表選舉和正式制憲，1954年通過了《中華人民共和國憲法》。至此，新政協及其制憲成果《共同綱領》完成了歷史使命，「代行」模式終結，其政治代表性實際上已被取消。

田：所以，後來甚至有民主人士提出，各民主黨派是否還有必要存在。毛澤東力主保留了各民主黨派，新政協在組織上依然存在。

高：在我看來，這與共產黨對政協功能的多重定位有關：政協一直是統一戰線組織，經常成為政治協商組織，有時成為制憲機關。在五四憲法之後，儘管政協的代表性功能大大弱化，但其協商性功能和統一戰線功能並未消失。此後，新政協就基本上循着協商性功能和統一戰線功能進行着角色調適和功能強化。共產黨對新政協及各民主黨派的功能限定，實際上堵住了這些政黨以組織形態進入議會政治的可能性。

這裏有一個關鍵點不能忘記，即新政協的轉型存在着一個默認的政治前提，就是共產黨的領導。在共同綱領中，基於「聯合政府」的政治承諾，共產黨的領導在制度上還不十分突出，政黨平等還存在一定的制度依據。但是五四憲法改變了這樣一種政黨關係模式，確立了共產黨的法定執政權，其憲法含義在於共產黨的執政權不依賴於週期性的政治選舉，而依賴於憲法上的明確宣告。這一原則被陳端洪教授稱為「第一根本法」，[11] 八二憲法中有，五四憲法中也有。新政協的轉型定位只能與這一根本政治原則進行協調，因此新政協就只能作為一種政黨制度，而不是一種國家制度，在憲法

11. 參見陳端洪（2008）。〈論憲法作為國家的根本法與高級法〉，《中外法學》。4期。

意義上是一種「前國家」的制度安排。這也是為什麼五四憲法之後，政協的憲法地位一直不夠明確的根由。對於這樣一種中國特色的政治制度，蘇聯的黨治國家體系中缺乏成例可循，需要中國共產黨人進行制度創造。

這一制度創造的結果，最終反映在1993年的憲法修正案之中。新政協及其民主黨派的憲法角色被確認為：（1）協商性功能：多黨合作與政治協商制度；（2）統一戰線功能：最廣泛的愛國統一戰線。這裏面就出現了一種特殊的中國政治現象：有政黨，但沒有政黨政治。因此，中國的政黨制度與西方存在很大差異，這是一種側重協商的合作型政黨制度，而不是一種訴諸週期性選舉和議會內博弈的競爭型政黨制度。故而，欠缺決策權配置的政治協商不具有政治性，不具有代表意義，只具有諮詢意義。儘管每年的「兩會」已成憲法慣例，但政協會議在制度上不可能作出任何具有法律效力的決議，政協委員們可以「議政」，但不是在「議會」內議政，而是在自身的委員會內議政。這也佐證了中國政體設計上的「一院制」定位。

田：有一個現象我一直比較關注，就是政協的領導權問題。從第一屆政協開始，其全國委員會主席一直是共產黨的高級領導人，而各民主黨派的領導人也逐漸具有雙重黨籍，黨內重要人事任命也需要接受共產黨的領導。這固然完美地貫徹了黨的領導原則，但似乎破壞了政黨自治與政黨獨立，似乎各民主黨派與共產黨並不是同一類事物。

高：以我的觀察，它們確實不是同一類事物。在現有的制度安排之下，政協領導權歸屬共產黨，各民主黨派在制度上與共產黨不存在任何有意義的政治競爭。我們的體制對各政黨的名分是有明確分配的，共產黨是「執政黨」，各民主黨派是

「參政黨」，相互之間是「兄弟黨」。這裏不存在「政黨父權」，卻存在具有父權意味的「政黨兄權」，長兄為父。這很像一個政治大家族，以「政黨」的名義建構起來的、具有中國古典「家國同構」意蘊的政治組織體系。這就形成了一種「執政黨／參政黨」關係模式下的的政黨等級制，取代了共同綱領中的政黨平等制。[12] 這是一種政治社會學的描述，不摻雜政治價值判斷。

田：看上去這樣一種政黨制度安排有其合理性：（1）克服了西方政黨政治的不穩定性，形成了超穩定的政黨結構，形成了政黨與國家之間穩定連續的領導關係；（2）較容易吸納非黨員的社會精英，使其參與國家公共事務並可擔任重要職位（針對個人），改革以來這一管道在不斷擴大；（3）為社會精英（社會多元結構）提供流動管道，強化政治吸納機制與政治整合能力；（4）為中央決策提供必要的審議理性。

高：你說的這些合理性我們也不能否認。確實，這一制度強大的政治與社會吸納能力，既汲取了大量的管理技術人才，又有效消解了體制外政治力量，實現橫向聯合並形成多中心格局的可能性。這在統治術的意義上可以得高分。這也是中共體制比蘇聯體制更富彈性和抗壓能力的奧妙所在。不過，合理性分析不能代替正當性論證。就像香港的「行政吸納政治」模式不能持久一樣，我覺得目前的政協制度所體現的「政黨吸納政治」的模式也不能持久。在中國憲政轉型的大格局中，政協的再轉型是一個不容迴避的憲法命題。

---

12. 關於中央對這一政黨等級制的演變及其合理性說明，參見國務院新聞辦（2007）。《中國的政黨制度》（白皮書）。

我的理由是這樣的：（1）前述制度安排只是「術」，不是
「道」，無法適應未來社會轉型中精英參政與建構政治自主
性的需要，這構成了「道」層面的不正當；（2）現有制度安
排無法激勵具體的政協成員發揮出審議理性，也難以對國家
大政方針起到實質性貢獻，政協委員只是追求個人名利、缺
乏團體政治的自覺與公共理性的呈現，缺乏代表性，缺乏責
任感，這構成了「術」層面的無效率。

田：我同意您的這兩點理由。儘管目前的政協制度在新中國前60
年、尤其是改革30年起到了巨大的政治整合與吸納作用，實
現了政治社會的基本穩定與合法性的有效維持，但隨着政治
體制改革的深化、憲政轉型的推進與精英／大眾民主參政的實
質化，現有體制正面臨着政治多元化的巨大挑戰。這些挑戰
無法通過「民生」議題予以有效應對，因為「民生」的根本
在民權，在於有效制約政府侵權，同時精英層追求的不是社
會保障意義上的「民生」，而是政治權力。

高：其實，政協再轉型的問題早在八二憲法制訂過程中就有人提
出來了，即所謂的「政協上院化」的提議，當時的反駁理由
似乎很奇怪——如果政協上院化，中國就是兩院制，國務院
到底聽誰的呢？[13] 這肯定是一種對憲政原理的誤解。兩院制不
是兩個司令部，而是一種立法制衡機制。國務院聽法律的，
而不是聽任何一個議院或其領袖的。

針對當今中國的社會政治狀態，我覺得應該進一步推動政協
的再轉型，使得百年政協能夠進入議會政治，成為一種具有
實質性的政治代表，成為一種正式的國家制度。這應該構成

---

13. 參見蔡定劍（2004）。《憲法精解》。北京：法律出版社。71頁。

中國政治體制改革的核心議題之一。而且，這與共產黨的領導原則並不矛盾，黨完全可以像領導人大那樣來領導政協，而人大與政協也可以像國外兩院制那樣更加高效地運作。這樣，每年的「兩會」才是真正的國家「兩會」。為此，應確定政協再轉型的指導原則：第一，將政協制度改造為正式的國家制度，可以先作為諮詢性議院，逐步改造為決策審議性議院，最終目標是「上議院」或「參議院」；第二，政協委員應具有明確的代表性與選舉程式，具有確定、唯一的選舉基礎。[14]

田：這實際上意味着中國的政黨制度要回檔到共同綱領的傳統上，回檔到政黨平等原則上，然後將其匯流入議會政治的框架內。這並不意味着突破八二憲法確定的黨的領導，而只是將政協制度由政黨制度改造為國家制度，將其由「前國家」狀態推進到「國家」狀態。

高：作為一種理性和平的轉型方案，中國可以缺失以執政權為標的的週期性政黨選舉，但不能缺失議會內各政黨的組織化競爭。這實際上構成了一種政治的辯證機制，即議會政治只有經過公開、多元、理性的組織化競爭，才可能達成真正的政治共識與合作。我們往往只看到西方選舉政治和議會政治多元分裂、惡性競爭的一面，而沒有看到這一面向是與人民對政治的廣泛參與及議會內的理性審議與合作，共同構成了民主政治的「一體兩面」。缺乏競爭就缺乏政治活力，其決策的參與度、理性化與可接受性就會大打折扣。你可以基於國家理性限制某些政治競爭，但不能完全沒有競爭，也不能只

---

14. 關於政協的法制化改造，法學界一直有相關的理論討論。參見范忠信、王亦白（2001）。〈論人民政協的民意機關化和法制化〉，《法商研究》。6期。

有幕後的無序化競爭。近些年中央也不斷重申「擴大群眾有序的政治參與」，這裏的「有序」不能被僅僅理解為「走過場」式的程式編排，而應具有政治代表與政治審議的意義。如果沒有科學、優良的制度設計，參與就只能是「走過場」，當下中國公眾參與的公信力危機源出於此。如果政協制度能夠實現理性的再轉型，我們就有理由期待中國的「代表」政治和「參與」政治會大有起色。

田：是的。我注意到您在關於八二憲法的研究中，將政協制度明確地作為中國的「複合代表制」的結構性要素予以定位。[15] 中國的政體內確實存在多元化的代表機制；單一的、高度現代化的形式代表制，無法對中國政體作出科學解釋。政治學者皮特金（Hanna F. Pitkin）曾提出三種代表概念：「象徵代表制」、「實質代表制」與「形式代表制」。[16] 黨提出的「三個代表」理論，其實可以有更豐富且更有實踐價值的解釋可能性。政協的再轉型，嚴格而言也是一個代表制問題。關於中國政體在代表制層面的完備分析，是政治憲法學的中心議題之一，但只能是另一場學術對話的主題了。[17]

---

15. 參見高全喜（2012）。〈政治憲法學視野中的八二憲法〉，《清華法學》。6期。

16. See Hanna Fenichel Pitkin (1967). *The Concept of Representation*. Oakland: University of California Press.

17. 本篇對話緣起於《華東政法大學學報》的專題約稿，係高全喜教授與作者就中國百年立憲史中的政協現象及其制度化展開的學術對話，時間為2013年1月26日。

CHAPTER
第十三章

八二憲法與現代中國憲政的演進

政治憲法的中國之道

　　本篇為作者與高全喜教授的對談，對話聚焦「八二憲法」這一部改革憲法本身，呈現其在中國百年共和憲政進程中的歷史地位與價值張力，考察其規制權力與保障權利的制度效能，同時對這部憲法以其修正案和時代變遷共同指引下的演化方向和未來形貌，作出初步的描摹和展望。（田飛龍，以下簡稱「田」；高全喜，以下簡稱「高」。）

一、回歸與演化：八二憲法的共和意蘊

田：高老師，2011年我們曾一起以對話形式分別討論過政治憲法學和辛亥革命的問題，在學界和社會公共領域產生了一定的反響和回應。[1] 本場對話的主題是「八二憲法與現代中國憲政的演進」，這與去年的對話主題是相互關聯的，都涉及是現代中國的憲政立國問題。2012年是一個值得紀念的週期性年份，即中華民國建國100周年和八二憲法30周年。從1912年到1982年這70年間，中國立憲史進入了革命政黨競爭與憲制結構定型的關鍵期。我們知道，您在國內「政治憲法學」興起的過程中扮演着重要的角色，力圖對這一學術潮流中的國家主義（或黨國主義）傾向，進行自由主義的制約和重構。您

---

1. 第一場對話的主題是「政治憲法學」，參見高全喜、田飛龍（2011）。〈政治憲法學的問題、定位與方法〉，《蘇州大學學報》（哲學社會科學版）。3期；第二場對話的主題是「辛亥革命」，首先是以網絡視頻形式進行，參見《網易讀書頻道》「辛亥客廳」系列節目第8期，http://book.163.com/special/xinhai8/，後經整理擴充發表於《南方論叢》，參見高全喜、田飛龍（2011）。〈辛亥革命與現代中國〉，《南方論叢》。4期。

提出「憲制發生學」，而且還從西方早期現代的立國思想與歷史之中辨識出了「憲制發生學」的三條線索，即「戰爭─革命─憲法」、「財富─財產權─憲法」和「心靈─宗教─憲法」，更在去年關於《清帝遜位詔書》的專題性研究中，試圖發現「中國憲制發生學」的演化機理和內在結構。[2] 在我看來，「憲制發生學」是一種演化論的視角，具有英美經驗主義的傾向。您如何從這種發生學或演化論的角度，看待八二憲法？有許多人認為八二憲法是對五四憲法的一種回歸，您怎麼看？[3]

高：在我看來，憲法是現代民族的法律生命，憲政是現代民族政治成熟的真正標誌，中華民族也不可能例外。但是，這樣一種成熟過程不是一次制憲權的動用就可以完成的。從演化論的視角來看，任何一個現代民族的憲政成熟都是一個前後連續甚至反覆的歷史過程，是一系列事件的連續體，其間可能出現重大的挫折或斷裂，但從更寬的歷史脈絡來看，其政治建構的根本取向和法統的長距離的連續性還是有理可據，有跡可循的。20世紀現代中國的立憲史，顯然也超脫不了上述的憲政演化邏輯。比如八二憲法，許多人，包括當時的制憲

---

2. 關於「憲制發生學」的三條線索，先是以講座形式在國內若干大學的法學院發佈，後整理成文發表。具體參見高全喜（2011）。〈戰爭、革命與憲法〉，《華東政法大學學報》。1期；高全喜（2011）。〈財富、財產權與憲法〉，《法制與社會發展》。5期；高全喜（2012）。〈心靈、宗教與憲法〉，《華東政法大學學報》。2期。關於建構「中國憲制發生學」的初步嘗試，參見高全喜（2011）。《立憲時刻：論〈清帝遜位詔書〉》。桂林：廣西師範大學出版社。

3. 中華人民共和國第一部正式憲法於1954年9月20日經第一屆全國人民代表大會第一次會議全票通過，學術文獻通稱之為「五四憲法」。「回歸論」在1980年代就得到中國老一輩憲法學家的承認與表達。參見肖蔚雲（1986）。《我國現行憲法的誕生》。北京：北京大學出版社。22頁。今天也仍然有不少公法學者追隨這種「回歸論」，儘管其在有所發展的中國憲政新語境中已經在試圖調整有關表述。參見肖金明（2011）。〈新中國憲法政治回顧與展望〉，《文史哲》。6期。

者在內，都認為、或努力使之成為對五四憲法的一種回歸。至今，這種「回歸論」在學術界和政治圈子中還很有影響。但我認為，這種「回歸論」有簡單化的傾向，既沒有洞察到八二憲法在精神原則上還可進一步追溯到1949年共同綱領或1912年的臨時約法，更無法有效解釋改革時代的四個修正案中所呈現的「新憲法精神」。在我看來，四個修正案所「回歸」的並非五四憲法，而是更遠距離的臨時約法和更寬歷史脈絡中的共和主脈。如果沒有精神原則上更遠端的回歸，八二憲法就很難開放出充分的政治空間，來容納新的憲政元素。因此，認為八二憲法是對五四憲法的回歸，是當時歷史條件下的一種有局限的認知和論斷，而非歷史的全部真實。我們今天對八二憲法的認知理應提升一個層次，不能僅僅在新中國憲法變遷的脈絡中定位，否則可能無法有效揭示和探求八二憲法所根植的、更為宏闊的現代中國憲政背景，以及八二憲法（含修正案）所開放出的「新憲法精神」。

田：確實，我們今天需要將八二憲法放在更遠端的回歸譜系上，超脫局限於特定時代的認知，這樣一種「大回歸論」才能夠與現代中國憲政的演化論更加契合。否則，如果僅僅是回歸到五四憲法，則現代中國憲政與法統的歷史，就存在絕然的斷裂。

高：其實這裏主要是對新中國憲政過程的觀察，其共和憲政的演化還需要在理論解釋上實現從「小回歸論」到「大回歸論」的調整。如果沿著中華民國的憲政與法統演進的路徑去看，就清晰多了。我儘管在關於《清帝遜位詔書》的專題性研究中批評了孫中山的革命激進主義，但對於他的憲政階段論還是積極評價的。所謂的「軍政—訓政—憲政」，不正是一種現代中國憲政的演化論嗎？這是政治家與立法者的深邃眼

光，飽含着歷史洞察與實踐理性，而不是職業法學家受限
於專業口徑的眼光。我們今天還屢有憲政學者提出諸如「革
命—改革—憲政」之類的階段論，主張中國在告別革命之後
需要進一步從「改革憲法」走向「憲政憲法」，或者從「訓
政初期」加緊走向「訓政中期」。這在某種意義上，不還是
在孫中山奠定的憲政理論框架內，進行理論重述與實踐運用
嗎？更關鍵的是，演化邏輯適應了改革內在的經驗主義邏
輯，是中國憲政轉型與政體變革的主導性路徑。

田：在演化論視角之下，現代中國法統的連續性就很好解釋了。
在我看來，演化史觀是一種保守史觀和改良史觀，這也是您
在關於《清帝遜位詔書》的專題性研究中着力強調的。憲政
理論，無論是自由主義版本的，還是共和主義版本的，如果
沒有一種「保守改良主義」的歷史觀作為觀念性基礎，就可
能導致忽左忽右的歷史震盪，這是我們不願意看到的。

高：把我學術研究中的憲政演化論與保守改良主義歷史觀進行勾
連，是有意義的。對於八二憲法，我認為既有的研究主要是
在三個層面上展開，有所貢獻但也存在顯著的不足：第一，
憲法史層面，局限於新中國憲法史，缺乏對八二憲法所根
植的現代中國立憲史整體脈絡的理論梳理，也就無法對八二
憲法進行「大歷史」的定位，更不可能涉及歷史觀的積極反
思；第二，憲法解釋層面，主要是對具體憲法條文與制度的
研究，這種研究很重要，也是憲法學的基本功，但目前階段
基本沒有用武之地，因為中國還處於憲政轉型期，沒有設立
憲法法院，憲法的核心問題是政治結構的成熟，而非具體
條文的司法適用；第三，比較憲法層面，這一層面的研究可
以廓清我們對世界憲政格局與態勢的認知，但存在偏離中國
自身憲制結構、將比較憲法學結論錯置為憲法普遍原理的缺

陷。因此，我認為八二憲法在理論研究上，除了上述層面之外，還應該開闢出「政治憲法學」的維度，對現代中國憲政的發生機理、歷史過程與演進規律進行研究，訴諸歷史和思想的雙重解釋系統。

田：您對憲制發生學的思想史重構和對《清帝遜位詔書》的專題研究，具有典範性。說起現代中國憲政的演化，我忽然想起了「政協」。我覺得現代中國憲政錯失過兩次絕佳的歷史機會：一是孫中山和袁世凱共同締造中華民國那一次，二是抗戰後的舊政協那一次。

高：很對。孫袁分裂標誌着民國憲政的破產，表明了政治精英無法尋找到進行政治妥協與權力安頓的適當憲制框架。1946年那一次差一點就成了，「政協」作為一種具有憲制包容性的制度機制，曾經一度成為中國憲政轉型的關鍵：一方面超脫了1931年《中華民國訓政時期約法》中關於民國憲政的「地方自治論」，另一方面創造性地將包括國共兩黨在內的中國主要政治力量納入其中，並產生了作為新憲法基礎的政協決議案。1946年的「舊政協」，並非後來的新中國憲法中的作為參政議政機構的協商性團體，而是作為民國憲政轉型之制度性中樞的獨特機制，具有準制憲會議的性質。不過，1946年的政協憲政努力最終被「槍桿子裏出政權」的力量邏輯所打破。不過，舊政協的歷史經驗確實值得重視。在其領導者群體中，除了作為正統政黨力量的國共兩黨之外，還出現了很重要的「協力廠商力量」。這些力量具有秋風所謂的「共和國紳士」的責任與認同，[4] 對於憲政理論和比較憲政實踐

---

4. 參見姚中秋（2010）。《現代中國的立國之道·第一卷：以張君勱為中心》。北京：法律出版社。五章。

具有較為成熟的把握，本來是可以作為國共和平建國的理性引導力量的。說到這裏，我還是感到有些歷史的遺憾。在我看來，政協機制是化解國民黨法統內的「訓政」與「憲政」（或日後中國大陸法統內「改革」與「憲政」）之理論性與制度性鴻溝的重要憲制創新。我們之前總是糾結於「黨國體制」下的作為本源性主權者的「人民」，如何制度化為更符合共和原理的「人民主權」。舊政協曾經提供過一條憲政路徑。我們不能以成敗論英雄，而應正確對待這樣的歷史遺產，並辨識出其中不死的政治智慧與生命。在建立更為成熟的「中國憲制發生學」和中國現代立憲史的敍事框架過程中，我會高度重視舊政協的歷史經驗和制度意義的。我覺得1946至1949年的中國歷史包含着兩個層面的敍事：一是以「力」為中心的革命與戰爭史敍事；二是以「理」為中心的政治協商與憲政演化的敍事。大陸的正統史觀將舊政協處理成鬥爭歷史的一部分，而非憲政歷史的一部分，這是有問題的。

二、憲法序言與歷史敍事

田：「理」與「力」，這是中國歷史進步的觀念力量與物質力量了，其實二者之間有着很緊密的邏輯聯繫。說到歷史敍事，其實八二憲法是高度重視歷史敍事的，這主要體現在它的序言中。不少憲法學者認為憲法序言僅具有政治宣示意義，沒有規範效力，這是法學規範主義擴展到憲法解釋上產生的一種學理性偏見。憲法不是普通的部門法，而是政治法，因此不能以普通的法學規範主義視角予以簡單化處理，更不能以是否可以被法院適用作為認知憲法條款效力的唯一口徑。我

們守護的不是孤立的「理想條款」，而是作為民族整體政治
生命的「憲法」。八二憲法序言長達1,800多字，對中國文
明和近現代史採取了革命史觀的敘事模式，並在其中插入了
具有規範效力的「四項基本原則」，構成中國憲法文本中獨
特的合法性論證模式和「政治憲法結構」。既有的法學研究
由於存在上述方法論和理論視角的局限，輕易地將八二憲法
中非常關鍵的序言予以「非文本化」，這其實也不符合文本
主義的本意。更進一步，對八二憲法文本的不同裁剪方案，
可能恰恰反映了解釋者自身來自比較憲法而非中國憲法上的
「理想憲法」圖景。回到序言本身，這也不是中國憲法的獨
創，而是來自社會主義憲法傳統。為何社會主義憲法文本會
呈現這樣的狀況呢？憲法主要是作為「經」存在，為何還要
將「史」編織進來呢？

高：從政治憲法學的角度來看，序言肯定是有效力的，而且甚至
有著優先於其他普通條款的效力，否則，憲法修正案為何會
同時涉及對憲法序言的修改呢？顯然，制憲者是將憲法序言
作為憲法文本的有機組成部分來對待的，對其規範效力也是
深信不疑的。不過，這裏的效力，不是日常政治意義上的司
法效力，而是轉型時期的政治憲法的政治效力；其修辭與實
質尚處在變動之中，是不變中的變革，對此解釋需要的是一
種政治智慧，而非僅僅是司法智慧。說到社會主義憲法為何
這樣寫，我覺得存在一個權力事實與文本結構的張力問題。
在社會主義取得國家性勝利之前，資本主義的憲法以美國憲
法和法國憲法為典範，其成文憲法結構已經成熟，主要包括
政體條款和權利條款，即使有序言，也只是簡短重申建國目
的，不涉及對歷史的敘述。資本主義憲法是啟蒙時代憲法科
學的制度結晶，結構清晰，邏輯嚴密，自成一體。而社會主
義本身是在批判資本主義的基礎上取得其科學性與歷史性地

位的，社會主義革命在歷史實踐中產生了超越資本主義法權
的權力組織形式（先進政黨）和社會目標（生產社會化和共
同富裕），但世界歷史在整體上又處於資本主義的權力支配
和文化控制之下，所以社會主義憲法就必須一方面借用資產
階級法權的憲法形式，另一方面又需要將新的權力組織形式
與社會目標安插進憲法文本之中。後者不便於在政體條款中
予以直接的制度性落實，只能另闢新章，歸入憲法序言與總
綱之中。

田：這番解釋很到位。現在許多憲法學者，是按照資本主義憲法
的經典結構來「裁剪」中國憲法文本的，於是序言乃至於總
綱就會成為「另類」。然而，這些「另類」，恰恰構成了社
會主義憲法的「政治本體」。而且，在馬克思主義的教義
系統中，國家本身並非一種常在，而是一種適應歷史進化目
的的過渡性安排，是生產管理的便利工具，而不是守護民族
與個人的憲法性存在。因此，對於過渡期間，國家權力與個
人權利到底如何進行妥當的制度化安排，馬克思主義無意
於、也沒有進行十分成熟的理論思考，它的終點和重心不在
國家，因此國家理論只是其政治經濟學理論與歷史理論的附
庸。我們今天遇到的問題是，中國將長期處於社會主義初級
階段，更關鍵的是，還將長期處於資本主義主導的世界歷史
秩序之中，因此，憲政問題便現實化為八二憲法的內在使
命，並非僅僅是一種短暫的過渡性安排。

高：這也是八二憲法不同於五四憲法、七五憲法和七八憲法的
關鍵所在，因為這些憲法處於不同的歷史情境和政治決斷
之下。五四憲法，建立在聽取史達林的制憲教誨、模仿蘇
聯1936年憲法，並適應國內社會主義改造需求的政治前提之
下。七五憲法和七八憲法帶有濃重的文革激進主義色彩。

八二憲法則是以1978年的中共十一屆三中全會的政治決議為前提的，這一決議使得中國進入了一個長期化的、面向常態的經濟與國家法制建設階段。因此，就必須發展出一種適應長期化的社會主義初級階段的國家理論與憲法理論，這樣才可能為改革事業提供有效的理論支撐和制度保障。這是一個非常獨特的歷史發展階段，其長期性足以構成一種需要進行相對獨立理論建構的歷史過程。我以前經常使用「非常政治／日常政治」的政治學分類範疇，但我忽然發現改革政治很難被歸類，即它既不是非常政治，也不是日常政治，我覺得它是一種相對獨立的轉型政治，有點類似阿克曼（Bruce Ackerman）講的「憲法政治」。

三、改革的憲政內涵與政治判斷

田：您提到了阿克曼，他確實是將美國憲政轉型放在某種特定的「憲法政治」類型中予以處理的。[5] 這種政治類型，在性質上屬於一種文本內的轉型政治，借助了文本所提供的根本法原則，以及文字方塊架下的常規政治機構的非常規化效能。我們是用「改革」來概觀30年的一切具有結構性意義的進步的。可是我一直很納悶，中國的「改革」到底是什麼？我發現當代中國有一個很奇特的政治話語現象，即重大問題的政策性討論，最終是以是否符合「改革」為判準的，而不是以是否符合「憲法」為判準的，似乎誰掌握了「改革」的話語權，誰就是政治上的正確代表。這樣的「改革」已經不

---

5. 參見〔美〕布魯斯·阿克曼（Bruce Arnold Ackerman），孫文愷（譯）（2009）。《我們人民：憲法的變革》。北京：法律出版社，尤其是阿克曼對美國憲法歷史中的「建國」、「重建」和「新政」三個憲政（轉型）時刻的十分精闢的政治憲法學分析。

是一個描述性概念，而成為一個具有憲法內涵的規範性概念了，但是我們又沒有正面賦予這一概念以明確的內涵。或許「改革」本身，就是一種我們時代具有至上性的權力話語，某種意義上具有了「根本法之根本法」的地位，但其具體是什麼，不得而知。有些做法是「改革」，有些不是，這種判斷成為了實質上的違憲審查判斷，然而其理由和準據並不清楚。我記得青年憲法學者翟小波曾在《論我國憲法的實施制度》一書中，[6] 將「改革」作為中國憲法的根本法對待，這是很重要的理論洞見，但也未能較為成熟地解釋其規範性的內涵。這種不確定性會造成諸多困惑，比如「不折騰」和「折騰」哪一種代表了改革精神，這並不容易作出明確判斷。施米特（Carl Schmitt）有個政治概念叫「延遲決斷」。[7] 我覺得「改革」在某種意義上通過其舉措的明確性，體現為一種決斷；同時又通過其核心內涵的模糊性，體現出一種「延遲決斷」。在這種「延遲決斷」之下，修正案代表的新憲法精神與八二憲法本文中的保守性條款間的衝突與矛盾，就在改革史中屢見不鮮，比如「良性違憲」問題，比如「物權法草案違憲」問題，甚至公有制的改革問題。

高：對「改革」內涵的判斷，要借助對八二憲法結構性走向的判斷來進行。陳端洪教授對八二憲法採取的是「總體肯定，具體批判」的態度，尤其是對其中的政治性原則予以嚴肅的捍衛。[8] 我覺得這種立場對，改革以來的憲法發展的制度價值觀察不足或估計太低。八二憲法的真正生命或其演化趨勢，

6. 翟小波（2009）。《論我國憲法的實施制度》。北京：中國法制出版社，23–26頁。

7. 〔德〕施米特（Carl Schmitt），劉鋒（譯）（2005）：《憲法學說》。上海：上海人民出版社，36–40頁。

8. 陳端洪（2008）。〈論憲法作為國家的根本法與高級法〉，《中外法學》。4期。

主要體現在四個修正案之中。1988年修正案，解決了土地市場化的問題。儘管現實中存在着政府經營城市、城鄉土地級差地租分配不公、徵地拆遷血案累累的問題，但這恰恰不是土地市場化的責任，而是市場化不充分和法治保障不足的體現。1993年修正案，解決了市場經濟的問題，保障了市場自由，從而為1990年代以來中國經濟和國民財富的巨量化增長奠定了憲法基礎。1999年修正案，主要解決了法治國家的問題，這是對長期化的社會主義初級階段如何建構一種常態國家的憲法回應。2004年修正案，主要解決了人權入憲和私有財產保護的問題。

我覺得這些修正案，體現了改革的積極成果和時代的進步，是對八二憲法內蘊的共和精神和自由價值的深度挖掘與伸展，也進一步印證了八二憲法所回歸的不再是五四憲法，而是百年共和憲政主脈。顯然，土地市場化、市場經濟、法治、人權、私有財產保護，這些憲法新原則，確實構成了八二憲法對改革成果的直接肯定。然而，就像你提到的「延遲決斷」概念所指涉的那樣，作為整體的八二憲法，包含了八二憲法本文和四個修正案，新舊原則共存，法治新原則受制於政治舊體制，人權新原則受制於主權舊觀念，私有財產和土地市場自由受制於「神聖」的公有制。這種「納新」不「吐故」、新舊憲法原則混雜、延遲決斷的八二憲法體系，自然容易遭到各方勢力的不滿與指責，左派覺得太右且愈來愈右，右派覺得太左且對「左」的回潮保持着高度的戒備狀態。我們在憲法裏塞了太多美好的理想和各方的價值訴求，承諾了太多的權利，但缺乏充足的制度性支付能力。中國近幾年的公民權利運動中，出現了「權利擠兌」的現象，即申訴者不是無理取鬧，而是依法維權，即要求當政者兌現明確記載於憲法和法律中的各項公民權利。

田：是的，看看多少徵地拆遷血案中，無助的受害者手舉憲法和
法律文本維權，但其周圍卻是麻木的旁觀者和冷酷的、包括
法院幹警在內的聯合執法隊。蒼白的臉、蒼白的手和迷茫的
眼神，成為他們手中的憲法與法律之蒼白性的最好見證。依
法維權遭遇以力維穩，群體性事件與不斷強化的警察維穩體
制形成惡性互動，不斷衝擊着中國的基本社會秩序。

高：你這裏說得很形象。我每天上網幾乎都會看到你描述的那種
場景，很多地方都有，山城重慶有，作為改革符號的廣東也
有。論憲法中的公民權利清單，八二憲法不比任何一國憲法
差，可為何現實中政府權力肆無忌憚地侵犯公民權利卻很少
承擔責任呢？這顯然不是法治。

四、立法審查還是司法審查？

田：對於這種頻繁的政府侵權的非法治現象，不少法學家將原因歸
結於司法不獨立或缺乏違憲審查機制，所以隨着伴隨改革的老
一代法學家逐漸故去或退居幕後，新生代法學家對於司法改革
和違憲審查的研究與鼓吹熱情空前高漲。這種學術代際更替的
現象，帶來了中國法學學術、尤其是憲法學術的繁榮，甚至一
度出現了借助「齊玉苓案」而展開的「憲法司法化」運動。[9]
這一運動在我看來是中國法學界對美國馬伯里案（*Marbury v.
Madison*）的一種制度模仿，但卻忽視了傳統背景和體制基礎，
終於遭到失敗。這裏不是以失敗論英雄，而是為了使失敗更
有價值，必須進行認真的反思。那一場模仿異邦的故事，構成

---

9. 典型主張如黃松有（2001）。〈憲法司法化及其意義──從最高人民法院今天的一個《批
覆》談起〉，《人民法院報》，2001年8月13日。

政治憲法的中國之道

了中國立憲史上的一次「普通法革命」，但其結局也大體宣告了中國憲政轉型模仿西方「司法憲政主義」道路之可能性的終結。我們都很熟悉的「政治憲政主義」，便產生於針對這一時代憲法現象的積極而理性的反思之中。

高：是的，這一段憲政故事離今天很近，也是這幾年催生政治憲法學與政治憲政主義討論的基本問題背景。這裏涉及到對八二憲法確定的實施制度的正確評估與反思。從憲法解釋的角度來看，八二憲法確立了立法解釋／審查的模式，即法律與法規的違憲審查權操之於立法機構之手。這種立法審查模式經由2000年左右的《立法法》及後續的法規備案審查室、《監督法》等法律機制而獲得了實在化。但是，我對這種立法審查程式確實不敢恭維。自《立法法》明確規定這一程式以來，法學界相繼提出了針對《收容遣送條例》、《勞動教養條例》、《城市房屋拆遷管理條例》和《宗教事務條例》等多部行政法規的公民審查請求，基本都石沉大海。這種被設計來救濟公民權利的程式，卻顯示出了最強烈的權力的傲慢性。在我看來，這種立法審查程式的不透明、低效率狀況，很可能嚴重傷害了八二憲法和全國人大的權威性。公民申請審查的是行政法規，而審查機構歸屬全國人大，其不作為的表現恰恰進一步坐實了「橡皮圖章」的詬病。

田：您說得很對，這種立法審查程式實際上並沒有真正地「程式化」，因為它缺乏構成一個獨立法律程式的必要因素，比如透明性、明確的審查期限與決定形式、可爭辯性、說理性等。程式正當性的嚴重欠缺，使其不成其為一種法律程式，也就不可能發揮出這種程式所承諾的正義效能，而漸成一種「畫餅」，最後可能淪為「笑柄」。我們都知道，「畫餅」最終是無法「充饑」的。實際上，我覺得人大系統完全應該

合法利用這一程式來強化自身權威，這也符合八二憲法的根本精神，因為人大制度是中國的根本政治制度，需要不斷強化。如果這種程式實現了「程式化」，具備了透明性、公正性和理性，有效率地運行，則中國學界與民眾也絕對不會因為它不是設置在最高法院內部就不予認可的。立法審查程式本可成為人大系統擺脫「橡皮圖章」之詬病的重要制度武器，但卻被長期閒置，從機構理性來講，是難以理解的。而且這一程式的制度性效果，主要是強化人大系統對行政權的法律控制。這與中國民主政治建設中加強人大制度的要求，是相符合的。

高：理雖如此，它就是不動，也確實讓人乾著急。我想，我們的推理建立在如下的假定之上，即全國人大具有充足的政治權威，但這一假定是否存在則是有疑問的。在中國憲制中，「行政主導」一直是一種權力現實，行政權在推動改革開放中確實顯示了巨大的行政效能，作出了不可否認的貢獻，但也滋生了嚴重的腐敗和政府侵權現象，而且造成了今天相對於人大和法院的主導性態勢。所以，如何控制行政權，促進中國憲政結構回歸民主屬性，就構成了八二憲法有效實施的一個重要方面。

田：其實，在促進八二憲法的實施方面，法院也並非毫無作為，尤其是在制約行政權方面，還是有一些值得關注的制度性表現的。例如，「行政審判白皮書」，就是法院對行政審判情況進行年度匯總，以集中行使司法建議權的方式，將行政權行使中出現的若干問題與相應的改進方案製作成報告，提交給同級人大和政府。此項制度創新的政治智慧就在於，一方面訴諸法治理性，另一方面高度尊重人大的憲法權威，相當於民主與法治聯手「質詢」行政權。這樣的機構間法治互

　　動，如果運籌得當、可持續展開，其法治效果將十分顯著。
當然，中國所有的制度創新，都存在政績驅動和不可持續的
特點，對於這一實踐的長期效果，還有待進一步觀察。但它
啟發我們，對中國法治或司法的觀察需要細化和有所區分，
不能因為「憲法司法化」的挫折而輕率地得出否定性結論。

高：30年法治史的具體成就還是很明顯的。記得你在跟我、張偉
三人合著的《現代中國的法治之路》中，曾提出觀察與分析
中國法治的一個二元框架，即「根本法治/具體法治」。[10]
書中的基本觀點，是根本法治（憲政）相對滯後於具體法
治，司法憲政主義受挫，政治憲政主義興起但還不成熟；而
具體法治領域呈現出「部門法自治」的現象；部門法通過30
年的法學教育、立法動議和司法實踐，逐漸建構出了特定部
門法領域相對封閉的話語體系和職業共同體，然而其深層改
革與進步還需要根本法治的支援。因此，法治需要和政治
（民主）相平衡，法治也只是憲政的一個具體價值，而並非
憲政的全部。從演化的角度來看，發展中國家需要完成「立
國」與「新民」的雙重任務，這些目標顯然很難在單一的法
治（司法）過程中完成，需要真正的政治過程來承載。我在
〈政治憲政主義與司法憲政主義〉那篇論文中，就提出過要
用政治憲政主義之手摘取司法憲政主義之果。[11]

---

10. 高全喜、張偉、田飛龍（2012）。第五章〈面向常態的轉型法治：改革與治理〉。《現代中
國的法治之路》。北京：社會科學文獻出版社。

11. 高全喜（2009）。〈政治憲政主義與司法憲政主義〉。《從非常政治到日常政治：論現時代
的政法及其他》。北京：中國法制出版社。

五、代表制問題與政治憲法結構

田：那篇文章我記憶猶新。您起初是為了回應陳端洪老師對八二憲法的「五大根本法」的解釋，後來開始相對獨立地提出自己關於政治憲法學的理論見解。您在那篇論文中建立了政治憲政主義與司法憲政主義之間的「手段—目的」關係，將二者之間的對峙性空間競爭關係，轉化為連續性時間演化關係，從而對陳老師論文中的國家主義傾向進行了有力的自由主義回應。

高：我跟陳端洪之間對八二憲法的整體評價，存在着重要分歧，他更看重八二憲法中的政治原則，我更看重八二憲法四個修正案中的自由元素。當然，我所謂「政治憲政主義」中的「政治」主要是一種成熟的代議制，這是現代政體的基本制度要素，中國憲政之成熟也不可或缺。

田：實際上，關於憲法實施模式，我不大同意只從結果性審查的角度來認識，還可以有過程化的認識。在我的博士學位論文〈政治憲政主義——中國憲政轉型的另一種進路〉中，我就不是將中國憲政轉型之困境或約束條件歸結為缺乏司法獨立或違憲審查模式，而是歸結為中國憲法文本中的「政治憲法結構」。何謂「政治憲法結構」？我將之界定為人民主權（憲法之「道」）在八二憲法上的三個「肉身」：基於真理的黨的領導代表制＋基於程式的人民代表大會制＋非代表制的參與民主制。我們前面談到的「政治憲法結構」制約，乃至於阻撓公民權利實現的現象，主要原因在於這一結構本身沒有充分地理性化、民主化和制度化，所以政治憲政主義應側重從制度層面推動這一結構的憲制性轉化，使之具有民主屬性和制度理性。而在中國最近幾年的憲政發展中，政治、行政乃至於社會領域的政治憲政主義制度演化，特別值得認

真觀察與分析，比如權力公開領域、行政民主領域和社會自治領域。

高：對八二憲法作人民主權的解釋，在憲政原理上沒有問題，但是最關鍵的還是你所謂的「政治憲法結構」中兩種代表制的關係及其制度性演化的問題。我記得幾年前端洪提出過「雙重代表制」的問題，用這個概念來描述中國的主權結構，但似乎也沒有作出很成熟的解釋理論出來。這個「雙重代表制」顯然不是一種穩定的代表制結構，也不是我所謂的成熟的代議制。

田：我們現在似乎是在政治上要求同時加強這兩種代表制，比如一方面要求「加強和改善黨的領導」，另一方面要求「加強人大制度」。不過在具體的制度操作層面，對黨的領導代表制的強化力度可能更大。我覺得人大系統有些委屈，其長期承受「橡皮圖章」的詬病可能並非自身意願所致，而是機構能力不足的表現，比如審議過程代表團之間不能串聯、代表非專職化、代表中行政官員比例過高、代表人數太多、會期太短，等等。我想，如果能夠在上述機構能力方面予以逐步的針對性制度改革，那麼「強化人大制度」或許可以落到實處。就我的經驗性觀察而言，人大系統追求權力的意願，並不弱於其他機構，並時有表現。

高：所以，圍繞人大制度展開的選舉法的修改、人大議事規則的完善、人大會議的辯論性和公開性的增強、代表專職化、立法審查程式之「程式化」，以及包括你所說的「行政審判白皮書」制度創新中的人大專題質詢會等等制度機制的完善，都是政治憲政主義的制度性表現，都應該認真研究，妥善實行。我注意到近幾年來人大立法愈來愈公開，這是一個民主性的進步。不過有些關鍵性制度還是需要進行改革的，比如

提案權的問題，據我所知，代表們在提案環節的實際作用很小，很多法律議案是由行政部門壟斷性提出的。前不久天則研究所開過一個「遏制部門立法，維護公平正義」的學術研討會，很多人覺得「兩會」必須在制度上進行改革，行政部門壟斷立法的現象必須改變。至於黨的領導代表制，我覺得也存在民主與法治的作用空間，黨務公開、黨代表選舉與黨內治理結構的民主化改造，在中國特定的憲政體制下具有顯著的憲政意義。每一個黨員如能模範地以現代公民標準在黨內合法合規地開展公共政治生活，則八二憲法之成熟演化亦十分值得期待。

田：重要的不是將黨看作一種異己的力量，而是將之作為中國公民在符合一定條件（如黨員標準）的基礎上能夠進入的一個政治體系，是中國人民政治成熟過程中的一種政治組織方式。這個體系的治理規則，也在因應時代需求和國家治理原則的變化而發生重要的制度性變遷。

六、先進性公民與黨的民主化

高：其實憲政轉型的意識，在八二憲法以來的改革領導者之中可能已經扎根。比如「從革命黨到執政黨」就是典型的轉型命題，包含的是共產黨自身歷史角色與體制性功能的變遷。再比如「黨內民主／人民民主」的分類範疇，就具有顯著的憲政實踐意義，而且「以黨內民主帶動人民民主」似乎已經成為一種共識性的改革邏輯。當然，言詞很重要，不過還是「行勝於言」，要觀其後效，尤其需要注意是否建立了長效性的黨內民主制度機制。如果一個八千多萬黨員的世界第一大黨模範實現了民主治理，則中國民主化進程相當於、至少推進

到了以黨員條件為基礎的、對社會具有領導能力的泛精英階層之中。而觀諸世界各國的民主演化史，大多也是從貴族、精英和中產階級這些傳統社會中的領導性力量開始的，普選權改革主要是西方代議制成熟之後的事件，而且與社會主義工人運動還有着密切的聯繫。

田：所以，中國欲建成憲政國家，每一個黨員似乎都應該肩負起共和主義式的公民責任，成為憲法標準下的「先進性公民」；通過其理性而負責任的政治行為，推動黨內治理結構的民主化，建設優質的黨內民主架構，使得黨內民主成為人民民主的範本。這種黨內民主先行的邏輯，實際上還是預設了黨的歷史先進性。與此同時，我們不能只單純地看到黨內民主的進展及其示範效應，實際上改革史更多呈現的，並非黨內民主的帶動作用，而是人民民主的首創與刺激作用。比如改革之初，具有底層秩序重構意義的安徽小崗村土地承包制模式和廣西果作村村民自治模式，就是黨外的社會力量自我發展的產物，而且在當時的政治環境下甚至是違法乃至於違憲的。

高：呵呵，這種形式上的違法乃至於違憲，因為大體符合了作為八二憲法政治決斷前提的十一屆三中全會決議，所以最終獲得了八二憲法的正式認可，並成為改革時代農村經濟社會發展的重要制度基礎，甚至對城市的基層自治產生了直接的帶動作用。

田：我覺得黨內民主的優先性從屬於其先進性，這是被其理論所預設的。當然，其如果能夠真正獲得實踐，也是很有憲政意義的。從改革的經驗性層面來看，人民民主的發展勢頭更加猛烈，制度的創新性更加突出。因此，所謂的黨內民主與人民民主不存在孰先孰後、孰優孰劣的問題，而是一種按照各

自的限定性邏輯在憲法與法律框架內分別展開、相互刺激與誘導的互動型關係。我對中國權力公開性的法律建構問題作過專門的研究，發現黨務公開、政務公開和村務公開之間，存在着參差不齊、節奏不一、互有激發的現象，這也是中國憲政演化中的常態性現象。

七、憲政轉型的宏觀面及其制度演化

高：不過，我覺得就八二憲法的整體結構而言，其演化歷程要區分宏觀層面和微觀層面；既不能因為宏觀層面的進展緩慢而否定中國憲政的實際進步，也不能因為微觀層面的局部制度成效而對憲政轉型抱持特別樂觀的態度，我們需要一種審慎的樂觀，同時絕對不能忽視對八二憲法之宏觀結構演化的嚴肅經驗觀察和理論思考。否則，有可能出現底層改革轟轟烈烈，效果大彰，而八二憲法的宏觀結構裹足不前，甚至出現結構性逆轉，造成憲政之社會基礎與經驗模式向上擴展的巨大障礙，引起更加激烈的社會與政治衝突。這裏存在一種憲政演化論上的核心圖式：公民權利運動和統治集團的能力增長需求，共同支援政治法律領域的局部性改革，產生出新的政治價值與憲法制度，這些新元素又倒逼舊體制進一步釋放出政治空間，呈現出一種新舊緩慢更替的制度演化趨勢。這種和平而理性的制度演化，需要特別注意檢索和剔除體制內的障礙性因素，不斷地為這種演化過程的理性化和程式化提供針對性的、有效的制度保障。一國之憲政演化，就像人的成長一樣，需要不斷地在知識、人格、行動能力與風險管理機制上充實之，使其對原有體制的監護性依賴日漸弱化，逐步實現國家在憲政層面的常態化運轉。

田：所以，在憲政轉型的矛盾多發期，體制的制度化供給能力很
　　重要，如果不能成功地將新的、日益規模化和結構化增長的
　　政治社會衝突納入新的制度軌道，而一味地透支舊體制的管
　　制模式與力量存量，就可能逐漸逼近統治能力的極限值，
　　誘發社會失控和政治危機。統治是有技藝的，專制之所以不
　　能構成一種技藝，是因為其制度性的溝通成本與道德風險過
　　高，不僅官民之間無法建立常態化的信任，甚至官僚集團內
　　部也會產生信任危機，從而不斷放大政治危機的風險係數，
　　使得一兩起偶然性的政治社會事件，就可能導致系統性崩
　　盤。而憲政之所以可以構成一種被廣泛選擇的統治技藝，就
　　是因為它從理性的前提出發，將政治建構為有限的功能性領
　　域，而賦予社會以自我運行、自我秩序生成和風險管理的權
　　利與能力，在國家與社會之間通過法律紐帶進行連接。對舊
　　制度進行理性化的憲政改良，是可以應對和化解基本的政治
　　社會危機的。

高：你在這裏提到了現代憲政的核心原則，即有限政府。我們對有
　　限政府常常有着誤解，以為那就是無能弱小的政府，實際上這
　　是政府能力的一種集約化使用機制，即將有限的統治資源運用
　　於最為核心的國家職能領域，有所為有所不為，才能獲得最大
　　的統治效用。而全權式的專制政體，則非常粗放地運用有限的
　　統治資源，屬於一種自我耗竭式的體制結構，不僅嚴重耗竭着
　　物質性資源，也嚴重耗竭着合法性資源。政治學理論中有一個
　　很好的區分，就是國家權力與國家能力的區分，認為全權不等
　　於全能，權力愈大不意味着能力愈強。專制不僅是不道德的，
　　而且在統治上也是不經濟和不理性的；一個具有理性自覺的民
　　族，是不可能長期承受此種自我耗竭式的統治模式的，不僅心
　　理上不接受，物質上也無法長期支撐。

田：這是在對憲政作理性主義而不是道德主義的解釋，很有意
思。八二憲法現在還處於制度性演化的關鍵時期，上述基本
的憲政原理應當成為統治者和社會公眾的常識。我忽然覺
得中國憲政轉型有點像曾經的國企改革。國企改革的基本背
景是普遍腐敗和普遍無效率，如果不改革，市場經濟沒有空
間，國家統治的物質基礎也會不斷地被國企拖垮，所以後來
按照「抓大放小」的模式進行改革。政治領域也一樣，長期
的權力集中與壟斷造成了普遍腐敗和統治能力上的普遍無效
率，導致維穩經費不斷飆升，秩序再生產能力不斷弱化，長
此以往將危及國家的公共財政和統治的基本物質基礎。所以
政治領域也應當「抓大放小」，國家只控制核心的政府職
能，釋放出更多的社會自治空間。社會自治而不是社會管
制，應該成為當下社會建設的核心指導思想。

高：是的，如果社會不自治，民主憲政的社會基礎實際上是無處生
長的。我們現在大講特講的「社會管理創新」，有點像維穩體
制的升級版，並沒有確立社會自治作為社會建設的第一原則，
這不能不說是改革思想上的一大缺憾。這裏談論的都是八二憲
法制度性演化的具體表現，有些還就是最近幾年發生的改革事
件。我還是關心八二憲法的宏觀結構，剛才談過了，社會基礎
的成長很重要，但宏觀結構也不能輕視，也很關鍵，甚至影響
到憲政的社會基礎能否獲得有效保障的問題。

田：八二憲法的宏觀結構，我將之歸納為「政治憲法結構」，即
雙重代表制和非代表制的參與民主制，其中雙重代表制是關
鍵。面對如此疑難的結構性課題，中央似乎也一直在尋找更
加合理的思路。有些政策性的分類範疇，反映了中央在這
些宏觀結構問題上的較為嚴肅的理論思考，比如民主領域的
「黨內民主／人民民主」，憲政領域的「黨的領導、人民當家

作主和依法治國相結合」，行政領域的「公眾參與、專家論證、政府決策」，司法領域的「黨的事業至上、人民利益至上、憲法法律至上」，乃至於當下社會建設領域的「黨委領導、政府負責、社會協同、公眾參與」的合作式治理模式。然而，這些分類性範疇都只是相關領域之基本要素的抽象關係或抽象功能的描述，缺乏核心的理論範疇與融貫的理論框架，系統化的制度成果極其有限，甚至在基本定位上也還存在某些根本的缺陷。比如社會建設指導思想中，「社會」本身的角色只是一種「協同」，而負責的主體是「政府」，這顯然既不符合改革開放以來政府與社會關係的發展邏輯與既有成果，也不符合社會建設突顯「社會主體性」的根本原理。

高：這些只是一種方針或口號，不足以在思想的高度和實踐的維度反映並推進「正在發生」的社會自身的某些進步，甚至可能由於政策設計或操作不當而抵消或抑制了社會自身的理性與智慧。我們發現，所有這些分類性範疇的設計都具有同樣的邏輯思維：一是黨的領導優先，且具有絕對性；二是政府權力全面覆蓋；三是合唱團的模式，只有功能性分工，沒有主體性建設；四是缺乏政治社會建設中的系統分化理性，政治邏輯貫穿一切的國家公權力領域和社會領域。這樣的頂層設計邏輯，顯然難以產生真正科學的理論和真正合理的改革方案。如果真正上升到憲法思想層面，則首先需要接受政治社會設計原理中的「系統分化」原則，使黨制政治有限化，否則只能是「合唱團」的假唱，在結構上永遠走不出「全能主義」困局。

田：總的來說，30年改革至今成就斐然，不僅僅是經濟層面，政治與社會層面也出現了諸多的新氣象，但也積累了許多結構

性矛盾與問題。這些問題已經不能僅僅依靠「頭痛醫頭、腳痛醫腳」式的應急性政策來解決了，也不能依靠維穩體制的任何升級企圖來解決，而應該回到八二憲法的政治結構優化與公民權利充實的正軌上來。此種情境下的理性選擇，就應該是借力使力，見招拆招，以強大的文明包容力和制度化能力，締造中國的「舊邦新命」。

高：是的。我常常想，哪裏還存在單純的中國國內政治或憲政問題？因為中國本身已經具有世界歷史性質，已經被序列化為世界秩序的結構性因素，而且存在着無法迴避的政治與文化競爭。因此任何一個在形式法理上屬於內政問題的問題，都可能具有中西文明競爭性共存的意義，比如香港問題、台灣問題等，甚至中國的非洲開發援助，也遭遇了西方殖民歷史所預設的文明情境的排斥與挑戰，刺激中國在海外戰略運籌上，必須在資本邏輯之外嚴肅思量文明的邏輯。因此，中國的大國崛起需要內修國政，外輸文明，二者並非楚河漢界，而是榮辱與共、邏輯相關的。在此意義上，我覺得八二憲法的開放精神非常值得肯定，尤其是四個修正案既是對改革成果的憲法性認可，也是對中國不斷參與世界歷史秩序的基礎性條件的漸次儲備。因此，我對待八二憲法的態度，是比較審慎的樂觀，在整體評價上還是傾向於大體肯定的。首先，八二憲法是新中國以來最為穩定的一部憲法，是30年改革開放的根本制度基礎，沒有這一憲法提供的基本政治前提和開放的改革空間，30年的成就和中國今日的世界性地位是無法想像的。其次，八二憲法具有改革憲法的屬性，不保守，有創新，尤其是四個修正案體現了中國憲政演化的共和主脈和整體走向。這種「修正案精神」及其實體原則，正是改革的本質，需要加以堅強捍衛，確保八二憲法的演化節奏合理，

方向正確，成效可觀。再次，從「大回歸論」的角度來看八二憲法，即使當初的制憲者未明確意識到，但八二憲法誕生之後的獨立生命經驗表明，其所回歸的絕不僅僅是五四憲法，而是現代中國百年共和憲政主脈。所以，通過30年的充分的制度實踐和價值創造，八二憲法及其內蘊的改革精神已經初步將現代憲政的基本價值納入其中，為長期化的社會主義初級階段的國家理論與憲政體制的結構性成熟定型，提供了一定的制度基礎，甚至為包括大陸、港澳台在內的完整中國的政治統一和憲制成熟，提供了較為堅實的實踐基礎。當然，我們也要看到，這個轉型之際的改革憲法並沒有底定完成，甚至也還面臨重大的危機，例如，最近通過的新版《刑事訴訟法》，其73條就屬於一種惡法。所以，我一直強調的從非常政治到日常政治的轉型並沒有完成，一個隱匿的人民共和國的「立憲時刻」還沒有到來。

田：是的，歷史學家唐德剛先生曾提出中國現代轉型的「歷史三峽論」，目前離其終期還有30年。[12] 在新的改革30年裏，中國的政治社會結構還將在八二憲法及其修正案的制度性框架中發展與演變，肯定還會有新的修正案，來延續和展開四個修正案中包含的憲政與自由的因素。如果從百年歷史的視野來看，八二憲法及其系列修正案或許會成為中華民族政治成熟與憲制定型的一部關鍵的憲法，這樣一部憲法在中國近現代的立憲史上自有其歷史地位。在樂觀期待中國憲制成熟的同時，我們當然需要清醒地意識到八二憲法之宏觀結構「政治憲法結構」，在民主與法治軌道上進行理性演化的各種艱難、波折，甚至逆反。歷處這一偉大時代的中國學者，必須肩負起歷史性的知識

---

12. 唐德剛（1999）。《晚清七十年》。長沙：嶽麓書店。

責任，具有立法者的心胸和眼光，具有充分的「責任倫理」，為中國現代轉型的最後、也是最為關鍵的30年（或者可能更長或更短），提供真正成熟的理性守護與支撐。我想近幾年所謂「政治憲法學」的興起，所謂政治憲政主義的討論，包括今天這樣一場以「八二憲法與現代中國憲政的演進」為主題的學術對話，其核心旨趣亦在於此。

高：這是時代精神的要求，我們還有大量的理論性工作要做，包括我們需要真正搞清楚，西方早期現代在思想與制度上是如何「立國」與「新民」的，優良的現代政體到底需要哪些核心元件，甚至我們還要處理好現代政體與文明傳統的關係問題，因為一個具有如此深厚之文明根基和世界性影響的大國，不可能在整體上從外部獲取文化合法性，而必須嚴肅思量自身現代性存在的文明論基礎問題。當然，這可能是另外一場學術對話的主題了。[13]

---

13. 本篇對話緣起於香港《二十一世紀》雜誌的專題約稿，適逢八二憲法頒佈實施三十週年，係高全喜教授與作者就八二憲法的歷史背景、規範框架及演進方向所進行的一場學術對話，時間為2012年3月20日。

「憲政中國叢書」已出版書目

中國憲制之維新

童之偉

ISBN: 978-962-937-254-5
170 x 230 mm • 338 pp

政治憲法與未來憲制

高全喜

ISBN: 978-962-937-291-0
170 x 230 mm • 487 pp

儒家憲政論

姚中秋

ISBN: 978-962-937-292-7
170 x 230 mm • 260 pp

憲政要義——
有限政府的一般理論

王建勛

ISBN: 978-962-937-295-8
170 x 230 mm • 304 pp

憲政常識

張千帆

ISBN: 978-962-937-293-4
170 x 230 mm • 362 pp